嶽麓書社

读名著　选岳麓

礼记 上

姚淦铭 注译　姚鹰 导读

岳麓書社·长沙

前　言

经学是中国文化的一大洪源巨流，源远流长，迤逦穿越数千年历史时空而延绵不绝。“十三经”是儒家经典的精粹，《礼记》是其中的重要一经，亦是“三礼”（即《周礼》《仪礼》《礼记》）之一“礼”，亦为“四书五经”中之一“经”。其流传久远，影响深广，洵为中华文化中最重要的千古经典之一。

一、《礼记》与“三礼”

“十三经”中的《周礼》是记载周代设官分职的政典，又称《周官》。全书以“六官”为纲，分为六大部分：天官冢宰、地官司徒、春官宗伯、夏官司马、秋官司寇、冬官司空。此六者分别职掌天下政务。然而，至汉代，“冬官司空”已佚缺，于是又以《考工记》来替补之，称《冬官考工记》。再说《仪礼》，此为儒家所说的“五经”，即《易》《书》《诗》《礼》《春秋》中的《礼》。此《仪礼》在汉代之前称为《礼》。《仪礼》是先秦上层贵族礼仪之汇编，被称为礼学之本源。因汉初有立五经博士，故又称之为《礼经》。其内容是对各种礼仪的记载，如有冠、婚、丧、祭等礼，以及饮、射、朝、聘等仪礼法度，曾为士大夫日用之不可或缺者。今存《仪礼》经文以唐开成石经为最古。

历史往往有遇合与否的情形。及至东汉郑玄注《礼经》（即《仪礼》）、《礼记》（即《小戴礼记》）、《周官》（即《周礼》）三书，始有“三礼”之名。“三礼”之学流传于后世，郑玄实有其功。皮锡瑞在《经学通论》中说：“向微郑君之注，则《小戴礼记》四十九篇，亦若存若亡而索解不得矣。”然而《大戴礼记》则渐被冷落，终究不能与《小戴礼记》并肩矣！后来《十三经注疏》里的《礼记正义》便是《小戴礼记》，因为郑玄注、孔颖达疏而流传不朽。

二、《大戴礼记》与《小戴礼记》

西汉初，《礼》的传授者有鲁人高堂生，至汉宣帝时高堂生之学传至后仓。后仓弟子则有戴德、戴圣、庆普，戴圣是戴德的侄子。于是《礼》有了“三家学”，即二戴之学与庆普之学。二戴在向弟子传授经义时，各自编撰了《记》，此《记》即是解经的辅助材料，所辑为汉以前及汉代的解经材料。戴德所编为《大戴礼记》，戴圣所编为《小戴礼记》。前者编为 85 篇，然而流传至今只有 39 篇。戴圣为今文礼学大师，宣帝时被立为博士，《小戴礼记》则被立于官学而广为推行。《小戴礼记》亦成定本，为 49 篇，后来《礼记》成为专名，即指此。

三、《礼记》内容提要

《礼记》的内容非常丰富，刘向《别录》已将其分成若干类。梁启超《礼记解题》分五类：一是通论礼义或学术的，如《礼运》《经解》《乐记》《大学》《中庸》《儒行》《坊记》《表记》《缁衣》等篇。二是解释《仪礼》的专篇，如《冠义》《昏义》《乡饮酒义》《射义》《燕义》《聘义》《丧服四制》等篇。三是记述孔子言行或孔门弟子等杂事的，如《檀弓》《曾子问》《仲尼燕居》《孔子闲居》等篇。四是记述古代的制度礼节，如《王制》《曲礼》《玉藻》《明堂位》《月令》《礼器》《郊特牲》《祭统》《祭法》《大传》《丧大记》《丧服小记》《奔丧》《问丧》《间传》《文王世子》《内则》《少仪》等篇。五是记述古代格言的，如《曲礼》《少仪》《儒行》等篇中的一部分。我们或还可以比梁氏的分类更细一些，更具体一些，但梁氏所分还是颇为得当的。此又可看出《礼记》在古代文化中犹如一颗硕大的宝石，有多切面的光彩，对研究古代哲学、历史、文物、制度等都具有重要的价值。

四、《礼记》中之经典

《礼记》为一大经典，而此中又内藏着经典之名作，《大学》《中庸》《学记》《乐记》等皆出于此书。宋代朱熹将《大学》《中庸》《论语》《孟子》编纂为《四书》。《大学》《中庸》本是《礼记》的两单篇之文，至此一跃为与《论语》《孟子》并立的经典著作。

《大学》是《礼记》的第42篇。大学，即大学问，其宗旨即明明德、亲民、止于至善。大学要培养的是优秀的灵魂，不断地向上、向高处、向善处飞翔再飞翔，使他们成为社会的、国家的人才、精英、栋梁。其中的财富智慧、管理智慧、教育智慧琳琅满目，足以启迪一代又一代后来者。

《中庸》是《礼记》的第31篇。《中庸》给人的印象是薄薄的，没多少字，但一旦深入其中，却似又一座深邃思想与智慧的殿堂。“中也者，天下之大本也；和也者，天下之达道也。致中和，天地位焉，万物育焉。”如此和谐的境界，对于传统中国人来说虽不能至，心向往之。

《学记》是《礼记》的第18篇，它是我国乃至世界上第一部系统论述教育教学原理的理论著作，其最瞩目的贡献是揭示了教学方法的规律性，而且与今日之教育科学理论颇为吻合。文中的教育旨意宏富深远，洞察明晰，哲思与睿智迭见。然而《学记》却有明珠尘封之遗憾，在我国现代教育史上未曾被充分重视和阐扬。

《乐记》是《礼记》的第19篇，它是我国古代音乐研究的综合性理论著作。文中把礼、乐相提并论，以乐作为重要的教育和施政工具。“乐者，音之所由生也，其本在人心之感于物也。”乐是由人的内心活动对外物的感应而产生的。“乐者，天地之和也；礼者，天地之序也。和，故百物皆化；序，故群物皆别。”《乐记》是儒家的美学经典，对后代美学思想发展的影响极为深远。其“感于物而动”、“德”与“艺”、

“道”与“欲”的教育理论内涵丰富深刻，对现代音乐教育具有现实意义。程颐有评：“《礼记》除《中庸》《大学》，唯《乐记》为最近道。”

研究《礼记》代不乏人，郑玄注和孔颖达疏可谓双璧。我们在注译时，就采用阮元《十三经注疏》中的《礼记正义》作底本，除标点、分节、分段、注译外，还进行了一些校勘，体例则遵再版的要求。本书注释力求从简，有所依据，以郑注孔疏为主，辅以宋儒清儒陈澔、孙希旦、王念孙、段玉裁、俞樾等见解。译文以直译为主，添加的部分用括号表示。篇题往往非一二言可讲清，而读者读完一篇后即可悟通篇题，故译注中省去篇题注释。本书注译时还参阅了今人的一些成果，如王梦鸥先生的《礼记今注今译》、裴泽仁先生的《五经四书全译·礼记》、陈戍国先生点校的《周礼·仪礼·礼记》等，一并致谢！

《文白对照十三经》出版将近30年了，其中《礼记译注》已在台湾出了单行本。此次岳麓书社再次出版《礼记译注》单行本，我稍作整理修订，并撰此前言。唯限于本人的学力，注译中错误难免，恳请得到专家和读者的指正。

姚淦铭

2018年深秋

导读说明

《礼记译注》是父亲在上世纪九十年代的辛苦力作，那时参考资料尚缺乏，他以一己之力点、校、注、译《礼记》全书四十九篇，利用工作之余，在方格稿纸上抄录手写而成，出版于《文白对照十三经》厚厚的合集之中。2002 年台湾出版了《礼记译注》单行本。2018 年岳麓书社拟定再版《礼记译注》，父亲又购置书籍准备修订，在病中写了再版前言，没有料到这是他留下的最后一篇文字，虽有继续研究的想法，但终究未能如愿，令人甚感痛惜遗憾。

经典需要与时俱进，它们在每一时代都会有不同的境遇与使命。《礼记》在改革开放后得以重新问世，从无断句的竖排繁体字版本，变为有新标点、注释和白话文翻译的简体字横排本，为读者阅读提供了很大的方便。现在岳麓书社再版《礼记译注》又有新的改进，既方便了读者，又有利于推动文化普及与学术研究。

传统文化的创新发展，只有在了解传统文化的基础上才谈得上。前辈学者张岱年认为："中国传统文化在消极方面最严重的是专制主义；积极方面有孔子、孟子人格独立的思想和道家个人精神自由的思想。"(参见《张岱年先生学谱》，昆仑出版社，2010 年)《礼记》中非常突出的尊卑高下之等级观念，是应该摒弃的封建旧观念，但是那些尊老爱幼、父慈子孝、家庭和睦、社会和谐安定的传统还是需要传承的。尤其是《儒行》等篇中的儒者情怀、气节和风骨，至今仍是值得提倡的。儒家和道家都有人格独立和精神自由的思想，值得代代传扬，但却被古代统治者歪曲和抹杀了。我们要为经典“正名”，扶正被歪曲的历史，这样社会才会形成正气之风，才能发展进步。

《礼记》中存储着丰富的知识矿藏。从古代礼俗礼仪和礼器中，我们可以领略祖先伟大的认知思维和创造才能。那时的日用器物已达到很高的水平，而且包含着重要的精神文化内涵，一些礼器与中国古代的哲学、宗教以及政治制度都有密切的关系。还有一些不登大雅之堂的细节，史志类书籍都没有记载，如今却是考证古代典章制度、研究古史古迹的珍贵史料。不过，一部分丧葬之礼的繁文缛节太过迂腐，梁启超、胡适等学者早就指出一般人不必去阅读关注这部分内容。《礼记》的宝藏已很富足，除了《大学》《中庸》这种千古名篇外，还有很多类似的美文佳篇、名言典故、金句妙语深藏其中，未被我们充分发掘利用。如本书中“瑕不掩瑜，瑜不掩瑕”是连用的，可我们一般都知道“瑕不掩瑜”，对“瑜不掩瑕”的深刻道理就较少关注了。

其实，我国近百年来对传统文化的忽视与误解非常可惜、可悲，对此我们不能不自知。我国最后一代“传统知识分子”是20世纪三十年代出生的，他们接受了完整的传统文化教育，以后就逐渐缺失了。父亲读研究生时，学习的课程有甲骨学、金文、金石学研究等，由此打下了古文字学的基础。现在大家时常听到所谓“四书五经”，可是何为“四书五经”，一般人就不清楚了；何为“礼经”，知之者则寥寥无几了。现在的电子读物、网络新媒体中经常暴露出文化知识的明显缺陷，如对历史常识的无知，错别字更是连连频现。泱泱大国的文化自信何以体现？我们不能不探源溯流，回到中国文化的原典，了解自己民族文化之根。阅读经典原著就是获得第一手资料的最可靠方法。

《礼记》全书记述的古代之礼周全而生动，自天子至庶民的各种礼仪，如婚丧嫁娶、迎宾会客、设宴游乐、国祭家祭以及尊老养老优老、家居安寝、穿衣戴帽等，无不囊括其中。《礼记》再现了古代上层社会的生活场景，体现了人类文明的发展变迁以及文化的传承与变革。《庄子·天运》篇说："礼义法度者，应时而变者也。"《礼记》中所述唐虞夏商制度，是儒家的理想蓝图，并不都是当时实际存在的事实；所述文、武、周公之礼，也未必都是周代新创，也有对古制旧礼的沿袭。另外，各篇所记"子曰"，并非都是孔子之言。当时弟子通称老师为"子"，孔子七十子后学都可以称各自的老师为"子"。即使曾是孔子之言，但在不同的流传背景下，亦未必都是原来的旨意，都是儒家之言则没有错。《礼记》荟萃儒家根本思想及其演进之迹，反映修身之道与教育之理的内容很多。

宋代朱熹曾指出："所因之礼是天做底，万世不可易。所损益之礼是人做底，故随时更变。"（《朱子语类》卷二四）人类的一些终极追求是与天地并存的，因而符合天道人性的义理是有永恒价值的。天道阴阳变化是对人的最高教化，圣人礼乐制作也是效法天道的行为。现代生活中也有古代文明的遗存，如清明祭祖扫墓、祠堂祭祀、家族聚会宴饮，以此来寄托对祖先的功业的敬仰，展现子孙的繁荣兴旺，以告慰祖先，这即是古代"乡饮酒礼"的遗风。

《礼记》毕竟是两千多年前的书，内容很多，编次也有错杂，现代读者自然会感觉难读难懂，初学者更是茫无头绪。故此作简要导读，逐篇略述要义，读者一看就能明白主要内容，各篇导读组合即可明了全书大体内容。导读也似导引图，让你由此进入《礼记》的圣殿去探寻古代文化的瑰宝。当然，因时代局限，经典文化本身具有民族性的精华，也有历史性的糟粕，需要我们批判地继承，创造性地吸收利用。

导读撰写过程中查阅和参考了很多书籍，其中陈戍国所著《中国礼制史》（先秦卷）、阴法鲁等主编《中国古代文化史》两书对我帮助很大，在此一并致谢！因学力有限，撰作中错误难免，谨望读者们多多指教！

姚鹰

2023 年初夏

目 录

上册

曲礼上第一……003

曲礼下第二……029

檀弓上第三……048

檀弓下第四……086

王制第五……122

月令第六……154

曾子问第七……193

文王世子第八……218

礼运第九……234

礼器第十……252

郊特牲第十一……………………………………………………270

内则第十二………………………………………………………293

玉藻第十三………………………………………………………322

明堂位第十四……………………………………………………345

丧服小记第十五…………………………………………………354

大传第十六………………………………………………………371

少仪第十七………………………………………………………379

下 册

学记第十八………………………………………………………395

乐记第十九………………………………………………………406

杂记上第二十……………………………………………………441

杂记下第二十一…………………………………………………457

丧大记第二十二…………………………………………………478

祭法第二十三……………………………………………………504

祭义第二十四……………………………………………………512

祭统第二十五……536

经解第二十六……554

哀公问第二十七……561

仲尼燕居第二十八……570

孔子闲居第二十九……579

坊记第三十……586

中庸第三十一……602

表记第三十二……627

缁衣第三十三……646

奔丧第三十四……660

问丧第三十五……670

服问第三十六……677

间传第三十七……683

三年问第三十八……689

深衣第三十九……695

投壶第四十……700

儒行第四十一……………………………………………………707

大学第四十二……………………………………………………717

冠义第四十三……………………………………………………731

昏义第四十四……………………………………………………736

乡饮酒义第四十五………………………………………………744

射义第四十六……………………………………………………755

燕义第四十七……………………………………………………765

聘义第四十八……………………………………………………771

丧服四制第四十九………………………………………………779

曲礼

导读

《曲礼》本为一篇，因篇幅较长，古时简册繁重而分为上、下两篇。此篇记五礼之事和祭祀之言行习俗。“经礼三百，曲礼三千”，经礼指礼的主要内容，曲礼指礼的详细礼节。“曲”有周全、详备之意。本篇包括五礼全部内容，也杂记各种礼制，所以篇名“曲礼”，既有礼节详备之意，又有解礼详细之意，是了解古代风俗的好材料。

《曲礼》记君臣间和贵族上层社会的礼节，主要记载吉、嘉、宾、军、凶五种礼仪，包括礼的定义和各种礼的细节。吉礼是五礼之冠，主要是对天神、地祇、人鬼的祭祀典礼，是祝福祈吉之礼；嘉礼是和谐人际关系、沟通联络感情的礼仪，包括宴饮、婚冠、宾射之礼等；宾礼是接待宾客之礼，主要是关于天子与诸侯国以及诸侯国之间的往来交际之礼仪；军礼是师旅操演征伐之礼；凶礼是哀悯吊唁之礼，包括葬丧、救灾等内容。《礼记》中关于丧服之礼有较多篇目。

《曲礼》作为《礼记》全书开篇，总提五礼，起到提纲挈领的作用。篇首即指出“明礼”的重要意义：“道德仁义，非礼不成。教训正俗，非礼不备。分争辨讼，非礼不决。”“礼”成为衡量人们言行、是非的最高准则。古代所称礼仪，几乎囊括了国家政治、经济、军事、文化制度，以及个人的伦理道德修养、行为准则等，由此理解礼的重要意义就更深了一层。文中同时也提及社会活动和日常生活中饮食出行、交往应对等方面的礼仪。

文中说:圣人制定礼制,用来教导人民,使人民有了礼制而知道自己区别于禽兽。因而礼仪、礼俗得到人们普遍尊重与自觉遵守。还说“入国而问俗”“君子行礼,不求变俗”。更有细微礼节体现,如给长者清扫席前,不能让灰尘弄脏长者。当然我们也要取其精华,弃其糟粕。

曲礼上第一

原文

1.1《曲礼》[1]曰：

毋不敬，俨若思，安定辞[2]。安民哉！

敖[3]不可长，欲不可从[4]，志不可满，乐不可极。

贤者狎而敬之，畏而爱之。爱而知其恶，憎而知其善。积而能散。安安而能迁。临财毋苟得，临难毋苟免。很[5]毋求胜，分毋求多。疑事毋质，直而勿有。

若夫坐如尸[6]，立如齐[7]。礼从宜，使从俗。

夫礼者，所以定亲疏、决嫌疑、别同

译文

《曲礼》说：

不要不自我警惕约束，态度要端庄像有所思考的样子，讲话要态度安详、言辞明确。这样才能使人信服啊！

傲慢的心思不可以滋长，欲望不可以放纵，心志不可以自满，享乐不可以至极。

有德行的人亲近并敬重他，畏服并爱慕他。爱他人，但能知道他的短处；恨他人，但能知道他的长处。既能积聚财富，又能散发财富(，救济他人)。既能安适于安乐显荣的地位，也能适应其他变迁。遇到财物，不要随便获得；遇到危难，不要随便逃脱。遇有争讼，不求胜过他人；分派东西，不求多得。疑惑未知的事，不要乱作证明；已经了解的事，不要据此强辩。

如果坐着，就得像尸居神位那样端正；如果站着，就得像祭祀那样恭敬。礼要遵从事理机宜，出使者要遵从当地的风俗。

礼，用来规定人们的亲疏关系，决断事

异、明是非也。礼不妄说[8]人,不辞费。礼不逾节,不侵侮,不好狎。修身践言,谓之善行。行修言道,礼之质也。礼闻取于人,不闻取人。礼闻来学,不闻往教。

理上的嫌疑,分辨事物的异同,明确道理的是非。依从礼,不可虚妄地取媚悦人,不可说些做不到的话。依从礼,行为就不可以逾越节度,不可以侵犯侮慢他人,不可以与人只亲昵而不注意庄重。修养身心,实践诺言,这可以称为美好的德行。行为能体现出修养,说话能符合道的根本,这就是礼的实质。依从礼,只听说到他人那儿去取法,没听说别人不来而招引他来取法的。依从礼,只听说愿意学习的人来求师,没听说主动去教授的。

注释 1《曲礼》:古《礼》之篇名。曲,细小。礼,行为准则。2 安定辞:详审于言语。3 敖:通“傲”。傲慢。4 从(zòng):同“纵”,放纵。5 很:争讼。6 尸:古代代表死者受祭的活人。7 齐(zhāi):指祭祀时恭敬庄重的样子。8 说:同“悦”。取悦。

原文

道德仁义,非礼不成。教训正俗,非礼不备。分争辨讼,非礼不决。君臣、上下、父子、兄弟,非礼不定。宦学事师,非礼不亲。班[1]朝治军,莅官行法,非礼,威严不行。祷祠、祭祀,供给鬼神,非礼,

译文

道德仁义,没有礼就不能成就。用教学和训导来端正民俗,如果没有礼,那就欠缺不完备。分辨争讼的是非曲直,如果没有礼,那就不能决断。君臣、上下、父子、兄弟,如果没有礼,那就不能确定名分。学习做官和学习知识都要服侍老师,如果没有礼,那就不能互相亲密。排列朝廷上的职位品级,整治军队组织的各个部分,各有执事,各行法令,如果没有礼,那就失去了威

不诚不庄。是以君子恭敬撙节退让以明礼。鹦鹉能言,不离飞鸟;猩猩能言,不离禽兽。今人而无礼,虽能言,不亦禽兽之心乎?夫唯禽兽无礼,故父子聚麀[2]。是故圣人作,为礼以教人,使人以有礼,知自别于禽兽。

严。祭祀祈祷,供养鬼神,如果没有礼,那就会失去诚意和庄重的气氛。因此君子恭敬、谦抑、退让,从而显明礼。鹦鹉虽能说话,不过是只飞鸟;猩猩虽也能说话,不过是种禽兽。如果现今尽管算是人,却没有礼,虽然能说话,不也是禽兽之心吗?正因为禽兽没有礼,所以"父子"能以同一母兽为"妻"。因此圣人制定礼制,用来教导人民,使人民有了礼制而知道自己区别于禽兽。

太上贵德,其次务施报。礼尚往来:往而不来,非礼也;来而不往,亦非礼也。人有礼则安,无礼则危,故曰礼者不可不学也。夫礼者,自卑而尊人。虽负贩者,必有尊也,而况富贵乎?富贵而知好礼,则不骄不淫;贫贱而知好礼,则志不慑。

上古时崇尚对他人施恩德(,而不图回报),后来则必讲求有施有报。礼崇尚有往有来:有往而没有来,不合于礼;有来而没有往,也不合于礼。人有了礼,人际关系就能安顺,没有礼就会危倾,所以说礼是不可以不学习的。礼就是自己谦卑而尊重他人。即使是低微卑贱的人,也还有可以尊重的人,何况是富贵的人呢?富贵而且懂得爱好礼仪,那就不会骄奢淫侈;贫贱却能懂得爱好礼仪,那么心志不会畏怯困惑。

注释 1班:次。指正位次。 2麀(yōu):母鹿。

原文

1.2 人生十年曰幼，学；二十曰弱，冠；三十曰壮，有室；四十曰强，而仕；五十曰艾，服官政；六十曰耆，指使；七十曰老，而传；八十、九十曰耄；七年曰悼。悼与耄虽有罪，不加刑焉。百年曰期，颐[1]。

大夫七十而致事。若不得谢，则必赐之几[2]杖，行役以妇人。适四方，乘安车[3]。自称曰老夫，于其国则称名。越国而问焉，必告之以其制。

译文

人出生后至十岁称为“幼”，得外出求学；二十岁称为“弱”，行冠礼；三十岁称为“壮”，成家室；四十岁称为“强”，当谋事；五十岁称为“艾”，治政务；六十岁称为“耆”，只是指导和使唤他人；七十岁称为“老”，就把家事交给子孙去办了；八十岁、九十岁称为“耄”；七岁称为“悼”。七岁的儿童和八九十岁的老人即使犯了什么过错，（都是可以原谅的，）从而不施加刑罚。一百岁称为“期”，就由人供养。

大夫七十岁时就把他的政事交还给君王（准备告老还乡）。如果没有告老，就必定赐给他几和杖；如果要出外办事，就由妇人随行照管生活。如果去各处巡行，就乘坐安车。他可以自称为“老夫”，但在本国朝廷上仍自称名字。去别国访问，一定要把该国的制度告诉他。

注释　1 颐：供养。 2 几：小桌子，坐时依靠所用。 3 安车：古代的一种小车，可坐乘。

原文

1.3 谋于长者，必操几杖以从之。长者问，不辞让而对，非礼

译文

到长者那儿去商议事情，必定要带上几、杖（，长者未必没有几、杖，只是可以表示对长者的恭敬）。长者有问话，不先谦

也。

凡为人子之礼，冬温而夏清[1]，昏定而晨省。在丑夷[2]不争。

夫为人子者，三赐不及车马[3]，故州闾乡党[4]称其孝也，兄弟亲戚称其慈也，僚友[5]称其弟也，执友[6]称其仁也，交游称其信也。见父之执，不谓之进，不敢进；不谓之退，不敢退；不问，不敢对。此孝子之行也。

夫为人子者，出必告，反[7]必面；所游必有常，所习必有业；恒言不称老。年长以倍，则父事之。十年以长，则兄事之。五年以长，则肩随[8]之。群居五人，则长者必异席。

为人子者，居不主奥[9]，坐不中席，行不中道，立不中门；食飨不

让就回答，是不合于礼的。

凡是作为儿女的礼节，是使父母冬天感到温暖，而夏天感到清凉；晚上替父母铺床安枕，早晨向他们请安问候。在与同辈相处时不争吵。

作为子弟，赠送他人礼物再多也不能送人车马，乡亲们因此称他孝顺，兄弟亲戚称他善良，同僚称他敬重兄长，挚友称他仁爱，跟他交往的人称他诚实。见到父亲的挚友，不叫上前就不敢上前，不叫后退就不敢后退，不问话就不敢对答。这是孝子的品行。

作为子弟，外出必定要告知父母，回家必定要当面禀告；出游必有一定的地方，学习必有一定的专业；平时说话不自称“老”字。年龄比自己大上一倍的，就要像对待父亲那样看待他。年龄比自己大上十岁的，就像对待兄长那样看待他。比自己大上五岁的，就属平辈，但应略后随行。五人同在一起，就必定要让长者另坐一席。

作为子弟，居住在家时不占家长的尊位，不坐当中的席位，不走当中的道路，不站在门口的当中；遇有请客宴会，自己不乱作主张，馔具等情况由尊长来决定。祭祀时，不充当受人祭拜的尸；（要事先揣知父母的心思，）在他们没有说以前，在他们没

为概[10],祭祀不为尸;听于无声,视于无形;不登高,不临深;不苟訾,不苟笑。

有举动前就要注意到;不要爬到危险的高处,不要临近危险的深渊;不要随便诋毁,不要随便嘻笑。

注释 1 清(qìng):清凉。 2 丑夷:指同辈、平辈。 3 三赐不及车马:三赐,三命也。凡仕者,一命而受爵,再命而受衣服,三命而受车马。受车马而身所以尊者备矣。不受车马是不敢以成尊比逾于父,或自卑远于君。译文从王引之说,“赐犹予也,谓为人子者不敢以车马予人”。“言三赐者,多予之辞,约言之为三耳”。说见《经义述闻》。 4 州闾乡党:《周礼》说,二十五家为闾,四闾为族,五族为党,五党为州,五州为乡。 5 僚友:官同者。 6 执友:志同者。 7 反:同“返”。 8 肩随:与之并行而略微居后。 9 奥:屋中西南角,尊长居住。 10 概:量米麦时刮平斗斛的器具。这里引申为“裁定”“限制”之意。

原文

孝子不服暗,不登危,惧辱亲也。父母存,不许友以死,不有私财。

为人子者,父母存,冠衣不纯[1]素。孤子当室,冠衣不纯采。

幼子常视[2]毋诳,童子不衣裘裳。立必正方,不倾听。长者与之提携,则两手奉长者之手。负

译文

孝子不干暗事,不行险以侥幸,害怕有辱父母的名声。父母活着,就不准为朋友去效死,也不可以有私自的积蓄。

作为子弟,父母在世时,帽子和衣服不可以用素色来镶边。父母已没有的人,他主持家室,帽子和衣服不可以用彩色来镶边。

平时不要用谎骗教示儿童,儿童不宜穿皮衣和裙子。儿童站立一定要端正,不要侧着头听别人说话。长辈要和他

剑[3]辟[4]咡[5]诏[6]之，则掩口而对。

从于先生，不越路而与人言。遭先生于道，趋而进，正立拱手。先生与之言，则对；不与之言，则趋而退。

从长者而上丘陵，则必乡[7]长者所视。

登城不指，城上不呼。

牵着手走，儿童就先要双手捧着长辈的手。长辈俯身在旁耳语，儿童先要用手遮口，再回答。

跟从先生行路，不要随便越过道路到一边去和别人讲话。在路上遇到先生，就得快步上前，站立端正，拱手致敬。先生和自己讲话，那就可以回话；如果没有讲话，那就得快步退下（不影响先生赶路）。

跟从长者登上山坡，必定要向着长者观望的目标去看。

登上城墙不要乱指画，在城墙上也不要乱呼叫。

注释 1纯(zhǔn)：古代衣裳鞋帽的镶边。 2视：通“示”。示意。 3负剑：指长者俯身与童子语，有负剑之状。负，背。剑，谓挟之于旁。 4辟：偏也。 5咡(èr)：口旁，口耳之间。 6诏：告诉。 7乡：通“向”。

原文

1.4将适舍，求毋固。将上堂，声必扬。户外有二屦，言闻则入，言不闻则不入。将入户，视必下。入户奉扃[1]，视瞻毋回。户开亦开，户阖亦阖。有后入者，阖而勿遂。毋践屦，毋踖[2]席，

译文

将要到别人家去拜访，凡事当求合礼，不可以粗鲁无礼。将要走到堂屋，先得高声探问。室外有两双鞋，又能听到室内的说话声，就可以进入；如果听不到室内的说话声，就不要入内（因为里面可能正在密谋要事）。将要入内，目光一定要看下面。进入室内要恭敬地捧着门闩，不要转头乱张望。门原来是开着的，进

抠[3]衣趋隅。必慎唯诺。

大夫、士出入君门,由闑[4]右,不践阈[5]。

凡与客入者,每门让于客。客至于寝门,则主人请入为席,然后出迎客。客固辞,主人肃客而入。主人入门而右,客入门而左;主人就东阶,客就西阶。客若降等[6],则就主人之阶;主人固辞,然后客复就西阶。主人与客让登,主人先登,客从之;拾级聚足[7],连步以上。上于东阶,则先右足,上于西阶,则先左足。

帷薄[8]之外不趋,堂上不趋,执玉不趋。堂上接武[9],堂下布武[10]。室中不翔[11]。并坐不横肱。授立不跪,授坐不立。

去后还让它开着;门原来是关着的,进去后还让它关着。如果后面还有人要来,就不要把门关紧。不要踩着别人的鞋子,不要越过席子去就坐,而应用手提起下裳走到席位下角坐下。必定要谨慎地用"唯""诺"来答话。

大夫、士出入国君的大门,要从门橛的右边走,不要踩踏门槛。

凡是和宾客一同进门,每到门口都得让宾客先进入。但宾客来到寝室门口时,主人就要自请先进去铺设席位,然后再出门迎接宾客。宾客再三谦让,主人敬请宾客入内。主人进门以后在右边走,宾客进门后在左边走;主人走向东阶,宾客走向西阶。宾客的地位较低下,那就跟随主人走向东阶;主人再三谦让,然后宾客再走向西阶。主人和宾客又谦让着登阶,然后由主人先登,宾客跟从着;主宾一级一级地踩着走,后足与前足相合,步步相继地走上去。凡是登东阶的先出右脚,登西阶的就先迈左脚。

在挂有帷幔和帘子的外面不快步行走,在堂上不快步行走,端着玉器时不快步行走。在堂上小步慢走,堂下可以正步快走。在室内不要舒展着双臂行走。和别人坐在一起不要横着膀子。把东西交给站着的人,不要屈膝;把东西交给坐着的人,不要站着。

注释 1 扃(jiōng):从外面关闭门户的门闩。 2 躐(jí):跨足,跨越。 3 抠(kōu):提起。 4 闑(niè):门橛,古代门中央所竖的短木。 5 阈(yù):门槛。 6 降等:其等列卑于主人。 7 拾(shè)级聚足:拾级,逐级登阶。聚足,登台阶时一步一并。 8 薄:通"箔",帘子。 9 接武:足迹相接。武,足迹。 10 布武:每移足,各自成迹,不相蹑。 11 翔:行走时张开双臂。本文指张开双臂。

原文

1.5 凡为长者粪[1]之礼:必加帚于箕上,以袂拘而退,其尘不及长者,以箕自乡而扱[2]之。

奉席如桥衡[3]。请席何乡,请衽何趾。席南乡北乡,以西方为上;东乡西乡,以南方为上。

若非饮食之客,则布席,席间函丈[4]。主人跪正席,客跪,抚席而辞。客彻重席,主人固辞。客践席,乃坐。主人不问,客不先举。将即席,容毋怍[5],两手抠衣,去

译文

凡是给长者清扫席前之礼:一是要先将扫帚遮挡着畚箕,再用衣袖遮挡住后退着打扫,不让灰尘弄脏长者,并要对着自己将垃圾扫入畚箕。

捧席子要像桔槔上的横木那样。布设坐席时要请问长者朝着哪个方向,布设卧席时也要请问脚朝什么方向。如果是南北向的设席,就以西方为尊位;如果是东西向的设席,就以南方为尊位。

如果不是请来吃饭的客人,那么在布设坐席时,席位间的距离要大些,彼此可以容纳一丈间隔。主人跪着替客人整理席位时,客人得跪着,用手按着席子辞谢。客人要去掉垫在上面的席子时,主人要一再请他不要除去。客人履席,准备坐下时,主人才能坐下。主人不先发问,客人就不要抢先说话。将要就席时,脸色不要有所变化,双手提起衣裳,离地一尺左右。上衣不要掀动,

齐[6]尺。衣毋拨，足毋蹶[7]。

先生书策、琴瑟在前，坐而迁之，戒勿越。虚坐尽后，食坐尽前。坐必安，执尔颜。长者不及，毋儳言。正尔容，听必恭。毋剿说[8]，毋雷同。必则古昔，称先王。侍坐于先生，先生问焉，终则对。请业则起，请益则起。父召，无诺；先生召，无诺；唯而起。侍坐于所尊敬，毋余席。见同等不起。烛至，起；食至，起；上客，起。烛不见跋。[9]尊客之前不叱狗。让食不唾。

脚步不要太快。

如果有先生的书本、琴瑟放在前面，就得跪坐着移开它们，切不可跨越过去。不是坐着饮食就尽量往后坐，坐着饮食就尽量往前坐。坐着一定要安稳，并保持自然的神态。长者没有提到的，不要打断并插上其他的话。要端正你的容貌，听讲必定得恭恭敬敬。不要窃取他人之说以为己说，不要与他人雷同（而无见识）。说话必定以古代的事例为依据，要称引先代圣王的遗训。在先生那儿侍奉陪坐时，先生问话，要等到他讲完后再回答。请教学业要站起来，请先生再进一步讲述时也要站起来。父亲召唤自己时，不能用"诺"来答应；先生召唤时，也不用"诺"；要用"唯"答应，并马上站起来。在自己尊敬的人那儿侍奉陪坐，（要紧挨着坐，）不要留有空余的席位。看见同辈的人不必站立起来。看见端烛的人来到，就得起身；看见端饭食的人来了，也要起身；见到上宾来了，也要起身。晚上点燃后的烛柄不要放在坐席旁，不应让它显露（，不使先生讨厌）。在尊贵的宾客面前不要呵斥狗。主人分给食物时要谦让，但不能同时还流着口水。

注释　1 粪：除污秽。　2 扱(xī)：郑玄读为"吸"。收取，敛取。　3 桥衡：桥，井上桔槔。衡，上下低昂。　4 丈：三席为一丈，席之制三尺三寸三分寸之一。王肃以为当为“杖”,古人讲话,用杖指画,故容杖。 5 怍(zuò):脸色变化。 6 齐(zī):裳的下缉(衣边)。 7 蹶(guì):行遽貌。 8 剿(chāo)说:取人之说以为己说。剿,通“钞”。 9 此句众说纷纭。译文从孙希旦说,“烛跋”不干净,故不置在席旁而使之露见,恐先生见之而生憎恶,亦所以为敬。烛,火炬。跋,本也。指火炬的柄。

原文

侍坐于君子,君子欠伸、撰[1]杖屦、视日蚤[2]莫[3],侍坐者请出矣。侍坐于君子,君子问更端,则起而对。侍坐于君子,若有告者曰“少间,愿有复也”,则左右屏而待。毋侧听,毋噭[4]应,毋淫视,毋怠荒。游毋倨,立毋跛,坐毋箕,寝毋伏。敛发毋髢[5],冠毋免。劳毋袒,暑毋褰[6]裳。

侍坐于长者,屦不上于堂,解屦不敢当阶。就屦,跪而举之,屏于侧。乡长者而屦,跪而迁屦,俯而纳屦。

离坐离[7]立,毋往

译文

在君子那儿侍奉陪坐时,君子打呵欠伸懒腰,或是准备拿起拐杖和鞋子,或是观看时间的早晚,侍坐的人就可以请求告退了。在君子那儿侍奉陪坐时,君子询问到另外一件事,就要起身回答。在君子那儿侍奉陪坐时,如果有前来禀告的人说“稍微占用一点时间,有话要报告”,那么侍坐的人要退避一旁等候。不要侧耳听,不要粗声粗气地答应,不要左右瞟着眼看,不要无精打采。走路时不要做出大摇大摆的傲慢样子,站时不要身体斜靠而用一只脚站立,坐时不要两腿分开像畚箕的样子,睡时不要趴伏在那儿。要收拢起头发不让披垂下来,帽子不要随便脱下。劳作时不要袒衣露体,暑天不要撩起裙子。

在长者那儿侍奉陪坐,穿了鞋不能上堂,脱鞋不能对着台阶。穿鞋时,要跪着拿起鞋子,并退避到一旁再穿上。如果面朝长者穿鞋,那么就得跪着把鞋头转向侧边,

参焉。离立者不出中间。

男女不杂坐，不同椸枷[8]，不同巾栉，不亲授。嫂叔不通问，诸母[9]不漱[10]裳。外言不入于梱[11]，内言不出于梱。

俯身穿上鞋子。

若有两人已并坐、并立在那儿，不要再插进去。若有两人并立在那儿，不要从他俩中间穿过。

男女不混杂着坐，不同用一个衣架，不同用面巾、梳子，不亲手传递东西。嫂叔之间不互相问候，不让庶母洗涤内衣。外面的话不传入闺门内，闺门内的话也不传到外面去。

注释　1 撰：持，拿。　2 蚤：通“早”。　3 莫(mù)：同“暮”。　4 噭(jiào)：号呼之声。　5 髢(dí)：垂发。　6 褰(qiān)：提起，撩起。　7 离：郑玄说，两也。　8 椸枷(yí jià)：亦作“椸架”，指衣架。　9 诸母：父之诸妾有子者。　10 漱：浣。　11 梱(kǔn)：又作“阃”。门限。

原文

女子许嫁，缨[1]。非有大故，不入其门。姑、姊、妹、女子子已嫁而反，兄弟弗与同席而坐，弗与同器而食。父子不同席。

男女非有行媒，不相知名。非受币，不交不亲。故日月以告君[2]，齐戒[3]以告鬼神，为酒食以召乡党僚友，以厚

译文

女子订婚后要系上五彩的香缨。不是有重大的变故，不要进入她的住房。姑、姊、妹以及自己的女儿，她们已经出嫁又回家来时，兄弟不能和她们同席而坐，不能和她们同用一个器皿饮食。父和子不要同席。

男女间若没有媒人往来提亲，不能知道彼此的姓名。女方家没有接受聘礼前，双方不交往亲近。所以婚礼都要登记了年月日才上报，并且要斋戒后在家庙祭告祖先，还要设酒食邀请乡亲、同事、朋友宴

其别也。

饮,这些都是为了加重男女间的分别。

取妻不取[4]同姓,故买妾不知其姓,则卜之。寡妇之子,非有见焉,弗与为友。

娶妻不娶同姓女子,所以买妾不知她的本姓,就占卜来决定能否买下。寡妇的儿子,如果未发现他有才能,就不要和他结为朋友。

贺取妻者曰:“某子使某,闻子有客,使某羞[5]。”贫者不以货财为礼,老者不以筋力为礼。

祝贺娶妻的,要说:“某君派我来,是因为听说你在宴请宾客,所以让我送上一些礼物。”贫穷的人就不必以钱财为礼物,年老的人就不必以劳作体力为礼物。

名子者不以国,不以日月,不以隐疾,不以山川。男女异长。男子二十,冠而字。父前子名,君前臣名。女子许嫁,笄而字。

给孩子取名不能用国名,不能用日月之名,不能用身上暗疾之名,不能用山川之名。男女各有排行。男子长到二十岁,举行冠礼,并要取字。但是在父亲面前,儿子仍需称名;在君王面前,臣子也仍需称名。女子订婚后,用簪束结头发,也要另取字。

注释 1缨:五彩丝带。郑玄说,许嫁时系缨,以五彩为之,其制未闻。2告君:孙希旦认为,告闾史、州史、州伯等。说见《礼记集解》。 3齐(zhāi)戒:斋戒。齐,通“斋”。 4取:通“娶”。 5羞:进献。

原文

1.6 凡进食之礼:左殽[1]右胾[2]。食居人之左,羹居人之右。脍炙处外,醯酱处内,葱

译文

凡是便饭之礼:左边陈放带骨的熟肉,右边陈放大块的切肉。饭食放在人的左边,羹就放在人的右边。细切的烤肉放在外面一些,醋和酱放在里面一些,蒸葱等佐料放

湥[3]处末，酒浆处右。以脯[4]脩[5]置者，左朐[6]右末[7]。客若降等执食兴辞，主人兴辞于客，然后客坐。主人延客祭[8]。祭食，祭所先进，殽之序，遍祭之。三饭，主人延客食胾，然后辩[9]殽。主人未辩，客不虚口[10]。

侍食于长者，主人亲馈，则拜而食；主人不亲馈，则不拜而食。共食不饱，共饭不泽手[11]。

毋抟饭，毋放饭，毋流歠[12]，毋咤食，毋啮骨，毋反鱼肉，毋投与狗骨。毋固获，毋扬饭[13]。饭黍毋以箸。毋嚃羹[14]，毋絮羹[15]，毋刺齿，毋歠醢[16]。客絮羹，主人辞不能亨[17]。客歠醢，主人辞以窭[18]。濡肉齿决，干肉不齿

在旁边，酒浆这类饮料放在右边。如要陈放肉干牛脯，左边放形状弯曲的，右边放形状挺直的。宾客如果是地位较低的，要端着饭食站起来，致感谢辞，主人也就要站起来说请他安坐饮食一类话，然后宾客才坐定。主人请客人吃饭，自己先祭。祭食物，先祭先吃的东西，以后按照吃食的顺序全祭过一遍。三口饭吃过后，主人请宾客吃大块的切肉，然后再吃带骨的熟肉。主人没有吃完，宾客不漱口(先吃完)。

陪伴长者吃饭，主人亲自取菜肴给自己时，就要拜谢后再吃；主人不亲自取送的，就不必拜谢后再吃。大家一起饮食，不要只顾自己吃饱；大家一起吃饭，不要手上生汗不干净。

不要搓饭团，不要把手中的剩饭放回饭器里，不要喝得满嘴流淌，不要啧啧作声地吃，不要啃骨头，不要把吃过的鱼肉再放回盘器里，不要把骨头扔给狗。不要专门挑一种食物吃，不要扬去饭的热气。吃黍米饭不要用筷子(要用手)。不要大口喝着羹汤，不要调和羹汤，不要剔牙，不要喝醋酱一类的调料。如果宾客在调和羹汤，主人要道歉，说没能烹调好。宾客在喝醋酱时，主人也要道歉，说食物没准备充足。湿软的肉就用牙齿咬断，

决。毋嘬[19]炙。卒食，客自前跪，彻饭齐[20]，以授相者。主人兴辞于客，然后客坐。

干肉用牙齿咬不断(就用手撕开来吃)。不要吞咽烤肉。吃完后，宾客要起身前跪，收拾饭食、酱菜等，并交给在一旁侍候的人。主人要起身请宾客不必动手，然后宾客再坐下。

注释 1 殽(yáo)：同"肴"，带骨的肉。 2 胾(zì)：切成大块的肉。 3 渿(yì)：蒸葱。 4 脯(fǔ)：肉干。 5 脩(xiū)：肉干。 6 朐(qú)：屈曲的干肉。 7 末：从王梦鸥说，或即是"申"，挺直的肉脯。说见《礼记今注今译》。 8 祭：指祭食。孔疏说，祭者，君子不忘本，有德必酬之。故得食而种，种出少许，置之豆间之地，以报先代造食之人也。这种做法，就是拨出一点饭、菜放在桌上，表示祭食。 9 辩：通"遍"。遍及。 10 虚口：吃完漱口。 11 泽手：汗手，不洁。古人用手抓饭吃，所以手要清洁。 12 歠(chuò)：饮。 13 扬饭：扬去饭的热气。饭热当待冷，若扬去热气，则为贪快，伤廉。 14 嚃(tà)羹：囫囵吞咽羹汤。 15 絮(chù)：调和，调拌。 16 醢(hǎi)：肉酱。 17 亨(pēng)：同"烹"。 18 窭(jù)：贫，不足。 19 嘬(chuài)：吞食，一口吃下去。 20 齐(jī)：通"齏"。指酱菜。

原文

侍饮于长者，酒进则起，拜受于尊所；长者辞，少者反席而饮。长者举未釂[1]，少者不敢饮。

长者赐，少者贱者不敢辞。赐

译文

陪伴长者饮酒，长者递过酒来，就要站起来，并走到放酒樽的地方先拜后受；长者说不必客气，年轻的再返回席位饮酒。长者举杯没有喝干，年轻的就不可以先喝。

长者有赏赐，后辈、地位低下的僮仆等就不必推辞。如果在国君那儿赐食水果，遇有核的(不要随地乱吐)，应包裹了放在怀里。在国君那儿侍候吃饭，国君赐给剩下的食物，如果

果于君前，其有核者，怀其核。御食于君，君赐余，器之溉者不写[2]，其余皆写。馂[3]余不祭。父不祭子，夫不祭妻。

盛器是可以洗涤的，就不必倒出来（，可以用原器取食）；如果是不可洗涤的，就要先倒到另外的器具中再吃。吃别人剩下的饭食就不必祭食。如果父亲吃儿子的余食，丈夫吃妻子的余食，都不行祭食礼。

御同于长者，虽贰不辞。偶坐不辞。羹之有菜者用梜[4]，其无菜者不用梜。

陪同长者侍候人家吃饭，如果主人给长者加了一份食物时，也给年轻的加了一份，年轻的就不必推辞。和长者坐在一起，不必由年轻的来说客套话。羹汤有菜的就用筷子，羹汤无菜的就不用筷子。

为天子削瓜者副[5]之，巾以絺。为国君者华[6]之，巾以绤。为大夫累[7]之，士疐[8]之，庶人龁之。

替天子削瓜者要把瓜分成四瓣，用细麻布盖上。替国君削瓜者要把瓜分成两瓣，用粗麻布盖上。替大夫削瓜者，只削皮裸露着（不用分开，不用遮盖），士人削瓜只去掉瓜蒂，庶人连瓜蒂也不切去就连皮咬着吃。

注释　1 釂(jiào)：尽爵曰釂，即干杯。　2 写(xiè)：同“泻”。郑玄说，传己器中乃食之。　3 馂(jùn)：吃剩的食物。　4 梜(jiā)：箸，筷子。　5 副(pì)：郑玄说，析也。分开，剖开。　6 华(huā)：郑玄说，中裂之，不四析也。　7 累(luǒ)：倮也，谓不巾覆。即削瓜去皮后，不遮盖。　8 疐(dì)：同“蒂”。瓜蒂。

原文

1.7 父母有疾，冠者不栉，行不翔，言不惰[1]，琴瑟不御，食肉不至变

译文

父母有病，成人不梳理头发，行走不再张臂有精神，不说不敬的话，不弹奏琴瑟，不再多吃肉，饮酒不至于脸红，笑不

味[2]，饮酒不至变貌，笑不至矧[3]，怒不至詈。疾止复故。

至于畅怀大笑，怒不至于恶声斥骂。等父母的病痊愈了，再恢复原先的样子。

有忧者侧席而坐，有丧者专席而坐。

有忧患的人，适宜设单独的席位坐；有丧事的人，只设单层的席子坐。

水潦降，不献鱼鳖。献鸟者佛[4]其首，畜鸟者则勿佛也。献车马者执策绥。献甲者执胄。献杖者执末。献民虏者操右袂。献粟者执右契。献米者操量鼓[5]。献孰食者操酱齐。献田宅者操书致[6]。

雨水多的时候，不要把鱼鳖献给人家（因为不足珍异）。献野鸟的要转过它的头（防止它啄人），献驯养过的鸟就不必转过头。献车马的，要手执马鞭、登车绳送上。献铠甲的，要拿着头盔送上。献杖的，要拿着末端送上。献俘虏的，要抓住他的右手（以防不测）。献粟的，要拿符契的右半送上。献米的，要拿量鼓送上。献熟食的，要先拿酱类和腌菜送上。献田宅的，要拿着房地契约送上。

凡遗人弓者：张弓尚[7]筋[8]，弛弓尚角[9]；右手执箫[10]，左手承弣[11]；尊卑垂帨[12]。若主人拜，则客还辟[13]辟拜。主人自受，由客之左，接下承弣，乡与客并，然后受。进剑者左首。进戈者前其镈[14]，后其刃。进矛戟者前其镦[15]。

凡是赠送给人家弓的：已张弦的弓要以弓弦向上，松弦的弓要以弓背向上，右手拿着弓头末梢，左手托着弓背中间；无论两人尊卑怎样，彼此都得在递交佩巾时鞠躬为礼。如果主人下拜，那么宾客要转身避开，要避免主人下拜。如果主人亲自接受赠弓，就从宾客的左手一方接过弓头末梢，再用另一只手托着弓的把手处；主人和宾客要并立朝着同一方向，然后才可以授受弓。递剑给人家的要剑柄向左。递戈给人家的要下端向前，戈刃向后。递矛戟给人家的也要下端向前。

注释 1惰：不正之言。 2此依孔疏，食少则味不变，多食则口味变也。 3矧(shěn)：通"龂"，齿龈。大笑则见之。 4佛：通"拂"。扭转。 5量鼓：郑玄说，量器名。 6致：王引之说，读为质剂之"质"，两书一札，破而为两，如契券，长者曰质，短者曰剂。 7尚：通"上"。向上。 8筋：弓弦。 9角：弓背。 10箫：弓梢。 11弣(fǔ)：弓中部把手处。 12帨(shuì)：古人腰际的佩巾。 13辟：通"避"。 14镈(zūn)：戈柄末端的金属套。 15镦(duì)：同"镎"，矛戟柄末端的金属套。

原文

进几杖者拂之。效马效羊者右牵之，效犬者左牵之。执禽者左首。饰羔雁者以缋[1]。受珠玉者以掬。受弓剑者以袂。饮玉爵者弗挥。凡以弓剑、苞苴[2]、箪笥[3]问人者，操以受命，如使之容。

凡为君使者，已受命，君言不宿于家。君言至，则主人出拜君言之辱；使者归，则必拜送于门外。若使人于君所，则必朝服而命之；使者反，则必下堂而受命。

译文

送几、杖的，要擦抹干净。送马、送羊的，要用右手牵着，送狗的就可以用左手牵着。拿鸟送人的，要使鸟头向左。送羊羔、大雁的，要系上彩带装饰。接受别人赠送的珠玉时，要双手捧着。接受弓、剑的，要用袖子来接。用玉杯饮酒的，不要挥动酒杯。凡是被派遣去递送弓剑、苞苴、箪笥的人，要拿着这些东西接受吩咐，要有如使者出使时那样的仪容。

凡是为国君去出使的，已接受了命令，就不敢再留宿家里。凡是国君有命令到来，主人就要出门拜迎君命，并说有劳使者送来；使者回去，也必定要到门外拜送。如果派人到国君那儿去，就必定要穿上朝服再授命给派去的人；使者回来后，必定要下堂接受国君的命令。

见多识广，记忆力强，而且能够谦让，

博闻强识而让，敦善行而不怠，谓之君子。君子不尽人之欢，不竭人之忠，以全交也。

礼曰："君子抱孙不抱子。"此言孙可以为王父[4]尸，子不可以为父尸。为君尸者，大夫、士见之，则下之。君知所以为尸者，则自下之；尸必式[5]。乘必以几。

孳孳为善，从不懈怠，这就可称为君子。君子不希望别人全心地喜欢自己，也不希望别人全力为自己效忠，这样才能保持交情长久。

礼书说："君子抱孙不抱子。"这是说，孙子可以充当祭祖时的尸，儿子不可以充当祭父时的尸。为国君充当尸的人，大夫、士见了他，就要下车致敬。如果国君知道那个将要充当尸的人，自己也要下车致敬；而充当尸的人也必定要凭轼回礼。乘车必定要用几垫脚。

注释 1缋：彩带。或指画布。 2苞苴(bāo jū)：用苇或茅包裹鱼肉。 3箪笥(dān sì)：盛饭用具，圆曰箪，方曰笥。 4王父：祖父。《尔雅·释亲》："父之考为王父。" 5式：通"轼"。古代车前手扶的横木称为轼，凭轼俯身行礼亦作"轼"。

原文

1.8 齐者不乐不吊。

居丧之礼：毁瘠不形，视听不衰，升降不由阼阶[1]，出入不当门隧[2]。居丧之礼：头有创则沐，身有疡则浴；有疾则饮

译文

斋戒的人不听乐，不吊丧。

居丧之礼：虽因哀伤而消瘦体羸，但不可瘦得皮包骨，视力、听力也不可以衰退；登堂、下堂不从阼阶走，进进出出不走门当中的甬道。居丧之礼：头上有了疮，就可以洗发；身上发痒，也可以洗澡；有病就可以饮酒吃肉(补充营养)，病痊愈了又要与当初居丧时一样。不能经受住丧事的哀痛而病倒，那就

酒食肉，疾止复初。不胜丧，乃比于不慈不孝。五十不致毁，六十不毁，七十唯衰[3]麻在身，饮酒食肉，处于内。

生与[4]来日，死与往日。知生者吊，知死者伤。知生而不知死，吊而不伤。知死而不知生，伤而不吊。

吊丧弗能赙[5]，不问其所费。问疾弗能遗，不问其所欲。见人弗能馆，不问其所舍。赐人者不曰来取，与人者不问其所欲。

等同于不慈不孝。五十岁，不能极度悲哀伤身；六十岁可以不因悲哀而消瘦；七十岁，只是披麻戴孝，能够饮酒吃肉，并且居住在室内。

生者服丧，是在死者死去的第二天开始；死者殡殓，是在死者死去的当日开始。和死者的家属有交情的，就慰问死者家属；和死者直接有交情的，就哀悼死者。和死者家属有交情，但和死者没有交情的，就只慰问而不哀悼。和死者直接有交情，但和死者家属没有交情的，就只哀悼而不慰问。

吊丧，不能出钱物助人治丧的，就不问他们丧事的花费。探问病人，不能馈赠钱物的，也不要问他需要什么。接见来宾，不能安排他住宿的，就不要问他住在什么地方。送东西给人家的，不要说让他来取去；将要送东西给人家的，也不要问他是否想要。

注释　1 阼阶：堂前东阶，主人之阶。郑玄说，阼犹酢也，东阶所以答酢宾客。　2 隧：道路。　3 衰(cuī)：同“缞”。古时丧服，用粗麻布制成，披于胸前。　4 与：从王念孙说，“与”犹“以”也。参见《经义述闻》。5 赙(fù)：送钱物助人办丧事。

原文

1.9 适墓不登垄[1]，助葬必执绋[2]。临丧

译文

到墓地去不要登上坟头，帮助丧葬的必定要牵引灵车。参与丧事不可以嬉

不笑。揖人必违其位。望柩不歌。入临不翔。当食不叹。邻有丧,舂不相[3];里有殡,不巷歌。适墓不歌,哭日不歌。送丧不由径,送葬不辟涂潦。临丧则必有哀色,执绋不笑,临乐不叹,介胄则有不可犯之色。故君子戒慎,不失色于人。

笑。向人作揖必定要离开原位。看到灵柩不能歌唱。进入丧家哭悼,不要张臂走路。对着饭食不应当叹气。邻居有丧事,自己舂米时也不要唱歌;邻里中有丧还未下葬,不在街巷内歌唱。到墓地上不要歌唱,吊丧这天也不歌唱。护送灵车不从小路走,送葬不避开路上的水潦。参与丧事就必定要有悲哀的神情,牵引灵车不能嬉笑,听着哀乐不能叹气,穿戴上盔甲就有不可侵犯的神色。(什么样的事就宜配什么样的仪容。)因此君子要警戒慎重,在人们面前不能失态。

国君抚式,大夫下之。大夫抚式,士下之。礼不下庶人,刑不上大夫。刑人不在君侧。

遇见国君手抚车轼俯身行礼,大夫要下车致敬。遇见大夫手抚车轼俯身行礼,士人要下车致敬。礼不下施到庶人,刑不上施到大夫。受到刑罚的人不能在国君左右服侍。

兵车不式。武车绥旌[4],德车[5]结旌。史载笔,士载言。前有水,则载[6]青旌;前有尘埃,则载鸣鸢;前有车骑,则载(飞)[7]鸿;前有士师,则载虎皮;前有挚[8]兽,则载貔貅。行,前朱(鸟)〔雀〕[9]而后玄武,左青龙而右白虎;

在兵车上不必凭轼行礼。兵车要旌旗招展,乘车要旌旗垂敛。记录王事的史官要携带文具随从,管理外交的士人要携带盟会的文辞随从。队伍在道路上行进,前面有水,就竖起画有青雀的旗子(告诉后面的人);前面有尘埃,就竖起画有鸣鸢的旗子;前面有车骑,就竖起鸿雁的旗子;前面有军队,就竖起虎皮;前面有猛兽,就

招摇[10]在上，急缮[11]其怒；进退有度，左右有局，各司其局。

父之仇，弗与共戴天。兄弟之仇，不反兵。交游之仇，不同国。

竖起画有貔貅的旗子。军队行阵，前锋是画朱雀为旌旗，后卫是画玄武为旌旗，左方是画青龙为旌旗，右方是画白虎为旌旗；中军用画有北斗七星的旌旗高举在上，以坚定将士们的战斗精神；前进后退有一定的法度，左右各有队伍，各有管束。

杀父之仇，不共戴天。兄弟的仇人，不必返家取武器（见了就杀掉）。朋友的仇人，不与他同存于一国。

注释 1 垄：坟冢。 2 绋(fú)：牵引灵车的大绳。 3 相：相和歌，舂(chōng)米时唱。 4 武车：即兵车。孔疏说，取其建戈刃，即云兵车；取其威猛，即云武车也。绥：舒，展开。 5 德车：乘车。孔疏说，谓玉路、金路、象路、木路，四路不用兵，故曰德车。 6 载：从王引之说，植立。即树起。 7 飞：王引之说，"飞"字涉注文而衍。 8 挚(zhì)：通"鸷"。凶猛。 9 王念孙说，"朱鸟"本作"朱雀"。 10 招摇：即摇光，北斗第七星。 11 急缮：坚定，坚持。

原文

四郊多垒，此卿、大夫之辱也。地广大，荒而不治，此亦士之辱也。

临祭不惰。祭服敝则焚之，祭器敝则埋之，龟策敝则埋之，牲死则埋之。凡祭于公者，必自彻[1]其俎。

译文

四面边境上筑了许多战垒，这是卿大夫的耻辱。土地广大，荒废而不被治理，这也是士的耻辱。

参与祭礼不可怠慢。祭祀穿的衣服破了，就得烧掉；祭礼用的器物坏了，就得埋掉；占卜用的龟策坏了，也就得埋掉；祭牲死了，也要埋掉。凡是在国君庙里助祭的人，祭毕就得自己撤走俎等祭器

卒哭乃讳。礼不讳嫌名，二名不偏讳。逮事父母，则讳王父母；不逮事父母，则不讳王父母。君所无私讳，大夫之所有公讳。诗书不讳，临文不讳，庙中不讳。夫人之讳，虽质[2]君之前，臣不讳也。妇讳不出门。大功、小功[3]不讳。入竟[4]而问禁，入国而问俗，入门而问讳。

外事以刚日[5]，内事以柔日。凡卜筮日，旬之外曰远某日，旬之内曰近某日。丧事先远日，吉事先近日。曰："为日，假尔泰龟有常[6]，假尔泰筮有常。"卜筮不过三，卜筮不相袭。龟为卜，策[7]为筮。卜筮者，先圣王之所以使民信时日、敬鬼神、畏法令也，所以使民决嫌疑、定犹与[8]也。故曰：疑而筮之，则

（不该让主人动手）。

卒哭祭以后，就要避讳死者的名字。依据礼，不用避开读音相同的名字；两字的名字，只避讳一字。赶上侍奉父母的，就避讳祖父母的名字；没赶上侍奉父母的，就不避讳祖父母的名字。在国君那儿不避家讳，在大夫那儿应避国讳。教学时不避讳，写作时不避讳，庙中祭告时也不避讳。夫人的名讳，即使在国君面前对答，臣子也不必避讳。妇女的名讳，只限于家内。大功、小功的亲戚不避讳。来到一个地方，要询问当地的禁忌；进入一个国家，要询问该国的风俗；到了别人家里，要询问他们的家讳。

在宗庙外举行典礼要用刚日，在宗庙内举行典礼要用柔日。凡是要用卜筮来决定举行典礼的日子，十天以外的称为"远某日"，在十天以内举行的称为"近某日"。丧事先卜远日，吉事先卜近日。卜筮时要说："为卜吉日，凭借你大龟来决定，凭借你大筮做决定。"用卜用筮，都不能超过三次；用卜用筮，不能重复。龟用来卜，策用来筮。卜筮是先代圣王用来使民众相信择定的时日、敬重祭祀的鬼神、畏服法令的，也是用来使民众决断嫌疑、裁定

弗非也。日而行事,则必践之。

犹豫的。所以说:有怀疑就问卜,问了卜就不再心思不定。已择定日子行事的,就必定要履行。

注释 1 彻:通"撤"。撤除,撤离。 2 质:质对,对答。 3 大功、小功:属五等丧服中,表示较疏远的亲戚关系。 4 竟:同"境"。地域,处所。 5 刚日:十日有五刚五柔,甲丙戊庚壬五奇为刚,乙丁己辛癸五偶为柔。 6 假:凭借,借助。泰:极大,大中之大。此为尊重的美称。有常:孙希旦说,有常,言其断吉凶不差忒,可凭信也。 7 策:郑玄说,别本作"蓍(shī)"。一种多年生的草。 8 犹与:犹豫。

原文

1.10 君车将驾,则仆执策立于马前。已驾,仆展[1]軨[2],效[3]驾。奋衣由右上,取贰绥[4],跪乘,执策分辔,驱之,五步而立。君出就车,则仆并辔授绥,左右攘辟。车驱而驺[5],至于大门,君抚仆之手,而顾命车右[6]就车。门闾、沟渠,必步。

凡仆人之礼,必授人绥。若仆者降

译文

国君的车将要套车,驾车的仆人要拿着鞭子站在马前。套完车,驾车的仆人要仔细察看车身,并试一下车马套得是否牢固。然后拂干净衣服从右边上车,要拿着副绥登车,并跪着乘坐,再手执鞭子,分开马的辔绳,驱马行车,试行了五步就可停下。国君出来乘车时,仆人一手握着辔绳,一手将登车的引手绳递给国君,左右的人都避让。驱车前行,随从的人紧跟急走。来到大门口,国君就按住仆人的手(让他停车),并回过头来命令车右上车。经过大门、里门、沟渠等地方时,车右必定要下车步行。

凡是驾车仆人之礼,必定要将上车的引手绳递给乘车者。如果驾车仆人的身份比乘车者低,乘车者就接过来;如果相反,就不能等，则受，不然则否。若仆者降等，则抚仆之手，不然，则自下拘之。

接受。如果驾车仆人的身份比乘车者低，乘车者就要按着他的手，用另一手接过引手绳；如果双方身份相当，就从他的手下直接取过引手绳。

注释 1展：视也。 2軨(líng)：车阑，即车箱前面和左右两面横直交结的栏木。 3效：考，试验。 4贰绥：副绥，驭者登车的引手绳。 5驺(zhòu)：通“骤”。急行。 6车右：有勇力的卫士，乘车在右位，故称。

原文

客车不入大门。妇人不立乘。犬马不上于堂。故君子式黄发[1]，下卿位[2]，入国不驰，入里必式。君命召，虽贱人，大夫、士必自御[3]之。

介者不拜，为其拜而蓌[4]拜。祥车[5]旷左。乘君之乘车[6]，不敢旷左；左必式。仆御妇人，则进左手，后右手。御国君，则进右手，后左手而俯。国君不乘奇车[7]。

车上不广咳，不

译文

宾客的车不进入大门。妇人不站立着乘车。犬马不能牵上堂。君子乘车，见了年老的人要凭轼行礼，经过卿的朝位要下车步行，进入国境后不疾驶，进入里门一定要凭轼行礼。国君命人来召唤，即使派来的是低贱的人，大夫、士也必定亲自迎接他。

穿上盔甲的人不跪拜，因为他下拜时有盔甲不能屈身，只是蹲一下就算下拜了。下葬时用的魂车空着左方尊位。乘坐国君的车，不敢空着左方尊位；虽处在左位，（但不敢自安，）必须要常凭轼行礼。仆人为妇人驾车，那就要先用左手拿着辔绳，然后用右手驾驶。为国君驾车，就要先用右手拿着辔绳，然后用左手驾车，稍微俯身向着国君。国君不乘奇邪不正的车。

车上不要大声咳嗽，不要胡乱指画。站

妄指。立视五巂[8]，式视马尾，顾不过毂。国中以策彗[9]恤勿[10]驱，尘不出轨。

国君下齐牛，式宗庙。[11]大夫、士下公门，式路马。乘路马，必朝服，载鞭策，不敢授绥，左必式。步路马，必中道。以足蹙[12]路马刍，有诛；齿路马，有诛。

在车上，目光要看着前方大约轮转五周的地方；凭轼行礼时，目光要看着马尾的地方；回头看时，目光不要超过车毂。进入国中用鞭梢搔摩马，不使马疾驰，尘埃不飞扬出车辙外。

国君乘车，见到祭祀用的牛，就得下车；经过宗庙，就得凭轼行礼。大夫、士乘车，经过国君门口，就得下车；看见为国君驾车的"路马"，要凭轼行礼。凡是驾驭"路马"的，必定要穿朝服，带着马鞭，(但不用来驱赶，)不可将登车引手绳授给人家，要站在左边，必定要凭轼俯身。牵着"路马"走路，必定要走中道正路。用脚踢踏"路马"草料的，就要处罚；估量"路马"年龄的，也要处罚。

注释　1故：郑玄认为，"众篇杂辞"。不连属上下文。黄发：高寿者。人初老头发会发白，更老则发黄。　2卿位：卿之朝位，路门之内，门东北面位。　3御(yà)：郑玄说，当为"迓"，迎也。　4蓌(cuò)：蹲。　5祥车：即吉车。吉车为平生所乘，葬时用为魂车。　6乘车：君王之次路，王有五路，自乘一，余四路皆从行。　7奇车：众说不一，此依郑玄说，猎(车)、衣(车)之属。即是一类奇邪不正之车。　8巂(guī)：通"规"。郑玄说，犹规也，谓轮转之度。　9策彗：以带叶竹帚制成的马鞭。　10恤勿：郑玄说，搔摩也。　11此句或以为当作"国君下宗庙，式齐牛"。　12蹙(cù)：通"蹴"。踢。

曲礼下第二

原文

2.1 凡奉者当心，提者当带。执天子之器，则上衡；国君，则平衡；大夫，则绥之[1]；士，则提之。

凡执主器，执轻如不克[2]。执主器，操币[3]、圭璧，则尚[4]左手；行不举足，车轮曳踵。

立则磬折，垂佩。主佩倚，则臣佩垂；主佩垂，则臣佩委。执玉，其有藉[5]者则裼[6]，无藉者则袭[7]。

译文

凡是捧东西的要与心胸的位置齐平，提东西的要与系带的腰部齐平。拿天子的器物，就要高过胸口；拿国君的器物，就和胸口齐平；拿大夫的器物，就低于胸口；拿士人的器物，提到腰际就可以了。

凡是拿着主人的器物，即使拿轻的东西，也要像拿不动的样子(小心而又恭敬)。拿着主人的器物，或币帛、瑞玉时，就要左手在上(，右手在下)；行走不抬高脚，要像车轮碾地那样拖着脚跟走。

站立要上身微向前倾，就像石磬那模样，让腰中佩玉悬垂下来。主人直立，腰佩倚靠着身体，那么臣子要让腰佩悬垂下来；主人腰佩悬垂下来，那么臣子要让腰佩垂到地上。拿着玉器时，如果是垫着束帛的琥、璜、壁、琮等玉器，就要袒露出里面的衣服；如果是没有垫的圭、璋等玉器，就要披上外衣。

注释 1 绥之：郑玄说，绥读为“妥”。妥之，谓下于心。 2 克：胜任。

3 币:绢帛一类丝织品,古人常用作礼物。 4 尚:上。 5 藉:指以束帛为垫子。 6 裼(xī):袒露。 7 袭:衣上加衣。

原文

2.2 国君不名卿老[1]、世妇[2]。大夫不名世臣[3]、侄娣[4]。士不名家相[5]、长妾[6]。君大夫之子,不敢自称曰"余小子"[7]。大夫、士之子,不敢自称曰"嗣子某"[8],不敢与世子[9]同名。

君使士射,不能,则辞以疾,言曰:"某有负薪之忧[10]。"侍于君子,不顾望而对,非礼也。

译文

国君对上卿、世妇不称呼他们的名字。大夫对世臣、侄娣不称呼他们的名字。士人对家相、长妾不称呼他们的名字。国君、大夫的儿子,不能自称为"余小子"。大夫、士人的儿子不能自称为"嗣子某",不能和太子同名。

国君让士人射箭,如果不能射,就要用有病来推托,说:"某人有负薪之病。"侍奉君子,如果不能察言观色来对答,就会失礼。

注释 1 卿老:上卿。 2 世妇:妾之贵者,谓二媵也。 3 世臣:家臣中贵者。 4 侄娣(dì):侄,妻之兄女。娣,妻之妹。 5 家相:帮助治理家事者。 6 长妾:有子之妾。 7 郑玄说,这是"辟(避)天子之子未除丧之名"。 8 郑玄说,这是"辟(避)其君之子未除丧之名"。 9 世子:古代天子、诸侯的嫡长子。 10 这是推说自己有担柴之余劳,所以不能射。某,代士人名。忧,劳。

原文

2.3 君子行礼,不求变俗。祭祀之礼,居丧

译文

徙居他国的君子,行礼时不可以改变原来的礼俗。祭祀的礼仪、居丧的服

之服，哭泣之位，皆如其国之故，谨(修)〔循〕[1]其法而审行之。

制、哭泣死者的位置，都要像自己国内那样，谨慎地遵循那些法度，而且仔细地实行它们。

去国三世，爵禄有列于朝，出入有诏于国。若兄弟宗族犹存，则反告于宗后。

离开自己的国家已有三代，但他的族人还有在朝廷上做官的，如果有喜事丧事，应当和故国的卿大夫相互往来通告。如果他的宗族兄弟还在，自己有喜事丧事，也应当回去告诉族长的后人。

去国三世，爵禄无列于朝，出入无诏于国。唯兴[2]之日，从新国之法。

离开自己的国家已有三代，他的族人没有在朝廷上做官的，如果有喜事丧事，就不必和故国的卿大夫相互往来通告。等到自己做了新国的卿大夫后，才可以依从新国的礼仪法度。

君子已孤不更名；已孤暴贵[3]，不为父作谥[4]。居丧未葬，读丧礼；既葬，读祭礼；丧复常，读乐章。居丧不言乐，祭事不言凶，公庭[5]不言妇女。

君子在父亲过世后不可更换名字；父亲过世后，即使从士人、庶人一下子成了诸侯，也不必为父亲定美谥。居丧时，还没有下葬，要研究丧礼；下葬后，要研究祭礼；丧期结束，恢复正常生活，就可以诵读诗歌。居丧时不谈论乐事，祭礼时不谈论凶事，公庭上不谈论妇女。

注释　1 王念孙说，“修”当是“循”字。　2 兴：郑玄说，谓起为卿大夫。　3 暴贵：孔疏说，谓士庶起为诸侯，非一等之位也。　4 谥：列举死者平生行迹和德行，为他评定称号。　5 公庭：国君的庙庭或朝堂之庭。

原文

2.4 振[1]书[2]、端书于君前,有诛。倒策、侧龟于君前,有诛。

龟策、几杖、席盖、重素、袗[3]絺绤[4],不入公门。苞屦[5]、扱衽[6]、厌冠[7],不入公门。书方[8]、衰[9]、凶器[10],不以告,不入公门。

公事不私议。

译文

在国君面前拂去簿书上的灰尘,整理文书,都要处罚。在国君面前弄倒策,弄翻龟,也要处罚。

卜问吉凶的龟策、供老人用的几杖、丧车上用的席盖、像丧服那样的素衣素冠、可以露见身体的单内衣,都不能进入国君宫门。穿丧鞋、戴丧冠、做丧事打扮的,都不能进入国君宫门。条录赠送给死者物件数目的方版、麻衣丧服、丧葬用的明器,没有经过允许,都不能进入国君宫门。

凡是公家的事情,不许私下议论。

注释 1 振:拂去灰尘。 2 书:孔疏说,书,簿领也。即簿册文书。 3 袗(zhěn):单衣。 4 絺绤(chī xì):此指用细葛布或粗葛布制成的内衣。 5 苞屦(bāo jù):用藨(biāo)草做成的草鞋,居丧时穿用。 6 扱(chā)衽:收敛上衣的前襟插在腰带里。 7 厌冠:丧冠,因形状低伏而称厌冠。厌,伏。 8 方:方版,古代书写用的木板。 9 衰(cuī):同“缞”。麻布丧服。 10 凶器:明器。古代随葬器物。

原文

2.5 君子将营宫室,宗庙为先,厩库为次,居室为后。凡家[1]造,祭器为先,牺赋[2]为次,养器为后。无田禄者,

译文

君子将要营建宫室,首先得建造宗庙,其次建造马厩和库房,最后才是建造自己的住房。大夫家中制造器具,首先应是祭器,其次是祭牲的圈牢,最后才是供养人的饮食器具。没有田产俸禄的人,不

不设祭器。有田禄者，先为祭服。君子虽贫，不粥[3]祭器；虽寒，不衣祭服；为宫室，不斩于丘木。

必设置祭器。有田产俸禄的人，就先置办祭服。君子即使贫穷，也不能出卖祭器；即使很寒冷，也不能随便穿上祭服；营建宫室，不能砍伐坟上的树木。

大夫、士去国，祭器不逾竟[4]。大夫寓祭器于大夫，士寓祭器于士。

大夫、士离开自己的国家，不能携带祭器出境。大夫要把祭器寄存在相同官阶的大夫家里，士就把祭器寄存在相同官阶的士人家里。

大夫、士去国，逾竟，为坛[5]位，乡[6]国而哭。素衣，素裳，素冠，彻缘[7]，鞮屦[8]，素[9]簚[10]，乘髦马[11]，不蚤[12]鬋[13]，不祭食；不说人以无罪，妇人不当御。三月而复服。

大夫、士离开自己的国家，过了国境，就要设一坛位，望着自己国家的方向哭泣。要穿素衣素裳，戴素冠，除去上衣的滚边，穿上没有鞋鼻的皮制鞋，用白色狗皮来覆盖车前栏杆，驾着没剪毛的马，不剪指甲，不剃须发，进餐时不行祭食礼；不向人辩解自己冤屈无罪，不接近妇女。这样生活了三个月后，才可以恢复原来的生活并离去。

大夫、士见于国君，君若劳之，则还辟，再拜稽首；君若迎拜，则还辟，不敢答拜。

大夫、士到国君那儿去觐见，如果国君亲自慰劳他，就得还身避开，要两次跪拜并叩头至地；如果国君来迎接先拜，自己也要还身避开，并且不敢回拜。

大夫、士相见，虽贵贱不敌，主人敬客则先拜客，客敬主人则先拜主人。凡非吊丧，非见国君，无不答拜者。

大夫、士相见，虽然彼此贵贱不相对等，但是主人尊敬客人，就可以先拜客人；客人尊敬主人，就可以先拜主人。凡是不属吊丧、不属进见国君的，没有不回拜的。

大夫见于国君，国君拜其辱[14]。士见于大夫，大夫拜其辱。同国始相见，主人拜其辱。君于士，不答拜也；非其臣，则答拜之。大夫于其臣，虽贱，必答拜之。男女相答拜也[15]。

来聘问的大夫到国君那儿去觐见，国君要拜答他的来访。士人到大夫那儿去拜见，大夫要拜答他的来访。同国之人在初次相见时，主人要拜答对方来访的情谊。国君对于士人，不回拜；如果不是自己的臣下，那就得回拜他。大夫对于自己的家臣，虽然家臣地位卑贱，也必定要回拜他。男女间要相互回拜。

注释 1 家：指大夫。 2 牺赋：祭牲。此指饲养祭牲的地方。 3 粥(yù)：同"鬻"。卖。 4 竟：同"境"。 5 坛：筑构的高台。 6 乡：通"向"。 7 缘(yuàn)：滚边。 8 鞮屦(dī jù)：没有鞋鼻的皮制鞋。 9 素：指白狗皮。 10 篾(mì)：同"幭"。车轼上的覆盖物。 11 髦(máo)马：未经剪剔马毛的马。 12 蚤(zhǎo)：通"爪"。此作修剪指甲之意。 13 鬋(jiǎn)：通"剪"。孔疏说，剔治须发也。 14 拜其辱：孙希旦说，拜其自屈辱至此。 15 此句说解纷纭。《释文》说，一本作"不相答拜"。皇侃说，"后人加不字耳"。孔疏与郑注也未合。译文依孔疏，男女虽有别，必宜答也。

原文

2.6 国君春田不围泽[1]，大夫不掩群，士不取麛[2]卵。

岁凶，年谷不登，君膳[3]不祭肺[4]，马不食谷，驰道不除，祭事不县[5]。大夫不食(梁)〔粱〕[6]，

译文

国君春天田猎，不可以整个儿包围猎场；大夫不可以整个儿地捕取兽群，士人不可以猎取幼兽或鸟卵。

遇上水灾旱灾，年成很差，国君膳食不再杀牲，马就不喂谷物，国君驰车的大道不再除草，祭事也不奏乐。大夫减去加食的稻粱，士人宴请宾客不能用乐招待。

士饮酒不乐。

君无故[7]玉不去身。大夫无故不彻县。士无故不彻琴瑟。

国君不能无缘无故让佩玉离身。大夫不能无缘无故撤去悬乐。士人不能无缘无故去掉琴瑟。

注释 1泽:水边草木丛生之地。 2麛(mí):小兽的通称。 3膳:美食。 4祭肺:周人看重肺,故食必先祭肺。此"不祭肺",即指不杀牲。 5县(xuán):悬乐。乐有悬钟磬,故称县(悬)。县,同"悬"。 6大夫不食粱:大夫食黍稷,而稻粱为加食。 7故:指灾变、丧疾之类。

原文

2.7 士有献于国君,他日君问之曰:"安取彼?"再拜稽首而后对。

大夫私行出疆,必请,反必有献。士私行出疆,必请,反必告。君劳之,则拜;问其行,拜而后对。

国君去其国,止之曰:"奈何去社稷[1]也?"大夫,曰:"奈何去宗庙也?"士,曰:"奈何去坟墓也?"国君死社稷,大夫死众,士死制[2]。

译文

士人有礼物进献给国君,如有一天国君问他:"从哪里得来这些东西的?"士人先要跪拜叩头,然后再回答。

大夫因私事出国,必定要请示;返回后,必定要进献礼物。士人因私事出国,也必定要请示;返回后,必定要报告。国君慰劳他,就要拜谢;国君问他旅行的情况,就要先下拜,后回答。

国君离开自己的国家去流亡,就劝止他说:"为什么要抛弃自己的社稷呢?"如果是大夫,就对他说:"为什么要抛弃自己的宗庙呢?"是士人,就对他说:"为什么要抛弃自己的祖坟呢?"国君应为社稷而死,大夫应为大众而死,士人应为法制而死。

注释 1社稷:国家。社,土神;稷,谷神。 2士死制:士为国君守护法制,法制被夺则死之。

原文

2.8 君天下,曰"天子"。朝诸侯,分职[1]授政任功[2],曰"予[3]一人"。践阼,临祭祀,内事曰"孝王某",外事曰"嗣王某"。临诸侯,畛[4]于鬼神,曰"有天王某甫[5]"。崩,曰"天王崩"。复[6],曰"天子复矣"。告丧,曰"天王登假[7]"。措之庙,立之主[8],曰"帝"。天子未除丧,曰"予小子"。生名之,死亦名之。

天子有后,有夫人,有世妇,有嫔,有妻,有妾。天子建天官,先六大,曰大宰、大宗、大史、大祝、大士、大卜,典司六典。[9]天子之五官,曰司徒、司马、司空、司士、司寇,典司五众。天子之六府,曰司土、司木、司水、司草、司器、司货,典司六职。天子之六

译文

君临天下的,就称"天子"。在朝会诸侯,分派职务,授予政事,确定委任时,就称"予一人"。站在主人的地位,主持祭祀时,如果祭祖宗,就称"孝王某";祭祀天地神祇,就称"嗣王某"。天子来到诸侯国内,向鬼神致祭时,就称"天王某"。天子死,要称"天王崩"。替天子招魂,就称"天子的魂灵回来吧"(不称名)。替天子发讣告,要称"天王登遐"。将天子的灵位附入宗庙,立牌位时要称"帝"。天子还未除去丧服,要称"予小子"。(如果未除丧就已死去,)因生时称"小子王某",死去也称"小子王某"。

天子有王后、夫人、世妇、嫔、妻、妾。天子设立治天道、事鬼神的官职,先设六大官职,称为太宰、太宗、太史、太祝、太士、太卜,主管六种制度。天子又设立五官,称为司徒、司马、司空、司士、司寇,主管统属的官员。天子设有六个府库,称为司土、司木、司水、司草、司器、司货,主管各类职事。天子

工,曰土工、金工、石工、木工、兽工、草工,典制六材。

设有六种工匠,称为土工、金工、石工、木工、兽工、草工,主管用各种材料制作器物。

注释 1分职:分六官之职。 2任功:孔疏说,谓使人专掌委任之功,若五侯九伯汝实征之也。 3予(yú):我。 4畛:郑玄说,致也,祝告致于鬼神辞也。 5某甫:指“某”字当用“字”。甫,男子美称,多附缀于表字后。 6复:招魂。招呼死者之魂,使回复体魄,希望再生。 7登假(xiá):即登遐,升天之意。假,通“遐”,远。 8主:神主,以木为之,使神依之。即是牌位。 9郑玄说,此盖殷时制也。以下“五官”“六府”“六工”也都是殷时制也。

原文

2.9 五官致贡曰享。[1]

五官之长曰伯,是职方[2]。其摈[3]于天子也,曰“天子之吏”。天子同姓,谓之“伯父”;异姓,谓之“伯舅”。自称于诸侯,曰“天子之老”。于外,曰“公”;于其国,曰“君”。

九州之长,入天子之国,曰“牧”。天子同姓,谓之“叔父”;异姓,谓之“叔舅”。于外,曰“侯”;于其国,曰“君”。

译文

五官在年终要向君王呈献各自的成绩,称为“享”。

五官中的首长称为“伯”,主管他所治辖地方的政事。他是辅佐天子的,因此称为“天子之吏”。与天子同姓的诸侯,称为“伯父”;不是同姓的诸侯,称为“伯舅”。他们对其他诸侯自称为“天子之老”。对国外的人就称为“公”,对国内的人就称为“君”。

九州诸侯之长,进入天子的畿内,就称为“牧”。与天子同姓的,就称他为“叔父”;与天子不同姓的,就称他为“叔舅”。对国外的人,称“侯”,对自

其在东夷、北狄、西戎、南蛮，虽大曰“子”。于内，自称曰“不穀”；于外，自称曰“王老”。

庶方小侯，入天子之国，曰“某人”。于外，曰“子”，自称曰“孤”。

己国内的人，称“君”。

那些在东夷、北狄、西戎、南蛮地方的诸侯，虽然有的国土也很辽阔，(但是爵位只属子爵，)就称为“子”。对国内的人，他自称为“不穀”；对国外的人，他自称为“王老”。

另外众多的各方小诸侯，进入天子王畿，就称“某人”。对国外的人称为“子”，自称为“孤”。

注释 1 贡：进献。享：祭献，上供。引申为进献。 2 职方：主管所治地方的政事。 3 摈：《释文》说，又作“傧”。天子的傧相，夹辅天子。

原文

2.10 天子当依[1]而立，诸侯北面而见天子，曰觐。天子当宁[2]而立，诸公东面，诸侯西面，曰朝。诸侯未及期相见，曰遇；相见于郤地[3]，曰会。诸侯使大夫问于诸侯，曰聘；约信，曰誓；莅牲，曰盟[4]。

诸侯见天子，曰“臣某侯某”。其与民言，自称曰“寡人”。其在凶服，曰“適[5]子孤”。临祭祀，

译文

天子背对着绣有斧文的屏风朝南站立，诸侯朝北面见天子，就称为“觐”。天子站在屏风和门之间(脸朝南)，诸公脸朝东，诸侯面向西，这样面见天子就称为“朝”。诸侯彼此间没有到约定的日期就相见的，称为“遇”；在边境附近相见的，就称为“会”。诸侯派大夫到另一诸侯国去访问，就称为“聘”；写下约束的言辞作为双方的信用，就称为“誓”；杀牲歃血，向神告誓，就称为“盟”。

诸侯去见天子，就称“臣某侯某”。他和民众说话，就自称为“寡人”。诸侯在居丧时，(会见国外的宾客，)就称“嫡

内事,曰“孝子某侯某”;外事,曰“曾孙某侯某”。死曰“薨”。复,曰“某甫复矣”。既葬,见天子,曰“类见”。言谥曰“类”。诸侯使人使于诸侯,使者自称曰“寡君之老”。

天子穆穆,诸侯皇皇,大夫济济,士跄跄,庶人僬僬。

子孤”。主持祭祀,如果是宗庙内祭祖宗,就称“孝子某侯某”;如果祭天地神祇,就称“曾孙某侯某”。诸侯死,就称为“薨”。招魂,就称“某甫的魂灵回来吧”(要用字不用名)。(继位的诸侯)在行过葬礼后去朝见天子,就称为“类见”。先君将要下葬,(继位的诸侯)为父亲请谥,就称为“类”。诸侯派人出使到其他诸侯那儿,使者自称“寡君之老”。

天子的仪容,显示出深远的样子;诸侯的仪容,显示出盛大的样子;大夫的仪容,显示出齐整的样子;士人的仪容,显示出洒脱的样子;庶人的仪容,显示出匆促的样子。

注释 1 依(yǐ):通“扆”。户牖之间有斧形装饰的屏风。 2 宁(zhù):“宁”的本字。古代宫殿的门、屏之间,为群臣朝见帝王之处。 3 郤(xì)地:指两国交界之地。郤,通“隙”。 4 莅牲,曰盟:孔疏说,先凿地为方坎,杀牲于坎上,割牲左耳,盛以珠盘,又取血盛以玉敦,用血为盟;分成,乃歃血而读书。 5 適(dí):通“嫡”。

原文

2.11 天子之妃曰后,诸侯曰夫人,大夫曰孺人,士曰妇人,庶人曰妻。公侯有夫人,有世妇,有妻,有妾。夫人自称于天子,曰

译文

天子的配偶称为“后”,诸侯的就称为“夫人”,大夫的称为“孺人”,士人的称为“妇人”,庶人的称为“妻”。公和侯都有夫人、世妇、妻、妾。公侯夫人对天子自称为“老妇”,对别国诸侯自称为“寡小君”,对自己的国君(夫君)自称为“小童”。从世妇往

“老妇”；自称于诸侯，曰“寡小君”；自称于其君，曰“小童”。自世妇以下，自称曰“婢子”。子于父母，则自名也。

下，都自称为“婢子”。子女在父母面前都称自己的名。

列国之大夫，入天子之国，曰“某士”；自称曰“陪臣某”。于外曰“子”，于其国曰“寡君之老”。使(者)[1]，自称曰“某”。

各诸侯国的大夫，进入天子的畿内，别人称他为“某国的士”；自称为“陪臣某”。在别国的人称他为“子”，在本国的人称他为“寡君之老”。出使别国，就自称为“某”。

2.12 天子不言出。诸侯不生名。君子不亲恶。诸侯失地，名；灭同姓，名。

天子出奔，史册不能用“出”字。诸侯生前，史册不称他的名(只称他的爵位)。君子不原谅作恶的天子和诸侯。诸侯亡失自己的国土，就在史册上直书其名；诸侯攻灭自己的同胞，也在史册上直书其名。

为人臣之礼，不显谏。三谏而不听，则逃之。子之事亲也，三谏而不听，则号泣而随之。

作为臣下的依礼就不应该当众指责国君的过错。再三劝谏，国君仍不听取，就离开他出走。子女侍奉父母亲时，再三劝谏仍不听从，就要哭泣号啕，并随从父母(感动他们)。

君有疾饮药，臣先尝之。亲有疾饮药，子先尝之。医不三世，不服其药。

国君有病需服药，臣下就要先试尝。父母亲有病需服药，子女就要先试尝。行医不是父子相传至三世的，就不服用他所开的药。

注释　1 王念孙说，经文“使”下本无“者”字。

原文

2.13 拟[1]人必于其伦。

问天子之年，对曰："闻之，始服衣若干尺矣。"问国君之年，长，曰："能从宗庙社稷之事矣。"幼，曰："未能从宗庙社稷之事也。"问大夫之子，长，曰："能御矣。"幼，曰："未能御也。"问士之子，长，曰："能典[2]谒矣。"幼，曰："未能典谒也。"问庶人之子，长，曰："能负薪矣。"幼，曰："未能负薪也。"

问国君之富，数地以对，山泽之所出。问大夫之富，曰："有宰[3]食力[4]，祭器衣服不假。"问士之富，以车数对。问庶人之富，数畜以对。

译文

要比较一个人必须置于同类人中(比如大夫就在大夫一类中比较，士就在士人一类中比较)。

问天子年龄，可以间接回答："听说，已开始穿多长的衣服了。"问国君的年龄，如果国君年已长，可以间接回答："已能主持宗庙社稷的事了。"如果国君还年幼，就回答："还不能主持宗庙社稷的事。"问大夫儿子的年龄，他已年长，就回答："已能驾驭车马了。"如果还年幼，就回答："还不能驾驭车马。"问士人儿子的年龄，他已年长，就回答："已能给宾客传话了。"如果还年幼，就回答："还不能给宾客传话。"问庶人儿子的年龄，他已年长，就回答："已能担柴了。"如果还年幼，就回答："还不能担柴。"

问国君的财富，回答时可以先计算国土的大小，再估量山泽的出产。问大夫的财富，可以回答说："他有采地，收取民众的赋税作为费用，祭祀时的祭器祭服不用向别人借用。"问士人的财富，可以计算车辆的数目来回答。问庶人的财富，可以计算牲畜的数目来回答。

注释 1 拟(nǐ):比。 2 典:主持。 3 宰:王念孙说,“宰”当读为“采”,谓有采地也。 4 食力:孔疏说,谓食下民赋税之力也。

原文

2.14 天子祭天地,祭四方,祭山川,祭五祀[1],岁遍。诸侯方祀[2],祭山川,祭五祀,岁遍。大夫祭五祀,岁遍。士祭其先。

凡祭,有其废之,莫敢举也;有其举之,莫敢废也。非其所祭而祭之,名曰淫祀[3]。淫祀无福。天子以牺牛,诸侯以肥牛[4],大夫以索牛[5],士以羊豕。支子不祭,祭必告于宗子。

译文

天子祭祀天地之神,祭祀四方之神,祭祀山川之神,祭五祀之神,一年内要全祭遍。诸侯祭祀封国内的山川之神,祭五祀之神,一年内也要全祭遍。大夫祭五祀之神,一年内全祭遍。士人祭祀自己的祖先。

凡是祭祀,有不是自己该祭祀的,就不敢进行祭祀;有自己该祭祀的,就不敢废止。不是自己该祭祀的,却去祭祀,就称为“淫祀”。淫祀不会受福。天子祭祀用纯色的祭牛,诸侯用经过精心饲养的祭牛,大夫可以用临时选择的祭牛,士人用羊、猪祭祀。庶出的子孙不主持祭祀,如果要祭祀,也要先告诉嫡系的子孙。

注释 1 五祀:谓春祭户,夏祭灶,季夏祭中霤(liù),秋祭门,冬祭行。 2 方祀:郑玄说,谓祭四望之在其方者,若鲁祭泰山,晋祭河,是也。 3 淫祀:过多而滥的祭祀。 4 肥牛:孔疏说,系于牢而刍之三月也。 5 索牛:孙希旦说,临时简择其好者也。

原文

2.15 凡祭宗庙之礼,牛曰

译文

凡是祭祀宗庙之礼(牲物有特

一元[1]大武[2],豕曰刚鬣[3],豚曰腯[4]肥,羊曰柔毛,鸡曰翰[5]音,犬曰羹献[6],雉曰疏趾,兔曰明视;脯曰尹祭[7],槁鱼曰商祭[8],鲜鱼曰脡祭[9];水曰清涤,酒曰清酌;黍曰芗[10]合,粱曰芗萁[11],稷曰明粢[12],稻曰嘉蔬;韭曰丰[13]本,盐曰咸鹾;玉曰嘉玉,币曰量币[14]。

2.16 天子死曰崩,诸侯曰薨,大夫曰卒,士曰不禄,庶人曰死。在床曰尸,在棺曰柩。羽鸟曰降,四足曰渍[15]。死寇曰兵。

祭王父曰皇祖考,王母曰皇祖妣,父曰皇考,母曰皇妣,夫曰皇辟[16]。生曰父,曰母,曰妻;死曰考,曰妣,曰嫔。寿考曰卒,短折曰不禄。

殊的称号):牛称为“一元大武”,猪称为“刚鬣”,豚称为“腯肥”,羊称为“柔毛”,鸡称为“翰音”,犬称为“羹献”,雉称为“疏趾”,兔称为“明视”;肉脯称为“尹祭”,干鱼称为“商祭”,鲜鱼称为“脡祭”;水称为“清涤”,酒称为“清酌”;黍称为“芗合”,粱称为“芗萁”,稷称为“明粢”,稻称为“嘉蔬”;韭称为“丰本”,盐称为“咸鹾”;玉称为“嘉玉”,币称为“量币”。

天子死称为“崩”,诸侯死称为“薨”,大夫死称为“卒”,士人死称为“不禄”,庶人死就直称“死”。死人在床上称为“尸”,在棺内就称为“柩”。飞鸟死去,称为“降”;走兽死去,称为“渍”。死于寇难的就称为死于“兵”。

祭祀祖父称为“皇祖考”,祭祀祖母称为“皇祖妣”,祭祀父亲称为“皇考”,祭祀母亲称为“皇妣”,祭祀丈夫称为“皇辟”。当他们还在世时就分别称为父、母、妻;在他们死后就分别称为考、妣、嫔。长寿而死的也可以称为“卒”,短寿夭折的也可以称为“不禄”。

注释 1元:头。 2武:足迹。 3刚鬣(liè):豕肥则鬣刚。鬣,兽颈项上的毛。 4腯(tú):肥壮。 5翰:毛又长又硬。 6羹献:孔疏说,人将所食羹余与犬,犬食之肥,肥则可献于鬼神。 7尹祭:指割切方正可祭。尹,正。 8 商祭:用干鱼祭祀。 9 脡(tǐng)祭:用鲜鱼祭祀。脡,直长条的干肉。 10 芗(xiāng):五谷的香气。亦泛指香。 11 萁(jī):语气助词。 12 明粢(zī):古代祭祀用的谷物。此指稷,其色白。 13 丰:茂盛。 14 量币:指币帛的长短广狭合制度,也称"制币"。 15 渍:郑玄说,相瀸(jiān,浸渍)污而死。 16 辟:郑玄说,辟,法也,妻所取法也。或说,辟,主君。

原文

2.17 天子视不上于袷[1],不下于带。国君绥[2]视。大夫衡视。士视五步[3]。凡视,上于面则敖[4],下于带则忧,倾[5]则奸。

君命,大夫与士肄[6]。在官言官,在府言府,在库言库,在朝言朝[7]。朝言不及犬马。辍朝而顾,不有异事,必有异虑。故辍朝而顾,君子谓之固。在朝言礼,问礼对以礼。

大飨[8]不问卜,

译文

瞻望天子,视线往上不可高于他的交领,往下不可低于腰带。瞻望国君,视线要稍向下。瞻望大夫,可以对面平视。至于士人,视线可以在五步之内自由游移。凡是瞻望他人,视线高于对方的脸部就显得傲慢,低过腰带的又显得似有忧愁,乜斜着眼看人的似有奸邪之心。

国君发布的命令,大夫和士人应加以研究学习。(要各随所在,商讨谋议:)在版图文书之处,就商讨版图文书这方面的情况;在宝藏财货之处,就商讨宝藏财货这方面的情况;在车马兵甲之处,就商讨车马兵甲这方面的情况;在君臣议政之处,就商讨政治这方面的情况。在商讨政事的地方,不谈及车马等私事。议政结束,(各自退去,不该回头观望;)如果回头观望,不是另有议政外的事,就是另有不正当的念头。所以这种散朝后的回头观望,君子称为野陋无礼。在朝廷上要讲礼,问话要有礼,对答也要有礼。

不饶富。

2.18 凡挚[9]，天子鬯[10]，诸侯圭，卿羔，大夫雁，士雉，庶人之挚匹[11]。童子委挚而退。

野外军中无挚，以缨[12]、拾[13]、矢可也。

妇人之挚：椇、榛、脯、脩[14]、枣、栗。

2.19 纳女于天子，曰"备[15]百姓"；于国君，曰"备酒浆"；于大夫，曰"备埽[16]洒"。

依大飨之礼，不用预先卜择日期（只讲究礼数齐备），祭器祭品不必完备繁多。

凡是初次相见时用的礼物，天子用鬯酒，诸侯用玉圭，卿用羔羊，大夫用雁，士人用雉，庶人的见面礼物是用鸭子。童子的见面礼物（不规定为哪一种），他放下礼物就走（不必行授受之礼）。

在野外军中没有别的见面礼，那么用缨、拾、矢都可以。

妇女的见面礼物有：椽子、榛子、肉脯、干肉、枣子、栗子等。

送女儿到天子那儿去，就称说"备百姓"；送女儿到国君那儿去，就称说"备酒浆"；送女儿到大夫那儿去，就称说"备埽洒"。

注释　1 袷(jié)：古人中衣的交领。　2 绥(tuǒ)：通"妥"。下垂。　3 士视五步：郑玄说，士视，得旁游目五步之中。　4 敖(ào)：通"傲"。傲慢。　5 倾：侧，斜。此指斜视。　6 肄：习。　7 郑玄说，官，谓版图文书之处。府，谓宝藏货贿之处。库，谓车马兵甲之处。朝，谓君臣谋政事之处。　8 大飨(xiǎng)：明堂之飨帝，宗庙之飨先王，王飨诸侯，两国君王相见而飨，都称大飨。飨，用酒食款待人，亦指祭献。　9 挚：同"贽"。初次见人时所送的礼物，以表敬意。　10 鬯(chàng)：用郁金香草泡黑黍酿成的酒。　11 匹：《尔雅·释鸟》作"鴄"。鸭子。　12 缨：亦称"鞅"。马颈上的革带，驾车时用。　13 拾(shí)：射韝。即射箭用的皮制套袖。14 脩(xiū)：干肉。　15 备：充数。以下这几句都是谦卑之辞，不敢以伉俪期望，仅备妾媵之数而已。　16 埽(sǎo)：同"扫(掃)"。

檀弓

导读

《檀弓上》和《檀弓下》亦本为一篇。此篇主要内容是杂记各种行礼规则与佚闻，尤以丧礼为多而详，记载了很多孔子及弟子居丧、治丧的言行举止。檀弓是人名，姓檀名弓。此人善于礼，所以立为篇名以扬举。

本篇内容颇杂，有王室内权倾相争，有卑官对庶众的凌压，也有春秋时王公、诸侯、世家不遵循礼的现象，还记各种礼俗杂事。胡适认为习礼者不该为那些细枝末节纠缠，但那些细小琐碎的礼节，比如“曾子袭裘而吊”，对后世研究礼制很有价值。

文中载春秋时卫国公叔文子去世，赐谥号“贞惠文子”，因“昔者卫国凶饥，夫子为粥与国之饿者，是不亦惠乎！”此煮粥救济灾民之事，学者考证其为我国现存历史文献中最早的关于施粥的记载。著名的“苛政猛于虎”，也出自本篇。文中还说，服事国君、对国家忠诚就要进谏，如果国君不听就可以离开。侍奉父母，就算父母不听劝谏也不能离开。服事师长，可以用对待父母的礼节，师徒如父子，可见我国尊师传统之久远。

子游说：“礼有微情者，有以故兴物者。”人喜则咏、歌、舞；人悲戚则哀痛、捶胸、顿足，礼就是要节制这些情绪。礼从心起，丧礼旨在表示哀戚之情，对长上是无忘其恩，也是别于禽兽的体现。“祭思敬，丧思哀”，所以孔子说：丧礼，“不若礼不足而哀有余也”；祭礼，“不若礼不足而敬有余也”。墟墓之间应有哀的氛围，宗庙之中应有敬的气氛。礼义重于财物，因而不能以财物的轻重来衡量。儒家认为祭祀天地神灵，可使百姓有所崇拜和畏惧,起到慑服作用。祭祀祖先,可教育人民不忘祖辈创业之功,起到“民兴于仁”“教民相爱”的作用。

《礼记》中讨论丧礼、丧服和祭祀的礼节繁复冗杂,都是为了达到“慎终追远”“民德归厚”的目的,然而所记琐屑礼文,则已不可取。

檀弓上第三

原文

3.1 公仪仲子[1]之丧，檀弓[2]免[3]焉。仲子舍其孙而立其子。檀弓曰："何居[4]？我未之前闻也。"趋而就子服伯子于门右，曰："仲子舍其孙而立其子，何也？"伯子曰："仲子亦犹行古之道也。昔者文王舍伯邑考而立武王，微子舍其孙腯而立衍也。夫仲子亦犹行古之道也。"子游问诸孔子。孔子曰："否。立孙。"

事亲有隐[5]而无犯，左右就养无方[6]，服勤至死，致丧三年。事君有犯而无隐，左右

译文

公仪仲子家里有丧事，檀弓头上着"免"去他家吊丧。仲子舍弃自己的嫡孙却立庶子为丧主。檀弓说："这是什么原因呢？我先前从没有听说这样的事。"于是他赶紧走到门右边主人的兄弟子服伯子那儿，说："仲子舍弃自己的嫡孙却立庶子为丧主，是什么原因呢？"伯子说："仲子也不过是执行古人的道理。从前文王舍弃伯邑考而立武王，微子舍弃自己的嫡孙腯而立庶子衍。仲子也不过是执行古人的道理罢了。"子游曾向孔子问起过这件事。孔子说："不该这样。应当立嫡孙为丧主。"

侍奉父母，不称扬他们的过失，也不犯颜指责，在他们的左右侍候，操劳服侍到他们去世，再极哀戚地守丧三年。侍奉国君要犯颜直谏，不隐瞒他的过失，在他的左右侍奉并各司其职，操劳服侍到他去世，再比拟父亲那样守丧三年。侍奉老师，不能犯颜指责，但不隐瞒他的过失，在他的左右侍

就养有方，服勤至死，方丧三年。事师无犯无隐，左右就养无方，服勤至死，心丧[7]三年。

候，操劳服侍到他去世，再像给父亲守丧那样哀痛地守丧三年（但不必穿丧服）。

注释 1公仪仲子：郑玄说，盖鲁同姓，仲子是“字”，其名未闻。 2檀弓：春秋时鲁国人，姓檀名弓。郑玄说，“（礼记编者）以其善于礼，故著姓名以显之”。所以此篇称《檀弓》。 3免(wèn)：通“絻”。古代一种丧饰，去冠用布包裹发髻。 4居(jī)：郑玄说，齐鲁之间语助也。即语气助词，无义。 5隐：谓不称扬其过失也。 6无方：无定所。方，地方，区域。7心丧：指古时老师死后，弟子不穿丧服，只在心里悼念。

原文

3.2 季武子成寝，杜氏之葬在西阶之下，请合葬焉，许之。入宫而不敢哭。武子曰：“合葬非古也。自周公以来，未之有改也。吾许其大，而不许其细，何居？”命之哭。

3.3 子上之母死而不丧。门人问诸子思曰：“昔者子之先君子丧出母乎？”曰：“然。”“子之不使白也丧之，何也？”子思曰：“昔者吾先君子

译文

季武子新建一座住宅，杜氏的墓葬正在那住宅的西阶下面，杜氏后人请求迁出合葬，季武子答应了这一要求。杜氏后人进入新宅迁墓时不敢哭泣。季武子说：“合葬不是古人的礼俗。但从周公以来，却一直这样做，而没有改变过。我既然已答应他们迁墓这样的大事，如果不允许那些细小的哭泣之事，这又算什么道理呢？”于是叫杜氏后人尽管哭。

孔子的曾孙子上的母亲离婚后死了，子上没有戴孝。门徒向子思问起这件事，说：“从前，您的父亲（孔鲤）不是给离婚的母亲戴过孝吗？”子思说：“是的。”又问道：“您不让孔白（子上）戴孝，

无所失道。道隆则从而隆,道污则从而污[1]。伋则安能?为伋也妻者,是为白也母;不为伋也妻者,是不为白也母。"故孔氏之不丧出母,自子思始也。

是什么原因呢?"子思说:"从前,我的父亲并没有失礼的地方。依礼该隆重的就跟着隆重,依礼该降减的就跟着降减。我怎么能做到呢?如果她是我的妻子,这人也就是孔白的母亲;如果她已不再是我的妻子,这人也就不再是孔白的母亲了。"所以孔氏家不为离婚的母亲戴孝,是从子思开始的。

注释 1 污:郑玄说,犹杀(shài)也。减杀,削减,减少。

原文

3.4 孔子曰:"拜而后稽颡[1],颓[2]乎其顺也。稽颡而后拜,颀[3]乎其至也。三年之丧,吾从其至者。"

孔子既得合葬于防,曰:"吾闻之,古也墓而不坟。今丘也,东西南北之人也,不可以弗识也。"于是封之,崇四尺。孔子先反,门人后。雨甚,至。孔子问焉,曰:"尔来何迟也?"曰:"防墓崩。"孔子不应。三,孔子泫然

译文

孔子说:"先跪拜,然后再磕头,这是为合乎先宾后己的顺序。先磕头,然后再跪拜,这是表示悲痛至极。三年守丧,我依从后一种做法。"

孔子已得到机会将父母亲合葬在防,说:"我听说,古代的墓地是不堆高积土的。如今我孔丘是奔波四方的人,不可以不做个标识。"于是就在墓上堆加积土,高四尺。孔子先回家,门徒还在修墓。下了一阵大雨,门徒们回来了。孔子问他们,说:"你们为什么来迟了?"他们回答说:"防地的墓坍塌了。"孔子没有答话。门徒们一连说了三次,孔子流下了眼泪,说:"我听说过,古人是不在墓上加

流涕，曰："吾闻之，古不修墓！"

高积土的啊！"

孔子哭子路于中庭。有人吊者，而夫子拜之。既哭，进使者而问故。使者曰："醢之矣！"遂命覆醢。

孔子在正室前的庭里为子路的死难而痛哭。有人来慰问，孔子就以主人的身份拜客。哭过后，唤进赴告的使者，问子路死难时的情状。使者说："死时被剁成了肉酱！"孔子就叫人把家里的肉酱倒掉（不忍心再吃了）。

注释 1 稽颡（qǐ sǎng）：以额触地的敬礼。颡，额。 2 颓：恭顺的样子。 3 颀（kěn）：恻隐的样子。

原文

3.5 曾子曰："朋友之墓有宿草而不哭焉。"

子思曰："丧三日而殡，凡附于身者必诚必信，勿之有悔焉耳矣。三月而葬，凡附于棺者必诚必信，勿之有悔焉耳矣。丧三年，以为极，亡则弗之忘矣。故君子有终身之忧，而无一朝之患。故忌日不乐。"

3.6 孔子少孤，不知其墓。殡于五父[1]之衢，人之见之者皆以为葬也；

译文

曾子说："朋友的墓上已有了隔年生的草，就不必再哭了。"

子思说："人死后三天进行殡殓，凡是附随尸体入殓的东西，处理时必定要真诚信实，不要留有遗憾。三个月下葬，凡是附随在棺内下葬的东西，处理时也必定要真诚信实，也不要留有遗憾。丧期虽然以三年作为极限，但是亲人死后就再也不会忘记他们了。所以君子有一辈子的哀思，却没有一天敢让父母的遗体蒙受伤害。因此在忌日不奏乐。"

孔子小时，父亲就已去世，他不知道父亲的墓地在哪里。母亲死后，孔子就在五父的大路上进行殡礼，人们见了都

其慎[2]也，盖殡也。问于聊[3]曼父[4]之母，然后得合葬于防。

以为是出葬；但又看到他拉的是灵车，是举行殡礼时的装饰。孔子问过聊曼父的母亲，然后才能使母亲与父亲合葬在防地。

注释 1 五父(fǔ)：地名，在今山东曲阜东南。 2 慎：用绳子拉灵车至殡所。 3 聊(zōu)：地名。 4 曼父(fǔ)：人名。父，男子之美称。亦指对老年男性的尊称。

原文

3.7 邻有丧，舂不相。里有殡，不巷歌。丧冠不緌[1]。

有虞氏瓦棺。夏后氏堲[2]周。殷人棺椁。周人墙[3]置翣[4]。周人以殷人之棺椁葬长殇，以夏后氏之堲周葬中殇、下殇，以有虞氏之瓦棺葬无服之殇。

夏后氏尚黑，大事敛用昏，戎事乘骊，牲用玄。殷人尚白，大事敛用日中，戎事乘翰，牲用白。周人尚赤，大事敛用日出，戎事乘骡[5]，牲用骍[6]。

译文

邻居有丧事，舂米也不歌唱。邻里有殡殓事，不要在街巷里歌唱。戴丧冠，不要让帽带结好后的剩余部分垂下来。

有虞氏用陶器制成的棺。夏后氏又烧土制作砖，砌在瓦棺的四周。殷人用木材制作的棺和椁。周人又在灵柩外面围上屏障，加上棺饰。周人用殷人的棺椁来葬十六岁到十九岁的殇子，用夏后氏那种四周砌砖的瓦棺来葬八岁到十五岁的殇子，用有虞氏那种瓦棺来葬不满八岁的殇子。

夏后氏崇尚黑色，办丧事、入殓都在黄昏时，战事要驾黑马，祭牲要用黑色的。殷人崇尚白色，办丧事、入殓都在中午时，战事要驾白马，祭牲也用白色的。周人崇尚赤色，办丧事、入殓都在日出时，战事要驾赤马，祭牲也要用赤色的。

注释 1 緌(ruí):帽子上或旗杆顶上的缨子。 2 堲(jí):烧土为砖。 3 墙:围着灵柩的屏障。 4 翣(shà):此指棺饰,如扇状,用来障蔽灵车、灵柩。 5 騵(yuán):腹部白色、其他部位红色的马。 6 骍(xīng):毛皮是红色的(马、牛等)。

原文

3.8 穆公之母卒,使人问于曾子曰:"如之何?"对曰:"申也闻诸申之父曰,哭泣之哀,齐斩[1]之情,饘[2]粥之食,自天子达。布幕[3],卫也;縿[4]幕,鲁也。"

晋献公将杀其世子申生。公子重耳谓之曰:"子盖[5]言子之志于公乎?"世子曰:"不可。君安骊姬,是我伤公之心也。"曰:"然则盖行乎?"世子曰:"不可。君谓我欲弑君也。天下岂有无父之国哉?吾何行如之?"使人辞于狐突曰:"申生有罪,不念伯氏之言也,以至于死。申生不敢爱其

译文

鲁穆公的母亲死了,派人去问曾子,说:"该怎样治丧?"曾子回答说:"我从我父亲那儿听说,用哭泣来表示悲哀,服齐衰、斩衰来报答恩情,居丧时只喝点稀粥,上自天子(下至庶人,都是一样的)。用麻布来做棺上面的幕,是卫国的习俗;用白绸来做棺上面的幕,是鲁国的习俗。"

晋献公将要杀死他的太子申生。公子重耳对申生说:"您为什么不向父亲申说一下您的想法?"太子申生说:"不能这样做。父亲有了骊姬才能安逸,(如果我讲了骊姬的所作所为)这就是我使他伤心了。"重耳说:"既然如此,那为什么不逃走呢?"太子说:"不能这样做。父亲说我想要谋杀他。天下难道会有没有父亲的国家?(我背着谋杀父亲的罪名出逃,有哪个国家肯收留我)我还能逃到哪里去呢?"于是太子派人去告诉自己的师傅狐突,说:"申生有罪,没有听从您的话,以致陷入死亡的境地。我申生不敢贪生怕死。虽然

死。虽然，吾君老矣，子少，国家多难，伯氏不出而图吾君。伯氏苟出而图吾君，申生受赐而死！”再拜稽首乃卒。是以为“恭世子”也。

鲁人有朝祥而莫[6]歌者，子路笑之。夫子曰：“由！尔责于人，终无已夫？三年之丧，亦已久矣夫！”子路出，夫子曰：“又多乎哉？逾月则其善也。”

鲁庄公及宋人战于乘丘。县贲父御，卜国为右。马惊，败绩[7]，公队[8]，佐车授绥。公曰：“末之卜也[9]。”县贲父曰：“他日不败绩，而今败绩，是无勇也。”遂死之。圉人浴马，有流矢在白肉[10]。公曰：“非其罪也！”遂诔[11]之。士之有诔，自此始也。

这样，我们的君王已老了，奚齐还小，国家多难，您又不肯出来为我们的君王谋划大事。您如果愿意出来为他谋划大事，我申生也就甘愿受死了！”于是申生再拜磕头后就自杀了。因此将申生谥为“恭世子”。

鲁国有人早上刚行过祥祭除掉丧服，晚上就唱起歌来，子路讥笑他。孔夫子说：“由！你指责别人，总是没完没了吗？三年的丧期，也是够长的了啊！”子路出去后，孔夫子又说：“那个人再等多久呢？如果再过一个月唱歌，那就完美了。”

鲁庄公率军与宋军在乘丘交战。县贲父驾车，卜国为车右。马受惊狂奔，行列大乱，鲁庄公掉下战车，副车的驾车人把登车引手绳递给他(赶快把他救了上去)。庄公说：“也许是我选择驾车人没有占卜的缘故。”县贲父说：“往日驾车从未翻过车，今日如此，这说明我没有勇气。”于是奔赴敌军战死。后来马夫在洗马时，发现流矢射中马腿的内侧。鲁庄公说：“这次意外不是县贲父的罪过！”庄公于是为他作诔辞。士人死后能够有诔，就从这里开始的。

注释 1 齐(zī)斩:齐,齐衰(cuī),丧服。斩,斩衰,丧服。 2 饘(zhān):稀饭。 3 幕:郑玄说,谓覆棺者也。孙希旦认为,凡殡皆帷之,有在旁之帷,则当有在上之幕矣。 4 縿(xiāo):郑玄说,缣也,读如"绡"。素色的绸帛。 5 盖(hé):郑玄认为,皆当为"盍",何不。 6 莫(mù):同"暮"。7 败绩:郑玄说,"惊奔失列"。 8 队(zhuì):同"坠"。 9 末之卜也:郑玄认为,"末之,犹微哉,言卜国无勇"。孙希旦认为,"未尝卜也"。今译文从后说。 10 圉(yǔ)人:官名,亦泛称养马的人。白肉:马内侧的肉。 11 诔(lěi):叙述死者生前的事迹,表示哀悼。

原文

3.9 曾子寝疾,病。乐正子春坐于床下,曾元、曾申坐于足。童子隅坐而执烛。童子曰:"华而睆[1],大夫之箦[2]与?"子春曰:"止!"曾子闻之,瞿然曰:"呼!"曰:"华而睆,大夫之箦与?"曾子曰:"然。斯季孙之赐也,我未之能易也。元起易箦!"曾元曰:"夫子之病革[3]矣,不可以变。幸而至于旦,请敬易之。"曾子曰:"尔之爱我也不如彼。君子之爱人也以德,细人之爱人

译文

曾子卧病在床,病得很厉害。他的弟子乐正子春坐在床下,他的儿子曾元、曾申坐在他的脚旁。另有一个童子在角落里坐着,手拿着火烛。童子说:"这席子真漂亮光滑,是大夫用的席子吧?"子春说:"别作声!"曾子听到了,惊讶地"呼"了一声,童子又说:"这席子真漂亮光滑,是大夫用的席子吧?"曾子说:"是的。这是鲁大夫季孙送的,我没能换掉它。曾元,你过来帮我换掉这席子!"曾元说:"您的病已很危急了,不可以再挪动。希望到了天亮,再让我为您换席子。"曾子说:"你对我的爱还不及那童子。君子爱人是要成全别人的美德,小人爱人是姑息迁就以求得安宁。我还要求什么呢?我能够合乎规矩地死去,也就够了!"于

也以姑息。吾何求哉？吾得正而毙焉，斯已矣！”举扶而易之；反席未安而没。

是大家抬起曾子换了席子；等到再放回去，还未放稳，曾子就死了。

注释 1华而睆(huǎn)：华，华丽，有文采。睆，平整光滑貌。陈澔(hào)说，华者，采饰之美好。睆者，节目之平莹。 2箦(zé)：竹席。 3革(jí)：通“亟”，急，重。

原文

3.10 始死，充充如有穷。既殡，瞿瞿如有求而弗得。既葬，皇皇如有望而弗至。练[1]而慨然，祥[2]而廓然。

译文

父母刚死，孝子胸中充满悲哀，就像走入绝境一般。殡殓以后，心神不宁，就像在寻求什么又没有找到。下葬以后，心中不安，无所依托，就像盼望亲人来到但又等不到。一周年小祥祭后，慨叹时间过得太快了；大祥祭后，觉得空虚寂寞。

注释 1练：练祭，也即小祥祭。丧十三个月后服练(白色丝织品)，故称。 2祥：大祥祭，丧二十五个月后的祭礼，此后除服。

原文

3.11 邾娄复之以矢[1]，盖自战于升陉[2]始也。鲁妇人之髽而吊也，自败于台鲐始也。[3]

南宫縚之妻之姑之丧，夫子诲之髽，曰：“尔

译文

邾娄用箭矢来招魂，大概是从升陉之战开始的。鲁国妇人用麻和头发合打成发髻以相吊，是从壶鲐之战失败后开始的。

南宫縚妻子死了婆婆，孔夫子教她束丧髻的方法，说：“你的发髻不要束

毋从从尔[4],尔毋扈扈尔[5]。盖榛以为笄,长尺而总[6]八寸。"

得太高,你的发髻不要束得太大。可以用榛木做发簪,长一尺,而束发髻的带子,只能垂下八寸。"

孟献子禫[7],县[8]而不乐,比御而不入。夫子曰:"献子加于人一等矣。"

孟献子到了禫祭除服,悬挂起乐器不奏乐,排好了同房的妻妾却不肯入内。孔夫子说:"孟献子超过别人一等。"

孔子既祥,五日弹琴而不成声,十日而成笙歌。

孔子在行过祥祭后,五天才开始弹琴,但不成声调,十天以后吹笙时,曲调就很和谐了。

有子盖既祥而丝屦组缨[9]。

孔子的弟子有子大概在大祥祭后就穿上了用丝来装饰的鞋子,戴上了用丝带为缨的帽子。

3.12 死而不吊者三:畏,厌[10],溺。

有人死了,不去吊丧的有情况三种:因畏惧而自杀的,被压死的,溺水淹死的。

注释 1 邾(zhū)娄:古国名。复:招魂。 2 升陉(xíng):鲁国地名。此战在鲁僖公二十二年。 3 髽(zhuā):古代妇女的丧髻。即用麻和头发合打成的发髻。台鲐(tái):郑玄说,"台"当为"壶"字之误也。此战在鲁襄公四年(前569)秋。 4 从从(zǒng zǒng)尔:郑玄说,从从,谓大高。尔,语助词。 5 扈扈(hù hù)尔:郑玄说,扈扈,谓大广。尔,语助词。 6 总:束以谓之总,用带束发以后又要垂下剩余的带子。 7 禫(dàn):除丧服之祭。 8 县(xuán):同"悬"。 9 屦(jù):单底鞋。多以麻、葛、皮等制成。后亦泛指鞋。组缨(yīng):古代系冠用的丝带。 10 厌(yā):通"压"。

原文

3.13 子路有姊之

译文

子路为姊妹服丧,到了可以除服的时

丧,可以除之矣,而弗除也。孔子曰:“何弗除也?”子路曰:“吾寡兄弟而弗忍也。”孔子曰:“先王制礼,行道之人皆弗忍也。”子路闻之,遂除之。

候,还不愿意除服。孔子说:“为什么不除去丧服呢?”子路说:“我缺兄弟,不忍心除去丧服。”孔子说:“礼是先王制定的,(还是应该依从),履行道义的人,都不忍心除去丧服(,但依礼就不得不除)。”子路听了,就除去了丧服。

大公封于营丘,比及五世,皆反葬于周。君子曰:“乐,乐其所自生。礼,不忘其本。古之人有言曰‘狐死正丘首,仁也。’”

姜太公被封在营丘,但他之后的五世国君死后都被送回周地下葬。君子说:“乐,是人内心快乐而产生的。礼,是要人们不忘记根本。古人有句话说:‘狐死时,头必正对着狐穴的方向。这就是仁爱之心的表现。’”

伯鱼之母死,期而犹哭。夫子闻之,曰:“谁与哭者?”门人曰:“鲤也。”夫子曰:“嘻[1],其甚也!”伯鱼闻之,遂除之。

伯鱼的母亲死了,已满一周年,他还在哭。孔夫子听到哭声,说:“谁在哭?”门徒说:“是您的儿子鲤在哭。”夫子说:“嘻,他也太过分了!”伯鱼听到后,就除掉丧服不再哭了。

舜葬于苍梧之野,盖三妃未之从也。季武子曰:“周公盖祔[2]。”

舜死后葬在苍梧的原野上,大概他的三位妃子都没有随他合葬。季武子说:“大概从周公开始才有夫妇合葬的事。”

曾子之丧,浴于爨室[3]。

曾子的丧事,洗尸体的水是在厨房烧的(而一般做法,应该在西墙下垒灶烧水,不能在厨房烧洗尸水)。

大功[4]废业。或曰:

服大功之丧,就得停止学业。有人说:“服大功之丧,还可以诵读。”

"大功,诵可也。"

子张病,召申祥而语之曰:"君子曰'终',小人曰'死'。吾今日其庶几乎。"

子张病重,唤来弟子申祥,对他说:"君子死了就称'终',小人死了就称'死'。我现在差不多可以称为'终'了吧。"

注释 1 嘻(xī):郑玄说,悲恨之声。 2 祔(fù):合葬。 3 爨(cuàn)室:即今所谓厨房。据礼,士死当沐于正室。 4 大功:丧服名。为堂兄弟,未嫁的堂姊妹,已嫁的姑、姊妹,又已嫁女为伯叔父、兄弟等,都服"大功"。

原文

3.14 曾子曰:"始死之奠[1],其余阁也与?"

曾子曰:"小功[2]不为位也者,是委巷之礼也。子思之哭嫂也为位,妇人倡踊[3]。申祥之哭言思也亦然。"

古者冠缩[4]缝,今也衡[5]缝。故丧冠之反吉,非古也。

曾子谓子思曰:"伋!吾执亲之丧也,水浆不入于口者七日。"子思曰:"先王之制礼也,过之者,俯而就之;不至焉者,跂[6]

译文

曾子说:"人刚死后的奠祭物,大概是死前没有吃完而剩在橱柜里的食物吧?"

曾子说:"小功不设号哭的位次,那是曲街小巷里平民们的礼。子思哭嫂子尚且有位次,只是由妇人先带头跳跃顿足。申祥哭妻兄言思的时候,也是这样的。"

古代的冠是直缝,今天的冠是横缝。所以丧冠的直缝和吉冠的横缝相反,并不是古代就是这样的(而是后世因直缝的冠显得质朴,才将其作为丧冠)。

曾子对子思说:"伋!我为父亲守丧,七天没喝过一点水浆。"子思说:"先王制定礼时,是让做得太过分的人,俯身迁就以接近礼的规定;又让做不到的人,

而及之。故君子之执亲丧也，水浆不入于口者三日，杖而后能起。”

曾子曰：“小功不税[7]。则是远兄弟终无服也，而可乎？”

努力去达到礼的规定。因此君子为父亲守丧，三天不喝水浆就行了，拄着杖仍能站立起来。”

曾子说：“小功服丧，（如果在丧期之后才听到噩耗的，）就不必追补服丧。那么相隔遥远的从祖兄弟就不用服丧了，这样可以吗？”

注释 1奠：安置，停放；因丧祭中祭品都安置在地上，还未有正式的“主”或“尸”来接受祭品，所以称为“奠”。 2小功：丧服名。服期为五个月。 3踊：跳跃顿足。这是用来抒泄守丧时的悲哀。 4缩：孔疏说，缩，直也。 5衡：通“横”。 6跂(qǐ)：抬起脚跟站立。 7税(tuì)：古代丧礼中补服之礼。

原文

3.15 伯高之丧，孔氏之使者未至，冉子摄束帛乘马而将之[1]。孔子曰：“异哉！徒使我不诚〔礼〕[2]于伯高。”

伯高死于卫，赴[3]于孔子。孔子曰：“吾恶乎哭诸？兄弟，吾哭诸庙；父之友，吾哭诸庙门之外；师，吾哭诸寝；朋友，吾哭诸寝门之外；所

译文

伯高死了，孔子家派来吊丧的使者还没有来到，孔子的弟子冉有借了一束帛、四匹马，装作是奉了孔子之命去吊丧。孔子说：“不对啊！这只会使我显得对伯高没有诚意。”

伯高死在卫国，向孔子报丧。孔子说：“我该在哪里哭他呢？若是兄弟，我在祖庙里哭他；若是父亲的朋友，我在祖庙门外哭他；若是老师，我在正寝哭他；若是朋友，我在正寝门外哭他；若是我所认识的人，我在郊野哭他。我在郊野哭他，显得过

知，吾哭诸野。于野则已疏，于寝门则已重。夫由赐也见我，吾哭诸赐氏。”遂命子贡为之主，曰：“为尔哭也来者，拜之；知伯高而来者，勿拜也。”

于疏远；在正寝哭他，又显得礼太重了。伯高是由子贡介绍和我认识的，我就到子贡家里去哭伯高吧。”于是孔子让子贡做主人，说：“因为与你有交情而来吊丧的，你就拜谢；因为和伯高有交情而来吊丧的，你就用不着拜谢。”

3.16 曾子曰：“丧有疾，食肉饮酒，必有草木之滋焉。”以为姜桂之谓也[4]。

曾子说：“居丧时有了病，可以吃肉饮酒，但必定要用草木来调味。”所谓的草木，就是姜桂一类调味品。

注释 1 摄：郑玄说，犹贷也。借贷。束帛：十卷之帛。每卷长二丈。乘：四。 2 王念孙说，“不诚”当作“不诚礼”。 3 赴：讣。报丧，讣告。 4 按：用姜桂，或以为可增进病人食欲，或以为有药物功能。

原文

3.17 子夏丧其子而丧其明。曾子吊之，曰：“吾闻之也，朋友丧明则哭之。”曾子哭。子夏亦哭，曰：“天乎！予之无罪也！”曾子怒，曰：“商！女[1]何无罪也？吾与女事夫子于洙、泗之间，退而老于西河[2]之上，使西河之民疑[3]汝于夫子，尔罪一也。丧尔亲，使民未有闻焉，尔罪二也。丧尔子，丧尔明，尔罪

译文

子夏死了儿子，哭瞎了眼睛。曾子去慰问他，说：“我听说过，朋友双目失明就应当为他难过哭泣。”曾子哭了起来。子夏也哭了，说：“天啊！我没有罪过啊！”曾子生气地说：“商！你怎么会没有罪过呢？我和你在洙水、泗水之间侍奉夫子，后来退居西河边养老，使西河的民众把你比为夫子，这是你的罪过之一。当初你为双亲服丧时，当地民众并未听说你有什么值得称道之处，这

三也。而曰女(何)[4]无罪与!”子夏投其杖而拜,曰:“吾过矣,吾过矣!吾离群而索居,亦已久矣!”

是你的罪过之二。死了儿子,就哭瞎了眼睛,这就是你的罪过之三。你怎么还说自己没有罪过呢?”子夏扔去手杖下拜说:“我错了,我错了!我离群索居,已经太久了啊!”

注释 1女:通“汝”。你。 2西河:战国魏地,在今河南安阳。 3疑:通“拟”。比作。 4王夫之说,“何”字为衍文。

原文

3.18 夫昼居于内,问其疾可也。夜居于外,吊之可也。是故君子非有大故,不宿于外;非致齐[1]也,非疾也,不昼夜居于内。

高子皋之执亲之丧也,泣血三年,未尝见齿。君子以为难。

衰[2],与其不当物也,宁无衰。齐衰不以边坐,大功不以服勤。

译文

白天还老待在正寝中的(就好像有病似的),便可以去探问他的病了。夜里还睡在中门外的(就好像有丧事似的),便可以去吊丧了。因此,君子没有丧事,不睡在中门外;不是祭前的斋戒,不是生病,不昼夜老待在正寝中。

高子皋为父亲守丧时,泪如血涌般无声地哭了三年,未曾笑过。君子认为这是不容易做到的。

丧服,与其穿着而不合礼制,宁可不穿。齐衰在身,坐着就不可以偏倚;服大功之丧,就不可以穿着丧服出外办事。

注释 1致齐(zhāi):祭祀或典礼前清整身心的仪式。齐,通“斋”。2衰(cuī):同“缞”。丧缞。

原文

3.19 孔子之卫，遇旧馆人之丧，入而哭之哀。出，使子贡说骖而赙之[1]。子贡曰："于门人之丧，未有所说骖。说骖于旧馆，无乃已重乎？"夫子曰："予乡[2]者入而哭之，遇于一哀而出涕[3]。予恶夫涕之无从也？小子行之！"

孔子在卫，有送葬者，而夫子观之，曰："善哉为丧乎！足以为法矣，小子识之。"子贡曰："夫子何善尔也？"曰："其往也如慕[4]，其反也如疑。"子贡曰："岂若速反而虞[5]乎？"子曰："小子识之！我未之能行也。"

译文

孔子到卫国，正碰上从前接待过他的馆人的丧事，进去吊丧，哭得很悲伤。出来后，孔子又叫子贡解下马车侧旁的一匹马送给丧家。子贡说："对于门人的丧事，您从来没有解下马匹赠送的。如今您解下马匹送给馆人的家属，礼是不是太重了？"夫子说："我刚才进门哭他时，遇到主人向我致哀极为专一，就流出了眼泪。我怎么能光流泪而没有别的表示？你就去办吧！"

孔子在卫国，碰上了有人送葬，夫子观看后说："丧事办得真好啊！足以为榜样。你们要记住。"子贡说："您为什么要称赞那丧事办得好呢？"孔子说："他们在送葬的时候，就像婴儿思慕父母那样哭泣；返回的时候，又像在依恋父母而迟迟不想回家。"子贡说："这难道比得上赶紧回家去准备安神虞祭吗？"孔子说："你们记住这个榜样吧！我还做不到呢。"

注释　1 说(tuō)：通"脱"。解脱。赙(fù)：送财物助人办丧事。　2 乡(xiàng)：通"向"。刚才，先前。　3 遇于一哀而出涕：王夫之说："适与心之哀者遇也。"　4 慕：郑玄说，谓小儿随父母啼呼。　5 虞：祭名。下葬返回后在殡宫进行的安灵祭。

原文

3.20 颜渊之丧，馈祥肉。孔子出受之，入，弹琴而后食之。

孔子与门人立，拱而尚右。二三子亦皆尚右。孔子曰："二三子之嗜学也。我则有姊之丧故也！"二三子皆尚左。

3.21 孔子蚤[1]作，负手曳杖，消摇[2]于门，歌曰："泰山其颓乎？梁木其坏乎？哲人其萎乎？"既歌而入，当户而坐。子贡闻之，曰："泰山其颓，则吾将安仰？梁木其坏，哲人将萎，则吾将安放[3]？夫子殆将病也？"遂趋而入。夫子曰："赐！尔来何迟也？夏后氏殡于东阶之上，则犹在阼也。殷人殡于两楹之间，则与宾主夹之也。周人殡于西阶之上，则犹宾之也。

译文

颜渊去世，颜家的人给孔子送来大祥祭的祭肉。孔子出门接受祭肉，回到屋里后，先弹琴再吃肉。

孔子和门人一起站着，拱手的姿势是右手在上（掩着左手）。孔子的弟子们也都右手在上（拱着手）。孔子说："你们太喜欢学我的样子了。我因为有姐姐的丧事才右手在上啊！"于是弟子们都改为左手在上（掩着右手）。

孔子一早起来，背着手拖着手杖，逍遥自在地在门外散步，歌唱道："泰山快要崩塌了吧？梁木快要毁坏了吧？哲人快要凋零了吧？"唱完后就入内，正对着门坐着。子贡听到歌声后，说："泰山快要崩塌了，那么我将仰望什么呢？梁木快要毁坏了，哲人快要凋零了，那么我还仿效什么呢？夫子恐怕要生病了吧？"于是快步入内。孔夫子说："赐！你为什么来得这么迟啊？夏后氏把棺柩停在东阶之上，那还是在主位上。殷人把棺柩停在东西两楹之间，那是处在宾主之间。周人把棺柩停在西阶之上，那是把灵柩当作宾客了。而我孔丘，是殷人。我前日梦见自己安坐在东西两楹之间被奠祭。圣明的君王没

而丘也，殷人也。予畴昔[4]之夜，梦坐奠于两楹之间。夫明王不兴，而天下其孰能宗予？予殆将死也。”盖寝疾七日而没。

有出现，天下有谁会尊崇我呢？（既然坐在两楹之间，而天下无人尊崇我为人君，那么此梦必定是我的棺柩停于两楹间的预兆。）我恐怕将要死了。”大约卧病七天后，孔子就去世了。

注释 1 蚤：通“早”。清早。 2 消摇：逍遥。 3 放（fǎng）：通“仿”。仿效。 4 畴昔：往日，从前。此指前日。

原文

3.22 孔子之丧，门人疑所服。子贡曰：“昔者夫子之丧颜渊，若丧子而无服；丧子路亦然。请丧夫子若丧父而无服。”

孔子之丧，公西赤为志[1]焉：饰棺墙[2]，置翣[3]，设披[4]，周也；设崇[5]，殷也；绸练设旐[6]，夏也。

子张之丧，公明仪为志焉：褚幕[7]丹质，蚁结于四隅，殷士也。

子夏问于孔子曰：“居[8]父母之仇，如之

译文

孔子死去，门人都不明白该穿哪种丧服。子贡说：“从前夫子为颜渊服丧，如同为儿子服丧而未穿丧服；为子路服丧，也是这样。现在请大家为夫子服丧如同父亲去世而不穿丧服。”

孔子的丧事，是公西赤主办的：装饰棺木外的墙，设置像扇子那样的翼，设有牵引灵车的披带，这些是周制；设置齿状边缘的旌旗，这是殷制；用白色熟绢缠裹旗杆，并在杆上设置魂幡，这是夏制。

子张的丧事，是公明仪主办的：屋状的覆棺布幕是红布做的，布幕的四角画上像蚁往来交错的纹路，这是殷代士人的棺饰制度。

子夏向孔子问道：“对待杀害父母的仇人，该用怎样的方式呢？”夫子说：“睡在草

何?”夫子曰:“寝苫,枕干[9],不仕,弗与共天下也。遇诸市朝,不反兵而斗。”曰:“请问居昆弟之仇如之何?”曰:“仕,弗与共国。衔君命而使,虽遇之不斗。”曰:“请问居从父昆弟之仇,如之何?”曰:“不为魁。主人能,则执兵而陪其后。”

孔子之丧,二三子皆绖[10]而出。群[11]居则绖,出则否。

垫上,枕着盾牌,不出去做官,和仇人不共戴天。在集市或宫廷遇见仇人,就不必回家去取武器,当场就和仇人决斗。”子夏又问:“请问先生,对待杀害兄弟的仇人,该用怎样的方式?”夫子答道:“自己可出去做官,但不和仇人同处一国。受君命而出使,即使遇到仇人,也不和他决斗。”子夏又问:“请问先生,对待杀害堂兄弟的仇人,该采取怎样的方式?”夫子答道:“自己可以不领头去报仇。如果死者家里的人能领头去报仇,就拿着兵器跟在后面协助。”

为孔子服丧,弟子们头上、腰上都系着麻布,出门也不除去。如果众弟子之间相互服丧,在家时把麻布系在头上、腰上,但是出门就得除去。

注释 1志:郑玄说,志,谓章识。译文从俞樾释为“职”,主办、操办之意。 2墙:郑玄说,柳衣,墙之障柩,犹垣墙障家。即是装饰棺车的帷盖。 3翣(shà):像扇形状,柄长五尺,用来装饰棺车。 4披(bì):帛带,用来牵引棺车,以防倾覆。 5崇:指崇牙之饰,即旌旗的边缘是齿状样子。 6绸练:指用白色的熟绢缠绕旗杆。绸,缠绕。旐(zhào):丧事用的一种魂幡。 7褚(zhǔ)幕:覆棺的帐幕。 8居:处。 9苫(shān):古代居丧时,孝子睡的草垫子。干:盾牌。 10绖(dié):服丧时在头上、腰间系上的麻布。 11群:郑玄说,谓七十二弟子相为朋友服。

原文

3.23 易墓，非古也。

子路曰："吾闻诸夫子：丧礼，与其哀不足而礼有余也，不若礼不足而哀有余也。祭礼，与其敬不足而礼有余也，不若礼不足而敬有余也。"

3.24 曾子吊于负夏。主人既祖[1]，填池[2]，推柩而反之，降妇人而后行礼。从者曰："礼与？"曾子曰："夫祖者且也，且胡为其不可以反宿[3]也？"从者又问诸子游曰："礼与？"子游曰："饭[4]于牖下，小敛[5]于户内，大敛于阼，殡于客位，祖于庭，葬于墓，所以及远也。故丧事有进而无退。"曾子闻之，曰："多矣乎予出祖者。"

曾子袭裘而吊，子游裼裘而吊。曾子指子游而示人曰："夫夫也，为习

译文

改葬不是古代的习俗。

子路说："我听夫子说：丧礼，与其悲戚不足而礼仪过于完备，还不如礼仪欠缺但过于悲戚。祭礼，与其恭敬不足而礼仪过于完备，还不如礼仪虽不很完备但恭敬有余。"

曾子到卫国的负夏去吊丧。主人已行过了祖奠(准备出葬，见到曾子来吊丧)，就撤去当天的遣奠(，重设前天的祖奠)，并把灵车推回到原先的位置上，而又让妇人到阶下，然后再行遣车礼。跟着曾子来的人问："这合礼吗？"曾子说："祖，就是且。(祖奠也就是暂且迁柩，将要出行的开始。)既然是暂且的，为什么不可以将灵车推回原位(过一夜后再遣奠而出葬呢)？"跟着曾子来的人又去问子游："这样做合礼吗？"子游说："饭含是在窗下，小殓是在寝室内，大殓是在阼阶上，柩停在客位上，祖奠是在庙的前庭，下葬是在墓地，这样来表示逐渐远去。所以办丧事是有进无退的。"曾子听到这番话后，说："子游关于出葬设祖奠的说法，比我所说的好多了。"

曾子掩着上衿不露出皮裘上面的

于礼者，如之何其裼裘而吊也？”主人既小敛，袒、括发。子游趋而出，袭裘带绖而入。曾子曰：“我过矣，我过矣！夫夫是也！”

裼衣去吊丧，子游开着上衿露出皮裘上面的裼衣去吊丧。曾子指着子游让别人看，并说：“这人还算是研习礼仪的，怎么可以露出裼衣去吊丧呢？”主人在小殓后袒露臂膊，用麻布束发。子游就快步走出，掩上上衿，头上腰里都系上麻布后再进来。曾子见到这情形，说道：“我错了，我错了！此人是对的啊！”

注释 1 祖：祖奠，古人安葬，于出殡前夕设奠以告亡灵。 2 填池：郑玄说，当为“奠彻”，谓彻遣奠。 3 宿：停放。 4 饭：饭含，用米、贝等塞在死人的口中。 5 小敛：郑玄说，小敛、大敛皆以衣敛尸，衣少曰小敛，衣多曰大敛。

原文

3.25 子夏既除丧而见，予之琴，和之而不和，弹之而不成声。作而曰：“哀未忘也。先王制礼，而弗敢过也。”子张既除丧而见，予之琴，和之而和，弹之而成声。作而曰：“先王制礼，不敢不至焉。”

3.26 司寇惠子之丧，子游为之麻衰、牡麻绖[1]。文子辞曰：“子辱与弥牟之弟游，又辱为之服。敢辞。”子

译文

子夏在除掉丧服后去见孔子，孔子给他琴，他调弦而不能使五声和谐，弹琴而不成曲调。孔子站起来说：“你还未忘记悲哀。只因是先王制定的礼制，所以你不敢超过规定的期限而不除丧。”子张在除掉丧服后去见孔子，孔子给他琴，他调弦而五声和谐，弹琴而能成曲调。孔子站起来说：“因为是先生制定的礼制，所以你不敢不到期限就除丧。”

司寇惠子去世，子游为他穿麻缞，并加上牡麻布去吊丧。惠子的兄

游曰："礼也。"文子退，反哭。子游趋而就诸臣之位，文子又辞曰："子辱与弥牟之弟游，又辱为之服，又辱临其丧，敢辞。"子游曰："固以请。"文子退，扶適子南面而立，曰："子辱与弥牟之弟游，又辱为之服，又辱临其丧，虎也敢不复位？"子游趋而就客位。

长文子辞谢说："您屈尊和我的弟弟交游，又屈尊为他穿吊服，实在不敢当。"子游说："我是依礼而行啊。"文子只得退回原先之位，继续哭泣。子游快步走到家臣们的位置上，文子又辞谢说："您屈尊和我的弟弟交游，又屈尊为他穿吊服，又屈尊您来参加丧礼，实在是不敢当。"子游说："务请不必客气。"文子退下，扶出惠子的嫡子虎，脸朝南站在主人的正位上，说："您屈尊和我的弟弟交游，又屈尊为他穿吊服，屈尊参与他的丧礼，嫡子虎岂敢不回到丧主之位？"子游这才快步走向宾客的位置。

注释　1 麻衰：以吉服之布之为衰。牡麻绖：齐衰的绖。郑玄说，司寇惠子，卫将军文子弥牟之弟惠叔兰也，生虎者。惠子废嫡立庶，子游为之重服以讥之。

原文

3.27 将军文子之丧，既除丧而后越人来吊。主人深衣练冠，待于庙，垂涕洟。[1]子游观之，曰："将军文氏之子，其庶几乎！亡于礼者之礼也，其动也中。"

幼名，冠字，五十

译文

将军文子的丧事，已经服满除丧了，而后又有越人来吊丧。主人就穿上深衣，戴上练冠，在祖庙等候，一边垂泪流涕。子游见了，说道："将军文子的儿子，差不多可以称得上知礼了！这是常礼以外的礼了，他却能举止得当。"

年幼时称名，二十岁加冠后称字，五十岁以后依排行称"伯""仲"，死后称以"伯""仲",死谥,周道也。

绖也者,实也。

掘中霤[2]而浴,毁灶以缀[3]足;及葬,毁宗躐行[4],出于大门:殷道也。学者行之。

子柳之母死,子硕请具。子柳曰:"何以哉?"子硕曰:"请粥[5]庶弟之母。"子柳曰:"如之何其粥人之母以葬其母也?不可!"既葬,子硕欲以赙布[6]之余具祭器,子柳曰:"不可。吾闻之也,君子不家于丧。请班[7]诸兄弟之贫者。"

谥,这是周人的制度。

绖,就是实(即来表示内心实实在在的悲哀)。

在寝室中挖坎来为死者沐浴,用折毁炉灶的砖来拘正死者的脚(以便穿鞋);到了出葬的时候,拆毁宗庙门西边的墙,使柩车碾过行神之位:这些是殷人的制度。向孔子学习的人都这样做。

子柳的母亲死了,他的弟弟子硕请求置办丧葬器物。子柳说:"靠什么来置办呢?"子硕说:"请卖掉庶弟的母亲吧。"子柳说:"怎么可以卖掉他人的母亲来安葬自己的母亲呢?这是不可以的!"下葬后,子硕想要用人家送来助丧而剩余的赙钱来置办祭器,子柳又说:"不可以。我听说,君子不能靠丧事使家中获利。请将剩余的钱财分给兄弟中贫穷的人吧。"

注释 1深衣:古代上衣、下裳相连缀的一种服装。为古代诸侯、大夫、士家居常穿的衣服,也是庶人的常礼服。练冠:厚缯或粗布之冠。古礼亲丧一周年祭礼时着练冠。洟(yí):鼻涕。 2中霤(liù):室中。 3缀(chuò):拘,限制。 4宗:宗庙。躐(liè):越过。行:指行神之位,在庙门之外。古人以过道之神为行神。 5粥(yù):同"鬻",卖。 6布:古代也称钱为泉、布。 7班:分。

原文

3.28 君子曰："谋人之军师，败则死之；谋人之邦邑，危则亡之。"

公叔文子[1]升于瑕丘，蘧伯玉从。文子曰："乐哉斯丘也！死则我欲葬焉。"蘧伯玉曰："吾子乐之，则瑗[2]请前。"

弁人有其母死而孺子泣者。孔子曰："哀则哀矣，而难为继也。夫礼，为可传也，为可继也。故哭踊有节。"

叔孙武叔之母死，既小敛，举者出户；出户袒，且投其冠，括发。子游曰："知礼[3]。"

扶君，卜人[4]师扶右，射人[5]师扶左。君薨以是举。

从母之夫、舅之妻，(二夫)〔夫二〕人[6]相为服，君子未之言也。或曰同爨缌[7]。

译文

君子说："为人指挥军队作战，战败就应以身殉职；为人管理邦国都邑，出现危乱就应流亡到国外。"

公叔文子登上瑕丘，蘧伯玉跟着他。文子说："这座山丘真使人快乐啊！我死后，就要葬在这里。"蘧伯玉说："以这座山丘为乐，那就让我先死吧。"

弁邑有人死了母亲，像小孩那样在哭泣。孔子说："悲哀倒是悲哀了，但是很难有人承继这种做法。礼，是为了可以传播，为了可以承继。所以丧礼中的啼哭和踊跳都要有节制。"

叔孙武叔的母亲死了，已经小殓后，抬尸的人把尸体抬出寝门；叔孙武叔出寝门后，袒露手臂，并且扔掉殓时戴的冠，改用麻布束发。子游讽刺他说："他真懂礼啊！"

搀扶国君，由仆人中领头的扶右边，由射人中领头的扶左边。国君去世，也用这些人来抬尸体。

姨夫、舅母，二人互相服丧，君子从来没有说过可以这样做。有人说：如果他们平时是在一起吃饭的，就可以相互服缌麻。

注释 1 公叔文子:卫献公之孙。 2 瑗(yuàn):卫国大夫蘧伯玉名。 3 知礼:这是反话,讥刺叔孙武叔这种做法是失礼的。 4 卜人:郑玄说,"卜"当读为"仆"。即仆人。 5 射人:官名,掌射法、射仪。 6 按:王引之认为"二夫人"当作"夫二人"。 7 爨(cuàn):烧火煮饭。缌(sī):缌麻,五服中最轻的一等,服期三个月。

原文

3.29 丧事欲其纵纵尔,吉事欲其折折尔。[1]故丧事虽遽不陵节,吉事虽止不怠。故骚骚尔则野,鼎鼎尔则小人,君子盖犹犹尔。[2]

丧具,君子耻具;一日二日而可为也者,君子弗为也。

丧服:兄弟之子犹子也,盖引而进之也;嫂叔之无服也,盖推而远之也;姑、姊妹之薄也,盖有受我而厚之者[3]也。

食于有丧者之侧,未尝饱也。[4]

译文

办丧事要显出急迫的样子,办吉事要显出从容的样子。所以办丧事虽然急迫,但不能凌越节次;办吉事虽然从容,但不能懈怠。因此太急迫会显得粗鄙失礼,太散漫便会像小人那样不庄重,而君子要显出缓急都适中的样子。

丧葬用的器物,君子认为预先置办是可耻的;一天两天就可以赶制出来的,君子决不预先制作好。

服丧:兄弟的孩子和自己的孩子一样,是为了加深兄弟间的感情;嫂、叔之间无服,是为了别嫌而推远关系;姑、姊妹中已嫁人的,就将服期降为大功,是因为自有她们的丈夫为她们服重服。

(孔子)在有丧服的人旁边进餐,从来没有吃饱过。

注释 1 纵纵尔:即"纵纵然"。纵纵,急遽貌。尔,助词,用作词缀,犹"然"。 折折(tí tí)尔:即"折折然",安舒貌。 2 骚骚尔:即"骚骚然"。

骚骚,行动急疾貌。 鼎鼎尔:即“鼎鼎然”。鼎鼎,形体怠缓貌。 犹犹尔:即“犹犹然”。犹犹,谓快慢适宜。 3受我而厚之:孙希旦说,谓其夫受姑、姊妹于我,为之服齐衰、杖期,与父在为母同。 4按:《论语·述而》曰:“子食于有丧者之侧,未尝饱也。”可见该句主语是孔子。

原文

3.30曾子与客立于门侧,其徒趋而出。曾子曰:“尔将何之?”曰:“吾父死,将出哭于巷。”曰:“反,哭于尔次。”曾子北面而吊焉。

孔子曰:“之死而致[1]死之,不仁而不可为也。之死而致生之,不知而不可为也。是故竹不成用,瓦不成味[2],木不成斫,琴瑟张而不平,竽笙备而不和,有钟磬而无簨虡[3]。其曰明器,神明之也。”

译文

曾子和宾客站立在门旁,他的门徒快步走出来。曾子说:“你到哪里去?”门徒回答说:“我父亲死了,我要到里巷哭泣。”曾子说:“你回来,就在你住宿的地方哭吧。”曾子面朝北就宾客位向他吊丧。

孔子说:“送器物给死者,而认为死者无所知觉,这是不仁爱,不可以这样做。送器物给死者,而认为死者像活着一样有知觉,这是缺乏理智,也不可以这样做。因此送给死者陪葬的竹器就没有藤缘而不能用,陶器粗糙无光泽而不能盛食物,木器不加雕饰,琴瑟张了弦而不绷紧,竽笙虽具备而不成声调,有钟磬,但没有悬挂的架子。这些器物称为明器,意思就是把死者当作神明来看待。”

注释 1致:送诣,送到。 2味:郑玄说,当作“沬”。孔疏说,沬,黑光也。 3簨虡(sǔn jù):悬挂钟磬的木架,横木称簨,直柱称虡。

原文

3.31 有子问于曾子曰："(问)〔闻〕[1]丧于夫子乎？"曰："闻之矣：丧欲速贫，死欲速朽。"有子曰："是非君子之言也。"曾子曰："参也闻诸夫子也。"有子又曰："是非君子之言也。"曾子曰："参也与子游闻之。"有子曰："然。然则夫子有为言之也。"曾子以斯言告于子游。子游曰："甚哉，有子之言似夫子也！昔者夫子居于宋，见桓司马[2]自为石椁，三年而不成。夫子曰：'若是其靡也，死不如速朽之愈也。'死之欲速朽，为桓司马言之也。南宫敬叔[3]反，必载宝而朝。夫子曰：'若是其货也，丧不如速贫之愈也。'丧之欲速贫，为敬叔言之也。"曾子以子游之言告于有子。有子曰："然。吾

译文

有子向曾子问道："您在夫子那儿听说过丧失禄位以后该怎样自处吗？"曾子回答说："听说过：丧失了禄位就希望快点贫困，死了就希望快点腐烂。"有子说："这不是君子说的话。"曾子说："我是从夫子那儿听来的。"有子又说："这不是君子说的话。"曾子说："我和子游一起听夫子说的。"有子说："原来是这样。既然如此，那夫子肯定是针对某事而说的。"曾子把这番话告诉了子游。子游说："真厉害啊，有子说话太像夫子了！从前夫子住在宋国，看见桓司马为自己造石椁，三年都没能做成。夫子就说：'像这样奢侈，还不如死了快点腐烂为好。''死了就希望快点腐烂'，是针对桓司马说的。南宫敬叔失去禄位后回到鲁国时，必定会载着财宝去朝中贿赂。夫子说：'像这样运用财宝，还不如快点贫困为好。''丧失了禄位就希望快点贫困'，这是针对敬叔说的。"曾子又把子游这番话告诉了有子。有子说："对了。我本来就说那不是夫子的话。"曾子说："您是怎么知道的？"有子说："夫子在中都制定过规则，棺四寸厚，椁

固曰：非夫子之言也。”曾子曰：“子何以知之？”有子曰：“夫子制于中都[4]，四寸之棺，五寸之椁，以斯知不欲速朽也。昔者夫子失鲁司寇，将之荆，盖先之以子夏，又申之以冉有，以斯知不欲速贫也。”

五寸厚，由此可以知道他不主张人死后快点腐烂掉。从前夫子失去了鲁国司寇的禄位，将要前往楚国，就先派子夏去了解情况，又派冉有去进一步观察，由此可以知道他不主张失去禄位后就快点贫困。”

注释 1 依《经典释文》“问”当作“闻”。 2 桓司马：桓魋(tuí)。3 南宫敬叔：鲁孟僖子的儿子仲孙阅，曾失去鲁国官位而离开过鲁国。4 中都：鲁国都邑，今山东汶上县西。孔子曾作过中都宰。

原文

3.32 陈庄子死，赴于鲁。鲁人欲勿哭。缪公召县子而问焉。县子曰“古之大夫，束脩之问不出竟[1]；虽欲哭之，安得而哭之？今之大夫，交政于中国；虽欲勿哭，焉得而弗哭？且臣闻之，哭有二道，有爱而哭之，有畏而哭之。”公曰：“然。然则如之何而可？”县子曰：“请哭诸异姓之庙。”于是与哭诸县氏。

译文

齐国大夫陈庄子死后，向鲁国国君报丧，鲁君不想为他哭(因为国君没有哭邻国大夫之礼，只是遣使吊丧)。鲁缪公召见大夫县子，问他该怎样处理。县子说：“古代的大夫，就连一束干肉也不馈赠出境(作为人臣是无外交的)；即使想哭邻国的大夫，又怎么有机会呢？如今的大夫(权势强大)，与中原各国国君相交往；即使不想为他哭，又怎么能不哭呢？而且我听说，哭有两种理由，因爱而哭，因害怕而哭。”缪公说：“是的。既然如此，那么怎样处理才行呢？”县子说：“请到异姓的宗庙里去哭他吧。”

仲宪言于曾子曰："夏后氏用明器，示民无知也。殷人用祭器，示民有知也。周人兼用之，示民疑也。"曾子曰："其不然乎！其不然乎！夫明器，鬼器也；祭器，人器也。夫古之人胡为而死其亲乎？"

公叔木[2]有同母异父之昆弟死，问于子游。子游曰："其大功乎？"狄仪有同母异父之昆弟死，问于子夏。子夏曰："我未之前闻也。鲁人则为之齐衰。"狄仪行齐衰。今之齐衰，狄仪之问也。

于是缪公就到县氏的宗庙里去哭陈庄子。

仲宪对曾子说："夏后氏用明器送葬，是让民众知道死者是无所知觉的。殷人用祭器送葬，是让民众知道死者是有知觉的。周人兼用二者，这使民众对于死者有知还是无知疑惑不定。"曾子说："恐怕不是这样的吧！恐怕不是这样的吧！明器，是鬼魂用的器物；祭器，是人用的器物。古代的人怎么会认为死去的亲人是无所知觉的呢？"

公叔木有个同母异父的兄弟死了，他向子游请教该服什么丧。子游说："大约服大功吧？"狄仪有同母异父的兄弟死了，他向子夏请教该服什么丧。子夏说："我从没听说过有什么规定。鲁国的习俗是服齐衰。"狄仪于是服齐衰。如今为同母异父的兄弟服齐衰的习俗，就是从狄仪询问子夏以后开始的。

注释　1 束脩(xiū)：脩，脯；十脡为一束。指微薄的礼物。问：馈赠。2 公叔木：郑玄说，"木"当为"朱"，卫公叔文子之子。

原文

3.33 子思之母[1]死于卫。柳若谓子思曰："子，圣人之后也，四方于子乎观礼，子

译文

子思的母亲死在卫国。柳若对子思说："您是圣人的后裔，四方的人都要看您怎么办丧事，您得谨慎行

盖慎诸。”子思曰:“吾何慎哉?吾闻之:有其礼,无其财,君子弗行也;有其礼,有其财,无其时,君子弗行也。吾何慎哉?”

事。”子思说:“我有什么好谨慎的呢?我听说,虽有某种礼仪而没有充足的钱财,君子无法行礼;虽有某种礼仪,又有充足的钱财,但没有合适的时机,君子也无法行礼。我有什么好谨慎的呢?”

县子琐曰:“吾闻之,古者不降,上下各以其亲。滕伯文为孟虎齐衰,其叔父也;为孟皮齐衰,其叔父也。”

县子琐说:“我听说,古代没有降低丧服等级的规定,尊卑上下都按亲属关系服丧。殷代滕伯文为孟虎服齐衰,只因孟虎是他的叔父;他也为孟皮服齐衰,只因他是孟皮的叔父。”

后木曰:“丧,吾闻诸县子曰:‘夫丧,不可不深长思也。买棺外内易。’我死则亦然。”

后木说:“办丧事的原则,我听县子说:‘办丧事不可以不考虑深远。买棺材要内外平整光滑。’我死后也要这样。”

注释 1子思之母:伯鱼之妻。伯鱼死后,她改嫁于卫。嫁母无服,故柳若戒以不可不慎。

原文

3.34 曾子曰:“尸未设饰,故帷堂。小敛而彻帷。”仲梁子曰:“夫妇方乱,故帷堂。小敛而彻帷。”

小敛之奠,子游曰:“于东方。”曾子曰:“于

译文

曾子说:“尸体还没有用衣服包裹,故用帷幕围着灵堂。小殓后就撩起帷幕。”仲梁子说:“丧家的男人和女人正忙乱着还没就各自的哭位,故用帷幕围着灵堂。小殓后就撩起帷幕。”

小殓后的奠祭物,子游说:“放在东边。”曾子说:“放在西边。而且小殓时要

西方。敛斯席矣。”小敛之奠在西方,鲁礼之末失也。

在西边设奠席。”把小殓的奠祭物设在西边,这是沿用鲁国末年失礼的做法。

3.35 县子曰:“绤衰繐裳[1],非古也。”

县子说:“用粗葛做缞,用稀疏的细布做裳,这不是古代的习俗。”

子蒲卒,哭者呼“灭”。子皋曰:“若是野哉!”哭者改之。

子蒲死了,哭他的人呼喊子蒲的名“灭”。子皋说:“这样真是太粗鄙无礼了!”于是哭喊的人便更改了。

杜桥之母之丧,宫中无相[2],以为沽[3]也。

杜桥母亲的丧事,殡宫中没有相礼的人,人们认为这样太粗略了。

夫子曰:“始死,羔裘玄冠[4]者,易之而已。”羔裘玄冠,夫子不以吊。

夫子说:“亲戚刚死,穿羔裘、戴玄冠的人换掉衣冠就行了。”夫子从不穿戴着羔裘玄冠去吊丧。

注释 1 绤(xì):粗葛。繐(suì):布细而疏。 2 宫:殡宫,指临时停放灵柩的地方。相:赞礼之人,办丧事中帮助安排礼节事宜。 3 沽:粗略。 4 羔裘玄冠:属吉服。即孔疏说,朝服也。

原文

3.36 子游问丧具,夫子曰:“称家之有亡[1]。”子游曰:“有亡恶乎齐?”夫子曰:“有,毋过礼。苟亡矣,敛首足形,还[2]葬,县棺而封[3]。人岂有非之者哉?”

司士贲告于子游曰[4]:

译文

子游向孔子请教丧葬器具问题,孔子说:“要与家庭经济情况的好坏相称。”子游说:“根据家庭经济情况的好坏,又怎样来合乎礼的标准呢?”夫子说:“经济较好的,不可以因为富有而越礼厚葬。如果经济情况较差的,只要衣衾可以遮掩尸体,殓后即下葬,并用手拉着绳子引棺下葬。难道还有人责备他失礼吗?”

"请袭[5]于床。"子游曰:"诺。"县子闻之,曰:"汰哉叔氏[6]!专以礼许人。"

司士贲对子游说:"请允许我为死者在床上穿衣。"子游说:"可以。"县子听说后,说:"叔氏真太自大了!好像专门由他批准别人实行礼仪似的。"

注释 1亡:通"无"。 2还(xuán):通"旋",立即。 3县:同"悬"。封:郑玄以为"封"当为"窆(biǎn)",下棺也。 4司士贲:司士,官名。贲以官为氏,故称"司士贲"。 5袭:浴尸后给死者穿衣。 6汰:自矜,自大。 叔氏:子游的别字。

原文

3.37宋襄公葬其夫人,醯醢[1]百瓮。曾子曰:"既曰明器矣,而又实之。"

孟献子之丧,司徒旅归四布[2]。夫子曰:"可也[3]。"

读赗[4],曾子曰:"非古也,是再告也。"

成子高寝疾。庆遗入,请曰:"子之病革[5]矣,如至乎大病,则如之何?"子高曰:"吾闻之也:'生有益于人,死不害于人。'吾纵生无益于人,吾可以死害于人乎哉?我死,则择不食[6]之地而葬我焉!"

译文

宋襄公葬他的夫人,有百瓮醋和肉酱陪葬。曾子说:"既然已称陪葬的东西为明器了,(明器是不能实用的,)却又盛满食物(是搞乱了鬼器和人器的区别了)。"

鲁国大夫孟献子去世时,他的家臣司徒敬子秉承主人的旨意,让下士把办丧事后多出来的赙布归还给四方的赠送者。夫子说:"这事办得还可以。"

宣读所收助丧之物的记录,曾子说:"这不是古代就有的习俗,而且这又是向死者重复宣读。"

齐国大夫成子高卧病在床,庆遗入内请示说:"您已病得很重了,如果发展成大病,那该怎么办呢?"子高说:

子夏问诸夫子曰："居君之母与妻之丧？"[7]"居处言语饮食衎尔[8]。"

宾客至，无所馆。夫子曰："生于我乎馆，死于我乎殡。"

国子高曰："葬也者，藏也。藏也者，欲人之弗得见也。是故衣足以饰身，棺周于衣，椁周于棺，土周于椁。反壤树之哉？"

"我听说：'活着就要有益于人，死了不要有害于人。'我纵然活着时无益于人，我怎么可以死了而有害于人呢？我死后，就选择一块不能耕作的土地来葬我吧！"

子夏向孔子请教，说："为君母和君妻服丧该怎么做？"孔子说："起居、言谈、饮食都要保持和适自得之态。"

宾客来到，但没有地方住宿。夫子说："活着就住在我家里，死了就由我为他殡葬。"

国子高说："葬，就是藏。藏，就是要让人不能看见。因此衣衾能够用来遮住身体，棺木能遮住衣衾，外椁能遮住内棺，土坑能遮住外椁就行了。为什么反而要堆土为坟、以植树为标记呢？"

注释　1 醯醢(xī hǎi)：用鱼肉等制成的酱。因调制肉酱必用盐、醋等作料，故称。醯，醋。醢，肉酱。　2 旅：下士。士分为上士、中士、下士。四布：四方送给丧家的赙(fù)布（布帛或钱财）。　3 按：郑玄说，时人皆贪，善其能廉。　4 读赗(fèng)：把人家赠送来助丧的车马等物书写在方版上，葬时灵车将行，主人之史读此方版上所书之"赗"，告诉死者。赗，以车马等物助丧家送葬。　5 革：危急。　6 不食：郑玄说，谓不垦耕。　7 按：陈澔说：此章以文势推之，"丧"下当有"如之何""夫子曰"字。　8 衎(kàn)尔：和适自得貌。

原文

3.38 孔子之丧，有

译文

孔子的丧事，有一位从燕国前来观看

自燕来观者，舍于子夏氏。子夏曰："圣人之葬人与？人之葬圣人也，子何观焉？昔者夫子言之曰：'吾见封之若堂者矣，见若坊者矣，见若覆夏屋者矣，见若斧者矣。〔吾〕从若斧者焉[1]。'马鬣封[2]之谓也。今一日而三斩板[3]，而已封，尚行夫子之志乎哉！"

葬礼的人，就住宿在子夏家里。子夏说："这是圣人葬一般人吗？（不是。）这是一般人葬圣人，您又有什么可以参观的呢？从前夫子说过：'我看见过筑坟，有的像垄堂，四方而高；有的像堤防，上平而南北狭长；有的像夏代的屋顶，飞出两檐；有的像斧头，狭如刀刃。我赞成像斧头那样的坟。'（这种斧状的坟，）就是俗称为马鬣封的坟墓形状。如今为夫子筑坟，一天内就筑了三板泥土，坟已筑成了，差不多实现了夫子的心愿吧！"

注释　1 按：王念孙说："'从若斧者焉'上脱一'吾'字。"　2 马鬣(liè)封：亦作"马鬣坟"，坟墓封土的一种形状。马鬃部位下厚上薄，斧状坟也像此，故称。　3 三斩板：筑坟用绳勒紧中间填土的丧板，土填好后斩断绳子，更换位置再筑，如此三遍，则坟筑成。

原文

3.39 妇人不葛带。

有荐新，如朔奠[1]。

既葬，各以其服除。

池视重霤[2]。

君即位而为椑[3]，岁壹漆之，藏焉。

复，楔齿，缀足，

译文

妇人在除服以前都不用葛带。

如果有时新食物或五谷新熟而荐奠，那礼节也和月朔祭奠一样。

既已下葬，亲属就可以除掉原先的丧服（小功以上也都可以除掉重服，改穿轻服）。

灵车上"池"的式样，就比照他生前宫室的重霤。

国君一即位就为他做好内棺，每年要

饭，设饰，帷堂，并作。父兄命赴者。

上一次油漆，还要在棺内放些东西（不使它空着，像等候盛尸那样）。

招魂，用角栖撑住死者的嘴，将死者的脚拘正，饭含，为尸体修饰，设置堂上的帷幕，这些事都是在断气后要连续进行的事情。由死者的叔伯父、堂兄派出报丧的人。

君复于小寝、大寝、小祖、大祖、库门、四郊。[4]

国君招魂要在小寝、大寝、小祖、太祖、库门、四郊等地进行。

丧不剥[5]，奠也与？祭肉也与？

办丧事不暴露祭奠物，是要覆盖所有的祭奠物呢，还是只覆盖祭肉呢？

既殡，旬而布[6]材与明器。

停柩殡宫后，过了十天就可以置办椁材和明器。

朝奠日出，夕奠逮日。

早上的祭奠是在日出时进行，晚上的祭奠是在太阳未落时进行。

父母之丧，哭无时，使必知其反也。

父母去世，孝子哀痛而哭就没有定时，使他们的灵魂知道返回来。

练，练衣黄里、縓[7]缘；葛要绖、绳屦无絇、角瑱[8]；鹿裘衡[9]，长，袪[10]，袪，裼[11]之可也。

小祥后穿的练服，是用熟丝织成缯做的中衣，衬里是黄色料子，还饰有浅红色的滚边，系葛制的腰绖，穿没有鞋鼻的用麻绳编织的鞋，戴角质的充耳；鹿裘可以加大、加长、加袖，而且可以加裼衣。

注释　1 朔奠：未葬之时，大夫以上朔、望皆有大奠，士人则在朔有奠。　2 池：灵车上的饰物，编成竹筐，蒙上青布，放在灵车上盖的下面，象征宫室的重霤(liù)。　视：比照。　重霤：承屋檐水之物。　3 椑(bì)：直接盛放尸体的内棺。　4 小寝：燕居之室。　大寝：也称正寝、路寝，居住办事的地方。　小祖：昭穆这类庙称小祖。　大祖：太祖的庙。　库门：诸侯之外门。 5 剥：显露。不剥，指用巾覆盖以防灰尘。 6 布：或释为“班”，即“班布告”，下觅椁材和明器之材。或释为布其木，预先晒干。 7 縓(quàn)：浅红色。 8 絇(qú)：古代鞋头上的装饰，有孔，可穿系鞋带。 瑱(tiàn)：即充耳，用于塞耳。 9 鹿裘：吉时穿麛(mí)裘，有丧穿鹿裘。 衡：郑玄说，当为“横”。 10 袪(qū)：袖口。亦泛指衣袖。 11 裼(xī)：裘上加裼衣。亦指裼衣。

原文

3.40 有殡，闻远兄弟之丧，虽缌必往。非兄弟，虽邻不往。所识，其兄弟不同居者皆吊。

3.41 天子之棺四重：水兕革棺被[1]之，其厚三寸；杝[2]棺一，梓棺二；四者皆周。棺束：缩[3]二，衡三，衽[4]每束一。柏椁以端长六尺。

天子之哭诸侯也，爵弁[5]，绖[6]，紂[7]衣。或曰使有司哭之，为之不以乐食。

天子之殡也，菆涂龙輴以椁[8]，加斧[9]

译文

已经停柩在殡宫，又听到远房兄弟死了，即使是很疏远只需服缌麻的，也一定得赶去吊丧。如果不是有同宗关系的兄弟，即使住在邻近，也不必去吊丧。如果与死者相识，死者的兄弟就算未与死者同住，也应当去他家吊丧。

天子的棺有四重：用水牛、兕牛的革蒙上的棺，厚三寸；椴木做的棺一重；梓木做的棺两重；这四重棺都是上下四周密封的。束棺的皮带：纵向二道，横向三道，每一道都经过棺身与棺盖接榫的地方。要用柏树近根的部位做椁材，每段材料得六尺长。

天子为诸侯哭丧时，头戴爵弁，腰系葛绖，穿黑帛做的衣服。有人说天子是派官员代他哭，而他自己进餐时不奏乐。

天子棺柩的殡法，要在灵柩的四周围上木材，涂上白泥灰，在灵车的辕上画上龙纹，丛木就像椁，椁上张挂着绣有斧状图案的幕

于椁上，毕涂屋。天子之礼也。

唯天子之丧，有别姓而哭。

布，然后全部涂封起来如屋形。这是天子"殡"的礼制。

只有天子的丧事，才会按姓来排列哭位。

注释 1被：覆盖。 2杝(yí)：杝木，即椴木。 3缩：纵。 4衽(rèn)：棺材板接榫处，两头宽，中间窄，形状像深衣的衽，故称。 5爵弁(biàn)：如冕而无旒(liú)，用葛布或丝帛做成，其色像雀头而微黑。也称"雀弁"。 6绖(dié)：郑玄以为衍文，译文依孙希旦说，吊服之葛绖也。 7紂(zī)：孙希旦说，同"缁"，黑色帛也。 8菆(cuán)：特指把木材堆聚在灵柩的周围。 龙輴(chūn)：天子殡以輴车，画辕为龙。輴车，载棺柩的车。 9斧：郑玄说，斧谓之黼，白黑文也。即黑白相间的如斧形的花纹。

原文

3.42 鲁哀公诔孔丘曰："天不遗耆老，莫相予位焉！呜呼哀哉，尼父[1]！"

国亡大县[2]邑，公、卿、大夫、士皆厌冠[3]，哭于大庙三日，君不举[4]。或曰君举而哭于后土[5]。

译文

鲁哀公为孔子作诔辞说："天不留这位老人，现在没有谁来辅助我治国了！多么使人悲伤啊，尼父！"

国家亡失了大县邑，公、卿、大夫、士都戴上丧冠，在太庙里痛哭三天，国君也三天不能享用杀牲的盛馔。另有人说国君享有杀牲的盛馔是可以的，但要到社庙向土神号哭。

注释 1尼父：孔子的字。 2县：孙希旦说，邑之大者。 3厌冠：古时丧礼小功以下所服之冠，其形偃伏，故称。 4举：杀牲盛食。 5后土：郑玄说，社也。土神，在"社"。

原文

3.43 孔子恶野哭者。

未仕者不敢税[1]人；如税人，则以父兄之命。

士备入而后朝夕踊。

祥[2]而缟。是月禫[3]，徙月乐。

君于士有赐帟[4]。

译文

孔子讨厌在野外哭丧的人。

没有做官的人，不敢用财物去帮助别人办丧事；如果要用财物助人治丧，就要声称是奉父兄之命赠送的。

（国君去世，）地位最低的士人全部入朝就哭位后，才开始朝夕哭踊。

大祥祭后就可以戴白色的冠。这个月还要进行禫祭，过了这一月就可以奏乐了。

国君若对士人有特别赏恩，可以赐他一块小缯幕。

注释 1 税：郑玄说，谓遗于人。译文从孙希旦，谓以财物助人丧事，即所谓赙(fù)也。 2 祥：大祥，丧二十五月的祭名。 3 禫(dàn)：除丧服之祭。 4 帟(yì)：张盖在上方用以遮蔽尘埃的平幕。古代皆以缯为之。郑玄说，幕之小者，所以承尘，赐之则张于殡上。大夫以上皆有帟，士无帟。

檀弓下第四

原文

4.1 君之適长殇[1]，车[2]三乘。公之庶长殇，车一乘。大夫之適长殇，车一乘。

公之丧，诸达官之长杖。

君于大夫将葬，吊于宫；及出，命引之，三步则止。如是者三，君退。朝亦如之，哀次[3]亦如之。

五十无车者，不越疆而吊人。

译文

君的嫡子在十六岁至十九岁中夭折，送葬用三辆遣车。公的庶子在十六岁至十九岁中夭折，送葬用一辆遣车。大夫的嫡子在十六岁至十九岁中夭折，送葬也用一辆遣车。

公去世，凡直接由国君任命的官吏，都要拄丧杖。

国君对于大夫的丧事，在将要下葬时，要到殡宫吊丧；等到灵车出了殡宫，就命令人牵引灵车，拉三步就停一下，像这样连续三次，然后国君才离开。（国君来吊丧时，）如正当灵柩朝庙之时，或正当灵柩已出殡宫至次舍之时，都和在殡宫吊丧的礼节一样，命人牵引灵车三次。

年过五十而没有车辆的，就不越过国境去为别人吊丧。

注释　1 君：孔颖达疏说，君者，五等诸侯也。適(dí)：通“嫡”，嫡长子。长殇(shāng)：古代丧礼，死者十六岁至十九岁。　2 车：遣车，装载遣奠的牲体，以送死者。　3 次：次舍，止息之所。此指大门外为接待宾客所设的场所。

原文

4.2 季武子[1]寝疾，蟜固不说齐衰而入见[2]，曰："斯道也，将亡矣！士唯公门说齐衰。"武子曰："不亦善乎？君子表微。"及其丧也，曾点倚其门[3]而歌。

译文

鲁大夫季武子卧病在床，蟜固没有脱掉齐衰丧服就进去看他，并说："这种见大夫而不脱齐衰丧服的礼仪，将要消亡了！士只有在进入公门时才脱下齐衰丧服。"武子说："不是很好吗？君子就是要将那些衰微的礼仪发扬起来。"等到武子去世了，曾点倚在门上歌唱。

注释 1 季武子：郑玄说，鲁大夫季孙夙也，世为上卿，强且专政，国人事之如君。 2 蟜(jiǎo)固：人名，具体事迹不详。说(tuō)：通"脱"。 3 其门：或以为季武子之门，或以为曾点家门，译文依前说。

原文

4.3 大夫吊，当事而至，则辞[1]焉。吊于人，是日不乐。妇人不越疆而吊人。行吊之日，不饮酒食肉焉。吊于葬者必执引；若从柩，及圹[2]，皆执绋[3]。

丧，公吊之，必有拜者，虽朋友、州里舍人可也。吊曰："寡君

译文

大夫来吊丧，如果正当丧家有殓殡等事时来到，丧家主人就会让傧者告诉大夫不能出来迎接。为别人吊过丧，这一天就不能奏乐。妇人不必越过国境去为人吊丧。吊丧的那天，不能饮酒食肉。在送葬时去吊丧，一定要帮忙拉灵车；如果跟随灵车一直来到墓穴，都要帮着拉绳下葬。

臣死在异国，该国国君来吊丧，必定要有人出来拜谢，即使是死者的朋友，或与死者同在异国的同州里的人及死者寄寓的馆

承[4]事。”主人曰：“临。”君遇柩于路，必使人吊之。

舍的主人都可以去拜谢。国君来吊丧，他的传话人说：“寡君前来助办丧事。”主人说：“感谢君主屈尊降临。”国君在路上遇到灵车，一定要派人去吊唁。

大夫之丧，庶子不受吊。

大夫的丧事，庶子不可以做主人接受别人的吊丧。

妻之昆弟为父后者死，哭之适室。子为主，袒、免、哭、踊。夫入门右，使人立于门外，告来者；狎则入哭。父在，哭于妻之室。非为父后者，哭诸异室。

妻子的兄弟并且又是岳父的继承人去世了，丈夫就要在正寝哭他。让自己的儿子做这边的丧主，要袒露胳膊，头上去冠着“免”，为舅哭泣、跳踊。自己就进去站在门的右边，又派人站在门外，告诉那些听到哭声前来吊唁的人死者是谁；如果和死者是熟悉的人，就进内哭泣。若丈夫的父亲还在世，就在妻子的寝室哭泣。如果死去的不是岳父的继承人，就在别的房间里哭他。

有殡，闻远兄弟之丧，哭于侧室；无侧室，哭于门内之右。同国则往哭之。

家里还停放着灵柩，如果听到远在异国的兄弟去世，就在寝室旁侧的偏房内哭他；没有偏房的，就在门内的右侧哭他；如果是死在国内的，就到他的灵堂去哭。

注释 1辞：告。 2圹(kuàng)：墓穴，亦指坟墓。 3绋(fú)：引棺的绳索。 4承：助。

原文

4.4 子张死，曾子有母之丧，齐衰而往哭之。或

译文

子张死了，曾子正在为母亲服丧，就穿着齐衰丧服前去哭子张。有人说：

曰："齐衰不以吊。"曾子曰："我吊也与哉？"

"穿着齐衰丧服不可以去吊丧。"曾子说："我是去吊唁死者的亲属吗？（我是去哭子张。）"

有若之丧，悼公吊焉，子游摈[1]由左。

有若去世，鲁悼公亲自去吊丧，子游站在悼公的左边担任赞助丧礼的相。

齐(谷)〔告〕王姬之丧[2]，鲁庄公为之大功。或曰："由鲁嫁，故为之服姊妹之服。"或曰："外祖母也，故为之服。"

齐国向鲁国通告齐襄公夫人王姬的丧事，鲁庄公为她服大功。有人说："王姬是从鲁国嫁出的，所以为她服出嫁姊妹之服。"另有人说："王姬是鲁庄公的外祖母，所以为她服大功。"

注释　1 摈(bìn)：办丧事时赞助丧礼的相。　2 按：郑玄认为，"谷"当为"告"，声之误也。王姬：齐襄公的夫人，周天子的女儿。她出嫁时，鲁国主婚，故被视为鲁庄公的姐妹，庄公为她服大功。

原文

4.5 晋献公之丧，秦穆公使人吊公子重耳，且曰："寡人闻之，亡国恒于斯，得国恒于斯。虽吾子俨然在忧服之中[1]，丧亦不可久也，时亦不可失也，孺子[2]其图之！"

以告舅犯。舅犯曰："孺子其辞焉。丧

译文

晋献公去世，秦穆公派人到狄吊唁正在逃亡中的公子重耳，并传话说："寡人听说，失去君位常在国中有大丧的时候，得到君位也常在国中有大丧的时候。虽然您专心严肃地处于忧伤的服丧期间，但居丧不可太久，时机不可坐失，希望您认真考虑这事！"

重耳把这番话告诉舅犯。舅犯说："您还是辞谢他的这番盛意吧。逃亡的人，没有什么宝物，只有亲自践行仁义才是最宝贵的。父亲死了，这是怎样的事啊？（这

人无宝，仁亲以为宝。父死之谓何？又因以为利，而天下其孰能说之？孺子其辞焉！”

公子重耳对客曰：“君惠吊亡臣，重耳身丧父死，不得与于哭泣之哀，以为君忧。父死之谓何？或敢有他志，以辱君义？”稽颡[3]而不拜，哭而起，起而不私。

子显以致命于穆公。穆公曰：“仁夫公子重耳！夫稽颡而不拜，则未为后也，故不成拜。哭而起，则爱父也。起而不私，则远利也。”

是凶祸大事。）借此凶祸来图利，那么天下的人谁会对您悦服呢？您还是辞谢他的盛意吧！”

公子重耳对使者说：“辱蒙国君吊唁逃亡之臣，我重耳逃亡在外，父亲死了，不能在灵堂哭泣尽哀，因此而使国君为我忧虑。父亲死了，这是怎样的事啊？怎么敢有别的心思，来玷污国君对我的情义呢？”重耳只磕头，而不敢像丧主那样拜谢，哭着站起来，起来后就不再和使者私下交谈。

使者子显回国后向穆公报告了出使情况。穆公说：“仁厚啊，公子重耳！他只磕头而不拜谢，就是不敢以继承人自居，所以不成拜礼。哭着站起来，是爱他的父亲的表现啊。起来后不再和使者私下交谈，是远离了趁丧事而图利的念头。”

注释 1 俨然：严肃庄重的样子。 忧服：谓因父母死而居忧服丧。 2 孺子：古代称天子、诸侯、世卿的继承人。 3 稽颡(qǐ sǎng)：古代的一种跪拜礼，屈膝下拜，以额触地，表示极度的虔诚。

原文

4.6 帷殡非古也，自敬姜之哭穆伯始也。

丧礼，哀戚之至也。

译文

在殡宫堂上挂着帷幕啼哭，不是古时的习俗，是从鲁国大夫穆伯的妻子敬姜哭她丈夫开始的。（这是因为敬姜年

节哀，顺变也，君子念始之者也。

复，尽爱之道也；有祷祠之心焉，望反诸幽，求诸鬼神之道也。北面，求诸幽之义也。

拜稽颡，哀戚之至隐[1]也。稽颡，隐之甚也。

饭用米贝，弗忍虚也。不以食道，用美焉耳。

铭[2]，明旌也。以死者为不可别已，故以其旗识〔识〕[3]之。爱之，斯录之矣；敬之，斯尽其道[4]焉耳。

重[5]，主道也。殷主缀重焉。周主重彻焉。

奠以素器，以生者有哀素之心也。唯祭祀之礼，主人自尽焉耳。岂知神之所飨，

轻丧夫，为避嫌才这样做的。）

丧礼，是孝子悲哀至极之时。节哀，是为了使孝子适应丧亲的剧变，这是因为君子考虑到父母生我的本心（必定不让自己悲哀过度而损伤身体，因此虽极其悲哀，也要有所节制）。

招魂，是孝子竭力向亲人表达爱的方式；怀着祈祷时的虔诚之心，希望亲人从幽暗的鬼神处返回来，这是祈求鬼神的方法。招魂时脸朝北，就是向幽暗之处祈求亲人亡灵的意思。

对来吊丧的宾客下拜和磕头，都是在悲哀中极其痛苦的表现。其中磕头所表现的哀痛最为厉害。

饭含用米、贝，是不忍心让死者口里空着。不用活人吃的熟饭，是因为米、贝具有天然之美。

铭，是标志死者官衔和姓名的长幡。因为死者的形貌已不可见，所以就用旗帜作为标志。爱死者，所以把死者的姓名记录在旌旗上；敬重死者，所以旌旗的大小尺度必定都能合乎死者的爵位。

"重"，和神主牌位的作用相同（使死者的灵魂有所依凭）。殷代的神主牌位还和"重"连在一起悬在庙里。周代人死后已制

亦以主人有齐敬之心也。

辟[6]踊，哀之至也。有筭，为之节文也。

袒括发[7]，变也。愠[8]，哀之变也。去饰，去美也。袒括发，去饰之甚也。有所袒，有所袭，哀之节也。

作了神主牌位，就把“重”撤去埋掉。

用素朴的器皿盛放祭奠物品，是因为活着的人哀痛而无雕饰之心。只有在死者安葬后行祭祀之礼时，主人才尽心文饰。要知道神之所以享用祭品，也不过是因为主人怀有虔敬庄重之心罢了。

捶胸跺脚，是悲哀到了极点。但有一定的次数以节制悲哀。

左袒，用麻束发，这是改变了平时的形貌。左袒，这是孝子因悲哀而引起的变化。除去修饰，是除去华美。左袒，用麻束发，都是除去修饰的极端表现。有时要左袒，有时要穿上衣服，这是使悲哀有节制。

注释 1隐：郑玄说，痛也。 2铭：将死者的名氏写在旌上，如“某氏某之柩”。不同身份的人，铭的规格也不同。 3王念孙认为，脱一“识”字，上一“识”字通“帜”。下一“识”字为标志。 4尽其道：依孙希旦说，谓其采章尺度必视其爵位而为之也。 5重(chóng)：人始死未做神主牌位，就用木制的“重”来代替。 6辟(pì)：通“擗”。捶胸。 7袒：古代行礼时脱去上衣左袖，露出裼(xī)衣。 括发：束发。指服丧。 8愠：应为“袒”字。

原文

弁、绖葛而葬，与神交之道也。有敬心焉。周人弁而葬，殷人冔[1]而葬。

歠[2]主人、主妇、室

译文

戴弁、穿葛绖行葬，这是和神明交接的礼节，是对山川神灵表示虔敬之心。周人戴着爵弁送葬，殷人戴着祭冠送葬。

（大夫死后三天，）要让主人、主妇、家臣之长喝点粥，因为他们都悲伤不食而致老,为其病也,君命食之也。

困与病,所以国君命令他们必须喝点粥。

反哭升堂,反诸其所作也;主妇入于室,反诸其所养也。

将亲人下葬后回家号哭,主人要登堂,这是返回亲人生前行礼的地方;主妇要进入寝室内去哭,这是返回事奉亲人的地方。

反哭之吊也,哀之至也。反而亡焉,失之矣!于是为甚。殷既封[3]而吊,周反哭而吊。孔子曰:“殷已悫,吾从周。”

将亲人下葬后回家号哭时,有人来吊唁,这是孝子悲哀至极的时候。因为回来后发现亲人不在了,消失了!此时孝子最为悲哀。殷人是在下葬以后去吊唁,周人是在葬后回家号哭时才去吊唁。孔子说:“殷人这种下葬后就在墓地吊唁的做法过于质朴,我赞同周人的做法。”

葬于北方北首,三代之达礼也,之幽之故也。

人死后葬在北郊、头朝北方,是三代通行的礼节,这是因为死者的魂魄要到幽暗处去的缘故。

既封,主人赠,而祝宿[4]虞尸。

棺放入墓穴以后,主人要赠送束帛给死者时,祝就先回去邀约虞祭时充当尸的人。

既反哭,主人与有司视虞牲。有司以几筵舍奠于墓左[5],反,日中而虞。

葬后回家哭过后,主人和属吏要去察看虞祭的牺牲。与此同时,另有属吏把几案筵席设置在墓的左边,用脯醢做祭品;祭完返回后,在正午举行安神的虞祭。

葬日虞,弗忍一日离也[6]。是月也,以虞易奠[7]。

下葬当天举行虞祭,是因为孝子一天也不忍心让亲人的魂灵无所归。就在这一月,用虞祭代替了丧奠。

卒哭曰:“成事。”是日也,以吉祭易丧

举行卒哭祭时,祝致辞说:“祭事到此已成。”从这一天起,就用吉祭代替丧祭。

祭。明日，祔[8]于祖父。其变而之吉祭也，比至于祔，必于是日也接[9]，不忍一日未有所归也。

第二天，要将死者的牌位放入宗庙，对死者和他的祖、父的神灵一同进行祔祭。由丧祭变为吉祭，一直到祔祭，必定和卒哭这一天相连，孝子不忍心亲人的灵魂哪怕一天无所归依。

殷练而祔，周卒哭而祔，孔子善殷。

殷人是周年练祭后再行祔祭，周人是卒哭祭后举行祔祭，孔子赞同殷人的方式。

君临臣丧，以巫祝桃茢执戈[10]，恶之也，所以异于生也。丧有死之道焉，先王之所〔以〕[11]难言也。

国君亲临臣子的丧事，要让巫拿着桃枝，祝拿着笤帚，又有小臣执戈卫护，是因为生人厌恶死人的凶邪之气，所以就不同于对待臣下活着时的礼仪。办丧事另有对待死人的礼仪，这是先王不便明说的。

丧之朝也，顺死者之孝心也。其哀离其室也，故至于祖考之庙而后行。殷朝而殡于祖，周朝而遂葬。

丧礼中将出葬，要先朝祖庙，这是顺从死者的孝心（作为儿子的礼节，就是"出必告亲"）。死者离开故居必定会悲哀，所以先到祖父、父亲的庙里告辞，然后再上路。殷人是朝社庙后就将棺柩停在祖庙里，周人是朝祖庙后就出葬了。

注释　1 冔(xǔ)：殷代士人之祭冠。　2 歠(chuò)：同"啜"。喝。　3 封：郑玄说：当为"窆(biǎn)"。窆，下棺也。　4 宿：陈澔说，读为"肃"，进也。引进，邀约。　5 孔疏说：几，依神也。筵，坐神席也。舍，释也。奠，置也。　6 郑玄说，弗忍其无所归。　7 按：葬前无尸，奠置于地，至虞祭，始立尸以行祭礼，故曰"以虞易奠"。　8 祔(fù)：祭名。到死者先祖的庙里去祭死者，使其神附属于先祖。　9 必于是日也接：是日即卒哭之日。接，连也。　10 以巫祝桃茢(liè)执戈：郑玄说，桃，鬼所恶。茢，萑(huán)苕，苕帚，可扫除不祥。 11按:唐石经初刻“所”下有“以”字,改刻删去。王念孙认为,有“以”字者是也。

原文

4.7孔子谓:为明器者,知丧道矣,备物而不可用也。哀哉!死者而用生者之器也,不殆于用殉乎哉?其曰明器,神明之也。涂车、刍灵[1],自古有之,明器之道也。孔子谓:“为刍灵者善。”谓:“为俑者不仁,殆于用人乎哉!”

穆公问于子思曰:“为旧君反服[2],古与?”子思曰:“古之君子,进人以礼,退人以礼,故有旧君反服之礼也。今之君子,进人若将加诸膝,退人若将队[3]诸渊。毋为戎首,不亦善乎?又何反服(之礼)[4]之有?”

悼公之丧,季昭子问于孟敬子曰:“为君何食?”敬子曰:“食粥,天

译文

孔子认为:用明器殉葬的人懂得办丧事的道理,虽然备办许多物件,但又都是不可实用的。悲哀啊!如果死者用活着的人使用的器物来殉葬,那不接近用活人来殉葬吗?那些物件称为明器,是把死者看作了神明。泥制的车、草扎的人和马,自古以来就有了,这就是制作明器的原则。孔子认为:“用草扎的人和马来殉葬的人心地仁厚。”孔子认为:“刻制木偶人来殉葬的人不仁厚,(用这种像人形、有面目的木偶,)接近用活人来殉葬啊!”

鲁穆公问子思:“旧君去世,做过他臣子的人为他服丧,是古礼吧?”子思说:“古代的国君依礼进用人,依礼辞退人,所以才有为旧君服丧的礼仪。如今的国君,进用人时就好像要将他抱到膝上似的,而辞退臣子时就好像要将他推下深渊似的。被辞退的臣子不成为寇乱之首,不也算不错了吗?又怎么会有去为旧君服丧的礼呢?”

鲁悼公去世,季昭子问孟敬子说:“为国君办丧事,吃什么呢?”敬子说:“喝

下之达礼也。吾三臣者之不能居公室也,四方莫不闻矣。勉而为瘠,则吾能,毋乃使人疑夫不以情居瘠者乎哉?我则食食。”

粥,这是天下通行的礼仪。我们仲叔、叔孙、季孙三家不能以臣下之礼事奉国君,天下没有不知道的。勉强喝粥而使身体变得瘦弱,我们能做到,然而那样岂不是使人怀疑我并非出于真情而变得瘦弱吗?我还是照常吃饭吧。”

卫司徒敬子死。子夏吊焉,主人未小敛,绖而往。子游吊焉,主人既小敛,子游出,绖反哭。子夏曰:“闻之也与?”曰:“闻诸夫子:主人未改服,则不绖。”

卫国的司徒敬子死了。子夏去吊丧,主人还没有为死者举行小殓,他就戴着绖前往。子游去吊丧,主人已行过了小殓,子游出去,戴上绖再进去啼哭。子夏说:“你这样做是从哪儿听来的呢?”子游说:“从夫子那儿听说的:主人没有改服,就不能戴着绖去吊丧。”

注释 1涂车:泥车。古代送葬用的明器。 刍灵:用茅草扎成的人马,为古人送葬之物。 2反服:此指已脱离原来关系的臣子为过去的国君服丧。 3队(zhuì):同“坠”。 4王引之认为,“之礼”两字衍文。

原文

4.8曾子曰:“晏子可谓知礼也已,恭敬之有焉。”有若曰:“晏子一狐裘三十年,遣车[1]一乘,及墓而反。国君七个[2],遣车七乘;大夫五个,遣车五乘。晏子焉知礼?”

译文

曾子说:“晏子可以说是懂得礼了,他有谦恭的心意,又有肃敬的行为。”有若说:“晏子一件狐裘穿了三十年,给亲人送葬只用一辆遣车,到墓地葬毕就回家。据礼节,陪葬国君的牲体有七个,遣车有七辆;陪葬大夫的牲体有五个,遣车有五辆。晏子怎么能算懂得礼呢?”曾

曾子曰:“国无道,君子耻盈礼焉。国奢,则示之以俭;国俭,则示之以礼。”

子说:“国君无道,君子耻于把礼文的细节都做到。国人奢侈,就用节俭来启示他们;国人节俭,就用礼仪来启示他们。”

注释 1遣车:古代指送葬载牲体的车子。 2个:包。凡包牲都取下体,每一牲取三体,前胫折取臂臑(nào,前肢),后胫折取骼;三段为一包,每遣车一乘,就载一包。

原文

4.9 国昭子之母死。问于子张曰:“葬及墓,男子妇人安位?”子张曰:“司徒敬子之丧,夫子相:男子西乡[1],妇人东乡。”曰:“噫!毋!”曰:“我丧也,斯[2]沾[3]。尔专之。宾为宾焉,主为主焉,妇人从男子皆西乡。”

穆伯之丧,敬姜昼哭;文伯之丧,昼夜哭。孔子曰:“知礼矣。”

文伯之丧,敬姜据其床而不哭,曰:“昔者吾有斯子也,吾以将为贤人也。吾未尝以就

译文

齐大夫国昭子的母亲死了,他问子张:“送葬到墓地后,男子和妇人的位置该怎么安排?”子张说:“司徒敬子的丧事,是孔夫子帮助行丧礼的:男子脸朝西,妇人脸朝东。”国昭子说:“唉,可不必依循旧礼!”又说:“我办丧事,必定有许多人来观看。你当专门负责此事。是宾客就归到宾客一边,是主人就归到主人一边,我家里的妇人随从男子都脸朝西。”

穆伯去世,他的妻子敬姜守丧时只在白天啼哭;敬姜的儿子文伯去世,她守丧时白天黑夜都啼哭。孔子说:“她真懂得礼啊。”

文伯死了,敬姜靠在他的床上不哭,说:“从前我有这个孩子时,我认为他将成为一个有才德的人。我从来没有到他办事的地方去过。如今他死了,我没有

公室。今及其死也，朋友诸臣未有出涕者，而内人皆行哭失声。斯子也，必多旷于礼矣夫！”

季康子之母死，陈亵衣。敬姜曰：“妇人不饰，不敢见舅姑。将有四方之宾来，亵衣何为陈于斯？”命彻之。

有子与子游立，见孺子慕者。有子谓子游曰：“予壹不知夫丧之踊也，予欲去之久矣。情在于斯，其是也夫！”子游曰：“礼有微[4]情者，有以故[5]兴物[6]者。有直情而径行者，戎狄之道也。礼道则不然。人喜则斯陶，陶斯咏，咏斯犹[7]，犹斯舞；（舞斯愠[8]，）愠斯戚，戚斯叹，叹斯辟，辟斯踊矣！品节斯，斯之谓礼。人死，斯恶之矣；无能也，

见到朋友众臣为他落泪，而妻妾却为他痛哭失声。这孩子必定早就有很多地方荒废礼了。”

季康子的母亲死了，小殓前在房中陈列殓衣时将内衣也陈列出来了。敬姜说：“妇人不加修饰，不敢去见公公婆婆。何况将有四方宾客来吊丧，为什么要把内衣也陈列在这儿呢？”于是叫人将内衣收起来。

有子和子游站在一起，看见一个小孩哭着找父母。有子对子游说：“我实在不懂得丧礼中跳跃的道理，我早就想废除这一规定了。丧礼中的哀情就和在这儿哭着找父母的孩子一样，只要像这孩子啼哭就可以了！”子游说：“礼有各种减杀哀情的规定（，使人不至于过分悲哀）；礼又有各种触发哀情的物件（，使人睹物思哀不至于怠忘）。如将哀情直率地表现在行动举止上，是未开化之人的做法。如果依礼而行就不该这样。人遇到高兴的事情就开心，开心就要歌唱，歌唱就会摇动身体，摇动身体就会手舞足蹈起来；而人不高兴就会悲戚，悲戚就会叹息，叹息了还不够就会捶胸，捶胸不够就会跳跃了！对人的哀乐之情加以区别而进行节制，就称为礼。人死了，就被人讨厌了；死者已无能为力，就被

斯倍[9]之矣。是故制绞[10]衾,设蒌翣[11],为使人勿恶也。始死,脯醢之奠;将行,遣而行之,既葬而食之,未有见其飨之者也。自上世以来,未之有舍也,为使人勿倍也。故子之所刺于礼者,亦非礼之訾[12]也。"

人背弃了。因此要制作殓尸用的束带、被子,设置灵车上用的盖子、扇状屏障,就用种种遮掩使人们不讨厌死者。人刚死,就用肉脯肉酱祭奠他;将要出葬,又有遣奠来送行,下葬后还有各种祭祀,但是从未见过鬼神来享用。然而从上古以来,从来没有废弃这种做法,是为了使人不背弃死者。所以你所批评的情况,不足为礼仪的疵病。"

注释 1乡:通"向"。这是指送葬时男子站在羡道(从地面斜向通入圹里的通道)边脸朝西,妇人站在另一边脸朝东。 2斯:通"澌(sī)",尽也。死之言澌也。 3沾:郑玄说,读为觇,视也。 4微:杀,减杀。 5故:孙希旦说,谓有为为之也。 6物:指衰、绖诸类。 7犹:郑玄说,当为"摇"。 8依《释文》"舞斯愠"为衍文。 9倍:通"背",背弃。 10绞(xiáo):此指殓时裹束尸体身上衣被的布条。 11蒌(liǔ)翣:即"蒌翣",古代棺饰。或为覆于棺上的彩帛,或为绘于外板的彩饰。 12訾(cī):通"疵",疾病,缺点。

原文

吴侵陈,斩祀杀厉[1];师还[2]出竟[3],陈大宰嚭[4]使于师。夫差谓行人仪曰:"是夫也多言,盍尝问焉?师必有名,人之称斯

译文

吴国入侵陈国,砍伐陈国祠社的树木,杀害有疾病的陈国人;然后又很快退兵出境,陈国的太宰嚭出使到吴军。吴王夫差对行人仪说:"此人能说会道,为什么不试问他一下?凡是出师伐人必有名义,众人称我们这次出师,会称什么名义呢?"太宰嚭说:

师也者，则谓之何？”大宰嚭曰：“古之侵伐者，不斩祀，不杀厉，不获二毛[5]。今斯师也，杀厉与？其不谓之杀厉之师与？”曰：“反尔地，归尔子，则谓之何？”曰：“君王讨敝邑之罪，又矜[6]而赦之，师与有无名乎？”

“古代侵伐别人的军队，不砍伐祠社的树木，不杀害患病者，不俘获鬓发已斑白的人。如今你们的这些军队，杀害了患病的人了吧？那不就可以称为杀病人的军队了吧？”夫差又问：“如果归还你们的土地，又归还你们被俘的子女，那么又会怎么说呢？”太宰嚭回答道：“贵国的君王出师讨伐敝国的罪过，又同情敝国而赦免我们，难道还可以用师出无名来议论吗？”

颜丁善居丧：始死，皇皇焉，如有求而弗得；及殡，望望焉，如有从而弗及；既葬，慨焉如不及其反而息。

鲁国的颜丁居丧时很得体：亲人刚死时，他彷徨不安的样子，就像祈求亲人能死而复生而又没有得到；到出殡时，他再三瞻望的样子，就像要随从先人而又不能赶上；下葬后，他怅惘的样子，就像先人的灵魂来不及跟着他回家去，他就边走边停地等待着。

子张问曰：“《书》云：‘高宗三年不言，言乃欢。’有诸？”仲尼曰：“胡为其不然也？古者天子崩，王世子听于冢宰三年。”

子张问孔子：“《尚书》上说：‘殷代高宗居丧，三年不说话，等到他除服后说话了，大家都很高兴。’真有这回事吗？”仲尼说：“为什么不这样呢？古代天子去世，王太子就听从冢宰摄政三年（当然可以不对臣下说话了）。”

注释　1 厉：郑玄说，疫病。　2 还（xuán）：通“旋”，随即，立刻。　3 竟：同“境”。　4 洪迈等人认为，“大宰嚭”和下文的“行人仪”错简，应互换。译文仍依原文。　5 二毛：鬓发斑白，指老人。　6 矜：同情，怜悯。

原文

4.10 知悼子卒，未葬，平公饮酒，师旷、李调侍，鼓钟。杜蒉自外来，闻钟声，曰："安在？"曰："在寝。"杜蒉入寝，历阶[1]而升，酌，曰："旷饮斯！"又酌，曰："调饮斯！"又酌，堂上北面坐饮之，降，趋而出。平公呼而进之，曰："蒉！曩者尔心或开予，是以不与尔言。尔饮旷何也？"曰："子卯不乐。知悼子在堂，斯其为子卯也大矣！旷也大师也，不以诏，是以饮之也。""尔饮调何也？"曰："调也，君之亵臣也。为一饮一食，忘君之疾，是以饮之也。""尔饮何也？"曰："蒉也宰夫也，非刀匕是共，又敢与知防，是以饮之也。"平公曰：

译文

晋国大夫知悼子死了，还没有下葬，晋平公就饮酒了，由师旷、李调陪侍，并令人敲击奏乐。平公的膳宰杜蒉从外面进来，听到钟声，说："国君在哪里？"回答道："在正寝。"杜蒉就来到正寝，一步一个台阶登上堂，倒了酒，说："旷，你喝了这杯酒！"又倒了酒，说："调，你喝了这杯酒！"再倒了酒，在堂上脸朝着北坐着喝了一杯，然后走下台阶，快步走出去。平公呼喊他，让他进来，说："杜蒉！刚才你也许存心要开导我，因此我没有和你说话。你让师旷饮酒是什么道理呢？"杜蒉说："甲子日、乙卯日（是殷纣、夏桀的忌日），君王都不敢奏乐。知悼子的灵柩还停在堂上，（大臣还未下葬，）这比甲子、乙卯忌日更要严重！师旷是掌乐的太师，不将这道理告诉您，因此就罚他饮一杯酒。"平王又问："你让李调饮酒又是什么道理呢？"杜蒉说："李调是国君的近臣，为了吃喝就忘了规劝国君的过失，因此我也罚他饮酒。""你自己喝酒又是什么道理呢？"杜蒉说："我杜蒉是个宰夫，不是去干操刀执勺的分内事，反而越职谏诤，因此也要罚自己饮酒。"平公说："我也有过失。你倒

"寡人亦有过焉。酌而饮寡人!"杜蒉洗而扬觯[2]。公谓侍者曰:"如我死,则必无废斯爵也!"至于今,既毕献,斯扬觯,谓之"杜举"。

酒,也罚我饮一杯酒吧!"杜蒉洗了酒杯斟上酒,高举着献给平公。平公对侍者说:"如果今后我死了,那也不准废弃这酒杯!"一直到现在,凡是在燕礼上献酒以后,还要向国君高举起酒杯献酒,就称为"杜举"。

注释 1 历阶:贾公彦说:"历阶谓从下至上皆越等无连步。"王夫之以为"足涉二等曰历阶"。 2 觯(zhì):酒器名。许慎以为可容四升,郑玄认为可容三升。

原文

4.11 公叔文子卒,其子戍请谥于君,曰:"日月有时,将葬矣,请所以易其名[1]者。"君曰:"昔者卫国凶饥,夫子为粥与国之饿者,是不亦惠乎?昔者卫国有难,夫子以其死卫寡人,不亦贞乎?夫子听卫国之政,修其班制[2],以与四邻交,卫国之社稷不辱,不亦文乎?故谓夫子'贞惠文子'。"

石骀仲卒,无適子,有庶子六人。卜所以为

译文

卫国大夫公叔文子死了,他的嗣子戍向国君卫灵公请求赐予谥号,说:"出葬的日子已经决定,就要出葬了,请赐给一个可以用来代替他的名的称号。"卫灵公说:"以前卫国遇上了灾年而发生了饥荒,夫子煮了粥来救济挨饿的国人,这不可以称为'惠'吗?以前卫国有变乱,夫子殊死护卫我,这不可以称为'贞'吗?夫子处理卫国国政,依礼制定了尊卑贵贱的次序,又使卫国与四方邻国交好,使卫国的社稷没有被玷辱,这不是可以称为'文'吗?所以可以称夫子为'贞惠文子'。"

卫国大夫石骀仲死了,没有嫡子,

后者，曰："沐浴佩玉则兆[3]。"五人者皆沐浴佩玉。石祁子曰："孰有执亲之丧而沐浴佩玉者乎？"不沐浴佩玉。石祁子兆，卫人以龟为有知也。

只有庶子六人。问卜决定继承人，卜人说："沐浴佩玉后，龟甲就会显现吉凶之兆。"五个人都沐浴佩玉了。石祁子说："哪里有为父亲守丧时去沐浴佩玉的呢？"只有他不沐浴佩玉。然而龟兆却显示石祁子该做继承人，卫国人认为龟甲有灵验。

陈子车死于卫。其妻与其家大夫[4]谋以殉葬，定而后陈子亢至。以告，曰："夫子疾，莫养于下，请以殉葬。"子亢曰："以殉葬，非礼也。虽然，则彼疾当养者，孰若妻与宰？得已，则吾欲已；不得已，则吾欲以二子者之为之也。"于是弗果用。

齐国大夫陈子车客死在卫国。他的妻子和家宰商量用活人为他殉葬，商量好了后陈子车的弟弟陈子亢来到卫国奔丧。他们就告诉陈子亢，说："夫子生病时不在家，家里人不能奉养他，因此死后请用活人殉葬（到地下去侍候他）。"陈子亢说："用活人殉葬，不合礼制。即使这样，在地下能奉养他的病体的，又有谁比他的妻子和家宰更合适呢？如能取消这个决定，我也就算了；如果不能取消，那么我就想用你们两人去殉葬。"于是最终没有采用活人殉葬。

注释　1 易其名：用谥号代替死者的名。因为卒哭以后不能呼死者的名，要称他的谥号。　2 班：尊卑之序。制：享赠多寡之节。　3 兆：占卜烧灼龟甲后，显示吉凶的裂纹。　4 家大夫：大夫的家宰，只因大夫强而僭，所以家臣也僭称大夫。

原文

子路曰："伤哉贫也！生无

译文

子路说："贫穷是多么令人伤

以为养，死无以为礼也。”孔子曰：“啜菽[1]饮水，尽其欢，斯之谓孝。敛(手)〔首〕[2]足形，还[3]葬而无椁，称其财，斯之谓礼。”

心啊！父母活着时没有钱财来奉养他们；父母死了，又没有钱财举办丧葬。”孔子说：“虽然是贫穷得只能喝些豆粥，饮些清水，只要能使父母精神愉快，这就可称为孝了。死后衣被可以遮住他们的头和脚，殡后就出葬，没有棺椁，但只要做到与自己的财力相称，这就可称为礼了。”

卫献公出奔，反于卫，及郊，将班邑于从者而后入。柳庄曰：“如皆守社稷，则孰执羁靮[4]而从？如皆从，则孰守社稷？君反其国而有私也，毋乃不可乎！”弗果班。

卫献公被逐而出奔到齐国，后来返回卫国复位，到了城郊，将要把一些封地分赏给跟随他出奔的人，然后才进城。卫国太史柳庄说：“如果大家都留下来守护社稷，那有谁来牵着马跟随您呢？如果都跟随您出奔，那又有谁来守护社稷呢？您刚回国就有所偏心，恐怕不可以吧！”于是最终没有颁赏。

卫有大史曰柳庄，寝疾。公曰：“若疾革，虽当祭必告。”公再拜稽首，请于尸曰：“有臣柳庄也者，非寡人之臣，社稷之臣也。闻之死，请往。”不释服而往，遂以襚[5]之，与之邑裘氏与县潘氏，书而纳诸棺曰：“世世万子孙无变也！”

卫国有个太史叫柳庄，卧病在床。卫国国君说：“如果病情危急，即使正当我在祭礼时也务必要通报。”（柳庄后来果真在卫君主持祭祀时死了。）卫君行拜两次，并叩头，向祭祀中的“尸”请求道：“我有个臣子叫柳庄，不是我个人之臣，而是社稷之臣。听说他死了，请让我前往吊丧。”卫君没来得及脱下祭服就前往柳家，将身上的祭服赠送给死者穿，并封给他裘氏邑和潘氏县，还将封赐的命令写下来放进棺内，上面写道：“世世相传至万代子孙也不改变！”

注释 1 啜(chuò):食,饮。 菽(shū):大豆。引申为豆类的总称。 2 依孔疏当为“首”字。 3 还(xuán):旋,随即。 4 羁靮(dí):马络头和缰绳。泛指驭马之物。 5 襚(suì):赠送给死者用的衣、被。

原文

陈乾昔寝疾,属[1]其兄弟,而命其子尊己曰:“如我死,则必大为我棺,使吾二婢子夹我。”陈乾昔死,其子曰:“以殉葬,非礼也,况又同棺乎?”弗果杀。

仲遂卒于垂,壬午犹绎[2],万入去籥[3]。仲尼曰:“非礼也,卿卒不绎。”

季康子之母死,公输若方小。敛,般请以机封[4]。将从之,公肩假曰:“不可!夫鲁有初:公室视丰碑[5],三家视桓楹[6]。般!尔以人之母尝巧,则岂不得以?其(母)〔毋〕[7]以尝巧者乎,则病者乎?噫!”

译文

陈乾昔卧病在床,招集他的兄弟,又命令他的儿子尊己说:“如果我死了,那一定要替我做一口大棺材,让我的两个妾躺在我的两旁。”陈乾昔死后,他的儿子说:“用活人殉葬,不合礼制,何况又是共用一棺呢?”最终没有杀掉他的两个妾。

鲁庄公的儿子仲遂死在齐国的垂地,讣告来到时,鲁庄公正在壬午这天举行绎祭,就照常进行万舞,只不过把籥舞取消了。仲尼说:“这不合礼制。有卿死了,可以不举行绎祭。”

季康子的母亲死了,匠师公输若年龄还小。大殓过后,公输般请求用他做的机械来下棺。主人正要听从他时,公肩假说:“不可以!下棺,在鲁国自有先例:国君是比照基地四角上设四座大碑的方式,我们仲叔、叔孙、季孙三家是比照四根大柱的方式。公输般!你用别人的母亲来试验你的机械,难道以后没有机会试验吗?难道不用别人的母亲来试弗果从。

战于郎。公叔禺人遇负杖入保者息[8]，曰："使之虽病也，任之虽重也，君子不能为谋也，士弗能死也，不可。我则既言矣！"与其邻(重)〔童〕[9]汪踦往，皆死焉。鲁人欲勿殇(重)〔童〕汪踦，问于仲尼，仲尼曰："能执干戈以卫社稷，虽欲勿殇也，不亦可乎！"

子路去鲁，谓颜渊曰："何以赠我？"曰："吾闻之也：去国，则哭于墓而后行；反其国不哭，展[10]墓而入。"谓子路曰："何以处[11]我？"子路曰："吾闻之也：过墓则式，过祀[12]则下。"

验你的机械，你就会不舒服吗？唉！"最终没有听从公输般的意见。

齐鲁两国在郎邑交战。昭公的儿子公叔禺人遇到一个扛着兵杖逃进城堡避难的人。他很感慨地说："虽然徭役已使百姓很疲困了，赋税已使百姓的负担很沉重了，但卿大夫却不能为国谋划，士人又不能为国去牺牲，不可以这样。我既然这样说了(就得去践行)。"于是他就和邻里的少年汪踦一起奔赴战场，都战死了。鲁国人想不按未成年人的丧礼来为汪踦治丧，就向孔子请教。仲尼说："他能拿起武器来保卫国家，就算不把他当成未成年人来治丧，不也是可以的吗？"

子路要离开鲁国，对颜渊说："你有什么临别赠言？"颜渊说："我听说：要离国而去，就要到先人的墓上哭告一番，然后才上路；回国的时候，不必去哭墓，只要省视一番就可以进城。"颜渊又对子路说："你有什么话赠送给我，使我安处鲁国呢？"子路说："我听说：乘车经过墓地要凭轼致敬，经过土神的社坛要下车致敬。"

注释　1 属(zhǔ)：通"嘱"，托付，请托。　2 绎：周代称正祭之次日又祭为"绎"。辛巳祭于太庙。壬午又祭，故称。　3 万：即万舞，古代的舞名。

先是武舞，舞者手拿兵器；后是文舞，舞者手拿鸟羽和乐器。籥：即舞籥，长而六孔，可执作舞具，亦指代文舞。 4 郑玄说，般见若掌殓事而年尚幼，请代之，而欲尝其技巧。 5 丰碑：斫大木为之，形如石碑，下棺用。 6 桓：树立在四周。楹：大柱。 7 依郑玄注，“毋”当作“毋”。 8 杖：王夫之说，兵杖。保：城堡。 9 郑玄说，“重”当为“童”。 10 展：省视，察看。 11 处：安。 12 祀：祠祀。指祭祀供奉的处所。郑玄注：“祀，神位有屋树者。”

原文

4.12 工尹[1]商阳与陈弃疾追吴师，及之。陈弃疾谓工尹商阳曰：“王事也。子手弓而可。”手弓。“子射诸！”射之，毙一人，韔弓[2]。又及，谓之；又毙二人。每毙一人，揜[3]其目。止其御曰：“朝不坐，燕不与；杀三人，亦足以反命矣！”孔子曰：“杀人之中，又有礼焉。”

译文

楚国的工尹商阳和陈弃疾去追击吴国的军队，追上了。陈弃疾对工尹商阳说：“这是君王的大事啊。您可以取弓在手了。”工尹商阳就把弓拿在手里。陈弃疾又说：“您该射箭了！”他这才把箭射出去，射死一人，就把弓放入弓袋里。又追上了吴军，陈弃疾又让商阳拿起弓射箭，又射死二人。每射死一人，商阳就为死者合上眼睛。商阳让他的驾车者停下来，说：“我在朝见国君时没有座位，大宴时没有席次，杀了三个敌人，也足以复命了！”孔子说：“杀人的过程中，也是有礼节的。”

注释 1 工尹：楚官名，掌管百工及官营手工业。 2 韔(chàng)弓：弓衣，弓套。 3 揜(yǎn)：掩盖，遮蔽。

原文

4.13 诸侯伐秦，曹(桓)〔宣〕[1]公卒于会。诸侯请含，使之袭。

襄公朝于荆，康王卒。荆人曰："必请袭！"鲁人曰："非礼也！"荆人强之。巫先拂[2]柩，荆人悔之。

4.14 滕成公之丧，使子叔敬叔吊、进书，子服惠伯为介[3]。及郊，为懿伯之忌[4]不入。惠伯曰："政也。不可以叔父之私，不将公事。"遂入。

译文

诸侯们联合讨伐秦国，曹宣公在诸侯会盟时死了。诸侯要求为宣公行"含"礼，而曹人就请诸侯为他穿殓衣。

鲁襄公到楚国去朝见，正遇上楚康王死了。楚人说："务必请您为康王穿衣！"鲁国的随从说："这不合礼制！"楚人还是勉强他去做。襄公就让巫祝先拿着桃枝在棺柩前拂了拂来被除不祥，(用君临臣丧的礼仪，)楚人很后悔。

滕成公去世，鲁国派大夫子叔敬叔去吊丧，并呈上鲁君的吊唁书，派子服惠伯做他的副手。他们到了滕国郊外，因为正好遇上了惠伯的叔父懿伯的忌日，敬叔就不想在当天进城去。惠伯说："这是国家政事。不可以因为我叔父的忌日而不办公事。"于是就进城去了。

注释 1依郑注，当为"宣"字，言"桓"，声之误也。 2拂(fú)：祓，祓除不祥。 3介：副手。 4忌：忌日。

原文

4.15 哀公使人吊蕢尚，遇诸道。辟[1]于路，画宫而受吊焉。曾子曰："蕢尚不如杞梁之妻之

译文

鲁哀公派人去吊唁正在办丧事的蕢尚，使者在路上遇到了灵车。蕢尚于是扫除道路，在地上画了殡宫的示意图而接受吊唁。曾子说："蕢尚还不如杞梁的妻子

知礼也！齐庄公袭莒于夺[2]，杞梁死焉。其妻迎其柩于路而哭之哀。庄公使人吊之，对曰：'君之臣不免于罪，则将肆诸市朝，而妻妾执。君之臣免于罪，则有先人之敝庐在。君无所辱命。'"

懂礼！齐庄公派人从狭路去偷袭莒国，杞梁战死了。他的妻子在路上迎接丈夫的灵柩，哭得很悲哀。庄公派人去吊唁，她回答说：'您的臣子杞梁如果不能免罪，就将他陈尸在市朝，并拘捕他的妻妾。您的臣子杞梁如果能被免罪，那我们还有先人留下的一所破旧的房子(，可去那儿行礼)。我不能在路上接受吊唁而屈辱君命。'"

孺子𫄧之丧，哀公欲设拨，问于有若。[3]有若曰："其可也。君之三臣犹设之。"颜柳曰："天子龙輴而椁帱[4]，诸侯輴而设帱，为榆沈[5]，故设拨。三臣者废輴而设拨，窃礼之不中者也。而君何学焉？"

鲁哀公的少子𫄧死了，哀公想在灵车上设引绳，向有若询问这事。有若说："这是可以的。国君的三家权臣仲孙、叔孙、季孙都已在灵车上设引绳了。"颜柳说："天子用的是车辕上画有龙纹的灵车，以椁覆棺，并加以涂饰，诸侯用的灵车覆盖着棺衣，因为都是用榆木做成的，非常沉重，所以要设引绳拉车。这三家权臣不敢用那种灵车，却要设置那种灵车上的引绳，就是盗用天子诸侯的礼仪而又没有做合适。您何必学他们呢？"

悼公之母死，哀公为之齐衰。有若曰："为妾齐衰，礼与？"公曰："吾得已乎哉？鲁人以妻我。"

鲁悼公的母亲死了，哀公为她服齐衰。有若说："为妾服齐衰，符合礼制吗？"哀公说："我能不这样做吗？鲁国人都以为她是我的妻子呢。"

季子皋葬其妻，犯人之禾。申祥以告，曰：

季子皋下葬他的妻子时，损坏了别人的庄稼。申祥把损坏的情况告诉他，并说："请赔偿他们的损失。"子皋说："我的主人

“请庚[6]之。”子皋曰：“孟氏不以是罪予，朋友不以是弃予，以吾为邑长[7]于斯也。买道而葬，后难继也。”

孟氏不会因为这事而怪罪我，朋友们也不会因为这事背弃我，因为我是这里的邑长。如果我买下一条道路来送葬，只怕以后的人难以继续这样做。”

仕而未有禄[8]者，君有馈焉，曰“献”。使焉，曰：“寡君”。违而君薨，弗为服也。

初任官职还没有田邑俸禄的人，给国君送东西，就称为“献”。出使他国传达君命，就称国君为“寡君”。如果离职后，国君去世了，就不必为他服丧。

虞而立尸，有几筵。卒哭而讳，生事毕而鬼事始已。既卒哭，宰夫执木铎以命于宫曰：“舍故而讳新。”自寝门至于库门。二名不偏[9]讳。

虞祭时开始设立尸，并设有几案、席子。卒哭祭以后就讳称死者的名，这意味着用活着的人的礼仪侍奉死者至此结束，而开始把死者当鬼神来敬奉。在卒哭祭后，掌丧事戒令的宰夫要摇着木舌铃在宫里宣布：“取消旧的名讳，开始避新的名讳。”宰夫从正寝门口一直喊到库门口。如果是两个字的名，这两个字不必同时避讳。

夫子之母名“徵在”，言“在”不称“徵”，言“徵”不称“在”。

孔夫子的母亲名“徵在”，可说“在”就不说“徵”，说“徵”，就不说“在”。

军有忧，则素服[10]哭于库门之外。赴车不载櫜韔[11]。

军队打了败仗，国君就率领臣下戴上缟冠到库门外号哭。回来报告失败的车上兵士，盔甲上不披罩袍，弓箭不放入套了（表示要再次决战，报仇雪耻）。

有焚其先人之室，则三日哭。故曰：“新宫火，亦三日哭。[12]”

如果有宗庙失火，就要号哭三天（因为神灵失去了依托）。所以《春秋》上说：“新造的宗庙失火，国君哭了三天。”

注释 1辟：通"避"。 2夺：《左传》作"隧"。郑玄说，"隧""夺"，声相近。狭路之意。 3鞼：音 tūn。拨：即绋，出丧时牵引灵车的绳子。只有天子、诸侯的灵车上能用。 4輴(chūn)：即载柩车，天子画辕为龙。帱(dào)：覆盖。 5沈(chén)：同"沉"。 6庚：赔偿。 7邑长：邑里之长。郑玄以为，季子皋即孔子弟子高柴，当时是孟氏的成邑宰。 8禄：指田邑、俸给。 9偏：郑玄读"偏"为"编"。 10素服：指缟冠。 11櫜(gāo)：郑玄说，甲衣。韔(chàng)：弓衣。 12《春秋·成公三年》："新宫灾，三日哭。"

原文

4.16 孔子过泰山侧，有妇人哭于墓者而哀。夫子式[1]而听之。使子路[2]问之，曰："子之哭也，壹似重有忧者。"而[3]曰："然。昔者吾舅死于虎，吾夫又死焉，今吾子又死焉。"夫子曰："何为不去也？"曰："无苛政。"夫子曰："小子识之：苛政猛于虎也！"

译文

孔子路过泰山脚下，有一个妇女在墓前哭得非常悲哀。夫子俯身扶轼，关心地听着。他又派子路去问她，说："您这样啼哭，像是有沉重的忧伤。"于是妇女说："是啊。从前我的公公被老虎咬死，我的丈夫也被老虎咬死，如今我的儿子又死于虎口。"夫子说："为什么不离开这儿呢？"妇人说："这儿没有暴政。"夫子对学生说："你们要好好记着：暴政比老虎还凶猛啊！"

注释 1式：通"轼"，车前扶手横木。 2子路：或作"子贡"。 3而：乃，于是。

原文

4.17 鲁人有周丰也者，哀公执挚[1]请见之，

译文

鲁国有个叫周丰的人，哀公曾拿了见面礼去拜访他，而他推辞说："不可以

而曰："不可。"公曰："我其已夫！"使人问焉，曰："有虞氏未施信于民而民信之，夏后氏未施敬于民而民敬之。何施而得斯于民也？"对曰："墟墓之间，未施哀于民而民哀。社稷宗庙之中，未施敬于民而民敬。殷人作誓而民始畔[2]，周人作会而民始疑。苟无礼义、忠信、诚悫[3]之心以莅之，虽固结之，民其不解乎？"

4.18 丧不虑居[4]，毁不危身。丧不虑居，为无庙[5]也；毁不危身，为无后也。

（以尊见卑）。"哀公说："那我就算了吧！"哀公又派人去请教他，说："有虞氏没有采取什么措施使民众信任，但民众却信任他；夏后氏没有采取什么措施使民众敬重，但民众却敬重他。他们到底做了什么，而获得民众的信任和敬重呢？"周丰回答说："在先民的废墟间、祖先的墓地上，没有人教民众悲哀，而民众自会悲哀。在神社、宗庙中，没有人教民众敬重，而民众自会敬重。殷人作出盟誓，民众却开始背叛；周人要会盟，民众却开始起了疑心。如果没有礼义、忠信、诚实之心来对待民众，即使用各种方法来团结民众，民众难道就不会离散吗？"

守丧时不考虑居处的安适，哀伤憔悴而不能危及生命。守丧不考虑居处的安适，是因为死者的亡灵还没有入庙；消瘦憔悴而不能危及生命，是因为怕失去后继之人。

注释　1 挚：见面礼物。郑玄说，诸侯而用禽挚，降尊就卑之义，下贤也。　2 畔：通"叛"。背叛。　3 诚悫(què)：诚朴，真诚。　4 虑居：依孙希旦说，谋居处之安。郑玄认为，卖舍宅以奉丧。　5 庙：旧时供祀先祖神位的屋舍。

原文

4.19 延陵季子适齐，

译文

延陵季子到齐国去，在他返回的

于其反也，其长子死，葬于嬴博之间。孔子曰："延陵季子，吴之习于礼者也。"往而观其葬焉。其坎[1]深不至于泉。其敛以时服。既葬而封，广轮揜坎[2]，其高可隐[3]也。既封，左袒，右还其封且号者三，曰："骨肉归复于土，命也。若魂气则无不之也，无不之也！"而遂行。孔子曰："延陵季子之于礼也，其合矣乎！"

路上，他的长子死了，就葬在齐国的嬴邑、博邑之间。孔子说："延陵季子，是吴国熟习礼仪的人。"于是前往现场观看他安葬儿子。只见那墓圹的深度还没有到达泉水处。入殓时也只用日常穿的衣服。下葬后就在墓上堆土起坟，坟的广度和长度正好可以遮住墓圹，高度可以让人蹲下时用手凭靠着。堆好坟，季子袒露左臂，向右绕着坟走，并且哭号了三遍，说："骨肉又复归土中，就是命呀。而你的魂灵却无处不往，无处不往啊！"接着就上路离开了。孔子说："延陵季子为儿子举行的葬礼，是合乎礼制的！"

注释　1 坎：墓穴，墓坑。2 轮：长。揜(yǎn)：掩盖，遮蔽。3 隐：郑玄说，隐，据也，封可手据，谓高四尺。

原文

4.20 邾娄考公之丧，徐君使容居来吊含，曰："寡君使容居坐含，进侯玉。其使容居以含。"有司曰："诸侯之来辱敝邑者，易则易，于则于。易于杂者，未之有也[1]。"容居对曰："容居闻之：事

译文

邾娄国的考公去世了，徐国国君派大夫容居来吊丧，并行含礼，容居说："敝国国君派遣容居跪坐着行含礼，向侯爵进送所含玉璧，请让我行含礼吧。"邾娄国的官员说："各国诸侯屈尊来到敝国，该行简易的臣礼的就行臣礼，该行隆重的君礼的就行君礼。君礼与臣礼不分的，从未有过。"容居回答说："我听说：侍奉

君不敢忘其君，亦不敢遗其祖。昔我先君驹王西讨，济于河，无所不用斯言也。容居鲁人也，不敢忘其祖。”

国君的人不敢忘记他的国君，也不敢忘记他的祖先。从前我的先君驹王向西征讨，渡过了黄河，所到之处无不用这种口气说话。我虽是一个鲁钝的人，但是不敢忘记我的先祖。”

子思之母死于卫。赴于子思，子思哭于庙。门人至，曰：“庶氏[2]之母死，何为哭于孔氏之庙乎？”子思曰：“吾过矣！吾过矣！”遂哭于他室。

子思的母亲改嫁后死在卫国。向子思报丧后，子思就到宗庙去哭。子思的门人看到以后就说：“别人家的母亲去世，您为什么要到孔氏的宗庙里哭她呢？”子思说：“我错了，我错了！”就到别的房间里去哭。

天子崩，三日，祝先服[3]；五日，官长服；七日，国中男女服；三月，天下服，虞人致百祀[4]之木、可以为棺椁者，斩之。不至者，废其祀，刎其人。

天子去世，三天以后祝先服杖；五天，卿大夫服杖；七天，王畿内庶民男女都服丧；三个月，天下各诸侯国的大夫都服丧。虞人要采集王畿内百县神社的、可以制作棺椁的树木，砍伐了送来。没有送来木材的虞人，就要废掉他掌管之山的神社，并要杀掉这个虞人。

注释　1郑玄说，徐自比天子，以大夫敌诸侯，有司拒之。　易：谓臣礼较简略。　于：谓君礼较隆大。　2庶氏：郑玄说是后夫的姓氏。依王夫之说，庶氏犹他家。　3服：服杖。指大殓后按与死者的关系，各自穿相应的丧服，手持不同的丧杖。　4百祀：王畿内诸臣采地之祭祀。亦泛指各种祭祀。孔疏说，畿内诸臣采地之祀也，言百者，举其全数也。

原文

4.21 齐大饥，黔敖为食于路，以待饿者而食之。有饿者蒙袂辑屦[1]，贸贸然[2]来。黔敖左奉食，右执饮，曰："嗟来食[3]！"扬其目而视之，曰："予唯不食嗟来之食以至于斯也！"从而谢焉，终不食而死。曾子闻之，曰："微[4]与！其嗟也可去，其谢也可食。"

译文

齐国发生严重饥荒，黔敖做了食物放在路边，等候饥民来给他们吃。有一个饥民用袖子蒙着脸，困乏地拖着鞋，垂头丧气地走来。黔敖左手端着饭，右手拿着汤，说："喂，过来吃吧！"这个饥民抬起眼看了一下黔敖，说："我正因为不吃那呼着我去吃的饭食，才落到这地步！"黔敖听了后就向他道歉，但这饥民最终还是不愿意吃，后来就饿死了。曾子听到这事后说："这恐怕不对吧！那种嗟呼的叫声，可以让人不吃而离去，但有那样的道歉，也就可以吃了。"

注释　1 辑屦(jù)：拖着鞋子。辑，敛也。拖着不使脱落。屦，麻、葛等制成的单底鞋。　2 贸贸然：依陈澔说，垂头丧气之貌。郑玄认为，目不明之貌。译文从陈澔之说。　3 嗟来食：原指悯人饥饿，呼其来食。后多指侮辱性的施舍。郑玄说，嗟来食，虽闵而呼食之，非敬辞也。　4 微：非，不是。

原文

4.22 邾娄定公之时，有弑其父者，有司以告。公瞿然失席，曰："是寡人之罪也！"曰："寡人尝学断斯狱矣：

译文

邾娄国定公在位时，有一个人杀了自己的父亲，官员把这事报告给定公。定公大惊，在席上坐不稳了，说："这是寡人的罪过！"又说："我曾学过断这种案件：臣子杀国君的，凡是在官位的人都可以杀死

臣弑君,凡在官者,杀无赦;子弑父,凡在宫者[1]杀无赦。杀其人,坏其室,洿其宫而猪焉[2]。盖君逾月而后举爵。”

凶手,决不宽赦;儿子杀父亲的,凡是在家里的人都可以杀死凶手,也决不宽赦。除了杀死凶手外,还要毁坏他的房子,把他的宅地挖成池,灌满水。国君要一个月以后才能饮酒。”

注释 1 在宫者:陈澔说,家人也。 2 洿(wū):挖。 猪:同“潴”,水停聚之处。

原文

4.23 晋献文子成室,晋大夫发焉。张老曰:“美哉轮[1]焉!美哉奂[2]焉!歌于斯,哭于斯,聚国族于斯。”文子曰:“武也得歌于斯,哭于斯,聚国族于斯,是全要领以从先大夫于九(京)〔原〕也[3]。”北面再拜稽首。君子谓之善颂善祷[4]。

译文

晋献文子赵武的住宅落成,晋国大夫都去参加启用典礼。大夫张老说:“多么美好啊,新宅如此高大!多么美好啊,房屋如此众多!今后就可以在这里奏乐举行祭礼,在这里哭泣举行丧礼,可以在这里和国中僚友、宗族聚会宴饮。”文子说:“我赵武能在这里奏乐举行祭祀,在这里哭泣举行丧礼,在这里和国中僚友、宗族聚会宴饮,这就说明我将来能够不受刑戮而善终,随从父祖葬于九原啊。”于是文子向北面两次下拜并叩头。君子都称张老善于祝颂,而文子善于祈祷免祸。

注释 1 轮:即轮囷(qūn),高大貌。郑玄说,轮囷,言高大。 2 奂:光彩鲜明,光彩夺目。 3 全要(yāo)领:免受颈刑和腰斩,指未受刑戮。要,同“腰”。九京:郑玄说,晋卿大夫之墓地在九原,“京”盖字之误,当为

“原”。 4 颂：美其事而祝其福。张老因颂寓规，故为“善颂”。 祷：祈以免祸。文子闻义则服，故称“善祷”。

原文

4.24 仲尼之畜狗死，使子贡埋之，曰：“吾闻之也：敝帷不弃，为埋马也；敝盖不弃，为埋狗也。丘也贫，无盖。于其封也，亦予之席，毋使其首陷焉。”路马死，埋之以帷。

4.25 季孙之母死，哀公吊焉。曾子与子贡吊焉，阍人[1]为君在，弗内也。曾子与子贡入于其厩而修容焉。子贡先入，阍人曰：“乡者已告矣。”曾子后入，阍人辟之。涉内溜，卿大夫皆辟位，公降一等而揖之。君子言之曰：“尽饰之道，斯其行者远矣。”

4.26 阳门之介夫死，司城[2]子罕入而哭之哀。晋人之觇[3]宋者，反报

译文

仲尼养的狗死了，让子贡去埋掉它，说：“我听说：破旧的帷幔不要抛弃掉，因为可用来埋马；破旧的车盖不要抛弃掉，因为可以用来埋狗。我很贫穷，没有车盖。但是在狗下葬时，也得给它一条席子，不要使它的头直接陷在泥土里面。”为国君驾车的马死了，就用帷幔裹了再埋掉。

季孙的母亲死了，哀公去吊丧。曾子和子贡也去吊丧，看门的人因为国君在里面，不让他们进去。曾子和子贡就先到季孙的马厩修整了一下仪容（表示敬重国君）。修整好后，子贡先要进入，看门人说：“刚才已禀告过主人了。”曾子随后进入，看门人也让开了路。他们走到寝门的屋檐下，卿大夫都让开位置，哀公从阼阶上走下一级，向他们作揖，并请他们就位。君子说起这事：“尽力修整仪容的做法，这一定能流传得很久远。”

宋国阳门的一名卫士死了，司城子罕进入灵堂后哭得很悲哀。有一个刺探宋国情报的晋国人，将这一情况向晋侯做

于晋侯曰："阳门之介夫死，而子罕哭之哀，而民说[4]，殆不可伐也。"孔子闻之曰："善哉觇国乎！《诗》云[5]：'凡民有丧，扶服救之[6]。'虽微晋而已，天下其孰能当之！"

了报告，说："阳门一个卫士死了，子罕哭得很悲哀，而民众心悦诚服，(如此深得人心，)恐怕还不可以去讨伐宋国。"孔子听了这事说："这位刺探别国情报的人真厉害啊！《诗》中说：'凡是邻里有了丧事，我都竭尽全力去帮助。'即使不是晋国，天下又有哪个国家能进攻宋国呢？"

注释　1 阍人：掌门人。　2 司城：指司空。宋以武公讳司空为司城。　3 觇：窥视。　4 说：同"悦"。　5 见《诗·邶风·谷风》。　6 扶服：或作"匍匐"。伏地而行。此喻尽心竭力。　救：助。

原文

4.27 鲁庄公之丧，既葬，而绖不入库门；士大夫既卒哭，麻不入。

4.28 孔子之故人曰原壤，其母死，夫子助之沐椁[1]。原壤登木[2]曰："久矣予之不托于音也！"歌曰："狸首之班然，执女手之卷然。[3]"夫子为弗闻也者而过之。从者曰："子未可以已[4]乎？"夫子曰："丘闻之：亲者毋失其为亲

译文

鲁庄公去世，(因国内政局动乱不定，丧礼也失了常规，)在下葬后，宾客就不戴绖进入库门了；士大夫在卒哭以后，也就不再戴麻进入公门了。

孔子的一个老朋友叫原壤，他的母亲死了，孔子去帮助他修整棺椁。原壤敲着椁木说："我不把自己的心意寄托到歌声里去已经很久了！"于是唱道："椁材的纹理就像狸首一样，拿着斧子的手就像女子的手一样又软又弱。"夫子装作没有听见而走过去了。但孔子的随从说："您还不停止为他修整棺椁吗？"夫子说："我听说：亲人终究不失为亲人，老朋友也终究不失

也,故者毋失其为故也。”

为老朋友。”

注释 1沐椁:整治棺材。 2登木:敲打棺木。郑玄说,叩木(椁材)以作音。 3此歌辞解说不一,此依孔疏:狸首之斑然,言斫椁材,文采似狸之首。执女手之卷然,言孔子手执斧斤,如女子之手,卷卷然而柔弱。卷,通“婘”,读作 quán,美好貌。 4已:止。依孔疏,指停止为他整治椁材。孙希旦认为是指绝交。

原文

4.29 赵文子与叔誉观乎九原。文子曰:“死者如可作也,吾谁与归?”叔誉曰:“其阳处父乎?”文子曰:“行并植于晋国[1],不没[2]其身,其知不足称也。”“其舅犯乎?”文子曰:“见利不顾其君,其仁不足称也。我则随武子[3]乎!利其君,不忘其身;谋其身,不遗其友。”晋人谓文子知人。文子其中退然如不胜衣[4],其言呐呐然如不出其口。所举于晋国,管库之士七十有余家。生不交利,死不属其子焉。

译文

赵文子和叔誉一起到九原游观。文子说:“死者如果能复活,我们追随谁呢?”叔誉说:“阳处父怎么样?”文子说:“他在晋国专权独断,(为狐射姑所杀,)未能善终,他的智慧不足以称颂。”叔誉又说:“舅犯怎么样?”文子说:“见到利益就不顾他的君主,他的仁爱不足以称颂。我会跟随武子吧!为自己的君主谋利,也不忘自身的利益;既为自身谋利,又不遗忘自己的朋友。”晋国人认为文子很了解人。文子的身体柔弱得好像连衣服也承受不起,说话口齿迟钝好像说不出口。他给晋国人推荐的人才,光为政府管仓库的小吏就有七十多人。他活着的时候不以利与人交往,死的时候也不把自己的子女嘱托给受过自己恩惠的人。

注释 1并:依陈澔说,身兼众事而专权之意。因阳处父是晋襄公的太傅。王引之认为,“并”是“兼”的误字,“兼”又通“廉”。植:刚强。 2没:终。 3武子:即士会,食邑于随、范,字季。 4中:身体。 退然:柔和,柔弱。

原文

4.30叔仲皮学[1]子柳。叔仲皮死,其妻鲁[2]人也,衣衰而缪绖[3]。叔仲衍以告,请繐衰而环绖。曰[4]:“昔者吾丧姑、姊妹亦如斯,末吾禁也。”退,使其妻繐衰而环绖。

成人有其兄死而不为衰者,闻子皋将为成宰,遂为衰。成人曰:“蚕则绩而蟹有匡,范则冠而蝉有緌,兄则死而子皋为之衰。[5]”

乐正子春之母死,五日而不食,曰:“吾悔之!自吾母而不得吾情,吾恶乎用吾情?”

岁旱,穆公召县子

译文

叔仲皮教自己的儿子子柳(,但子柳还是不知礼仪)。叔仲皮死了,子柳的妻子虽是一个鲁钝的妇人,但还知道为公公服齐衰丧,头上着缪绖。叔仲皮的弟弟叔仲衍告诉子柳这样服丧不合礼制,请子柳让他的妻子改服繐衰,头上也改着环状的首绖。叔仲衍说:“从前我为姑姑、姊妹服丧就是这样,没有人禁止我。”子柳退下后就叫他的妻子改服繐衰、改着环绖。

鲁国成邑有个死了哥哥但不为他服丧的人,听说子皋要来做成邑宰,(怕受处罚,)就为哥哥服了齐衰。成邑有人就唱道:“蚕儿会吐丝,螃蟹壳像筐,蜂头像戴着帽,蝉也有帽带垂着,一个人死了兄长,却要等子皋来才肯为他服丧。”

乐正子春的母亲死了,他五天不进食,事后说:“我已经后悔那样做了!(我勉强自己用五天不进食来守丧,反而不能表示我的真情。)连我的母亲都不能得到我的真情,我还能在哪里用我的真情呢?”

而问然[6],曰:“天久不雨,吾欲暴尪而奚若[7]?”曰:“天久不雨,而暴人之疾子,虐,毋乃不可与!”“然则吾欲暴巫而奚若?”曰:“天则不雨,而望之愚妇人,于以求人,毋乃已疏乎!”“徙市[8]则奚若?”曰:“天子崩,巷市七日;诸侯薨,巷市三日。为之徙市,不亦可乎?”

孔子曰:“卫人之祔[9]也离之。鲁人之祔也合之。善夫!”

年岁干旱,穆公召见县子,问他:“天已经很久不下雨了,我想暴晒病弱的人,(从而祈求上天下雨,)怎么样?”县子说:“天久不下雨,而暴晒病弱的人,太酷虐了,恐怕不可以吧!”穆公说:“既然如此,那我就暴晒巫,怎么样?”答道:“天不下雨,却把希望寄托在愚昧的巫婆身上,用这种方式去求雨,恐怕也离目的太远了吧!”穆公又说:“那罢市怎么样?”答道:“天子去世,设巷市七天;诸侯去世,设巷市三天。为了求雨而罢市,不也可以吗?”

孔子说:“卫国人的合葬方式,是将两个墓坑并排而安葬死者。鲁国人的合葬方式,是两人共用一个墓坑安葬。鲁国人的做法好啊!”

注释 1学:依郑玄注,教也。 2鲁:鲁钝,不聪明。 3衣:郑玄说,当为“齐”,坏字也。缪:郑玄说,当为“樛(jiū)”,绞结。樛绖,用一条绳子,自额向后交结在颈项里。 4曰:依陈澔注,指叔仲衍说话,或以为指子柳说话。 5这歌辞大意是指,蚕丝贮放要用筐,但和螃蟹的背壳像筐无关,蜂头像冠但无冠緌,蝉口虽像冠緌,但与蜂无关。范,蜂。緌(ruí),古代帽带的下垂部分。此指蝉喙长在腹下,就好像冠缨打结后垂下的部分。 6然:郑玄说,“然”之言“焉”也。 7暴:晒。尪(wāng):病弱之人。 8徙市:天子诸侯之丧,庶人忧戚,不再求觅财利,于是罢市。要有必须之物不得不求,就在邑里之巷内设市,谓之“徙市”。 9祔(fù):指合葬。

王制第五

导读

此篇主要记先王班爵授禄、祭祀与养老之法度。《王制》篇名由篇首“王者之制禄爵”简缩而成。其著作年代与作者，历来说法不一。《史记》载：“(文帝时)使博士、诸生刺六经中作王制。”一般认为此说比较可信。汉文帝为更新政教，命博士刺作礼书，符合历史事实。也有人认为是孔子遗书，或出自孟子后学，或成于秦汉之际。其实《王制》由汉文帝博士所作，与出于先秦孟子之后学，并不一定矛盾。因为汉文帝时的诸子博士中，确实有《孟子》博士。只是当时所作《王制》，不一定是原创，也可能是从已问世的《礼记》中整理选录的旧作。

《王制》记载了古代帝王治理天下的各种制度，包括班爵、禄田、任官、巡狩、朝聘、教学、养老、国用、丧祭、职方等事。如朝聘之事，诸侯对待天子，每年派大夫去问候致意，每三年要派卿去问候致意，每五年诸侯要亲自去朝见天子。天子每五年也会巡守，考察采集的诗歌，以观民风；考察物价，以观民众好恶，是否奢华；考察祭祀典礼，如有不敬不孝，要贬职削地；如有改变音乐、服饰或政治制度的诸侯，就是叛逆，要放逐讨伐。其中也提及民众的日常生活方式和周边邑地交流等。因各地民众言语不相通，当时已出现了翻译类人员。

学者研究认为，这些天子之礼，加入了诸子时代的理想因素，未必能在当时实行。《王制》与儒家政教结合紧密，与《白虎通》多有相合之处。陈寅恪认为《白虎通》“三纲六纪”之说，与《王制》是一脉相承的，推而言之,不妨将《王制》视作是古代儒家的“理想国”。冯友兰认为,《王制》所拟政治制度,一部分是汉初政治制度的反映,如天子建国、诸侯分封。对于秦汉以前的诸侯割据制度,是继承多于批判。

原文

5.1 王者之制禄爵：公、侯、伯、子、男，凡五等。诸侯之上大夫卿、下大夫、上士、中士、下士，凡五等。

天子之田方千里，公、侯田方百里，伯七十里，子、男五十里。不能五十里者，不合于天子，附于诸侯，曰附庸[1]。天子之三公之田视公、侯，天子之卿视伯，天子之大夫视子、男，天子之元士[2]视附庸。

制：农田百亩。百亩之分[3]，上农[4]夫食[5]九人，其次食八人，其次食七人，其次食六人，下农[6]夫食五人。庶人在官者，其禄以是为差也。

诸侯之下士视上农夫，禄足以代其耕也。中士倍下士，上士倍中士，下大夫倍上士，卿四大夫

译文

王者制定俸禄爵位的方法，分公、侯、伯、子、男，共五等。诸侯的上大夫或卿、下大夫、上士、中士、下士，共五等。

天子的禄田方圆千里，公、侯的禄田方圆百里，伯的禄田方圆七十里，子、男的禄田方圆五十里。如果方圆不足五十里，就不直辖于天子，而附属于诸侯，称为“附庸”。天子的三公，他们的禄田比照公、侯，天子的卿就比照伯，天子的大夫就比照子、男，天子的元士就比照附庸。

颁禄规定：农田以一百亩为一单位。一百亩地供养人数的比率是，上等肥沃的农田可养活九人，二等的农田养活八人，三等的农田养活七人，四等的农田养活六人，五等贫瘠的农田养活五人。凡是在官府做事的平民，他们的俸禄依据这种情况来区分等差。

大国诸侯的下士俸禄比照上等田能供养九人的情况，足以能弥补他因服公务不能耕种的损失。中士的俸禄是下士的一倍，上士的俸禄又是中士的一倍，下大夫又是上士的一倍，卿的俸禄是大夫的四倍，国君的俸禄是卿的十倍。中等

禄,君十卿禄。次国之卿三大夫禄,君十卿禄。小国之卿倍大夫禄,君十卿禄。

次国之上卿,位当大国之中,中当其下,下当其上大夫。小国之上卿,位当大国之下卿,中当其上大夫,下当其下大夫。其有中士、下士者,数[7]各居其上之三分。

国家的卿的俸禄是大夫的三倍,国君的俸禄是卿的十倍。小国的卿的俸禄是大夫的一倍,国君的俸禄是卿的十倍。

中等国家的上卿,他的卿位相当于大国的中卿,中卿相当于大国的下卿,下卿相当于大国的上大夫。小国的上卿,他的卿位相当于大国的下卿,中卿就相当于大国的上大夫,下卿就相当于大国的下大夫。(至于士的职位,)中等国家、小国的中士、下士,他们只相当于上一等国家的第三位士的职位(比如中等国家的中士相当于大国的下士,小国的中士相当于中等国家的下士)。

注释　1附庸:郑玄说,小城曰附庸;附庸者,以国事附于大国,未能以其名通也。　2元士:上士。称"元",是为了区别于诸侯之士。　3分:比率。　4上农:指肥饶的农田。　5食(sì):养活,供养。　6下农:指贫瘠的农田。　7数:礼数。引申为等差,等级。

原文

5.2凡四海之内九州,州方千里,州建百里之国三十,七十里之国六十,五十里之国百有二十,凡二百一十国。名山大泽不以封,其余以为附庸闲田[1]。八州,州二百一十国。天子之

译文

四海之内共有九州,每州方圆千里,每州内建方圆百里的国家三十个,方圆七十里的国家六十个,方圆五十里的国家一百二十个,共有二百一十个国家。名山大川不分封给诸侯,其余的土地可以作为诸侯的附庸,或用作供给没有封地的士

县[2]内，方百里之国九，七十里之国二十有一，五十里之国六十有三，凡九十三国。名山大泽不以朌[3]，其余以禄士以为闲田。凡九州，千七百七十三国，天子之元士、诸侯之附庸不与。

人俸禄的闲田。这样的州有八州，每州有二百一十个国家。另一州是天子的畿内，其中方圆百里的国家有九个，方圆七十里的国家有二十一个，方圆五十里的国家有六十三个，共有九十三个国家。名山大川也不分封给公卿大夫，其余的土地就用作供给没有封地的士人俸禄的闲田。九州共计为一千七百七十三个国家，天子的元士、诸侯的附庸不算在内。

注释 1 闲田：古代君王于分封后所剩余的田地。 2 县：指王畿，天子所居之地。 3 朌(bān)：分给，颁赐。

原文

5.3 天子百里之内以共官[1]，千里之内以为御[2]。千里之外设方伯，五国以为属，属有长；十国以为连，连有帅；三十国以为卒，卒有正；二百一十国以为州，州有伯。八州，八伯，五十六正，百六十八帅，三百三十六长。八伯各以其属，属于

译文

天子用百里之内的田赋收入供给没有采地的官员俸禄，用千里之内的田赋收入作自己日常生活费用。在王畿千里之外，设方伯，五国为一“属”，属有“属长”；十国作为一“连”，连有“连帅”；三十国作为一“卒”，卒有“卒正”；二百一十个国作为一“州”，州有“方伯”。八州，共有八个方伯，五十六个卒正，一百六十八个连帅，三百三十六个属长。八个方伯各自统辖自己的属下，直属于天子之老二人，分天下为左右两部分，这两人便是左右二伯。千里以内供给天子日常生活费用的地方称为

天子之老[3]二人，分天下以为左右，曰二伯[4]。千里之内曰“甸”；千里之外曰“采”，曰“流”。

天子三公、九卿、二十七大夫、八十一元士。大国三卿，皆命于天子；下大夫五人，上士二十七人。次国三卿，二卿命于天子，一卿命于其君；下大夫五人，上士二十七人。小国二卿[5]，皆命于其君；下大夫五人，上士二十七人。

天子使其大夫为三监，监于方伯之国，国三人。天子之县内诸侯，禄也；外诸侯，嗣也。

制：三公一命卷[6]，若有加，则赐也，不过九命。次国之君不过七命。小国之君不过五命。大国之卿不过三命，下卿再命。小国之卿与下大夫一命。

“甸”；千里以外，近的地方称为“采”，远的地方称为“流”。

天子以下有三公、九卿、二十七大夫、八十一元士。大国有三卿，都由天子直接任命；下大夫五人，上士二十七人。中等国家也有三卿，二卿由天子直接任命，一卿由国君任命；下大夫五人，上士二十七人。小国有二卿，都由国君任命；下大夫五人，上士二十七人。

天子派自己的大夫作为三监，在各方伯的国内加以监察，每一国有三个人。天子王畿内的诸侯，由封地供给俸禄；王畿以外诸侯的封地，（不仅供给俸禄，）而且子孙可以世代承继。

命服的规定：三公，属最高一级命服，是衮衣，如果还有再高的，就只能算是赐服（不属命服）。大国的国君的命服虽可再加，但不能超过九命。中等国家的国君，不超过七命。小国的国君，不超过五命。大国的卿，不超过三命，下卿不超过二命。小国的卿和下大夫都只有一命。

注释 1 共官：此依孙希旦说，以共（供）百官无采地者之禄。郑玄说，谓此地之田税所给也；官，其文书财用也。 2御：与帝王相关的。此指帝王的日常生活费用。 3老：古时公卿大夫的尊称。 4自陕以东，周公主之；自陕以西，召公主之；分主天下之侯国。八伯为八州之伯，二伯为天下之伯。 5郑玄以为，小国亦三卿，一卿命于天子，二卿命于其君，此文似误脱耳。 6卷(gǔn)：通“衮”。古代帝王或三公穿的绣有龙纹的礼服。

原文

5.4 凡官民材[1]，必先论之。论辨，然后使之。任事，然后爵之。位定，然后禄之。爵人于朝，与士共之。刑人于市，与众弃之。是故公家不畜刑人，大夫弗养，士遇之涂弗与言也。屏之四方，唯其所之，不及以政，亦弗(故)〔欲〕[2]生也。

5.5 诸侯之于天子也，比年[3]一小聘[4]，三年一大聘[5]，五年一朝[6]。

5.6 天子五年一巡守。岁二月东巡守，至于岱宗，柴而望祀山川。觐诸侯，问百年者就见

译文

凡是选用庶民中的人才做官，必须先考评他的才德情况。评定以后，然后让他担任一些事务来测试。担任过一些事务后，然后给他授予品位。品位确定后，然后再供给俸禄。评定品位要在朝廷和士人前公开举行。判决罪行要在集市，和众人一起鄙弃他。因此公家不收容犯罪的人，大夫不养育犯罪的人，士在路上遇见犯罪的人也不和他说话。要把犯罪的人驱逐出境，不论他到什么地方，都不能给予权利，表示不再想让他活在世上。

诸侯对待天子，每年一次小聘问，每三年一次大聘问，每五年一次朝见天子。

天子每五年有一次巡守。这一年在二月向东巡守到泰山，燔柴祭祀上帝，又遥望名山大川行祭。接见诸侯国国君，并慰问高寿者，去他的住处看望。又命太师陈列所采集的当地民歌民谣，用来观察民众

之。命大师陈诗，以观民风。命市纳贾[7]，以观民之所好恶、志淫好辟。命典礼，考时月，定日，同律、礼乐、制度、衣服，正之。山川神祇有不举者为不敬，不敬者君削以地。宗庙有不顺者为不孝，不孝者君绌[8]以爵。变礼易乐者为不从，不从者君流。革制度衣服者为畔[9]，畔者君讨。有功德于民者，加地进律[10]。五月南巡守，至于南岳，如东巡守之礼。八月西巡守，至于西岳，如南巡守之礼。十有一月北巡守，至于北岳，如西巡守之礼。归假于祖祢[11]，用特。

的风俗。命令管理集市的官员报告当地的物价，用来观察民众的所好所恶、志趣是否奢华邪僻。命令典礼的官员校订当地的季节、月份、每天的时辰，统一律法，使礼乐、文物制度、衣服样式都合标准。有不举行山川神祇礼拜的，就属不敬；有不敬的，就要削夺那一国君的封地。宗庙祭祀，如果使昭穆次序紊乱或失去祭祀之时，就属不孝；有不孝的，就要使国君的爵位降级。改变礼仪和音乐，就属不服从；有不服从的，就要放逐那个国君。变革制度、服饰，就属叛逆；有叛逆的，要讨伐那个国君。如果有功德施与民众的，就加封土地，加赐田禄。这一年的五月，向南巡守，到达南岳，就像向东巡守的礼仪一样。八月向西巡守，到达西岳，就像向南巡守的礼仪一样。十一月向北巡守，到达北岳，就像向西巡守的礼仪一样。巡守完回到京师，要用特选的一头牛告祭父祖之庙。

注释　1 官民材：指庶民之材者，出于乡学而官之者也。　2 王念孙说，“故”当为“欲”字。　3 比年：每年。　4 小聘：由大夫出使聘问。聘，问候。通问致意。　5 大聘：由卿出使聘问。　6 朝：由国君亲自朝见天子。　7 贾(jià)：今作“价”，价值，价格。　8 绌(chù)：通“黜”。降级。　9 畔：通“叛”。背叛，叛逆。　10 律：从王梦鸥说，为“禄”。因“律”“禄”声近而误。 11 假(gé):至,到。 祢(nǐ):已死父在宗庙中立主之称;生称父,死称考,入庙称祢。

原文

5.7 天子将出,类[1]乎上帝,宜[2]乎社,造[3]乎祢。诸侯将出,宜乎社,造乎祢。

天子无事,与诸侯相见,曰朝。考礼、正刑、一德,以尊于天子。天子赐诸侯乐[4],则以柷[5]将之;赐伯、子、男乐,则以鼗[6]将之。诸侯,赐弓矢然后征,赐铁钺[7]然后杀,赐圭瓒[8]然后为鬯[9]。未赐圭瓒则资[10]鬯于天子。天子命之教,然后为学。小学在公宫南之左,大学在郊。天子曰辟雍,诸侯曰頖[11]宫。

天子将出征,类乎上帝,宜乎社,造乎祢,祃[12]于所征之地。受命于祖,受成于学。出

译文

天子将要出巡,要告祭天帝,告祭地神,告祭宗庙。诸侯将要出行,要告祭地神,告祭宗庙。

天子在没有祭祀和战争的时候和诸侯相见,称为"朝"。彼此考论礼仪,正定刑法,专一道德,以尊崇天子。天子赏赐诸侯整套的乐器,先拿柷作代表物赠送;赏赐伯、子、男,就先拿鼗作代表物赠送。诸侯在得到天子赏赐的弓矢后,才可以征伐叛逆;在得到天子赏赐的铁钺后,才可以用诛杀的刑罚;在得到天子赏赐的玉爵后,才可以自己酿造秬鬯的酒。如没有得到天子赏赐的玉爵,诸侯要用鬯酒,就得从天子那儿取来。天子命令诸侯施行教化,然后各诸侯国才可以设立学校。小学在国君宫室南方的左边,大学在郊外。天子设立的大学,称为"辟雍";诸侯设立的,称为"頖宫"。

天子将出发征讨,要告祭天帝,告祭地神,告祭宗庙,到达征讨的地方要举行祃祭。出发征讨前还要在祖庙中祷告受

原文	译文
征执有罪，反，释奠[13]于学，以讯[14]馘[15]告。	命，在大学里决定战争谋略。出征后抓获有罪的人，回来后要在大学里进行祭祀先师的释奠礼，并报告抓获俘虏的情况。

注释 1 类：通"禷(lèi)"，祭天。 2 宜：谓适宜的事，引申为用事，即祭。 3 造：祭名，祭于祖也。 4 乐：乐悬，指整套的礼器。 5 柷(zhù)：古击乐器，将奏乐时，先击之。 6 鼗(táo)：小鼓，摇之以止乐，状如今日之拨浪鼓。 7 鈇钺(fǔ yuè)：又作"斧钺"，古代行刑用的斧子。 8 圭瓒(zàn)：玉爵。 9 鬯(chàng)：黑黍酿造的香酒。 10 资：供给。 11 頖(pàn)：同"泮"。 12 祃(mà)：古代军中祭名。出兵前祭祀，为战争祈祷。 13 释奠：郑玄说，设荐馔而酌奠，不迎尸也。 14 讯：指抓获后要讯问的俘虏。 15 馘(guó)：杀死俘虏后，割取左耳。

原文	译文
5.8 天子、诸侯无事，则岁三田。一为干豆[1]，二为宾客，三为充君之庖[2]。无事而不田，曰不敬。田不以礼，曰暴[3]天物。天子不合围，诸侯不掩群。天子杀则下大绥[4]，诸侯杀则下小绥，大夫杀则止佐车[5]，佐车止则百姓田猎。獭祭鱼[6]，然后虞人入	天子、诸侯在没有祭祀和战争时就每年打猎三次。首先将猎物制成干肉，盛放豆中祭祀用，其次用来请宾客，再次是供日常食用。没有祭祀和战争时不打猎，就称为不敬。打猎时不依从礼仪，就称为暴殄天物。天子打猎不四面包围，（捕尽杀绝；）诸侯打猎不可成群捕杀。天子射杀野兽后，要放下指挥用的大旗；诸侯射杀野兽后，要放下指挥用的小旗；大夫射杀野兽后，要让协助捕猎的佐车停下来；佐车停下来后，百姓再进行打猎。正月獭祭鱼以后，掌管山泽的官员就可以进入沼泽河流中设置器具

泽梁。豺祭兽,然后田猎。鸠化为鹰,然后设罻罗[7]。草木零落,然后入山林。昆虫未蛰,不以火田。不麛,不卵,不杀胎,不殀[8]夭[9],不覆巢。

捕鱼。九月豺祭兽以后,就可以打猎。八月鸠化为鹰以后,就可以张设罗网捕鸟。九月草木零落以后,就可以进山林去砍伐树木。昆虫还没有蛰伏时,不能焚草烧田。打猎时不能捕杀幼兽,不取鸟卵,不杀刚怀胎的母兽,不杀刚出生的禽兽,不倾覆巢穴。

注释 1豆:古代盛肉器皿。 2庖:厨房,此指日常食用。 3暴:虐害。 4大绥:天子田猎所建之旌旗,用以指挥。 5佐车:指打猎时协助驱赶野兽的车。 6以下多用《月令》中文句,参见该篇注释。 7罻(wèi)罗:捕鸟的网。 8殀(yāo):断杀,杀死。 9夭(ǎo):初生的禽兽。

原文

5.9冢宰[1]制国用,必于岁之杪。五谷皆入,然后制国用。用地小大,视年之丰耗。以三十年之通制国用[2],量入以为出[3]。祭用数之仂[4]。丧三年不祭,唯祭天地社稷为越绋[5]而行事。丧用三年之仂。丧祭,用不足曰暴,有余曰浩。祭,丰年不奢,凶年不俭。国无九

译文

冢宰制定国家的财用预算,必定在年终时。要在五谷等收获后,才能制定国家明年的财用预算。制定时要依据国土的大小,视年成的好坏,再用三十年的平均数作为参考来预算国家的财用,要量入为出。一年中祭祀的费用,应是三十年平均数的十分之一。为父母服丧三年期间,虽然不举办常祭,但祭祀天地和社稷之神,不为丧祭所拘限,还是要举行。丧葬费用,应是三年平均数的十分之一。丧葬、祭祀,费用不够称为“暴”,有余就称为“浩”。祭祀时,丰年不可以奢侈,荒年不可以苟简。国

年之蓄，曰不足；无六年之蓄，曰急；无三年之蓄，曰国非其国也。三年耕，必有一年之食；九年耕，必有三年之食。以三十年之通，虽有凶旱水溢，民无菜色[6]，然后天子食，日举[7]以乐。

家的财用，如果没有九年的积蓄，就称为“不充裕”；如果没有六年的积蓄，就称为“窘急”；如果没有三年的积蓄，就可以说这样的国家已不成其为国了。耕种三年，必能确保一年的食用；耕种九年，必能确保三年的食用。用三十年的平均数来调剂盈亏而分配预算，那么即使遇有饥荒和水旱灾，民众不致挨饿、出现饥民的脸色；如此，天子的饮食就可以每天杀牲盛馔，并且进餐时可演奏音乐。

注释 1 冢宰：或称太宰，总理国事。 2 这是指预度三十年之所入，以岁之丰凶通融相较，而酌用其中数（平均数），制定国家财用计划。 3 量入以为出：量每年所入之中数，以定所出之数，而常留其中的四分之一，那么三十年中可留有十年之蓄，而无患不足。 4 仂(lè)：十取一为仂。 5 越绋(fú)：指不为丧事所限制。越，逾越。绋，拉棺车的绳子。 6 菜色：食菜之色，指饥民的脸色。 7 举：谓杀牲盛馔而食。

原文

5.10 天子七日而殡，七月而葬。诸侯五日而殡，五月而葬。大夫、士、庶人三日而殡，三月而葬。三年之丧，自天子达。庶人县封[1]，葬不为雨止，不封不树。丧不贰事，自天子达于庶人。丧从死

译文

天子死后七天，开始移棺至殡宫，七个月后下葬。诸侯死后五天，开始移棺至殡宫，五个月后下葬。大夫、士、庶人死后三天，开始移棺至殡宫，三个月后下葬。三年的丧期，上自天子下达庶人（，都是一样的）。庶人悬棺下葬，葬时不能因为下雨而停止，不堆土筑坟头，不种上树。居丧时不做守孝外的事，

者，祭从生者。支子不祭。

5.11 天子七庙：三昭三穆[2]，与大祖之庙而七。诸侯五庙：二昭二穆，与大祖之庙而五。大夫三庙：一昭一穆，与大祖之庙而三。士一庙。庶人祭于寝。

上自天子下达庶人（，都是一样的）。办丧事，要依从死者的身份地位来进行；行祭祀，要依从主持祭祀人的身份地位来进行。不是嫡系的子孙，不能主持祭祀。

天子有七座宗庙：三座昭庙，三座穆庙，加上太祖的庙共七座。诸侯有五座宗庙：两座昭庙，两座穆庙，加上太祖的庙共五座。大夫有三座宗庙：一座昭庙，一座穆庙，加上太祖的庙共三座。士只有一座宗庙。庶人没有宗庙，就在嫡子起居之处祭祀。

注释　1 县(xuán)封：谓不筑墓道，将棺材直接吊入墓穴埋葬。县，同“悬”。　2 昭、穆：此指宗庙次序，始祖庙居中，以下父子（祖、父）递为昭穆，左为昭，右为穆。

原文

5.12 天子诸侯宗庙之祭，春曰礿，夏曰禘，秋曰尝，冬曰烝。

天子祭天地，诸侯祭社稷，大夫祭五祀[1]。

天子祭天下名山大川，五岳视[2]三公，四渎[3]视诸侯。诸侯祭名山大川之在其地

译文

天子诸侯的宗庙祭祀，春祭称为“礿”，夏祭称为“禘”，秋祭称为“尝”，冬祭称为“烝”。

天子祭祀天地，诸侯祭祀社稷，大夫祭祀五祀。

天子祭祀天下的名山大川，祭五岳就比照为三公宴飨时行九献，祭四渎就比照为诸侯宴飨时行七献。诸侯可以祭祀在他国境内的名山大川。天子、诸侯还要祭祀自己境内已经灭亡而又没有子孙继承的古国祖先。

者。天子、诸侯祭因国之在其地而无主后者。

天子犆[4]礿,祫[5]禘、祫尝、祫烝。诸侯礿则不禘,禘则不尝,尝则不烝,烝则不礿。诸侯礿犆,禘一犆一祫,尝祫,烝祫。

天子的礿祭是单独的祭祀,其余的禘祭、尝祭、烝祭都是合祭。诸侯进行了礿祭就不再行禘祭,行过禘祭就不再行尝祭,行过尝祭就不再行烝祭,行过烝祭就不再行礿祭。诸侯的礿祭是单独的祭祀,禘祭是一年独祭而一年合祭,尝祭是合祭,烝祭也是合祭。

注释 1五祀:金木水火土五行之神。 2视:孙希旦说,视,谓用其献数,及其俎、簋、笾、豆之数也;上公九献,侯伯七献。 3四渎(dú):江、河、淮、济为四渎。 4犆(tè):同"特"。此指单独祭一庙,或祖或祢。 5祫(xiá):古代天子诸侯宗庙祭礼之一。集合远近祖先的神主于太祖庙大合祭。

原文

5.13 天子社稷皆大牢。诸侯社稷皆少牢。大夫、士宗庙之祭,有田则祭,无田则荐。庶人春荐韭,夏荐麦,秋荐黍,冬荐稻;韭以卵,麦以鱼,黍以豚,稻以雁。祭天地之牛角茧栗[1],宗庙之牛角握,宾客之牛角尺。诸侯无

译文

天子祭祀社稷之神都用牛羊猪三牲太牢。诸侯祭祀社稷之神都用羊猪少牢。大夫、士人的宗庙祭祀,有田地的就祭宗庙,无田地的就行荐礼。庶人行荐礼,春天荐献韭,夏天荐献麦,秋天荐献黍,冬天荐献稻;荐献韭时就配上蛋,荐献麦时就配上鱼,荐献黍时就配上小猪,荐献稻时就配上雁。祭祀天地用的牛,要用刚长出牛角的;祭祀宗庙用的牛,要用牛角才长到一握的;宴飨宾客用的牛,就可用牛角是一尺的。诸侯不是大祭飨就不宰杀牛,大夫不是祭飨就不杀羊,士人不是祭飨就不杀犬豕,庶人不是荐礼就不吃珍美的食物。平日的食物不要超过祭祀

故不杀牛,大夫无故不杀羊,士无故不杀犬豕,庶人无故不食珍。庶羞不逾牲。燕衣不逾祭服。寝不逾庙。

5.14 古者公田借[2]而不税,市廛[3]而不税,关讥[4]而不征,林麓川泽以时入而不禁。夫圭田[5]无征。用民之力,岁不过三日。田里不粥[6],墓地不请。

的牲牢。平日的衣服不要超过祭服。平日起居的地方不要超过宗庙的殿堂。

古代借民力去助耕公田,就不取他们私田的税;集市的贸易场所,(只收贸易场所的租税,)不收贸易所得税;各处关口只是稽查出入往来的人员,不收关税;丛林山麓、江河湖泊地区,只要按时进入砍伐、捕鱼,也不禁止。自卿至士用来供祭祀用的圭田,也不收税。国家使用民众的劳力一年不超过三天。公家分给的田地房屋不准私自买卖,不得申请购置墓葬区之外的地方作为墓地。

注释 1 茧栗:孙希旦说,此谓牛角初出,若蚕茧、栗实然。 2 借:借助,借用。 3 廛(chán):市场中卖物、储物的房舍或地方。 4 讥:查问,稽查。 5 圭田:古代卿、大夫、士供祭祀用的田地。 6 粥(yù):同"鬻",卖。

原文

5.15 司空执度[1]度地,居民山川沮泽[2],时四时,量地远近,兴事任力。凡使民,任老者之事,食壮者之食。

凡居民材,必因天地寒暖燥湿。广

译文

司空执掌用度测量土地,安置民众到山野河川沼泽等适宜居住的地方,测定各地四季不同的气候,量度距离远近,兴起劳役,任用民力(,营建城郭宫室来居住)。凡是使用民力,(即使是少壮的,)也只给老年人所能胜任的事,但是饮食供应仍按少壮人的标准。

凡各地民众的秉性材质,必定跟天气的寒暖、地势的燥湿相匹配。宽广的谷地和大

谷大川异制，民生其间者异俗，刚柔、轻重、迟速异齐，五味异和，器械异制，衣服异宜。修其教，不易其俗；齐其政，不易其宜。

河流具有不同的地理情况，民众生活在其间就有不同的习俗：刚柔、轻重、迟速的性情各有不同，口味会不同，器具形制不同，衣服也不同。应该修治他们的教化，而不去改变他们的习俗；应该整治礼乐刑政，而不去改变他们生计的便利。

中国戎夷五方之民，皆有性也，不可推移。东方曰夷，被发文身，有不火食者矣。南方曰蛮，雕题[3]交趾，有不火食者矣。西方曰戎，被发衣皮，有不粒食者矣。北方曰狄，衣羽毛穴居，有不粒食者矣。中国、夷、蛮、戎、狄，皆有安居、和味、宜服、利用、备器。

中原和戎夷等边远地区的五方民众，都各有不同的习性，不可互换。东方的边远民族称为夷，他们披发文身，还有不用火烧熟吃的。南方的边远民族称为蛮，他们额上刻花纹，两脚趾相向着行走，也有不用火烧熟吃的。西方的边远民族称为戎，他们披发穿兽皮，有不吃五谷的。北方的边远民族称为狄，他们用羽毛做衣服，住在洞穴里，也有不吃五谷的。中原、夷、蛮、戎、狄，都有安逸的住处、可口的调味、适宜的服饰、便利的生活、齐备的器具。

五方之民，言语不通，嗜欲不同。达其志，通其欲；东方曰寄，南方曰象，西方曰狄鞮[4]，北方曰译。

五方的民众，言语不通，嗜欲不同。（这就由翻译的人，）传达他们的志趣，沟通他们的想法；在东方就称这种翻译的人为“寄”，南方称为“象”，西方称为“狄鞮”，北方称为“译”。

凡居民，量地以制邑，度地以居民；地邑

凡是安置民众，先要测量地形地势来决定城邑的建造，度量土地的面积来决定安置民众的数量；地形地势、城邑大小、民

民居，必参相得也。无旷土，无游民，食节事时，民咸安其居，乐事劝功，尊君亲上，然后兴学。

众的多少，三者必须要互相配合得当。要没有荒废的土地，没有游荡懒散的人，饮食有节制，做事依据农时，民众都认为自己的住处很安逸，喜爱工作，勤勉立业，尊重国君，爱戴上司，如此就可兴办学校。

注释 1度：计量长短的标准。 2居：安置。沮：湿润。 3雕题：在额上刺花纹。题，额头。 4狄鞮(dī)：古代翻译西方民族语言的人。

原文

5.16司徒修六礼以节民性，明七教以兴民德，齐八政以防淫，一道德以同俗，养耆老以致孝，恤孤独以逮不足，上贤以崇德，简[1]不肖以绌恶。

命乡简不帅[2]教者以告。耆老皆朝于庠，元日习射上功，习乡上齿，大司徒帅国之俊士与执事焉。不变，命国之右乡简不帅教者移之左[3]，命国之左乡简不帅教者移之右，如初礼。不变，

译文

司徒修习六礼来节制民众的性情，明辨七教来提高民众的道德，整治八政来防止制度的混乱，统一行为规范来共同营造良好的风俗，供养老人来促进民众的孝心，救济孤独残疾的人来顾及那些有缺陷的弱者，尊重贤能的人来推崇德行，选出淘汰邪恶的人来贬斥邪恶。

命令乡老、乡大夫选出不服从教导的人报告给司徒。又要选一个好日子，乡里的老人都到乡里的学校来集会，学习射礼，射箭以成绩为重；学习乡饮酒礼，就以年龄辈分为重；大司徒要率领国内才能优秀的俊士来参与这种活动，并担任执事人员。如果那些不服从教导的人仍旧没有改变，就命令国的右乡选出这些人迁移到左乡，而命令国的左乡选出这些人迁移到右乡，（希望换了新

移之郊[4],如初礼。不变,移之遂[5],如初礼。不变,屏之远方[6],终身不齿[7]。

命乡论秀士,升之司徒,曰选士;司徒论选士之秀者,而升之学,曰俊士。升于司徒者不征于乡,升于学者不征于司徒,曰造士。

乐正崇四术,立四教,顺先王《诗》《书》《礼》《乐》以造士。春秋教以《礼》《乐》,冬夏教以《诗》《书》。王大子、王子、群后[8]之大子、〔公〕[9]卿大夫、元士之適子,国之俊选,皆造焉。

凡入学以齿。将出学,小胥[10]、大胥[11]、小乐正[12]简不帅教者以告于大乐正,大乐正以告于王。王命三

环境,能有所改变,)并且行的也是最初的习射、习乡饮酒的礼。如果还是没有改变,就将这些人迁移到乡外的“郊”去,行礼仍像初次一样。如果又没有改变,就再将这些人迁移到更远的“遂”去,行礼也像初次那样。如果仍没有改变,就将这些人驱赶到远方,终身不被录用。

命令乡老、乡大夫考论才德出众的人,推荐给司徒,这些人就称为“选士”;司徒再考论选士中的优秀者,并推荐到国学,就称为“俊士”。推荐到司徒那儿的选士,就可以免去乡里的服役;推荐到国学里去的俊士,就可以免去国内的服役;选士和俊士也称为“造士”。

国学里的总教官要提倡诗、书、礼、乐四术,设立这四门课程,是为了遵从先王流传下的典籍《诗》《书》《礼》《乐》来造就人才。春秋二季就教《礼》《乐》,冬夏二季就教《诗》《书》。王太子、王子、诸侯和牧伯的太子、公卿大夫和元士的嫡子、国内的俊士和选士,都送到国学里来学习。

凡是进入国学的,就以年龄长幼为序(,不以身份地位高低为序)。将要结束学业时,小胥、大胥、小乐正要选出那些不服从教导的人向大乐正汇报,由大乐正再向君王汇报。

公、九卿、大夫、元士皆入学。不变，王亲视学。不变，王三日不举，屏之远方，西方曰棘，东方曰寄；终身不齿。

于是君王命令三公、九卿、大夫、元士都到学校去（演习礼仪去感化这些人）。如果他们没有改变，君王就亲自去国学视察。如果他们还是没有改变，君王就三天内进餐时不奏乐，并将这些人驱赶到远方，去西方的就称为“棘”，去东方的就称为“寄”；他们终身将不被录用。

注释 1简：选择。 2帅：遵循。 3王有六乡，国之左右各有三乡。 4郊：乡界之外。 5遂：远郊之外。 6远方：郑玄说，九州之外。 7齿：收录，录用。 8群后：四方诸侯及九州牧伯。 9王念孙说，“卿”上当有“公”字。 10小胥：乐官之属，掌学士之征令。 11大胥：乐官之属，掌学士之版。 12小乐正：大乐正的副手。

原文

5.17 大乐正论造士之秀者以告于王，而升诸司马，曰进士。司马辨论官材。论进士之贤者以告于王而定其论，论定，然后官之；任官，然后爵之；位定，然后禄之。

大夫废其事，终身不仕，死以士礼葬之。

有发[1]，则命大司

译文

大乐正考察造士中的优秀者向君王汇报，并推荐到司马那儿，这样的人就称为“进士”。司马要考辨观察他们才能的高下，可以担任什么官职。要评定进士中的贤能者向君王汇报，并且作出决定；在最终决定后，就授予官职；授予官职后，就可以确定爵位；爵位确定后，就可以发给俸禄。

大夫因不胜任而被免官后，终身不再做官的，死后就依照士人的礼仪来下葬。

遇有作战出兵时，君王就命令大司徒用兵车、盔甲等军事知识来教习国学里的士子。

（至于造士以外的人才，）凡是凭借技

徒教士以车甲。

凡执技,论力,适四方,裸股肱,决射御。凡执技以事上者,祝、史、射、御、医、卜及百工。凡执技以事上者,不贰事,不移官[2],出乡不与士齿。仕于家者,出乡不与士齿。

艺谋生的人,只看他的勇力怎样(不论他的德行如何),如有什么事,就派他们到四方去,并要裸露上身,用射箭驾车的技术来决定他们的能力。凡是凭借技能来侍奉主人的,有祝、史、射、御、医、卜和各种工匠。凡是这些凭借技能来侍奉主人的人,不能兼作其他的职业,也不能改换行业,离开本乡到其他地方去,否则就不能和士人论年辈。在大夫家里做家臣的人,离开本乡后也不能和士人论年辈。

注释 1 有发:有战事而出兵。 2 官:职业,行业。

原文

5.18 司寇正刑明辟[1],以听[2]狱讼。必三刺[3]。有旨无简[4],不听。附从轻,赦从重。

凡制五刑,必即天论[5];邮罚丽于事[6]。

凡听五刑之讼,必原父子之亲,立君臣之义,以权之;意论轻重之序,慎测浅深

译文

司寇正定刑书,明断罪法,受理诉讼。要处死罪犯必须实行三级审讯制度。如果有犯罪意图动机,但没有实际的犯罪行为,就不论罪。非主谋而附从他人犯罪的,就从轻处理;曾被宽赦而又犯罪的,从重处理。

凡是制定轻重五等的刑罚,必须要考虑到天伦关系;责罚判罪必须要依附于事实。

凡是审理五等罪刑的案件,必须要体谅父子间的亲情关系,确立君臣间的道义,来进行权衡;要思量案件的情节轻重,慎重地推测罪行浅深的分量,以区别对待;要尽自

之量，以别之；悉其聪明，致其忠爱，以尽之。疑狱，泛与众共之；众疑，赦之。必察小大之比以成之。

成狱辞，史以狱成告于正[7]，正听之。正以狱成告于大司寇，大司寇听之棘木[8]之下。大司寇以狱之成告于王，王命三公参听之。三公以狱之成告于王，王三又[9]，然后制刑。凡作刑罚，轻无赦。刑者，侀[10]也；侀者，成也，一成而不可变。故君子尽心焉。

己的聪明才智，奉献自己的忠君爱民之心，以尽心竭力办案。如果是疑难案件，可以公开与民众商讨；如果民众有疑惑，（不能裁决的，）就可以赦免被告。必须要详察罪行的轻重，比照律文的规定来定罪。

案件判决辞已定，“史”要把判决情况向“正”汇报，由“正”再审理案件。“正”再将判决辞向大司寇汇报，大司寇把罪案提到自己的公堂上再亲自审理。大司寇要将判决辞向君王汇报，君王命三公参与审理。三公要将判决辞向君王汇报，君王三次提出宽宥罪犯，然后裁定刑罚。凡是已裁定刑罚的，即使罪刑很轻，也需执行而不赦免。刑，就是侀；侀，就是成，一经成为事实就不可再改变了。（罪刑一经裁决也就不可改变了，）所以君子在这方面要尽心审理。

注释 1明辟：孔疏说，明断罪法。辟，罪。 2听：审理。 3三刺：孔疏说，刺，杀也，谓欲杀犯罪之人，三问之也。 4简：诚也。即指诚实之状。 5郑玄说，“必即天论”当作“必则天伦”。 6邮：通“尤”，过失。罚：责。丽：附着，依附。 7史：掌文书的司寇吏。正：掌狱讼的官员。 8棘木：外朝之卿位也。因种有棘木而称。 9又：通“宥”。宽宥。 10侀(xíng)：同“型”。本指铸器的模型，引申为定型，完成。

原文

析言破律，乱名改作，执左道[1]以乱政，杀。作淫声、异服、奇技、奇器以疑众，杀。行伪而坚、言伪而辩[2]、学非而博、顺非而泽[3]以疑众，杀。假于鬼神、时日、卜筮以疑众，杀。此四诛者，不以听。凡执禁以齐众，不赦过。

有圭璧(金)〔宗〕[4]璋，不粥于市。命服命车，不粥于市。宗庙之器，不粥于市。牺牲，不粥于市。戎器，不粥于市。用器不中度，不粥于市。兵车不中度，不粥于市。布帛精粗不中数[5]，幅广狭不中量，不粥于市。奸色[6]乱正色，不粥于市。锦文珠玉成器，不粥于市。衣服饮食，不粥于市。五谷不时，果实未

译文

凡是剖析文句，曲解法律，变乱名称，更改制度，挟异端邪道来惑乱政事的，要杀。凡是创作淫靡之音，穿戴奇异服饰，作奇技，用奇器来惑乱民心的，要杀。凡是行为诡伪而又坚持不改，言语诈伪却又显得有条有理，学非正道却见闻甚广，顺从差错却善用文饰来惑乱民心的，要杀。借鬼神、时日、卜筮来惑乱民心的，要杀。这四种人是该杀的人，不需再审理。凡是执行禁令，目的是统一民心，如有过失不能赦免。

凡是圭璧琮璋等尊贵物品，不准在市场上出售。命服、命车，不准在市场上出售。宗庙祭器，不准在市场上出售。牺牲，不准在市场上出售。兵器，不准在市场上出售。用器不合规格的，不准在市场上出售。兵车不合规格的，不准在市场上出售。布帛精粗不合规定的升数，幅度广狭不合规定的尺寸，不准在市场上出售。布帛不是正色而去扰乱正色的，不准在市场上出售。锦文、珠玉等华丽器物，不准在市场上出售。衣服、食品，不准在市场上出售。还未到时的五谷，还未成熟的水果，不准在市场上出售。还未成材就被砍伐的树

孰，不粥于市。木不中伐，不粥于市。禽兽鱼鳖不中杀，不粥于市。关执禁以讥，禁异服，识异言。

木，不准在市场上出售。禽兽鱼鳖未长大被捕杀的，不准在市场上出售。关口上执行禁令加以稽察，禁止穿奇装异服，并辨识不同的言语（以防奸伪）。

注释 1左道：邪道，邪术。 2辩：有条有理。 3泽：文饰，掩饰。 4王引之说，“金”当作“宗”，“宗”为“琮”之假借字。圭璧琮璋，为聘礼所谓四器。 5数：指升数。古代布八十缕为一升。升数多则布细，少则布粗。 6奸色：不正之色，如不红不绿等。

原文

5.19 大史典礼，执简记[1]，奉讳恶[2]。

天子齐戒[3]受谏。司会以岁之成质于天子[4]。冢宰齐戒受质。大乐正、大司寇、市，三官以其成从质于天子。大司徒、大司马、大司空齐戒受质。百官各以其成质于三官。大司徒、大司马、大司空以百官之成质于天子。百官齐戒受质。然后休老劳农。成岁事，制国用。

译文

太史主管一切礼仪，执掌文书，并向天下进奏先王讳名以及忌日。

天子斋戒后接受劝谏。司会将一年的治政成绩奏请天子评断。冢宰斋戒，协助天子评断政绩。大乐正、大司寇、市官，这三位官员各以自己的成绩附在司会的报告那儿也奏请天子评断。大司徒、大司马、大司空要斋戒以后再执行评断。他们统属的百官各以自己的成绩呈请这三位官员评断。大司徒、大司马、大司空又将百官的成绩转请天子评断。百官斋戒，听候天子的评断。然后举行养老的宴会，举行慰劳农民的集会。至此已完成一年的政事，并开始制定国家明年的计划。

注释 1 简记:记事的竹简、策书。 2 讳恶:郑玄说,讳,先王名;恶,忌日。 3 齐(zhāi)戒:斋戒。齐,通“斋”。 4 司会:是冢宰的部属。质:评断,考核。

原文

5.20 凡养老,有虞氏以燕礼[1],夏后氏以飨礼[2],殷人以食礼[3]。周人修而兼用之[4]。五十养于乡,六十养于国[5],七十养于学,达于诸侯。八十拜君命,一坐再至,瞽亦如之。九十使人受。

五十异粻[6],六十宿肉[7],七十贰膳[8],八十常珍。九十饮食不离寝,膳饮从于游可也。

六十岁制。七十时制。八十月制。九十日修,唯绞、紟、衾、冒[9],死而后制。

五十始衰。六十非肉不饱。七十非帛不暖。八十非人不暖。

译文

凡是养老,有虞氏用燕礼,夏后氏用飨礼,殷人用食礼。周人依循前人并兼用燕礼、飨礼、食礼。五十岁的老人可以供养在乡学,六十岁可以供养在国中的小学,七十岁就供养在大学,这种养老之礼从天子至诸侯国都实行。八十岁拜谢国君赏赐时,只需一跪再磕头;双目失明的人也是这样拜谢。九十岁时就让人代为接受国君的赏赐。

五十岁的老人可以吃较精细的粮,六十岁可以常备有肉食,七十岁可以有双份佳肴,八十岁可以常吃珍贵的食品。九十岁的老人饮食不离居室,如出游就随其所在供给饮食。

六十岁的老人要每年都制作棺木一类须较长时间才能办好的丧具。七十岁的老人要每季都制作一些较难置办的丧具。八十岁的老人要每月都制作一些较容易置办的丧具。九十岁的老人要每日都制作一些。只有绞、紟、衾、冒等丧具,在死后再制作。

五十岁开始衰老。六十岁不吃肉就不能吃饱。七十岁没有丝绵就身上不暖和。

九十虽得人不暖矣。

八十岁就要取暖于他人。九十岁时就连有人也不暖和了。

五十杖于家。六十杖于乡。七十杖于国。八十杖于朝。九十者,天子欲有问焉,则就其室,以珍从。

五十岁的老人可以在家中用杖。六十岁的老人可以在乡里用杖。七十岁的老人可以在国内用杖。八十岁的老人可以在朝廷上用杖。九十岁的老人,天子想要请教他,那就得到他家里去,并带去新鲜的食物。

七十不俟朝[10]。八十月告存[11]。九十日有秩[12]。

大夫七十岁就可以不在朝廷上侍候。八十岁时,天子每月要派人来问候。九十岁时,天子每天要送他食物。

五十不从力政[13]。六十不与服戎。七十不与宾客之事。八十齐[14]丧之事弗及也。

五十岁的老人可以不再服力役。六十岁的老人不再服兵役。七十岁的老人不参加宾客应酬。八十岁的老人就不再参与丧祭(只要披戴孝服就可以了)。

五十而爵。六十不亲学。七十致政,唯衰麻为丧。

大夫五十岁可以封爵位。六十岁时就不必再至国学受业。七十岁时就告老退休,遇有丧事,只要披戴孝服(其他就不必全依礼节去办了)。

注释 1燕礼:设宴在寝,其礼最轻,升堂行一献礼毕,坐而饮酒至醉。 2飨礼:设宴于朝,体荐而不食,爵盈而不饮,立而不坐,依尊卑为献,其礼最隆重。 3食礼:有饭有肴,虽设酒而不饮,其礼以饭为主,故称食礼。 4修:遵循。兼用之:春夏用虞之燕礼,夏之飨礼,秋冬则用殷之食礼。 5国:指国中的小学。 6粻(zhāng):粮食。 7宿肉:谓常隔日备之,不使求而不得。 8膳:食之善者。 9冒:古代殓尸的布囊。 10不俟(sì)朝:孔疏说,不俟朝者,朝君之时,入门至朝位,君出揖之即退,不待朝事毕也。俟,等待。 11 告存:存问,问候,慰问。 12 秩:常。指使人以常膳致之。 13 力政:力役,劳役。 14 齐:通“斋”。斋事,即指祭事。

原文

5.21 有虞氏养国老于上庠,养庶老于下庠。夏后氏养国老于东序,养庶老于西序。殷人养国老于右学,养庶老于左学。周人养国老于东胶,养庶老于虞庠[1],虞庠在国之西郊[2]。

有虞氏皇[3]而祭,深衣而养老。夏后氏收[4]而祭,燕衣[5]而养老。殷人冔[6]而祭,缟衣而养老。周人冕而祭,玄衣而养老。

凡三王养老皆引年[7]。八十者,一子不从政[8]。九十者,其家不从政。废疾非人不养者,一人不从政。父母之丧,三年不从政。齐衰、大功之丧,三月不从政。将徙于诸侯,三月不从政。自诸侯来徙家,期不从政。

译文

有虞氏时代,在上庠供养国老,在下庠供养庶老。夏后氏时代,在东序供养国老,在西序供养庶老。殷人在右学供养国老,在左学供养庶老。周人在东胶供养国老,在虞庠供养庶老,虞庠在国的郊区。

有虞氏时代要戴上皇冠后祭祀,要穿上深衣后养老。夏后氏时戴收冠祭祀,穿上便服就可以养老。殷人戴冔冠祭祀,穿上白衣养老。周人戴冕冠祭祀,穿上黑衣养老。

凡是夏殷周三代君王养老,都要按户校定年龄。八十岁的老人,可以留一子不赴征召。九十岁的老人,其家里的人可以不赴征召。家有残疾人,没有人照顾不能生活的,可以留一人不赴征召。有父母丧事的,三年不赴征召。有齐衰、大功丧事的,三月内不赴征召。将要迁居到别的诸侯国去的,三月内不赴征召。从别的诸侯国迁居来的,一年不赴征召。

注释 1上庠、东序、右学、东胶:均指国之大学。下庠、西序、左学、虞庠:均指国之小学。国老:依王闿运说,指国子师。庶老:依王闿运说,指造士师。 2西郊:依孙志祖说,当是"四郊"。 3皇:又写作"翌",是画有羽饰的冠。 4收:夏代的冠名。 5燕衣:陈澔说,黑衣也,君与群臣燕饮之服,即诸侯日视朝之服也。6冔(xǔ):殷代冠名。7引年:引户校年,即按户校定年龄。 8政(zhēng):通"征"。此指公务的征召。

原文

5.22 少而无父者谓之孤,老而无子者谓之独,老而无妻者谓之矜[1],老而无夫者谓之寡。此四者,天民之穷而无告者也,皆有常饩[2]。瘖、聋、跛、躃[3]、断者、侏儒、百工,各以其器[4]食之。

5.23 道路,男子由右,妇人由左,车从中央。父之齿随行,兄之齿雁行,朋友不相逾。轻任并,重任分。(班)〔斑〕白〔者〕[5]不提挈。君子耆老不徒行。庶人耆老不徒食。

5.24 大夫祭器不

译文

年幼无父的人称为"孤",年老无子女的人称为"独",年老无妻的人称为"矜",年老无丈夫的称为"寡"。这四种人,都是世上贫穷而得不到安慰的人,应经常接济他们粮食。哑巴、聋子、跛子、不能走路的人、手脚残疾的人、侏儒、各种残疾的手艺人,都要根据各人的技艺才能而供养他们。

在道路上,男子从右边走,妇人从左边走,车从中间行驶。和父亲年龄相当的,就跟随他后边行走;和兄长的年龄相当的,可以并行但稍后他几步;同辈朋友,行走不超越对方。轻的担子可以合并起来挑,重的担子可以帮助别人分开来挑。头发斑白的老人不应该再让他提挈着东西行走(,应有人为他代劳)。身份是士大夫的老人不徒步行走(,外出必乘车)。身份是庶人的老人,不让他吃饭时没肉吃。

大夫不向别人借用祭器。祭器还没有

假[6]。祭器未成，不造燕器。

制成，就不再制作平常生活中的用器。

注释 1 矜：通"鳏"。年老无妻的人。 2 饩(xì)：粮食。 3 躃(bì)：亦作"躄"，腿残疾，不能行走。 4 器：才能，本领。 5 班白：石经作"斑白者"。 6 假：借。

原文

5.25 方一里者，为田九百亩。方十里者，为方一里者百，为田九万亩。方百里者，为方十里者百，为田九十亿[1]亩。方千里者，为方百里者百，为田九万亿[2]亩。

自恒山至于南河，千里而近。自南河至于江，千里而近。自江至于衡山，千里而遥。自东河至于东海，千里而遥。自东河至于西河，千里而近。自西河至于流沙，千里而遥。西不尽流沙，南不尽衡山，东不尽东海，北不尽恒山，凡四海之内，断长补短，方三千里，为田八十万亿一万亿亩[3]。方百里者，为田九十亿亩，

译文

方圆一里的土地，可以划分成九百亩田。方圆十里的土地，就是一百个一方里的土地，可以划分成九万亩田。方圆百里的土地，就是一百个十方里的土地，可以划分成九百万亩田。方圆一千里的土地，就是一百个百方里的土地，可以划分成九万亿亩田。

从恒山到南面的黄河，将近千里。从黄河南到长江，也将近千里。从长江到衡山，约在千里以上。从东河到东海，也约在千里以上。从东河到西河，将近千里。从西河到西域沙漠地带，约在千里以上。西边不算沙漠以外的地方，南边不算衡山以南的地方，东边不算东海以外的地方，北边不算恒山以北的地方，总计四海之内，截长补短，是方圆三千里，有田八十一万亿亩。方圆百里的国家，虽有田九百万亩，但是其中

山陵、林麓、川泽、沟渎、城郭、宫室、涂巷，三分去一，其余六十亿亩。

的山陵、森林、河湖、沟渎、城郭、宫室、道路等，约占三分之一，其余剩下的就为六百万亩。

注释 1亿：郑玄说，今之十万。因此九十亿亩，即九十个十万，为九百万亩。 2万亿：郑玄说，今之万万。因此“田九万亿亩”，即九万万亩田。 3孔疏说，当云“八十一万亿亩”。

原文

5.26古者以周尺八尺为步，今以周尺六尺四寸为步。古者百亩，当今东田[1]百四十六亩三十步。古者百里，当今百二十一里六十步四尺二寸二分。

5.27方千里者，为方百里者百。封方百里者三十国，其余方百里者七十。又封方七十里者六十，为方百里者二十九，方十里者四十。其余方百里者四十，方十里者六十。又封方五十里者百二十，为方百里者三十。其余方百里者十，方十里者六十。名山大

译文

古代用周代的尺作单位，八尺为一步，如今把周尺的六尺四寸作为一步。古代一百亩田，相当于现在的一百四十六亩三十步。古代的一百里，相当于现在的一百二十一里六十步四尺二寸二分。

方圆千里的面积，可有一百个方圆百里的地方。如果分封方圆百里的国家三十个，其余剩下方圆百里的地方七十个。如果又分封方圆七十里的国家六十个，等于方圆百里的二十九个，再加上方圆十里的地方四十个。余下方圆百里的国家四十个，方圆十里的六十个。如果再分封方圆五十里的国家一百二十个，即等于方圆百里的三十个。余下方圆百里的十个，方圆十里的六十个。名山大川不用作封

泽不以封，其余以为附庸闲田。诸侯之有功者，取于闲田以禄之；其有削地者，归之闲田。

地，再剩余的就作为诸侯的附庸或闲田。诸侯中有功的，就取闲田的禄赋奖赏他；诸侯中有削减封地的，就归并到闲田中去。

天子之县内方千里者，为方百里者百。封方百里者九，其余方百里者九十一。又封方七十里者二十一，为方百里者十，方十里者二十九。其余方百里者八十，方十里者七十一。又封方五十里者六十三，为方百里者十五，方十里者七十五。其余方百里者六十四，方十里者九十六。

天子的王畿内，方圆千里的面积，等于一百个方圆百里的地方。分封方圆百里的国家九个，余下方圆百里的国家九十一个。又分封方圆七十里的国家二十一个，等于方圆百里的十个，再加上方圆十里的二十九个。余下方圆百里的八十个，方圆十里的七十一个。如果再分封方圆五十里的国家六十三个，等于方圆百里的十五个，方圆十里的七十五个。余下方圆百里的地方六十四个，方圆十里的地方九十六个。

注释　1 东田：孙希旦说，东田，东方之田也，汉初儒者皆齐、鲁人，自据其地言之，故曰东。

原文

5.28 诸侯之下士禄食九人，中士食十八人，上士食三十六人，下大夫食七十二人，卿食二百八十八人，君食二千八百八十人。

译文

诸侯的下士所得俸禄可以养活九个人，中士的俸禄可以养活十八个人，上士的俸禄可以养活三十六个人，下大夫可以养活七十二个人，卿可以养活二百八十八人，国君可以

次国之卿食二百一十六人，君食二千一百六十人。小国之卿食百四十四人，君食千四百四十人。次国之卿，命于其君者，如小国之卿。天子之大夫为三监，监于诸侯之国者，其禄视诸侯之卿，其爵视次国之君，其禄取之于方伯之地。方伯为朝天子，皆有汤沐之邑[1]于天子之县内，视元士。

养活二千八百八十个人。中等国家的卿可以养活二百一十六个人，国君可以养活二千一百六十个人。小国的卿可以养活一百四十四个人，国君可以养活一千四百四十个人。中等国家的卿，由国君任命的，俸禄就比照小国的卿。天子的大夫做三监，是对诸侯国加以监察，他们的俸禄比照诸侯的卿，而爵位比照中等国家的国君，他们的俸禄从方伯的土地上取得。方伯为了朝拜天子，在天子的王畿内都设有斋戒沐浴的地方，比照天子的元士。

诸侯世子世国，大夫不世爵。使以德，爵以功。未赐爵，视天子之元士，以君其国。诸侯之大夫，不世爵禄。

诸侯的太子能世袭封国，大夫不能世袭爵位；让他做大夫是因为有德，封他为诸侯爵位是因为有功。在还没有赐予爵位时，诸侯的太子就等同于天子的元士，并以元士的身份统治封国。诸侯的大夫，爵位和俸禄都不世袭。

5.29 六礼：冠、昏、丧、祭、乡、相见。

六礼：冠礼、婚礼、丧礼、祭礼、乡饮酒礼、士相见礼。

七教：父子、兄弟、夫妇、君臣、长幼、朋友、宾客。

七教：父子、兄弟、夫妇、君臣、长幼、朋友、宾客等人伦关系的教导。

八政：饮食、衣服、事为[2]、异别[3]、度、量、数、制[4]。

八政：饮食方式、衣服制度、百工技艺、器械异同、长度单位、容量单位、计数方法、布帛规格。

注释 1汤沐之邑:天子赐予诸侯的位于王畿之内,供住宿和斋戒沐浴的封邑。 2事为:百工之技艺。 3异别:不同,区别。此指五方械器有异同。 4制:此指布帛的广狭和长短。

月令第六

导读

此篇记一年的时令，按农历十二个月次，记录各月天象特征，并说明政令、祭祀、行礼等事宜。郑玄以为，《月令》为“吕不韦所撰”，近人考辨认为比较可信。郑玄《三礼目录》谓《月令》本《吕氏春秋》十二月记之首章，是礼家好事者抄录过来的，其中官名时事都不合周法。也有人说《礼记》中的《月令》本之《周书·月令》，只是进行了适当的改编。

月令，指农历某个月的气候和物候。气候，是某一地区内常规性的气象状况，如刮风、闪电、打雷、结霜、下雪等。物候，指生物的周期性现象，如植物发芽、开花、结果，候鸟迁徙，某些动物冬眠等，都与气候相关。本篇从孟春正月写起，逐月记录到十二月季冬。所记如“东风解冻，蛰虫始振，鱼上冰，獭祭鱼，鸿雁来”等，今人一般都会有切身体会；所述“毋变天之道，毋绝地之理，毋乱人之纪”的天人模式原则，今人也可以理解其义，但其中最宝贵的历法之学却离我们越来越远，逐渐成为绝学。

《月令》不是简单地记年月日，它将一年十二月，分为春、夏、秋、冬四季，每季分别对应五行中的木、火、金、水，又分孟、仲、季三月。每月之下记其星、其日、其帝、其神、其虫、其音、其律、其数、其味、其臭、其祀、其祭。这可以说是一种以十二律为经、五行为纬而构成的天人模式。《月令》不是凭空杜撰的，而是战国时天文、农业实践经验的结晶，是在战国历法的基础上编撰而成的。东汉末，蔡邕将《月令》从《礼记》中取出，单独作《月令章句》十二卷后，《月令》成一专门之学。

《月令》除记历法外,还记载了明堂制度。而《月令》的明堂制度只能说是某种预设的政治理想,不能视为战国时的实际情况。(参见王锦民《古学经子》,华夏出版社,2008 年)

原文

6.1 孟春之月[1]，日在营室[2]，昏参[3]中，旦尾[4]中。其日甲乙。其帝[5]大皞[6]，其神句芒[7]。其虫[8]鳞。其音角，律中大蔟[9]。其数八[10]。其味酸，其臭膻。其祀户，祭先脾。

东风解冻，蛰虫始振[11]，鱼上冰，獭祭鱼，鸿雁来。

天子居青阳左个[12]；乘鸾[13]路[14]，驾仓[15]龙[16]，载青旗；衣青衣，服仓玉；食麦与羊，其器疏以达。

是月也，以立春。先立春三日，大史谒[17]之天子曰："某日立春，盛德在木。"天子乃齐。立春之日，天子亲帅三公、九卿、诸侯、大夫，以迎春于东

译文

孟春正月，太阳的位置在营室，黄昏时参星在南方天中，拂晓时尾星在南方天中(春天在五行中属木，天干中的甲乙也属木)，因此春之日天干为甲乙。春之帝是太皞，春之神是句芒。春之虫是鳞虫。春之音是五音中的角音，气候与律管相应于太蔟。数是由"土"加"木"为八。口味为酸，气味为膻。(户在建筑物中属五行里的木，脾在内脏中也属五行里的木，)因此春天祭祀对象是户，祭品以脾脏为上。

东风解冻，冬眠的蛰虫开始活动，鱼也从水底游近水上的冰层，獭捕取了鱼放在水边，就像举行鱼祭，鸿雁从南方飞来。

天子居住在明堂东部青阳堂的左室；出外乘坐有鸾铃的车，驾有苍龙马，载有青色的旌旗；要穿青色衣服，佩带青色的佩玉；要以麦和羊为主要食物，用的器皿都要粗疏而且是容易透气的。

这一月，定立春节气。在立春前三天，太史拜见天子，禀告说："某日立春，天地生育的盛德在五行中的木位。"于是天子就斋戒。立春这天，天子亲自率领三公、九卿、诸侯、大夫到东郊去举行祭祀，迎接春帝太皞。礼毕回来，天子在朝中赏赐公卿、诸侯、大夫；命

郊。还[18]反，赏公卿、诸侯、大夫于朝；命相布德和令[19]，行庆[20]施惠[21]，下及兆民；庆赐遂行，毋有不当。乃命大史守典奉法，司天日月星辰之行，宿[22]离[23]不贷[24]，毋失经纪，以初为常。

令三公发布恩德之令，奖赏善事，接济贫穷，往下普及至民众；实行褒扬赏赐，不应有不当之处。于是又命太史遵守六典，奉行八法，从事天文、日月星辰运行的测算，要使运行的位置度数以及轨道测算没有一点差错，要使一切都像往常一样。

注释 1孟春之月：正月，春天第一个月。 2营室：室宿，二十八宿之一，今属飞马座。 3参：参里，今在猎户座。 4尾：尾星，今在天蝎座。 5帝：古人以为宇宙万物的主宰者为帝。 6大皞(tài hào)：又作"太皞"。上古五帝之一。五帝配五行，太皞为春之帝。 7句(gōu)芒：木神。 8虫：泛指动物，有鳞虫、甲虫、毛虫、羽虫、倮虫之分。鱼为鳞虫，在五行中又属木，故为春之虫。 9大蔟(tài còu)：十二律之一。蔟，亦作"簇"。 10指天地之数，"木"五行生成次序数目为"木三"，而"地"为"土五"，相加数为"八"。 11振：振作，奋起。 12个：明堂的东西南北中五部分，除中部外，其余四部分各有左中右三室，左室称左个，右室称右个，中室也称太庙。 13鸾：通"銮"，古代的一种车铃。 14路：也作"辂"，车。 15仓：通"苍"，青色。 16龙：高大的马。《周礼·夏官·庾人》："马八尺以上为龙。" 17谒：进见，拜见。一般用于下对上、幼对长，或作谦辞。 18还(huán)：归，返。 19和令：王引之说，宣令。 20庆：奖赏。 21惠：谓恤其不足也。 22宿：日之所在。 23离：月之所历。 24贷(tè)：通"忒"。失误，误差。

原文

是月也，天子乃以元

译文

这一月，天子要在第一个辛日为祈

日[1]祈谷于上帝。乃择元辰[2],天子亲载耒耜,措之(于参)〔参于〕[3]保介[4]之御间;帅三公、九卿、诸侯、大夫,躬耕帝藉[5]。天子三推,(三)公五推[6],卿、诸侯九推。反,执爵于大寝,三公、九卿、诸侯、大夫皆御,命曰“劳酒”。

是月也,天气下降,地气上腾,天地和同,草木萌动。王命布农事,命田[7]舍东郊,皆修封疆,审端(经)〔径〕术[8];善相丘陵、阪[9]险[10]、原[11]隰[12],土地所宜、五谷所殖[13],以教道[14]民,必躬亲之。田事既饬,先定准直,农乃不惑。

是月也,命乐正入学习舞。乃修祭典。命祀山林川泽,牺牲毋用牝。禁止伐木。毋覆巢,毋杀孩虫、胎夭、飞鸟,毋麛毋卵。毋聚大众,毋置城郭。掩骼[15]埋胔[16]。

求五谷丰收进行祭天之礼。于是选择亥日,天子亲自装载耒耜,放到车右和驾车人之间,率领三公、九卿、诸侯、大夫在藉田亲自耕种。天子行推耜入土礼是推三下,公推五下,卿、诸侯要推九下。回来后,天子就在大寝举行宴请,三公、九卿、诸侯、大夫都参与,称为“劳酒”。

这一月,天之气下降,地之气升腾,天之气和地之气交相混同,草木萌动生机。天子命令布置农事,命令主管农事的官住在东郊,把井田的疆界全部整修,并且视察、修正田间小道和沟洫;要好好考察丘陵、险坡、高低的地形,各种土地所适宜耕种的作物、五谷种植的方法,都要教给农民,引导他们,必须要亲自去教他们做。田地修整完毕,先确定均匀平直的种植方法,农民就不会迷惑了。

这一月,要命令乐正入国学教练舞蹈。要修订一年的祭祀的典则。命令祭祀山林川泽不能用雌的作为祭牲。禁止伐木。不准捣毁鸟巢,不准杀死有益的幼虫、在胎内或已出生的幼兽、刚学飞的幼鸟,不准捕杀小兽,

是月也，不可以称兵，称兵必天殃。兵戎不起，不可从我始。毋变天之道，毋绝地之理，毋乱人之纪。

不准掏取鸟卵。不要聚合大众，（以免影响耕种，）也不要在这月筑置城郭。如见枯骨腐肉应掩埋掉。

这一月，不可以兴兵杀伐，兴兵杀伐必定遭到天殃。因此不应该兴兵杀伐，更不可以由我方挑起战争。不要改变天道，不要断绝地理，不要搅乱人纪。

孟春行夏令，则〔风〕雨(水)[17]不时，草木蚤[18]落，国时有恐[19]；行秋令，则其民大疫，猋[20]风暴雨总至，藜莠蓬蒿并兴；行冬令，则水潦为败，雪霜大挚[21]，首种不入。

如果在正月孟春发布夏天的命令，那么风雨就不按时而至，草木过早凋落，国家时常有火灾的恐慌；如果发布秋天的命令，那么民众就会有大瘟疫，旋风暴雨交相侵袭，藜莠蓬蒿丛生；如果发布冬天的命令，那么就会洪水泛滥，雪霜严重，头番种子没法种下。

注释 1元日:此月第一个辛日。 2元辰:亥日。 3王引之说，“于参”当作“参于”。 4保介:车右，指护卫的勇力之士。 5帝藉:郑玄说，为天神借民力所治之田也。 6王念孙说，“三公五推”本作“公五推”。 7田:田畯(jùn)，古代主管农业的官。 8据孔疏引文，“经”当作“径”。径，小路。术(suì):通“遂”，小沟。 9阪:同“坂”，山坡。 10险:山形似重甑也。 11原:广平的地面。 12隰(xí):低下的湿地。 13殖:种植。 14道:通“导”。引导。 15骼:骨枯。 16胔(zì):肉未烂尽的骨殖。亦泛指尸体。 17王念孙说，“雨水”本作“风雨”。 18蚤:通“早”。 19有恐:郑玄说，指火灾的恐慌。 20猋(biāo):通“飙”。暴风，旋风。 21挚:谓伤折。

原文

6.2 仲春之月，日在奎[1]，昏弧中[2]，旦建星[3]中。其日甲乙。其帝大皞，其神句芒。其虫鳞。其音角，律中夹钟[4]。其数八。其味酸，其臭膻。其祀户，祭先脾。

始雨水。桃始华。仓庚鸣，鹰化为鸠。

天子居青阳大庙；乘鸾路，驾仓龙，载青旂；衣青衣，服仓玉；食麦与羊，其器疏以达。

是月也，安萌牙，养幼少，存[5]诸孤。择元日，命民社。命有司省囹圄，去桎梏[6]，毋肆掠[7]，止狱讼。

是月也，玄鸟至。至之日以大牢祠于高禖[8]，天子亲往，后妃帅九嫔御[9]。乃礼天子所御[10]，带以弓韣[11]，授以

译文

仲春二月，太阳的位置在奎宿，黄昏时井宿在南方天中，拂晓时斗宿在南方天中。春之日天干为甲乙。春之帝是太皞，春之神是句芒。春之虫是鳞虫。春之音是五音中的角音，气候与律管相应于夹钟，数是由“土”加“木”为八。口味为酸，气味为膻。春天祭祀对象是户，祭品以脾脏为上。

这是雨水的节气。桃树开始开花。黄鹂鸣叫，鹰变形为布谷鸟。

天子居住在明堂东部青阳堂的太庙；出外乘坐有鸾铃的车，驾有苍龙马，载有青色的旂旗，要穿青色衣服，佩带青色的佩玉；要以麦和羊为主要食物，用的器皿都要粗疏而且是容易透气的。

这一月，草木安然萌芽，要特别养护幼童小儿，抚恤遗孤。选择第一个甲日，命民众举行社祭。要命司法官员减少牢中的囚徒，除掉脚镣手铐。不肆意拷问犯人，止息民众的诉讼。

这一月，燕子飞来了。燕子飞来的那天要用牛羊豕太牢祭祀尊贵的主婚嫁的禖神，天子要亲自前往参加，后妃率领全体宫眷同去。于是向已怀孕的宫眷行礼，在尊贵的禖神前面把弓套交给她带着，又授给

弓矢于高禖之前。

她弓箭(希望她能生男孩)。

注释 1奎:二十八宿之一,今属仙女座。 2唐石经《月令》作“昏东井中”。东井,即二十八宿之井宿,今属双子座。郑玄认为,弧在“舆鬼”南。“舆鬼”即二十八宿之鬼宿。 3建星:郑玄说,建星在南斗上。 4夹钟:十二律之一。 5存:抚恤。 6桎梏(zhì gù):脚镣手铐。古代用来拘系罪人的刑具。在足曰桎,在手曰梏。 7掠:笞,拷打。 8高禖(méi):高,尊贵。禖,禖神,指先帝始制为嫁娶之礼者,即伏羲。 9御:郑玄说,谓从往侍祠。 10天子所御:郑玄说,谓今有娠者。 11韣(dú):弓套。

原文

是月也,日夜分,雷乃发声,始电。蛰虫咸动,启户始出。先雷三日,奋(木)[1]铎以令兆民曰:“雷将发声,有不戒其容止[2]者,生子不备,必有凶灾!”日夜分,则同度量,钧衡石,角斗甬,正权概。[3]

是月也,耕者少舍,乃修阖扇[4],寝庙毕备。毋作大事以妨农(之)[5]事。

是月也,毋竭川泽,毋漉[6]陂池,毋焚山林。天子乃鲜[7]羔开冰,先荐

译文

这一月,白天黑夜的时间已渐平分,可以听见雷声,开始见到闪电。冬眠的蛰虫全蠕动了,开始爬出洞来。在打雷前三天,要摇动木舌铃号令万民说:“将要打雷了,有不检点私生活的人,生下的孩子将残缺不全,父母也必定遭受凶灾!”日夜长短平分,可以校正各种度量衡。

这一月,耕作的人稍得闲暇,于是就修理门户窗扇,将自己的居室、奉祀先人的祖庙修缮齐备。不要兴起兵役等事以妨害农事。

这一月,不要弄干江河湖泊捉鱼,也不要使陂池干涸,不要焚烧山林。天子就献小羊来祭司寒之神而开冰,要先在寝庙举行荐礼。在第一个丁日,命令

寝庙。上丁，命乐正习舞，释菜[8]；天子乃帅三公、九卿、诸侯、大夫，亲往视之。仲丁，又命乐正入学习(舞)〔乐〕[9]。

是月也，祀不用牺牲，用圭璧，更皮币。

仲春行秋令，则其国大水，寒气揔[10]至，寇戎来征；行冬令，则阳气不胜，麦乃不熟，民多相掠；行夏令，则国乃大旱，暖气早来，虫螟为害。

乐正教练舞蹈，举行祭祀先师的释菜之礼；天子就率领三公、九卿、诸侯、大夫，亲自前往国学去视察。在第二个丁日，又命乐正往国学练习乐舞。

这一月，祭祀不用牺牲，改用圭璧，又用皮币来替换。

如果在二月仲春去发布秋天的命令，那么国内将有大水灾，寒气一起迫来，敌寇来侵犯边境；如果发布冬天的命令，那么阳气不能胜过阴气，麦子就不结穗，(会出现饥荒，)民众多有互相掠夺的情况；如果发布夏天的命令，那么国内就会有大旱灾，暑气早来，虫螟将成为灾害。

注释 1依王引之说，"铎"上无"木"字。 2容止：此指私生活。 3郑玄说，同、角、正，皆谓平之也。丈尺曰度，斗斛曰量。三十斤曰钧，秤上曰衡，百二十斤曰石。甬，今斛也。秤锤曰权。概，平斗斛者。此四句即是校正度量衡的意思。 4阖(hé)扇：门户用木做的称为阖，用竹苇做的称为扇。 5依王念孙说，"农"下衍一"之"字。 6漉：使干涸。 7郑玄说，"鲜"当为"献"，声之误也。 8释菜：古代读书人入学时用蘋蘩之类祭祀先师先圣的一种典礼。 9依郑注，"舞"当为"乐"。乐兼舞与声而言。 10揔(zǒng)：同"总"。

原文

6.3 季春之月，日在胃[1]，昏七星[2]中，旦牵

译文

三月季春，太阳的位置在胃宿，黄昏时七星在南方天中，拂晓时牛宿在南方

牛[3]中。其日甲乙。其帝大皞，其神句芒。其虫鳞。其音角，律中姑洗[4]。其数八。其味酸，其臭膻。其祀户，祭先脾。

桐始华，田鼠化为鴽[5]，虹始见，萍始生。

天子居青阳右个；乘鸾路，驾仓龙，载青旂；衣青衣，服仓玉；食麦与羊，其器疏以达。

是月也，天子乃荐鞠衣于先帝。命舟牧覆舟，五覆五反，乃告舟备具于天子焉，天子始乘舟。荐鲔[6]于寝庙，乃为麦祈实。

是月也，生气方盛，阳气发泄，句[7]者毕出，萌[8]者尽达，不可以内。天子布德行惠，命有司发仓廪，赐贫穷，振乏绝；开府库，出币帛，周天下；勉诸侯，聘名士，

天中。春之日天干为甲乙。春之帝是太皞，春之神是句芒。春之虫是鳞虫。春之音是五音中的角音，气候与律管相应于姑洗。数是由“土”加“木”为八。口味为酸，气味为膻。春天祭祀对象是户，祭品以脾脏为上。

桐树开始开花，田鼠变形为鹌鹑，彩虹开始出现，浮萍开始生出来。

天子居住在明堂东部青阳堂的右室；出外乘坐有鸾铃的车，驾有苍龙马，载有青色的旌旗；要穿青色衣服，佩带青色的佩玉；要以麦和羊为主要食物，用的器皿都要粗疏而且是容易透气的。

这一月，天子要向先帝献上黄桑色的礼服(，祈求养蚕的福祥)。命主管船只的人翻看船只，要翻过去检查船底又反过来检查船面，要反复检查五次(都没有问题)，才向天子报告船只没有一点漏水的地方，天子才开始乘船。又要用小鱼在宗庙中祭献，并祈祷麦子结实丰收。

这一月，生气正盛，阳气发散，拳曲的嫩芽、芒尖的嫩芽都发出来了，(应该施散财物，施与恩惠，)不可以吝啬闭藏。天子广布恩德广施恩惠，命令主管的官吏打开粮仓，分赐给贫困穷苦的人，救济

礼贤者。

是月也，命司空曰："时雨将降，下水上腾。循行国邑，周视原野，修利堤防，道达沟渎，开通道路，毋有障塞。田猎罝罘[9]、罗网[10]、毕[11]翳[12]，喂兽之药，毋出九门[13]。"

粮食缺少、无粮的人；又打开储藏钱财的府库，拿出币帛，普施恩惠于天下；勉励诸侯，招聘名士，礼遇贤能的人。

这一月，命令司空，说："雨季即将来临，地下的水开始往上涌起，要赶紧巡视全国各地，仔细地视察原野的形势，修整堤防，疏通沟渎，开通道路，不应有堵塞。同时，捕捉鸟兽用的器具、杀害野兽用的毒药，都不准携带出城门。"

注释 1胃：二十八宿之一，今在白羊座。 2七星：即里宿，二十八宿之一，今在摩羯座。 3牵牛：牛宿，二十八宿之一，今在长蛇座。 4姑洗(xiǎn)：十二律之一。 5鴽(rú)：鹌鹑类的小鸟。 6鲔(wěi)：似鳣而头小，今称鲟鱼。 7句(gōu)：草木芽苗弯曲的样子。 8萌：草木芽苗挺直的样子。 9罝罘(jū fú)：捕兽之网。 10罗网：捕鸟之网。 11毕：长柄的小网。 12翳(yì)：指射者用来掩蔽自己的器具。 13九门：指天子皇城的九处城门。

原文

是月也，命野虞无伐桑柘。鸣鸠拂其羽，戴胜降于桑，具曲[1]植[2]籧[3]筐[4]。后妃齐戒，亲东乡躬桑，禁妇女毋观，省妇使，以劝蚕事。蚕事既登，分茧称

译文

这一月，命令看守田野及山林的官吏不准砍伐桑柘的树条(，因它们的叶子可以喂蚕)。斑鸠拂动着自己的羽毛，戴胜鸟也都停留在桑林里，这时开始准备蚕薄、搁蚕薄的木架、箩筐。后妃要斋戒，然后亲自去采摘桑叶，而且要面向东方迎着时气；禁止妇女过分地化妆打扮，减少妇女的针线制

丝效功，以共郊庙之服，无有敢惰。

作这类事，从而勉励她们专心养蚕一事。蚕事完成后，就分配蚕茧去缫丝，要称量所缫丝的轻重多少来考核功效，以用来供制作祭神祭祖的礼服，不许有人偷懒懈怠。

是月也，命工师[5]，令百工，审五库之量：金、铁、皮、革、筋、角、齿、羽、箭、干[6]、脂、胶、丹、漆，毋或不良。百工咸理，监工日号："毋悖于时[7]，毋或作为淫巧以荡上心！"

这一月，命令工师要让他手下的百工审查五库储藏的物资的质量：金、铁、皮、革、筋、角、齿、羽、箭、干、脂、胶、丹、漆，不要质量不好的。然后百工都来从事各种制作，监工每天要号令："制作器物不能悖逆时序，也不能制作过分奇巧的器物来动摇君心，使其生出奢侈的念头！"

是月之末，择吉日大合乐，天子乃率三公、九卿、诸侯、大夫亲往视之。

这一月的月末，要选择吉日，举行大规模的乐舞，天子要率领三公、九卿、诸侯、大夫亲往参观。

是月也，乃合累牛[8]腾马[9]游牝于牧；牺牲驹犊，举[10]书其数。命国难[11]，九门磔[12]攘[13]，以毕春气。

这一月，要汇合良种的公牛公马，并让母牛母马散放到牧场上，任由它们交配；生下来的小牛小马以及将来作祭祀用的牛羊，都要记载数量。要命令全国举行傩祭，在九个城门处砍碎牲体，驱除祸恶，从而结束春天的疫气。

季春行冬令，则寒气时发，草木皆肃，国有大恐；行夏令，则民多疾疫，时雨不降，山林不收；行秋令，则天多沈阴，淫雨蚤降，

如果在三月季春发布冬天的命令，那么寒气会时常发作，草木都会萎缩凋落，国内就有大水大火的惊恐；如果发布夏天的命令，那么民众就多疾病，雨水不能按时降落，山林高地没有收成；如果发布秋天的命令，

兵革并起。‖ 那么天气就多阴沉，雨季会提早来到，战争会纷起。

注释 1曲(qū)：蚕薄(bó，通“箔”，养蚕之器)，一种以竹篾或苇子等编成的养蚕器具。 2植：用来悬挂蚕薄和箩筐的柱子。 3籧(jǔ)：圆形筐。 4筐：方形的箩筐。 5工师：百工之长。 6干：诸器所用的木材。7毋悖于时：百工作器各有其时，不能悖逆，如制弓就得“春液角，夏治筋，秋合三材，冬奠体”之类。 8累(léi)牛：通“㹍”，交配期的公牛。 9腾马：公马。 10举：生育。此指生下马驹牛犊。 11难(nuó)：通“傩”。驱除恶鬼邪魔疫厉之祭。 12磔(zhé)：分裂牲体以祭神。 13攘：除祸。

原文

6.4 孟夏之月，日在毕[1]，昏翼[2]中，旦婺女[3]中。其日丙丁。其帝炎帝，其神祝融。其虫羽。其音徵，律中中吕[4]。其数七。其味苦，其臭焦。其祀灶，祭先肺。

蝼蝈[5]鸣，蚯蚓出，王瓜[6]生，苦菜[7]秀。

天子居明堂左个；乘朱路，驾赤骝，载赤旂；衣朱衣，服赤玉；食菽与鸡，其器高以粗。

是月也，以立夏。先立夏三日，大史谒之天

译文

四月孟夏，太阳的位置在毕宿，黄昏时翼宿在南方天中，拂晓时婺女星在南方天中。夏之日天干为丙丁。夏之帝是炎帝，夏之神是祝融。夏之虫是羽虫。夏之音是五音中的徵音，气候与律管相应于中吕。数是(由“火”的生数二，加上“土”的生数五)合为七。口味为苦，气味为焦。夏天祭祀的对象是灶，祭品以肺为上。

青蛙鸣叫，蚯蚓出土，黄瓜已生，苦菜开花。

天子居住在明堂的左室；出外乘坐大红颜色的车，驾有红马，载有红色的旌旗；要穿红衣服，佩带红色的佩玉；要以豆类和鸡为主要食物，用的器皿

子曰："某日立夏，盛德在火。"天子乃齐。立夏之日，天子亲帅三公、九卿、大夫以迎夏于南郊。还反，行赏，封诸侯，庆赐遂行，无不欣说。乃命乐师习合礼乐，命太尉赞桀俊，遂贤良，举长大，行爵出禄，必当其位。

是月也，继长增高，毋有坏堕[8]。毋起土功，毋发大众，毋伐大树。

都要高而且粗糙。

这一月定立夏节气。在立夏前三天，太史拜见天子，禀告说："某日立夏，天地的盛德在五行中的火位。"于是天子就斋戒。在立夏这天，天子亲自率领三公、九卿、大夫到南郊去举行祭祀，迎接夏帝炎帝。礼毕回来，天子大行赏赐，用土地和爵位进封诸侯，实行褒扬赏赐，无不欢欣喜悦。于是命令乐师练习合奏礼乐；命令太尉推荐有才能的人，荐举有贤德的人，推举高大有勇力的人，按他们的爵位授以俸禄，使爵禄和德才相称。

这一月，生物都在继续生长增高，不该有毁坏的行为。不要大兴土木工程，不要征发大众，不要砍伐大树。

注释 1 毕：二十八宿之一，今在金牛座。 2 翼：二十八宿之一，今分属巨爵座和长蛇座。 3 婺女：二十八宿之一，今在宝瓶座。 4 中吕：十二律之一。 5 蝼蝈(lóu guō)：依郑玄说，是青蛙。 6 王瓜：众说不一，归有光以为即今之黄瓜。参见《礼记集解》。 7 苦菜：植物名，茎叶嫩时均可食，略带苦味，故名。 8 堕(huī)：通"隳"。毁坏。

原文

是月也，天子始絺[1]，命野虞出行田原，为天子劳农劝民，毋或失时；

译文

这一月，天子开始换上夏天的衣服，命令主管田野山林的官吏出行到各处田原上，替天子慰劳农民，勉励民众，不要失去耕作命司徒巡行县[2]鄙[3],命农勉作,毋休于都。

的大好时机;命令司徒巡行各地,让各地的农官勉力去做指导,不要停留在都邑里。

是月也,驱兽毋害五谷,毋大田猎。农乃登麦,天子乃以彘尝麦,先荐寝庙。

这一月,要驱赶野兽家畜,不让它们毁坏庄稼,但也不可以举行大规模的打猎。农官献上新麦,天子就配用猪,先献给寝庙(,作为尝新麦之礼)。

是月也,聚畜百药。靡草死,麦秋至。断薄刑,决小罪,出轻系。蚕事〔既〕[4]毕,后妃献茧,乃收茧税,以桑为均,贵贱长幼如一,以给郊庙之服。

这一月,要收集储藏各种药物(,供医事用)。荠菜一类的野生植物都已死了,麦子成熟的时候来到了。要决断罪刑轻的、罪行小的,释放短期拘留的罪犯。蚕事已结束,后妃们举行献茧礼。于是收取茧税,依据每人所用桑叶的数量均匀分派其应献出蚕茧的数量,贵贱长幼都一样,用来供给祭天祭祖的礼服制作。

是月也,天子"饮酎[5]",用礼乐。

这一月,天子在宗庙举行"饮酎"的盛会,并用礼乐伴奏。

孟夏行秋令,则苦雨[6]数来,五谷不滋,四鄙入保;行冬令,则草木蚤枯,后乃大水,败其城郭;行春令,则(蝗虫)〔虫蝗〕[7]为灾,暴风来格[8],秀草不实。

如果在四月孟夏去发布秋天的命令,那么苦雨就连绵不断,五谷不能滋长,(四境有寇盗侵犯,)民众都躲避在城堡里;如果发布冬天的命令,那么草木早枯,然后就有大水灾,冲毁城郭;如果发布春天的命令,那么虫害成灾,暴风袭来,草木不能结果。

注释 1:絺:指暑天穿的衣服。 2县:古称帝王所居之地,即王畿为县。3鄙:小邑,公卿大夫之采邑,王子弟所食邑。 4王念孙说,各本皆脱"既"

字。 5酎(zhòu):重(chóng)酿之酒,经两次以至多次复酿的醇酒。 6苦雨:久下不断使人受累厌恶的雨。 7王引之说,当为“虫蝗”,此言“虫蝗”犹上言“虫螟”。 8格:至,到。

原文

6.5 仲夏之月,日在东井[1],昏亢[2]中,旦危[3]中。其日丙丁。其帝炎帝,其神祝融。其虫羽。其音徵,律中蕤宾[4]。其数七。其味苦,其臭焦。其祀灶,祭先肺。

小暑至,螳螂生,(䴗)〔鵙〕[5]始鸣,反舌[6]无声。

天子居明堂大庙;乘朱路,驾赤骝,载赤旂;衣朱衣,服赤玉;食菽与鸡,其器高以粗。养壮佼[7]。

是月也,命乐师修鼗[8]鞞鼓[9],均琴瑟管箫,执干戚戈羽,调竽笙篪簧[10],饬[11]钟磬柷敔[12]。命有司为民祀山川百源,大雩[13]帝,用盛乐;

译文

五月仲夏,太阳的位置在井宿,黄昏时亢宿在南方天中,拂晓时危宿在南方天中。夏之日天干为丙丁。夏之帝是炎帝,夏之神是祝融。夏之虫是羽虫。夏之音是五音中的徵音,气候与律管相应于蕤宾。数是合为七。口味为苦,气味为焦。夏天祭祀的对象是灶,祭品以肺为上。

小暑节气来到,螳螂生长,伯劳开始鸣叫,百舌鸟不叫了。

天子居住在明堂的太庙;出外乘坐大红颜色的车,驾有红马,载有红色的旌旗;要穿红衣服,佩带红色的佩玉;要以豆类和鸡为主要食物,用的器皿都要高而且粗糙。选择身材高大、壮健有力的人养起来。

这一月,命乐师整修各种小鼓大鼓,清理琴瑟管箫乐器,试用文舞武舞的道具,调和吹奏的管乐,揩拭打击的乐器。命令典礼的官员为民众向山川百源祈祷,举行求雨祭礼,要用盛大的音乐;同时又命令各地的官民举行求雨雩祭,祭祀古代那些对

乃命百县雩祀百辟、卿士有益于民者,以祈谷实。农乃登黍。

民众有功德的百官卿士,如后稷之类,从而祈求五谷丰收。这时,农官献上新成熟的黍。

注释 1东井:井宿。 2亢:二十八宿之一,今在室女座。 3危:二十八宿之一,今分属宝瓶座与飞鸟座。 4蕤(ruí)宾:十二律之一。 5惠栋校宋本作"鵙"。鵙(jú),伯劳。 6反舌:依郑玄说,是百舌鸟。 7壮佼:孔疏说,"壮"谓容体盛大,"佼"谓形容佼好。王念孙以为,"佼"通"狡"。"壮狡",犹言壮健。 8鼗(táo):拨浪鼓。 9鞞(pí)鼓:用于祭祀,大鼓旁之小鼓。 10篪(chí)簧:篪,七孔的横笛。簧,小型的笙。 11郑玄说,"修""均""执""调""饬"者,治其器物,习其事之言。 12柷(zhù)敔(yǔ):柷,木制打击乐器,奏乐开始时击打。敔,古代打击乐器。奏乐将终时,击之使演奏停止。 13雩(yú):求雨之祭。

原文

是月也,天子乃以雏尝黍,羞[1]以含桃[2],先荐寝庙。令民毋艾[3]蓝以染,毋烧灰,毋暴[4]布。门闾[5]毋闭,关市毋索。挺[6]重囚,益其食。游牝别群[7],则絷腾驹;班[8]马政。

是月也,日长至,阴阳争,死生分。君子齐戒,处必掩身,毋躁。

译文

这一月,天子就配用小鸡尝黍,又进献上樱桃,都要先荐献给寝庙作为尝新之礼。命令民众不要割蓝草来染布,不要烧灰来煮布,不要晒布。不要关闭门闾,不要去搜索关市。宽缓重囚的刑罚,增加他们的食物。不再让散放在外面的已怀孕的母牛母马同群,把公马系在另外的地方;公布养马的办法。

这一月,白天变得最长,阴气与阳气互争互夺,(阴气杀物,阳气生物,)正是万物死生的分界。君子斋戒,居处时必定不

止声色，毋或进。薄滋味，毋致和；节耆[9]欲，定心气。百官静事毋刑[10]。以定晏阴[11]之所成。鹿角解，蝉始鸣，半夏生，木堇荣。

可裸露身体，不可急躁。要停止声色娱乐，不要追求它们。要口味淡薄，不讲究调和；要节制嗜欲，平定心气。百官要静谋职事，不妄动刑罚。这些做法都为了要稳定阴阳的分野。这时，鹿将要脱角，蝉开始鸣叫，半夏药草生长，木堇花盛开。

是月也，毋用火南方。可以居高明，可以远眺望，可以升山陵，可以处台榭。

这一月，不要在南方用火(，因为会妨害阴气的成长)。人们可以居住在高爽明亮的地方，可以远眺遥望，可以上山陵避暑，可以待在高敞的台榭上。

仲夏行冬令，则雹冻伤谷，道路不通，暴兵来至；行春令，则五谷晚熟，百螣[12]时起，其国乃饥；行秋令，则草木零落，果实早成，民殃于疫。

如果在五月仲夏去发布冬天的命令，那么就有冰雹冻伤谷物，道路会阻塞不通，盗贼前来攻劫；如果发布春天的命令，那么五谷晚熟，各种虫灾不断发生，国家就会发生饥荒；如果发布秋天的命令，那么草木就会凋零，果实就会早熟，民众就将遭受时疫的祸殃。

注释　1羞：进献。　2含桃：樱桃。　3艾(yì)：通“刈”。割。　4暴(pù)：同“曝”，晒。　5门闾：孙希旦说，关门，宫门，皆门也；巷门曰闾。　6挺：缓也。　7别群：指牝牡分群。　8班：班告，布告周知。　9耆(shì)：通“嗜”，喜好。　10郑玄注，罪罚之事不可以闻。又郑玄注，今《月令》“刑”为“径”。　11依王引之说，“晏”同“阳”字，晏阴，即阳阴。　12螣(tè)：食苗叶之虫。

原文

6.6 季夏之月，日在柳[1]，昏火[2]中，旦奎中。其日丙丁。其帝炎帝，其神祝融。其虫羽。其音徵，律中林钟[3]。其数七。其味苦，其臭焦。其祀灶，祭先肺。

温风始至，蟋蟀居壁，鹰乃学习[4]，腐草为萤。

天子居明堂右个；乘朱路，驾赤骝，载赤旗；衣朱衣，服赤玉；食菽与鸡，其器高以粗。命渔师伐蛟、取鼍、登龟、取鼋。命泽人纳材苇。

是月也，命四监，大合百县之秩刍[5]，以养牺牲；令民无不咸出其力，以共皇天上帝、名山大川、四方之神，以祠宗庙社稷之灵，以为民祈福。

是月也，命妇官染采，黼黻文章[6]必以法故，无

译文

六月季夏，太阳的位置在柳宿，黄昏时火星在南方天中，拂晓时奎宿在南方天中。夏之日天干为丙丁。夏之帝是炎帝，夏之神是祝融。夏之虫是羽虫。夏之音是五音中的徵音，气候与律管相应于林钟。数是合为七。口味为苦，气味为焦。夏天祭祀的对象是灶，祭品以肺为上。

暖风开始吹来，蟋蟀迁居在墙缝里，雏鹰开始学习飞翔，腐草里生出萤火虫。

天子居住在明堂的右室；出外乘坐大红颜色的车，驾有红马，载有红色的旌旗；要穿红衣服，佩带红色的佩玉；要以豆类和鸡为主要食物，用的器皿都要高而且粗糙。命令主管捕鱼的官吏擒蛟捉鼍，登龟取鼋。命令主管湖荡的官吏收缴可以供编织用的蒲苇。

这一月，命令监督山、林、川、泽的官吏，征收各地常应缴纳的草料，用来饲养祭祀用的牺牲；命令民众人人都要出力，来供给对皇天上帝、名山大川、四方神祇的祭祀，以祭祀宗庙社稷的神灵，这样来为民众求福。

这一月，命令掌管妇女劳作的人负

或差贷;黑黄仓赤,莫不质良,毋敢诈伪;以给郊庙祭祀之服,以为旗章,以别贵贱等(给)〔级〕[7]之度。

责染色彩绘,各种色彩的调配,必须按照老的习惯,不能有一点差错。黑黄青红,各色必用真材实料,不准有一点混杂诈伪;这些是用来供给祭祀上天、宗庙的礼服制作,并用来做成旗帜,用来区别贵贱等级的不同。

注释 1 柳:二十八宿之一,今在长蛇座。 2 火:火星,五行星之一。 3 林钟:十二律之一。 4 学习:学练飞翔。 5 秩刍:秩,常。刍,牲口吃的草。 6 黼(fǔ)黻(fú)文章:白、黑相配称黼,黑、青相配称黻,青、赤相配称文,赤、白相配称章。 7 孙希旦说,"给"当作"级",祭服旗章,贵贱皆有等级。

原文

是月也,树木方盛。乃命虞人入山行木,毋有斩伐。不可以兴土功,不可以合诸侯,不可以起兵动众。毋举大事以摇养气,毋发令而待[1],以妨神农之事也。水潦盛昌,神农将持功,举大事则有天殃。

是月也,土润溽暑,大雨时行。烧薙[2]行水,利以杀草,如以

译文

这一月,树木正长得旺盛。于是命令掌管山泽的官吏进山去巡查林区,不准有砍伐树木的情况出现。不可以大兴土木,不可以会合诸侯,不可以兴师动众。不要征派民众做这些事情,而摇动长养之气;不要发布悖乱时节的命令,从而妨碍神农所管的农事。这时雨水正盛,神农将要借此雨水而让庄稼长得丰实,征派民众做这些事情,就会遭到上天的祸殃。

这一月,土地湿润,天气潮湿闷热,大雨时常来到。将以前割下的野草合起来焚烧,雨水浸泡这些焚烧后的草,利于除草,加上太阳晒得烂草田中的水,如同热水一样,就

热汤，可以粪田畴，可以美土疆[3]。

可以用来为田地施肥，使土壤肥沃。

季夏行春令，则谷实鲜[4]落，国多风咳，民乃迁徙；行秋令，则丘隰水潦，禾稼不熟，乃多女灾[5]；行冬令，则风寒不时，鹰隼蚤鸷，四鄙入保。

如果在六月季夏发布春天的命令，那么谷实就会散落，国内民众就会多患风寒咳嗽，民众就会迁徙流离；如果发布秋天的命令，那么高地低地都会常遭水淹，庄稼不能成熟，妊孕多败；如果发布冬天的命令，那么热天也会时有风寒，鹰隼之鸟早就开始搏杀，四面边境会时遭敌寇侵犯，民众纷纷逃入城堡内。

6.7 中央土，其日戊己。其帝黄帝，其神后土。其虫倮[6]。其音宫，律中黄钟[7]之宫。其数五。其味甘，其臭香。其祀中霤，祭先心。

一年中的中央属土行，它的天干是戊己。中央之帝是黄帝，中央之神是后土。中央之虫是倮虫。中央之音是五音中的宫音，气候与律管相应于黄钟。数为五。口味为甘，气味为香。中央祭祀的对象是中霤，祭品以心脏为上。

天子居大庙大室；乘大路，驾黄骝，载黄旂；衣黄衣，服黄玉；食稷与牛，其器圜以闳。

天子居住在明堂正中央的太庙的大室；出外乘坐大路车，驾有黄色的马，载有黄色的旌旗；要穿黄色衣服，佩带黄色的佩玉；要以稷和牛为主要食物，用的器皿要圆而且宽大。

注释 1《吕氏春秋》作"毋发令以干时"。译文从此，"干时"，即与时节悖逆。 2 薙(tì)：割草。 3 疆：凡土之磊块难耕者称为疆。 4 鲜：少。 5 女灾：陈澔说，妊孕多败。即女子怀孕后流产。 6 倮(luǒ)：倮虫，指身上没有羽毛鳞甲的动物，也用来指人。 7 黄钟：十二律之一。

原文

6.8 孟秋之月，日在翼，昏建星中，旦毕中。其日庚辛。其帝少皞，其神蓐收。其虫毛。其音商，律中夷则[1]。其数九。其味辛，其臭腥。其祀门，祭先肝。

凉风至，白露降，寒蝉鸣，鹰乃祭鸟，用始[2]行戮。

天子居总章左个；乘戎路，驾白骆，载白旂；衣白衣，服白玉；食麻与犬，其器廉以深。

是月也，以立秋。先立秋三日，大史谒之天子曰："某日立秋，盛德在金。"天子乃齐。立秋之日，天子亲帅三公、九卿、诸侯、大夫以迎秋于西郊。还反，赏军帅武人于朝。天子乃命将帅选士厉兵，简练[3]桀俊，专任有功以征不义，诘

译文

七月孟秋，太阳的位置在翼宿，黄昏时斗宿在南方天中，拂晓时毕宿在南方天中。秋之日天干为庚辛。秋之帝是少皞，秋之神是蓐收。秋之虫是毛虫。秋之音是五音中的商音，气候与律管相应于夷则。数是由"土"加"金"为九。口味为辛，气味为腥。秋天祭祀的对象是门，祭品以肝脏为上。

凉风吹来，白露出现，寒蝉鸣叫，鹰捕杀鸟后陈列在大泽的四面就像祭鸟一样，开始杀戮。

天子居住在总章的左室；出外乘坐兵车，驾有白马，载有白旗；要穿白衣服，佩带白色的佩玉；要以麻和犬为主要食物，用的器皿都要有棱角而且要深。

这一月定立秋节气。在立秋前三天，太史拜见天子，禀告说："某日立秋，天地的盛德在五行中的金位。"于是天子斋戒。在立秋这天，天子亲自率领三公、九卿、诸侯、大夫到西郊去举行祭祀，迎接秋帝少皞。礼毕回来，天子在朝廷上赏赐军帅武士。天子就命令将帅挑选士卒，磨砺兵器，选取并训练有才能有勇力的人，专门任用有战功的人来征伐不义，责

诛暴慢以明好恶,顺彼远方。

罚暴虐民众悖慢上司的人,辨明好恶,然后使远方的民众能够顺服。

注释 1夷则:十二律之一。 2用始:《吕氏春秋》作"始用"。 3简练:选择而练习之。

原文

是月也,命有司修法制,缮囹圄,具桎梏,禁止奸,慎罪邪,务[1]搏[2]执。命理[3]瞻伤、察创、视折、审断。[4]决狱讼,必端平;戮有罪,严断刑。天地始肃,不可以赢[5]。

是月也,农乃登谷。天子尝新,先荐寝庙。命百官始收敛,完堤防,谨壅塞,以备水潦;修宫室,坏[6]墙垣,补城郭。

是月也,毋以封诸侯、立大官;毋以割地、行大使、出大币。

孟秋行冬令,则阴气大胜,介虫败谷,戎兵乃来;行春令,则其国乃旱,阳气复还,五谷无实;行

译文

这一月,命令有关方面的官吏严明法制,修缮监狱,准备镣铐,禁止奸邪的行为,慎重地加以判罪,进行杀戮或拘禁。命令掌管监狱的官吏去视察那些受刑后有伤、创、折、断的罪犯。判决案件,必定要正直公平;杀戮有罪的人,必须严谨地判刑。天地间正值气候肃杀,不可以懈怠。

这一月,农官献上新谷。天子要品尝新谷,先要荐献给寝庙。命令百官开始行收敛的政事,修筑好堤防,谨防堵塞,从而防备大水泛滥;要修缮宫室,增筑墙垣,修筑城郭。

这一月,不可以封诸侯,立大官;不可以割地给人、派遣出使、赏赐重币。

如果在七月孟秋发布冬天的命令,那么阴气太盛,甲虫会毁坏庄稼,敌寇就会入侵;如果发布春天的命令,那么国家就会干旱,阳气会复返,五谷不能

夏令，则国多火灾，寒热不节，民多疟疾。

结实；如果发布夏天的命令，那么国内就多火灾，寒热失去调节，民众多患疟疾。

注释 1务：从事。2搏：戮，杀戮。3理：治狱之官。4蔡邕说，皮曰伤，肉曰创，骨曰折，骨肉皆绝曰断。5羸：郑玄说，懈怠。6坏：疑作"坯"。通"培"，增筑。

原文

6.9 仲秋之月，日在角[1]，昏牵牛中，旦觜觿[2]中。其日庚辛。其帝少皞，其神蓐收。其虫毛。其音商，律中南吕[3]。其数九。其味辛，其臭腥。其祀门，祭先肝。

盲风[4]至，鸿雁来，玄鸟归，群鸟养羞[5]。

天子居总章大庙；乘戎路，驾白骆，载白旂；衣白衣，服白玉；食麻与犬，其器廉以深。

是月也，养衰老，授几杖，行糜[6]粥饮食。乃命司服，具饬衣裳，文绣有恒，制有小大，度有(长)短〔长〕[7]。衣服有

译文

八月仲秋，太阳的位置在角宿，黄昏时牛宿在南方天中，拂晓时觜宿在南方天中。秋之日天干为庚辛。秋之帝为少皞，秋之神是蓐收。秋之虫是毛虫。秋之音是五音中的商音，气候与律管相应于南吕。数为九。口味为辛，气味为腥。秋天祭祀的对象是门，祭品以肝脏为上。

疾风刮来，鸿雁向南飞去，燕子也南归，群鸟养大可成美味食物。

天子居住在总章太庙；出外乘坐兵车，驾有白马，载有白旗；要穿白衣服，佩带白色的佩玉；要以麻和犬为主要食物，用的器皿都要有棱角而且要深。

这一月，要护养衰老的人，授给几和杖，赐给糜粥，调节他们的饮食。于是命令掌管服装的官吏，要将祭服全部整饬，上衣的绘画和下裳的刺绣都应有一定规定，衣服的大小长短都有一定的制度。朝服燕

量，必循其故；冠带有常。乃命有司申严百刑，斩杀必当，毋或枉桡；枉桡[8]不当，反受其殃。

服以及其他衣服都有一定的大小长短，必定要遵循成法；冠带也有一定的规格。于是还命令有关官员重申法令，使属下慎重地使用各种刑罚，有斩杀必定要判刑得当，不可以枉法乱断，（如有枉法乱断情况，）司法官吏要反受祸殃。

是月也，乃命宰祝循行牺牲，视全具，案刍豢[9]，瞻肥瘠，察物色，必比类[10]；量小大，视长短，皆中度。五者备当，上帝其飨。天子乃难[11]，以达秋气；以犬尝麻，先荐寝庙。

这一月，就命令太宰太祝要巡查祭祀用的牺牲，视察它们的毛色是否纯、肢体是否完整，所食的草谷等饲料是否充足，牺牲的肥瘦情况，颜色是黄是黑，必比附阳祀阴祀而用它们；要度量它们的大小长短，务必都要求合乎标准。（毛色、肥瘦、颜色、大小、长短）五方面都合适，上帝才享用。天子要举行傩祭，从而通达秋气。天子用犬相配来品尝麻，要先荐献给寝庙。

注释 1角：二十八宿之一，今在室女座。 2觜觿（zī xī）：即觜宿，二十八宿之一，今在金牛座。 3南吕：十二律之一。 4盲风：疾风。 5羞：美味的食物。 6糜：碎，烂。 7王念孙说，“长短”本作“短长”。 8枉桡（náo）：违法曲断。桡，冤屈、委屈。 9刍豢（chú huàn）：刍指养牛羊，又指吃草的牲口。豢指养犬豕，又指吃谷物的牲畜。 10必比类：指若阳祀用黄色牺牲，阴祀用黑色牺牲，必各比于其类。 11难（nuó）：指傩祭。

原文

是月也，可以筑城郭，建都邑，穿窦窖[1]，修囷仓[2]。乃命有司

译文

这一月，可以筑城郭，建都邑，挖地洞，修粮仓。要命令有关官吏催促民众收藏谷物，储存干菜，凡是可以作为过冬的都要多

趣[3]民收敛，务畜菜，多积聚。乃劝种麦，毋或失时；其有失时，行罪无疑。

是月也，日夜分，雷〔乃〕始收（声）[4]，蛰虫（坏）〔坯〕户；杀气浸盛，阳气日衰，水始涸。日夜分，则同度量，平权衡，正钧石，角斗甬。

是月也，易关市，来商旅，纳货贿，以便民事。四方来集，远乡皆至，则财不匮。上无乏用，百事乃遂。凡举大事，毋逆（大）〔天〕数[5]，必顺其时，慎因其类。

仲秋行春令，则秋雨不降，草木生荣，国乃有恐；行夏令，则其国乃旱，蛰虫不藏，五谷复生；行冬令，则风灾数起，收雷先行，草木蚤死。

多储备。要勉励民众种麦，不要失去时机；如果有误失时日的，必受惩罚无疑。

这一月，白天黑夜的时间等分，不再有雷声，准备蛰藏的昆虫增添洞口的泥土；肃杀的阴气渐渐兴盛，阳气日益衰弱，水开始干涸。白天黑夜的时间等分，那么正可以校正各种度量衡的器具。

这一月，要宽缓关口的稽查和市场的税收，从而招徕各处的商人旅客，收购他们带来的货物，便利民众的生活日用。四方的人都前来集会，远方的人也都来到，那么财用就不会匮乏。国君不缺乏财用，那么各事都能办成功。凡是要有兴兵动众的大事，不能违逆天道，必须顺时令行事，并要慎重地依据各类不同情况行事。

如果在八月仲秋发布春天的命令，那么秋天就不下雨，草木重又开花，国内就常有火灾的恐惧；如果发布夏天的命令，那么国内就会干旱，昆虫不再蛰藏，五谷重又发芽；如果发布冬天的命令，那么风灾常起，雷声提早响起，草木会早死。

注释　1 窦窖（dòu jiào）：挖地圆曰窦，方曰窖。　2 囷（qūn）仓：储放稻草谷物的地方。圆曰囷，方曰仓。　3 趣（cù）：催促。　4 王引之说，本作“雷乃始收”，古人多以“乃始”二字连文。 5 大数(shù):依《吕氏春秋》作“天数”。天数，即天道。

原文

6.10 季秋之月，日在房[1]，昏虚[2]中，旦柳中。其日庚辛。其帝少皞，其神蓐收。其虫毛。其音商，律中无射[3]。其数九。其味辛，其臭腥。其祀门，祭先肝。

鸿雁来宾，爵[4]入大水为蛤，鞠[5]有黄华，豺乃祭兽戮禽。

天子居总章右个；乘戎路，驾白骆，载白旂；衣白衣，服白玉；食麻与犬，其器廉以深。

是月也，申严号令，命百官贵贱无不务内，以会天地之藏，无有宣[6]出。乃命冢宰，农事备收，举五谷之要[7]，藏帝藉之收于神仓[8]，只敬必饬。

是月也，霜始降，则

译文

九月季秋，太阳的位置在房宿，黄昏时虚宿在南方天中，拂晓时柳宿在南方天中。秋之日天干为庚辛。秋之帝为少皞，秋之神是蓐收。秋之虫是毛虫。秋之音是五音中的商音，气候与律管相应于无射。数为九。口味为辛，气味为腥。秋天祭祀的对象是门，祭品以肝脏为上。

鸿雁就像宾客一样停留着未去，雀入大海化成了蛤，秋菊开有黄花，豺杀兽而围陈之如祭，之后又杀兽而食。

天子居住在总章的右室；出外乘坐兵车，驾有白马，载有白旗；要穿白衣服，佩带白色的佩玉；要以麻和犬为主要食物，用的器皿都要有棱角而且要深。

这一月，要重申孟秋时的收敛号令，命令百官不论贵贱都从事收缴的工作，从而配合天地即将进入冬藏的时节，不能再有散出的情况。于是又命令冢宰，在农作物全部收齐后，登记租税收入的数量，将藉田所收的归藏在神仓，要格外恭敬严肃。

百工休。乃命有司曰："寒气总至[9]，民力不堪，其皆入室！"上丁，命乐正入学习吹。

是月也，大飨帝，尝，牺牲告备于天子。合诸侯，制[10]百县，为来岁受[11]朔日，与诸侯所税于民轻重之法、贡职之数，以远近土地所宜为度，以给郊庙之事，无有所私。

这一月，开始降霜，各种工匠就休息了。于是命令有关官吏，说："寒气凝聚袭来，民众体力不能忍受，让他们都离开田地回到屋内去吧！"第一个丁日，命令乐正到国学里教练吹乐。

这一月，要举行大享五帝和遍祀群神的尝祭，向天子报告所用牺牲至此时已完备。天子命令各诸侯和畿内的众县官，颁布新年的朔日，同时，诸侯国内向民众征税的轻重、贡献物品的多寡，应依据距离的远近和土地出产的情况而订出制度，而贡品是用来供给祭神祭祖的，不能私自占有。

注释　1 房：二十八宿之一，今在天蝎座。　2 虚：二十八宿之一，今在宝瓶座、小马座。　3 无射(yì)：十二律之一。　4 爵(què)：通"雀"。　5 鞠：通"菊"。菊花。　6 宣：露。　7 要(yào)：指租赋所入之数。要，数也。8 神仓：贮藏粢盛以供祭祀的仓廪。　9 总至：陈澔说，凝聚而至也。10 制：合。　11 受：授。

原文

是月也，天子乃教于田猎，以习五戎[1]，班马政[2]；命仆及七驺咸驾[3]，载旌旐[4]，授车以级，整设于屏外。司徒搢扑[5]，北面〔以〕[6]誓

译文

这一月，天子在举行田猎时教练民众作战的阵法，训练各种兵器的使用和用马的方法；命令仆夫和御者将七种车都驾起来，载上旌旗，并根据职位等级分派车辆，整队排列在军门的屏障之外。司徒把教鞭插在腰间，脸朝北而发誓言。天子要披甲

之。天子乃厉饰[7]，执弓挟矢以猎，命主祠祭禽于四方。

戴盔，拿着弓箭来打猎，并命令主管祭祀的官员向四方祭祀禽兽。

是月也，草木黄落，乃伐薪为炭。蛰虫咸俯在（内）〔穴〕[8]，皆墐其户。乃趣狱刑，毋留有罪。收禄秩之不当[9]、供养之不宜[10]者。

这一月，草木枯黄凋落，于是可以砍柴烧炭。昆虫都蛰伏在洞穴里，也都用泥塞住了洞口。要赶紧处理狱刑案件，不要遗留有罪的人还未被判决。收回滥赐不当的俸禄以及无功受禄者的所得。

是月也，天子乃以犬尝稻，先荐寝庙。

这一月，天子就用犬相配品尝新稻，要先向寝庙荐献。

季秋行夏令，则其国大水，冬藏殃败，民多鼽嚏[11]；行冬令，则国多盗贼，边竟不宁，土地分裂；行春令，则暖风来至，民气解[12]惰，师兴不居[13]。

如果在九月季秋发布夏天的命令，那么国内会有大水灾，冬藏就会遭殃败毁，民众多患伤风打喷嚏；如果发布冬天的命令，那么国内多盗贼，边境不安宁，土地遭分裂；如果发布春天的命令，那么暖风重新来到，民众感到懈惰，并且常有战争发生，不能止息。

注释　1 五戎：五种兵器，弓矢、殳（shū）、矛、戈、戟（jǐ）。　2 马政：用马的方法。郑玄说，谓齐其色，度其力，使同乘也。　3 仆：戎仆。驺（zōu）：养马又兼管赶车的人。陈澔说，天子马有六种，各一驺主之，并总主六驺者为七驺也，皆以马驾车。　4 旐（zhào）：画有龟蛇的旗帜。　5 扑：刑具，教鞭，即夏（槚木）、楚（荆条）二物。　6 王念孙说，“誓”上当有“以”字。　7 厉饰：指天子戎服严肃威武。　8 王念孙说，“内”当为“穴”。　9 禄秩：官吏俸禄的级别。郑玄说，禄秩不当，恩所增加也。　10 供养之不宜：谓所养无勋于国。即无功受禄者。　11 鼽嚏（qiú tì）：打喷嚏，伤风。

12 解(xiè)：通“懈”。懈怠。 13 居：止息。

原文

6.11 孟冬之月，日在尾，昏危中，旦七星中。其日壬癸。其帝颛顼，其神玄冥[1]。其虫介[2]。其音羽，律中应钟[3]。其数六。其味咸，其臭朽[4]。其祀行[5]，祭先肾。

水始冰，地始冻，雉入大水[6]为蜃，虹藏不见。

天子居玄堂左个；乘玄路，驾铁骊，载玄旂；衣黑衣，服玄玉；食黍与彘，其器闳以奄[7]。

是月也，以立冬。先立冬三日，大史谒之天子曰：“某日立冬，盛德在水。”天子乃齐。立冬之日，天子亲帅三公、九卿、大夫以迎冬于北郊。还反，赏死事，恤孤寡。

是月也，命大史衅龟策[8]，占兆审卦，吉凶是

译文

十月孟冬，太阳的位置在尾宿，黄昏时危宿在南方天中，拂晓时星宿在南方天中。冬之日天干为壬癸。冬之帝为颛顼，冬之神为玄冥。冬之虫是甲虫。冬之音是五音中的羽音，气候与律管相应于应钟。数是由“土”加“水”为六。口味为咸，气味为朽。冬天祭祀的对象是道路行神，祭品以肾脏为上。

水开始结冰，土地开始冻裂，雉飞入淮河变为大蛤，彩虹藏而不见。

天子居住在玄堂的左室；出外乘坐黑色的车，驾有黑色的马，载有黑色的旌旗；要穿黑衣服，佩带黑色的佩玉；要以黍和猪为主要食物，用的器皿都要中间宽大而开口较小。

这一月定立冬节气。在立冬前三天，太史拜见天子，禀告说：“某日立冬，天地的盛德在五行中的水位。”于是天子斋戒。在立冬这天，天子亲自率领三公、九卿、诸侯、大夫到北郊去举行祭祀，迎接冬帝颛顼。礼毕回来，天子赏赐为国捐躯的人，抚恤死者的妻子儿女。

察;阿党[9]则罪,无有掩蔽。

是月也,天子始裘。命有司曰:"天气上腾,地气下降,天地不通,闭塞而成冬。"命百官谨盖藏[10]。命司徒循行积聚[11],无有不敛。(坏)〔坯〕城郭,戒门闾;修键闭,慎管籥;固封疆,备边竟;完要塞,谨关梁,塞徯径;[12]饬丧纪,辨衣裳,审棺椁之薄厚,(茔)〔营〕丘垄之(大)小〔大〕、高卑、(厚)薄〔厚〕之度,贵贱之等级。[13]

这一月,命令太史杀牲取血涂在龟和策上,(攘除不祥,)审察龟所显示的兆和策所布列的卦,辨察它们的吉凶;如果有逢迎上意或朋比为奸的人,就得治罪,不能掩蔽而不上报实情。

这一月,天子开始穿皮裘。命令有关官吏说:"天气向上升腾,地气向下降落,天地二气不能通融,各自闭塞就成了冬天。"命令百官小心藏储工作。命令司徒巡视各地收藏情况,不要让庄稼散露在外面。要增筑城郭,警戒门闾;要修缮门栓,小心锁钥;要巩固封疆,防备边境;要加固要塞,谨守关口津梁,堵塞小路;要整饬丧葬制度,辨明丧服的不同穿着情况,审察棺椁的厚薄,度量墓域、封土的大小、高低、厚薄的规格,这些都是为了表明贵贱的不同等级。

注释 1 玄冥:传说为少皞之子。 2 介:指以龟为首的甲壳类动物。 3 应钟:十二律之一。 4 朽:郑玄说,气若有若无为朽。 5 行:道路行神。或据《白虎通》《淮南子》等认为,"冬祀井"。 6 大水:郑玄说,淮也。 7 奄:指器皿口掩小。 8 策:占卜用的蓍草。 9 阿(ē)党:阿,向上阿谀逢迎;党,在下朋比为奸。 10 盖藏:郑玄说,谓府库囷(qūn)仓有藏物也。 11 积聚:郑玄说,谓刍禾薪蒸之类。 12 按:高诱说,要塞所以固国,关梁所以通途,塞绝徯径,为其败田。 13 依王引之说而改。

原文

是月也,命工师效功[1],陈祭器,按度程,毋或作为淫巧以荡上心;必功致为上。物勒[2]工名,以考其诚;功有不当[3],必行其罪,以穷其情。

是月也,大饮烝[4]。天子乃祈来年于天宗[5],大割祠于公社[6]及门闾,腊[7]先祖五祀[8];劳农以休息之。天子乃命将帅讲武、习射御、角力。

是月也,乃命水虞渔师收水泉池泽之赋。毋或敢侵削众庶兆民,以为天子取怨于下;其有若此者,行罪无赦。

孟冬行春令,则冻闭不密,地气上泄,民多流亡;行夏令,则国多暴风,方冬不寒,蛰虫复出;行秋令,则雪霜不时,小兵时起,土地侵削。

译文

这一月,命令工师呈缴百工制成的器物,陈列出祭器,考查它们的式样法度,不允许有人制作奢侈奇巧的器物来惑乱君王的心意;必须以制作精致为上。器物上都要刻上工匠的名字,用来考查他们的真实本领;如果制作的器物有不当之处,必定将他治罪,追究他诈伪的情况。

这一月,要举行大规模的饮烝祭祀。天子要向日月星辰祈求来年的丰收,大杀群牲来向公社、门闾祭祷,用田猎所得禽兽来向先祖五祀祭祷;要慰劳农民,并让他们休息。于是天子又命令将帅讲习武功,练习射箭驾车等技艺,较量勇力。

这一月,要命令主管湖泽的官吏和渔师收取水泉池泽的赋税。不允许有人敢去侵夺百姓万民的利益,而使天子被下面的民众抱怨;如果有这样的情况发生,必治罪不宽赦。

如果在十月孟冬去发布春天的命令,那么冰冻闭塞不紧密,地气就向上发泄,民众多有流亡;如果发布夏天的命令,那么国内就多暴风,虽值冬天,但不寒冷,蛰伏的昆虫重新出土;如果发布秋天的命令,那么雪、霜就下得不合时宜,刀兵之交会时有发生,国土会被侵夺。

注释 1效功:郑玄说,录见百工所作器物也。 2勒:铭刻。 3功有不当:孔疏说,谓用材精美而器不坚固也。 4烝(zhēng):古代冬祭名。5天宗:指日月星辰。 6公社:古代天子、诸侯祭祀天地鬼神的处所。7腊:古代祭名。郑玄说,谓以田猎所得禽祭也。 8五祀:古代祭祀的五种神祇(qí)。此指门、户、中霤、灶、行之神。

原文

6.12 仲冬之月,日在斗,昏东壁[1]中,旦轸[2]中。其日壬癸。其帝颛顼,其神玄冥。其虫介。其音羽,律中黄钟。其数六。其味咸,其臭朽。其祀行,祭先肾。

冰益壮,地始坼,鹖旦不鸣,虎始交。

天子居玄堂大庙;乘玄路,驾铁骊,载玄旂;衣黑衣,服玄玉;食黍与彘,其器闳以奄。饬死事[3]。命有司曰:“土事毋作,慎毋发盖,毋发室屋及起大众,以固而闭。地气(沮)〔且〕[4]泄,是谓发

译文

十一月仲冬,太阳的位置在斗宿,黄昏时壁宿在南方天中,拂晓时轸宿在南方天中。冬之日天干为壬癸。冬之帝为颛顼,冬之神为玄冥。冬之虫是甲虫。冬之音是五音中的羽音,气候与律管相应于黄钟。数为六。口味为咸,气味为朽。冬天祭祀的对象是道路行神,祭品以肾脏为上。

冰冻更加厚实,地面开始冻裂开来,鹖旦不再啼鸣,老虎开始交尾。

天子居住在玄堂的太庙;出外乘坐黑色的车,驾有黑色的马,载有黑色的旌旗;要穿黑衣服,佩带黑色的佩玉;要以黍和猪为主要食物,用的器皿都要中间宽大而开口较小。整饬军士,命令他们作战应有必死之志。命令有关官吏,说:“有关土地的诸事不可兴作,贮藏用的仓库不要掀起覆盖物,宫室房屋也不可揭开覆盖的东西,不准劳民动众,从而巩固阴气的闭藏。(不这样的话,)地气将会发泄出来,这就叫作揭

天地之房，诸蛰则死，民必疾疫，又随以丧。命之曰畅月[5]。”

是月也，命奄尹[6]申宫令，审门闾，谨房室，必重闭[7]。省妇事，毋得淫[8]，虽有贵戚近习，毋有不禁。乃命大酋：秫稻必齐，曲蘖必时，湛炽必洁[9]，水泉必香，陶器必良，火齐[10]必得。兼用六物，大酋监之，毋有差贷。天子命有司祈祀四海、大川、名源[11]、渊泽[12]、井泉。

开了天地的房门，众多蛰伏的昆虫就会因体内阳气的发泄而死去，民众也必定因此而遭瘟疫，又随之死亡。就称这种情况(即按时节应当闭藏却畅达了)为‘畅月’。”

这一月，命令太监的头领重申宫内的法令，审察宫内门闾的开合出入，要封闭房屋，必须内外都紧闭起来。要减少妇女们的劳作，并不准她们制作奢侈怪巧的物品，即使是高贵的天子的亲戚以及天子所宠信的人，都不应该不遵守这一禁令。于是又命令主管酿酒的大酋：酿酒用的秫稻必须纯净，酵母必须用得适度及时，渍米炊蒸必须清洁，使用的泉水必须甘甜，所用的陶器必须完好，火候的调节必须得宜。合以上六事，均由大酋监督，不准有差错。天子又命令典礼官员祭祀四海、大川、河源、深泽、井泉的神祇。

注释 1东壁：二十八宿之一，今分属仙女座和飞马座。 2轸：二十八宿之一，今在乌鸦座。 3译文依孔疏。《吕氏春秋》无“饬死事”三字；朱熹认为其为衍文。 4《吕氏春秋》中“沮”作“且”。孙希旦说，当作“且”。且，将。 5畅月：农历十一月。依孙希旦说，时当闭藏而畅达之，故名之曰畅月，言其逆天时也。 6奄尹：主领太监之官。亦泛指宦官。 7重闭：指内外皆闭。谓防护严密。 8淫：奢侈，奢华。此指女工奢侈怪巧。 9湛(jiān)：渍。炽：通“饎”。炊，烹煮。 10火齐(jì)：烹煮时所需的时间及火力。 11名源：大川的源头。 12渊：深。

原文

是月也，农有不收藏积聚者，马牛畜兽有放佚者，取不之诘。山林薮泽[1]，有能取蔬食[2]、田猎禽兽者，野虞教道之；其有相侵夺者，罪之不赦。

是月也，日短至，阴阳争，诸生荡[3]。君子齐戒，处必掩身[4]。身欲宁，去声色，禁耆欲，安形性，事欲静，以待阴阳之所定。芸[5]始生，荔挺[6]出，蚯蚓结，麋角解，水泉动，日短至，则伐木取竹箭[7]。

是月也，可以罢官之无事、去器之无用者，涂阙廷门闾，筑囹圄，此以助天地之闭藏也。

仲冬行夏令，则其国乃旱，氛雾冥冥，雷乃发声；行秋令，则天时雨

译文

这一月，农民如有不收藏积聚的谷物，马牛畜兽如散放在外的，有人取走了，也不加追究。山林渊泽中，如有去获取草木果实的，猎取飞禽走兽的，主管田野山林的官吏应该教导他们；但是如有互相侵夺的，主管田野山林的官吏就得对他们治罪而不宽赦。

这一月，白天最短，阴阳互争，各种生物将要萌芽。君子要斋戒，居处必须闭藏。身心要宁静，摒除声色娱乐，禁止嗜欲，安身养性，不妄动作，从而等待阳长阴消的结果。这时，芸草开始萌生，马薤草抽芽，蚯蚓蜷曲泥土中，麋角脱落，水泉流动。白天最短，就可以伐木，取竹箭（因为阴盛而竹木长得坚实了）。

这一月，可以罢免无事可做的官员，除去没有用的器物，关闭宫阙、门闾，修筑监狱，这些都是用以辅助天地闭藏之气的。

如果在十一月仲冬发布夏天的命令，那么国内就有大旱，雾气冥冥雷声响起；如果发布秋天的命令，那么时常有雨雪夹杂而来，瓜瓠就不能结实，国家将有大规模的战事发生；如果发布春天的命令，那

汁[8]，瓜瓠不成，国有大兵；行春令，则蝗虫为败，水泉咸竭，民多疥疠。

么蝗虫会败毁庄稼，水泉会全都干枯，会有许多民众患疥疮等皮肤病。

注释 1薮(sǒu)泽：郑玄说，大泽曰薮。高诱说，无水曰薮，有水曰泽。 2蔬食：草木的果实。 3荡：谓物动，将萌芽也。 4处必掩身：此指闭藏其居处。掩身，居于隐蔽之处。 5芸：郑玄说，是香草。 6荔挺：草名，形似蒲而小，根可制刷。 7竹箭：竹制的利箭。 8雨汁：雨夹雪。

原文

6.13 季冬之月，日在婺女，昏娄[1]中，旦氐[2]中。其日壬癸。其帝颛顼，其神玄冥。其虫介。其音羽，律中大吕。其数六。其味咸，其臭朽。其祀行，祭先肾。

雁北乡[3]，鹊始巢，雉雊[4]，鸡乳[5]。

天子居玄堂右个；乘玄路，驾铁骊，载玄旂；衣黑衣，服玄玉；食黍与彘，其器闳以奄。命有司大难，旁磔[6]，出土牛[7]，

译文

十二月季冬，太阳的位置在女宿，黄昏时娄宿在南方天中，拂晓时氐宿在南方天中。冬之日天干为壬癸。冬之帝为颛顼，冬之神为玄冥。冬之虫是甲虫。冬之音是五音中的羽音，气候与律管相应于大吕。数为六。口味为咸，气味为朽。冬天祭祀的对象是道路行神，祭品以肾脏为上。

鸿雁准备向北归来，鹊也开始筑巢，雉啼鸣，鸡孵化。

天子居住在玄堂的右室；出外乘坐黑色的车，驾有黑色的马，载有黑色的旌旗；要穿黑衣服，佩带黑色的佩玉；要以黍和猪为主要食物，用的器皿都要中间宽大而开口较小。命令典礼的官员举行大规模的傩祭，在九个城门处砍碎牲体，驱除祸恶，并要制作土牛放在九处城门外，用以送走寒气。这时的鹰

以送寒气。征鸟厉疾。[8]乃毕山川之祀,及帝之大臣、天之神祇。

是月也,命渔师始渔,天子亲往。乃尝鱼,先荐寝庙。冰方盛,水泽腹坚。命取冰,冰以入[9]。令告民出五种,命农计耦耕事,修耒耜,具田器。命乐师大合吹而罢。乃命四监收秩薪柴[10],以共郊庙及百祀之薪燎。

是月也,日穷于次[11],月穷于纪[12],星回于天[13],数将几终,岁且更始。专[14]而农民,毋有所使。天子乃与公卿、大夫共饬国典,论时令,以待来岁之宜。乃命大史次诸侯之列,赋之牺牲,以共皇天上帝社稷之飨。乃命同姓之邦,共寝庙之刍豢。命宰[15]历[16]卿大夫至于庶民土田之数,而赋牺牲,以共山林名

鸟已变得凶猛迅捷。于是结束一年的山川祭祀,以及对先帝时有功于民众的大臣、天地间神祇的祭祀。

这一月,命令渔师开始捕鱼,天子也要亲自前往。于是品尝新鲜的鱼,也要首先献给寝庙。这时冰冻正重,江河湖泽的深处也凝结了坚冰。于是命令取冰块,将冰块存放入凌室中。命令农官告示民众挑选送出仓库中的五谷良种,命令他们考虑耦耕之事,修整耒耜,准备种田器具。命令乐师让学子合作大演奏,然后一年学乐到这时就结束了。又命令主管山、林、川、泽的官吏收缴民众应当交纳的柴薪,从而供给祭天祭祖以及各种祭祀时烹饪、照明等用。

这一月,太阳又回到原来的位次玄枵,月与日又相会到原来的位次玄枵,二十八宿也还原到原处,(日、月、星辰都运行了一周匝,)一年的日数就将告终,新年就将开始。要让你们的农民专心考虑如何准备来年的耕作,不要使唤他们服徭役。天子要与公、卿、大夫共同修正国家的法典,讨论四时的政令,使其与明年可能出现的新情况相适宜。于是命令太史排列大小诸侯的次序,使他们进贡牺牲,用来供给

川之祀。凡在天下九州之民者，无不咸献其力，以共皇天上帝、社稷寝庙、山林名川之祀。

季冬行秋令，则白露蚤降，介虫为妖，四鄙入保；行春令，则胎夭多伤，国多固疾，命之曰逆；行夏令，则水潦败国，时雪不降，冰冻消释。

皇天、上帝、社稷祭祀享用。于是又命令同姓诸侯国，供给祭祀寝庙所用的祭牲。命令小宰排列卿大夫采地到庶民田地的数量，让他们交纳牺牲，用来供给山林名川的祭祀。凡是在天下九州的民众，都应竭尽全力进献物品，用来供给皇天、上帝、社稷、寝庙、山林名川的祭祀。

如果在十二月季冬发布秋天的命令，那么白露早降，甲虫就会兴妖作怪，（四面边境时有侵扰，）民众躲入城堡；如果发布春天的命令，那么尚未出生及刚出生的小动物多会受伤，国民多患难治病症，这就称为"逆"；如果发布夏天的命令，那么就有水灾损害国家，该下雪时却不下，冰冻会融化开来。

注释 1娄：二十八宿之一，今在白羊座。 2氐(dī)：二十八宿之一，今在天秤座。 3雁北乡：孙希旦说，雁始乡（向）之而尚未北也，至正月候雁北，始北归矣。乡，通"向"。 4雊(gòu)：雉鸡鸣叫。 5乳：生子。亦指鸟类产卵。 6旁磔(zhé)：磔牲于国门之旁。磔，分裂牲体以祭神。7出土牛：以土作牛，磔之于九门之外，以禳除阴气。 8征鸟厉疾：或说此句当在上文"雉雊，鸡乳"之下。征鸟，远飞的鸟。指鹰隼等猛禽。 9入：此指入凌室（古代藏冰之室）收藏。 10薪柴：郑玄说，大者可析谓之薪，小者合束谓之柴；薪施炊爨，柴以给燎。 11日穷于次：孔疏说，去年季冬，日次于玄枵(xiāo)，至此月复次于玄枵，故称。次，星次。玄枵，十二星次之一。 12月穷于纪：孔疏说，去年季冬，日月会于玄枵，至此复会于玄枵，故称。纪，会也。 13星回于天：孔疏说，二十八宿随天而行，每日虽周天一匝，早晚不同，至此月复其故处，故称。 14专：专一、专门。此指专于耕稼之事。 15 宰:指小宰,县邑的长官。 16 历:次序。此指排列次序。

曾子问第七

导读

此篇记曾子向孔子问礼，所问多是丧礼丧服之事，也涉及冠义、昏义中的礼仪礼俗，内容虽琐碎，但因这类详情细节是史志书籍所不予收录的，故可补充史书资料所缺。整体而言，全文所记内容繁杂，所问古礼已是历史陈迹。此篇可以与《檀弓》呼应并读，两者都以人名作为篇名，有显名扬礼之功。

曾子所问，不仅有一般情况下的常礼，而且多关注特殊情况下的变礼。如曾子问孔子，天子行祭礼时，忽遇太子或王后之丧，怎么办？孔子曰："废。"曾子又问，祭祀之时，忽遇日蚀和太庙失火，怎么办？孔子告之，那只好简捷地祭。儒家有"经礼"与"变礼"之区分，本篇就属于"变礼"。曾子能提出诸多特殊情况下祭礼丧礼的问题，是在能融贯基本礼仪知识的基础上提出的，是他深入思考研究所得。在《礼记》的相关篇目中，也常能见到曾子的言论，可见曾子的礼学造诣很深，甚至可以说他是位礼制方面的专家。本篇在礼学领域也有很高的专业地位。在传世孔门礼学文献中，以曾子问礼的史料为最多，体现出曾子习礼的勤奋。

曾子，姓曾名参，字子舆，与父亲曾点都受业于孔子。《论语・先进》篇中有著名的"夫子喟然叹曰：'吾与点也！'"记孔子赞同曾点"浴乎沂，风乎舞雩，咏而归"的志向。曾子为"思孟"学派的鼻祖，对孔子以后的儒家学派的发展有重要贡献，南宋朱熹认为《大学》为曾子及其门人所作。《汉书・艺文志》儒家类著录有《曾子》十八篇，今存十篇，大都是阐发关于“孝”的观念。“夫孝,置之而塞乎天地,敷之而横乎四海,施诸后世而无朝夕。”(《祭义》)曾子认为孝道充盈天地之内,横被四海之间,施行于后世朝夕相随,放置于四海都能够成为准则。他以“孝子”的形象闻名于后世。

原文

7.1 曾子问曰："君薨而世子生，如之何？"孔子曰："卿、大夫、士，从摄主[1]，北面于西阶南。大祝裨冕[2]，执束帛，升自西阶，尽等，不升堂，命毋哭。祝声三，告曰：'某之子生，敢告。'升，奠币于殡东几上，哭降。众主人[3]、卿、大夫、士、房中皆哭，不踊；尽一哀，反位。遂朝奠。小宰升，举币。三日，众主人、卿、大夫、士如初位，北面。大宰、大宗、大祝皆裨冕，少师奉子以衰。祝先，子从，宰、宗人从，入门，哭者止。子升自西阶，殡前北面；祝立于殡东南隅。祝声三，曰：'某之子某，从执事，敢见。'子

译文

曾子问："国君死后，（停柩在殡宫，）这时正巧太子出生，该怎么行礼呢？"孔子说："卿、大夫、士（要在太子出生这天）随从摄主脸朝北站在西阶的南边。太祝着裨衣并戴冕，端着一束祭祀用的帛，从堂的西阶走上去，走到最后一阶，但不登堂，并命大家不要哭泣。太祝发声告神三次，对着灵柩说：'夫人某氏的儿子降生，敢以奉告。'然后再登上堂，将缯帛进献到灵柩东边的灵几上，然后哭着退下堂。国君的众亲戚、卿、大夫、士、房中的妇女都号哭，但不踊；号哭一阵，稍尽悲哀后，各自返回到行朝夕哭礼的位置。于是举行朝奠礼。（礼毕，）小宰登堂，把灵几上的帛拿下堂去。第三天，国君的众亲戚、卿、大夫、士又要站到当初的西阶的南边，脸朝北。太宰、太宗、太祝都要穿裨衣并戴冕，少师用丧服抱着太子。太祝走在前面，少师抱着太子跟在后面，太宰、宗人又跟在太子后面；进入殡宫后，哭泣的人都停止哭泣。少师抱着太子从西阶登堂，站到灵柩前，脸朝北；太祝站立在殡宫的东南角。太祝发声告神三次，对着灵柩说：'夫人某氏的儿子某，跟从执事，前来拜见。'少师抱着太子下拜叩头，哀哭。太祝、太宰、宗人、国君的众亲戚、

拜稽颡哭。祝、宰、宗人、众主人、卿、大夫、士,哭踊,三者三;降东反位。皆袒。子踊,房中亦踊,三者三。袭衰杖;奠出[4]。大宰命祝、史以名遍告于五祀山川。"

卿、大夫、士都要哭踊,并且要做三遍;然后退到灵堂的东阶下行朝夕哭礼的位置。大家都袒露出左臂。少师抱着太子跳踊,房中的妇女也要跳踊,以三踊为一节,也得做三遍。少师给太子披上丧服,又替太子拄着丧杖(,完成做儿子的礼节);朝奠完毕后撤出来。太宰命太祝、太史把太子的名字遍告五祀和山川神祇。"

曾子问曰:"如已葬而世子生,则如之何?"孔子曰:"大宰、大宗从大祝而告于祢[5]。三月,乃名于祢,以名遍告及社稷、宗庙、山川。"

曾子问:"如果死去的国君已下葬,而这时太子出生,那么又该怎样行礼呢?"孔子说:"太宰、太宗随从太祝向殡宫里的神主报告。太子出生满三个月,又去拜见神主而为他取名,并把太子的名遍告于社稷、宗庙、山川的神祇。"

注释 1摄主:指代理君职者或代理主事者。 2裨(pí)冕:着裨衣,戴冕。古代诸侯卿大夫朝觐或祭祀时所穿冕服的通称。与衮冕或上一等冕服相对而言。 3众主人:国君的大功以上之亲。 4奠出:或作"亦出"。5祢(nǐ):指父亲殡宫的神主。

原文

7.2 孔子曰:"诸侯适天子,必告于祖,奠于祢。冕而出视朝,命祝史告于(社稷)[1]宗庙、山川,乃命国家五

译文

孔子说:"诸侯到天子那儿去朝见,必定要到宗庙去向先祖的神主报告,并在父庙祭奠。然后要穿着裨衣戴着冕临朝听政,命祝、史将朝见天子之事报告宗庙、山川的鬼神,并将国家大事交托给五位大夫,然后

官而后行，道而出。告者五日而遍，过是非礼也。凡告用牲币[2]，反亦如之。诸侯相见，必告于祢。朝服而出视朝，命祝史告于五庙、所过山川，亦命国家五官道而出。反必亲告于祖祢。乃命祝史告至于前所告者，而后听朝而入。"

出发，还要在国都城门外祭祀路神而后上路。凡是举行告祭要在五天内结束，超过五天就不合礼节。凡是告祭礼要用缯帛进献，（朝聘出去时是这样，）朝聘返回时也是这样。诸侯间互相聘问，必须先到祢庙祭告。而后穿朝服临朝，命祝、史向五庙及将要经过的山川祭告，也要将国家大事交托给五位大夫，还要在国都城门外祭祀路神，然后才上路。返回来后必须亲自向祖祢之庙祭告。接着又要命祝、史向出行前所祭告之神报告已返回，然后入朝听政。"

注释　1 王引之说，"社稷"二字，疑因上文而衍。　2 牲币：郑玄说，"牲"字当为"制"字。制币即束帛。

原文

7.3 曾子问曰："并有丧，如之何？何先何后？"孔子曰："葬，先轻而后重；其奠也，先重而后轻：礼也。自启[1]及葬不奠；行葬不哀次。反葬奠，而后辞于殡[2]，遂修葬事。其虞也，先重而后轻，礼也。"

译文

曾子问："父母或其他亲人同月去世，该怎样行丧礼呢？谁先谁后呢？"孔子说："下葬，要让恩轻的在先，恩重的在后；祭奠，要让恩重的在先，恩轻的在后：这是正礼。（先葬恩轻的，）从启殡到下葬都不设奠；移殡赴葬时，不在殡宫大门外举行踊袭受吊。下葬返回就要设奠，告诉宾客下葬恩重的日期，于是就去筹办葬事。在举行虞祭的时候，要让恩重者的在先，恩轻的在后，这也是正礼。"

孔子曰："宗子虽七十，无无主妇。非宗子，虽无主妇可也。"

孔子说："嫡系的宗子即使七十岁了，也不可以没有主妇。如要不是宗子，那即使没有主妇，也是可以的。"

注释 1启：指移柩下葬，先请启期（移柩日期）。2殡：郑玄说，当为"宾"。声之误。

原文

7.4 曾子问曰："将冠子，冠者至，揖让而入，闻齐衰、大功之丧，如之何？"孔子曰："内丧则废，外丧则冠而不醴[1]。彻馔而埽[2]，即位而哭。如冠者未至，则废。如将冠子而未及期日，而有齐衰、大功、小功之丧，则因丧服而冠。""除丧不改冠乎？"孔子曰："天子赐诸侯、大夫冕弁服[3]于大庙；归设奠，服赐服，于斯乎有冠醮，无冠醴。[4]父没而冠，则已冠埽地而祭于祢，已祭而见

译文

曾子问："将为儿子行冠礼，冠者来到，主人与冠者行揖让之礼后进入宗庙，如果这时突然有齐衰、大功的丧事，该怎么办呢？"孔子说："如属同一宗庙的亲人去世，那就停止冠礼；如不属同一宗庙的亲人去世，那就继续行冠礼，但不再宴请宾客。（行过冠礼后，）将礼器、食物撤去，并扫除一番，然后根据自己和死者的关系就位哭泣。如果冠者还没有来到（而主人听说了丧事，）就可以停止冠礼。如果将举行冠礼，但还没有到日子，突然有齐衰、大功、小功的丧事，那就穿着丧服举行冠礼。"曾子又问："除去丧服后，要不要再行一次冠礼呢？"孔子说："天子在太庙内赏赐诸侯、大夫冕服或弁服，诸侯、大夫返回后要在宗庙奠祭以告祖，然后穿上天子所赐之服，这时可以行醮冠之礼，而不再举行醴冠之礼。如果父亲去世而举行冠礼，那要在行过冠

伯父、叔父，而后飨冠者。”

礼后扫除一番，再向亡父行祭告之礼，祭告后要拜见伯父、叔父，然后宴请冠者。”

注释 1醴：甜酒。 2馔(zhuàn)：指陈设的礼器和准备的食物。埽(sǎo)：同“扫”。 3弁(biàn)服：古代贵族的帽子和衣服。随场合而异，有韦弁服、皮弁服、冠弁服、服弁服等。 4按：冠礼有醮有醴，醮用清酒，醴用醴酒；用醴酒较隆重，用清酒轻些。

原文

7.5 曾子问曰：“祭如之何则不行旅酬[1]之事矣？”孔子曰：“闻之小祥者，主人练祭[2]而不旅；奠酬[3]于宾，宾弗举，礼也。昔者鲁昭公练而举酬行旅，非礼也。孝公大祥，奠酬弗举，亦非礼也。”

曾子问曰：“大功之丧，可以与于馈奠之事乎？”孔子曰：“岂大功耳！自斩衰以下皆可，礼也。”

曾子曰：“不以轻服而重相为乎？”孔子曰：“非此之谓也。天

译文

曾子问：“祭礼在何种情况下不行旅酬礼呢？”孔子说：“听说举行小祥祭礼，主人戴练冠而祭就不举行旅酬；把酬酒放在宾客席位前，宾客不举杯而饮，这是符合礼的。从前鲁昭公在练祭时曾行过旅酬，这是不符合礼的。鲁孝公在大祥祭时，不举酬酒行旅酬，这也是不符合礼的。”

曾子问：“在服大功之丧的人，可以参加灵柩在殡宫时的祭奠吗？”孔子说：“岂止是服大功之丧的人！服斩衰以下各类丧的人都可以参加，这是礼的要求。”

曾子问：“这不是轻视自己所服之丧而重视别人的丧事吗？”孔子说：“不是这个意思。天子、诸侯去世，有服斩衰丧的人参加祭奠。大夫去世，有服齐衰的人参加祭奠。士人去世，朋友参加祭奠，如人手不足，就让服大功以下之丧的人来参加祭奠；如

子、诸侯之丧,斩衰者奠。大夫,齐衰者奠。士则朋友奠,不足则取于大功以下者;不足则反之。”

曾子问曰:“小功可以与于祭乎[4]?”孔子曰:“何必小功耳!自斩衰以下与祭,礼也。”

曾子曰:“不以轻丧而重祭乎?”孔子曰:“天子诸侯之丧祭也,不斩衰者不与祭。大夫,齐衰者与祭。士祭不足,则取于兄弟大功以下者。”

曾子问曰:“相识有丧服,可以与于祭乎?”孔子曰:“缌不祭,又何助于人?”

曾子问曰:“废丧服,可以与于馈奠之事乎?”孔子曰:“说衰与奠[5],非礼也。以摈相可也[6]。”

果人手还不足,就让为他服大功之丧的人帮助祭奠。”

曾子又问:“那有小功丧事的人是否可以参加出殡以后的各种祭事呢?”孔子说:“何止是服小功之丧的人!服斩衰以下各类丧的人都可以参加,这是礼的要求。”

曾子说:“这不是轻视自己所服之丧而重视别人的丧事吗?”孔子说:“天子、诸侯的丧祭,不服斩衰的人就不参与祭事。大夫的丧祭,服齐衰的人参与祭事。士人的丧祭,若人手不足,就让服大功以下之丧的兄弟来帮忙。”

曾子又问:“相识的人死了,如自己在服缌麻,是否可以参与他的丧祭?”孔子说:“服缌麻的人连自己所服者的丧祭都不能参加,更何况是别人的丧祭呢?”

曾子又问:“除掉丧服以后,可以参加别人馈奠的事了吗?”孔子说:“脱掉丧服,(还是刚开始除丧,)去参加别人馈奠的事是不合礼节的。如果作为傧相的身份去还是可以的。”

注释 1旅酬:谓祭礼完毕后众亲宾一起宴饮,相互敬酒。一般是晚辈向长辈交错劝酒。旅,众人;酬,互相劝饮。 2练祭:服丧至十三个月时改服练冠而行祭。 3奠酬:宾客接受主人的献酒后先置之,然后又以此酒杯酬答长兄弟,称“奠酬”。此处指宾客置酒,不以劝饮为欢。 4按:在殡之祭称“奠”,出殡后之祭称“祭”。此属泛指。 5说(tuō):通“脱”。6摈(bīn)相:傧相,古时称替主人接引宾客和赞礼的人。摈,通“傧”。

原文

7.6曾子问曰:“昏礼既纳币[1],有吉日,女之父母死,则如之何?”孔子曰:“婿使人吊。如婿之父母死,则女之家亦使人吊。父丧称父,母丧称母。父母不在,则称伯父、世母。婿已葬,婿之伯父致命女氏曰:‘某之子有父母之丧,不得嗣为兄弟,使某致命。’女氏许诺而弗敢嫁,礼也。婿免丧,女之父母使人请;婿弗取而后嫁之,礼也。女之父母死,婿亦如之。”

曾子问曰:“亲迎,女在途,而婿之父母

译文

曾子问:“婚礼已行纳币礼,并确定了迎娶吉日,此时女方的父母死了,那该怎么办呢?”孔子说:“婿家应派人去吊丧。如果是男方的父母死了,那女方家也要派人去吊丧。如果是一方的父亲去世,另一方就用父亲的名义去吊丧;如果是一方的母亲去世,另一方就用母亲的名义去吊丧。如果另一方的父母已不在了,就用伯父、伯母的名义去吊丧。婿家已下葬后,婿的伯父要向女方家说明:‘某人的儿子因有父母的丧事,不能使两姓联姻,特派我前来表达此意。’女方家允许,但不敢将女儿再嫁给别人,这是符合礼的。婿家除去丧服后,女方的父母再派人到男方家,请他们选定婚期;如果男方家不肯娶,然后就可以将女儿嫁给别人,这也是符合礼的。女方的父母死了,婿家也要这样。”

曾子问:“迎亲时,新娘已在路上,而男方的父母在此时死了,该怎么办呢?”孔子说:“新娘要改换衣服,要改穿布制深衣,用

死，如之何？”孔子曰：“女改服，布深衣，缟总，以趋丧。女在途，而女之父母死，则女反。”“如婿亲迎，女未至，而有齐衰、大功之丧，则如之何？”孔子曰：“男不入，改服于外次。女入，改服于内次[2]。然后即位而哭。”

曾子问曰：“除丧则不复昏礼乎？”孔子曰：“祭，过时不祭，礼也；又何反于初？”孔子曰：“嫁女之家，三夜不息烛，思相离也。取妇之家，三日不举乐，思嗣亲也。三月而庙见，称来妇也。择日而祭于祢，成妇之义也。”

曾子问曰：“女未庙见而死，则如之何？”孔子曰：“不迁于祖，不祔于皇姑；婿不杖，不菲[3]，不次；归葬于女氏之党，

白绢带束发，迅速去参加丧礼。新娘在路上，如果女方的父母死了，那新娘就得返回娘家去守丧。”曾子又问：“如果新郎亲自去迎娶时，新娘还没有到达，这时婿家有齐衰、大功的丧事，那又该怎么办呢？”孔子说：“新郎就不入大门，在门外的次舍改换丧服。新娘进大门，在门内的次舍改换丧服。然后各就自己的哭位哭泣。”

曾子又问：“除丧以后就不再补行婚礼了吗？”孔子说：“祭礼过了日期就不再补行祭礼，这是符合礼的；那又何必要补行当初的婚礼呢？”孔子说：“嫁女儿的人家，一连三夜都不熄灭烛，这是因为想到亲骨肉分离而夜不能寐。娶媳妇的人家，一连三天不演奏音乐，这是因为忧虑后代将取代前代。（男方的父母死后才成亲的，）要在成亲三个月后到公公、婆婆的庙里去拜见，向他们报告“某氏来做媳妇”。要择定日子到公公、婆婆的庙里用素食祭献给他们的神主，以此表明媳妇的名分正式确立。”

曾子问：“新娘还没有去庙内拜见公公、婆婆，自己就死了，那又该怎么办呢？”孔子说：“在出殡迁柩时，不必朝见祖庙（就可以下葬）；不将她的神主和祖

示未成妇也。”

曾子问曰:“取女有吉日而女死,如之何?”孔子曰:“婿齐衰而吊,既葬而除之。夫死亦如之。”

姑的放在一起;她丈夫不替她执丧杖,不穿丧鞋,不居丧次;又要将她归葬到娘家的坟山,表示她还没有正式成为男家的媳妇。”

曾子问:“娶亲已选定了吉日,新娘却死了,怎么办呢?”孔子说:“男方要服齐衰丧服去女方家吊丧,下葬后就可以除去丧服。如果丈夫死了,女方也要这样做。”

注释 1纳币:即婚姻六礼中的“纳征”。 2次:指哀次,居丧临时止息处。外次,在大门外;内次,在大门内。 3菲(fèi):通“屝”,草做的丧鞋。

原文

7.7曾子问曰:“丧有二孤[1],庙有二主,礼与?”孔子曰:“天无二日,土无二王。尝禘[2]郊社,尊无二上。未知其为礼也。昔者齐桓公亟举兵,作伪主以行。及反,藏诸祖庙。庙有二主,自桓公始也。丧之二孤,则昔者卫灵公适鲁,遭季桓子之丧[3],卫君请吊,哀公辞不得命,公为主。客入吊,康

译文

曾子问:“如果丧事有两个丧主,庙里有两个神主,符合礼吗?”孔子说:“天上没有两个太阳,一个国家没有两位君王。尝禘祭祀虽合祭群主,郊社祭祀虽祭众神,但也没有两个神主,(前者以太祖为上,后者郊祭以天帝为上,而社祭以后土为上。)我不知道你说的那种礼。从前齐桓公屡次兴兵,(来不及到祖庙告祭,)就载着假神主随军同行。等到返回后,又将假神主藏在祖庙里。祖庙内有两个神主,是从齐桓公开始的。丧事中有两个丧主,(则是从下面这件事开始的:)从前卫灵公到鲁国去,正逢季桓子的丧事,卫灵公请求吊丧,鲁哀公想推辞,但推辞不了,哀公就作为丧主。宾客

子立于门右，北面；公揖让，升自东阶，西乡。客升自西阶吊，公拜，兴哭；康子拜稽颡于位，有司弗辩也。今之二孤，自季康子之过也。”

入内吊丧，季桓子的儿子季康子就站在门的右边，脸朝北；哀公揖让宾客，登上东边主人的台阶，脸朝西。宾客登上西边的台阶吊丧，哀公向宾客行拜礼，拜后起身并哭泣；季康子在丧主的位置上下拜叩头，属吏也不纠正季康子的做法。现在丧事中有两个丧主的，这是从季康子的错误开始的。”

注释 1孤：指丧主。 2禘(dì)：古代帝王、诸侯举行各种大祭的总名。 3此处当是假托之辞，与史实不合。

原文

7.8曾子问曰：“古者师行必以迁庙主[1]行乎？”孔子曰：“天子巡守，以迁庙主行，载于齐车[2]，言必有尊也。今也取七庙之主以行，则失之矣。当七庙五庙无虚主。虚主者，唯天子崩、诸侯薨与去其国，与祫祭于祖，为无主耳。吾闻诸老聃曰：‘天子崩，国君薨，则祝取群庙之主而藏诸祖庙，礼也。卒哭成事，而后主各反其庙。君去其国，大宰

译文

曾子问：“古代行军，必定要载上迁庙的神主同行吗？”孔子说：“天子各处巡守，要载着迁庙的神主同行，把它载在斋车上，以表明有尊崇的对象。现在竟然把七庙的神主全载着随军同行，那就有失于礼了。天子的七庙、诸侯的五庙都不能空着没有神主。空着无主，只是在天子去世、诸侯去世或者离开自己的国家时，或者群庙的神主都移到祖庙合祭时，才是可以的。我从老聃那儿听说过：‘天子驾崩，诸侯去世，太祝就收取群庙的神主藏到祖庙中去，这是符合礼的。等到下葬后举行卒哭祭结束，然后神主各归原来的庙里。国君离开

取群庙之主以从,礼也。祫祭于祖,则祝迎四庙之主。主出庙、入庙,必跸。'老聃云。"

曾子问曰:"古者师行无迁主,则何主?"孔子曰:"主命。"问曰:"何谓也?"孔子曰:"天子诸侯将出,必以币帛皮圭告于祖祢,遂奉以出,载于齐车以行。每舍奠焉,而后就舍。反必告,设奠卒,敛币玉,藏诸两阶之间,乃出。盖贵命也。"

自己的国家,大宰收取群庙的神主随其同行,这也是符合礼的。在祖庙祫祭时,太祝迎接二昭二穆的四庙神主来到太祖庙。神主出庙、入庙,必定要禁止行人通行。'这是老聃说的。"

曾子问:"古代行军,如果没有迁庙的神主,那载什么主呢?"孔子说:"载告祭时的币和玉来象征祖先使命。"曾子说:"什么是主命?"孔子说:"天子、诸侯将要出行,必须用币帛、玉圭向祖祢之庙祭告,然后捧着币帛、玉圭出来,载在斋车上再出发。每到一处歇息,就先祭奠它们,然后才歇息。返回时必须再要祭告,祭奠结束后,要收起币帛、玉圭,埋葬在两阶之间,然后出去。这些做法都是表示尊崇主命。"

注释 1迁庙主:祧即迁庙,祧内之主即迁庙之主,为嫡系祖先的最尊者。2齐(zhāi)车:斋戒时所用之车。

原文

7.9 子游问曰:"丧慈母[1]如母,礼与?"孔子曰:"非礼也。古者男子外有傅,内有慈母,君命所使教子也,何服之有?昔者鲁昭公少丧其母,有慈母

译文

子游问:"慈母死了,如生母那样为她服丧,符合礼吗?"孔子说:"不符合礼。古代男子出外有师傅,在家有慈母,慈母是国君命她教养孩子的人,有什么丧可服呢?从前鲁昭公幼小时死了母亲,有一位慈母待他很好,等到慈母死的

良,及其死也,公弗忍也,欲丧之。有司以闻曰:'古之礼慈母无服。今也君为之服,是逆古之礼而乱国法也。若终行之,则有司将书之,以遗后世。无乃不可乎?'公曰:'古者天子练冠以燕居。'公弗忍也,遂练冠以丧慈母。丧慈母,自鲁昭公始也。"

时候,鲁昭公不忍心,想要为她服丧。负责礼仪的官员听到这事,就禀告说:'古代的礼制是对慈母不服丧。如今您为她服丧,是悖逆古礼,搅乱了国法。如果您最终还是这样做了,那有关官员将记录下来,而流传到后世。恐怕不可以这样做吧?'鲁昭公说:'古代的天子也有戴着练冠而像平常那样生活的。'昭公不忍心,于是为慈母服练冠丧。为慈母服丧,就是从鲁昭公开始的。"

注释 1 慈母:指保姆,但也指养育女子的庶母,或指宫内掌管养育子女的妾。

原文

7.10 曾子问曰:"诸侯旅见天子,入门,不得终礼,废者几?"孔子曰:"四。""请问之?"曰:"大庙火,日食,后之丧,雨沾服失容,则废。如诸侯皆在而日食,则从天子救日,各以其方色与其兵[1]。大庙火,则从天子救火,不以方色与兵。"

曾子问曰:"诸侯相

译文

曾子问:"诸侯们朝见天子,进入宫门,不能把朝见礼完成,导致朝见礼停止的有哪些情况呢?"孔子说:"有四种。"曾子说:"请问是哪四种?"孔子说:"太庙失火,日食,皇后去世,大雨淋湿礼服失去仪容,那就停止行礼。如果诸侯都在时发生了日食,那就要随从天子去救日,各诸侯按照自己封国所在的方位,穿相应颜色的衣服,执相应的兵器(比如东方诸侯穿青衣,用矛;南方诸侯穿赤衣,用戟;西方诸侯穿白衣,用戈;北方诸侯

见，揖让入门，不得终礼，废者几？”孔子曰：“六。”“请问之？”曰：“天子崩，大庙火，日食，后、夫人之丧，雨沾服失容，则废。”

曾子问曰：“天子尝、禘、郊、社、五祀之祭，簠簋既陈，天子崩，后之丧，如之何？”孔子曰：“废。”曾子问曰：“当祭而日食、大庙火，其祭也如之何？”孔子曰：“接[2]祭而已矣。如牲至未杀，则废。天子崩，未殡，五祀之祭不行。既殡而祭。其祭也，尸入，三饭不侑；酳不酢而已矣。[3]自启至于反哭，五祀之祭不行。已葬而祭，祝毕献而已。”

曾子问曰：“诸侯之祭社稷，俎豆既陈，

穿黑衣，用録）。太庙失火，就要随从天子去救火，不必按封国方位穿衣服和拿兵器。”

曾子问：“诸侯相见，揖让行礼进宫门，却不能把相见礼完成，导致相见礼停止的有哪些情况？”孔子说：“有六种。”曾子说：“请问是哪六种？”孔子说：“天子驾崩，太庙失火，日食，皇后去世，国君夫人去世，大雨淋湿礼服失去仪容，那就停止行礼。”

曾子问：“天子在进行尝、禘、郊、社、五祀的祭祀时，祭品已经陈列摆设，天子突然驾崩，或是皇后去世，该怎么办呢？”孔子说：“就停止祭祀。”曾子问：“正当祭祀时，如果遇上日食、太庙失火，那该怎么办呢？”孔子说：“那就只能简略迅捷结束祭祀了。如果祭牲已牵来还没有宰杀，那就可以停止不祭。如果天子驾崩，在未殡前，（即始死到移柩于殡的七天内，）不能举行五祀的祭礼。在停殡后（七个月内），可以祭祀。祭祀时，尸进入，吃过三口饭就不再劝他继续吃了；尸接受敬酒而酳，但不回敬主人。从启请出殡到葬毕返回后至庙内哭期间，不举行五祀祭礼。葬事完后而举行祭礼，只进行到向祝献酒就算礼毕了。”

曾子问：“诸侯祭祀社稷，祭品已经陈列摆设好，突然听到天子驾崩、皇后去世或者闻天子崩、后之丧，君薨、夫人之丧，如之何？”孔子曰：“废。自薨比至于殡，自启至于反哭，奉帅天子。”

国君去世、国君夫人去世的报告，该怎么办呢？”孔子说：“就停止祭祀。从去世到移柩于殡期间，从启请出殡至葬后返回哭祭期间，都可以依循天子处理五祀之祭的原则。”

曾子问曰：“大夫之祭，鼎俎既陈，笾豆既设，不得成礼，废者几？”孔子曰：“九。”“请问之？”曰：“天子崩，后之丧，君薨，夫人之丧，君之大庙火，日食，三年之丧，齐衰，大功，皆废。外丧自齐衰以下，行也。其齐衰之祭也，尸入，三饭不侑；酳不酢而已矣。大功，酢而已矣。小功、缌，室中之事而已矣。士之所以异者，缌不祭，所祭，于死者无服则祭。”

曾子问：“大夫在庙祭时，如果鼎俎已经陈列好，笾豆已经摆放好，但不能完成祭礼，导致祭礼停止有哪些情况？”孔子说：“有九种。”曾子说：“请问夫子是哪九种？”孔子说：“天子驾崩，皇后去世，国君去世，国君夫人去世，国君的太庙失火，日食，有父母丧事，齐衰丧事，大功丧事，都要停止祭礼。若不是为同门服丧，那从齐衰以下，都可以举行祭礼。如有齐衰之丧而举行祭礼，尸进门后，吃过三口饭就不再劝他继续吃了；尸接受敬酒而酳，但不回敬主人，祭礼就算结束了。如服大功之丧而行祭礼，尸回敬主人后祭礼就结束了。如服小功、缌麻之丧，祭祀时，要在尸回敬主人以后，再将礼节进行到主妇、主宾向尸献酒、向祝献酒及佐食等就结束了。士与大夫不同处，是缌麻之亲就不祭，如果所祭的对于死者来说没有服属关系的，那才可以进行祭礼。”

注释 1 挼：东方用矛，西方弩(nú)，北方楯(dùn)，中央鼓。 2 接：迅捷。 3 侑：劝。酳(yìn)：食毕用酒漱口。古代宴会或祭祀时的一种礼节。酢(zuò)：客人献酒回敬主人。

原文

7.11 曾子问曰："三年之丧，吊乎？"孔子曰："三年之丧，练不群立，不旅行。君子礼以饰情，三年之丧而吊哭，不亦虚乎！"

曾子问曰："大夫、士有私丧，可以除之矣，而有君服焉，其除之也如之何？"孔子曰："有君丧服于身，不敢私服，又何除焉？于是乎有过时而弗除也。君之丧服除而后殷祭[1]，礼也。"

曾子〔问〕[2]曰："父母之丧，弗除可乎？"孔子曰："先王制礼，过时弗举，礼也。非弗能勿除也，患其过于制也，故君子过时不祭，礼也。"

曾子问曰："君薨既殡，而臣有父母之丧，

译文

曾子问："自己有三年的丧服，还能去别人那儿吊丧吗？"孔子说："有三年的丧服，即使到练祭时也不和大家站在一起，也不和大家一起行走。君子用礼来表达情感，有三年的丧服，（自己已是哀痛至极，）如果再去别人家哭吊，不是有些虚情假意吗？"

曾子问："大夫、士人有私丧，已到可以除去丧服的时候了，但这时又遇上为国君服丧，那可以除去私丧的丧服吗？"孔子说："如国君的丧服已在身上，（遇有亲人的丧事，）尚且不敢为亲人服丧，又怎么可以除去私丧之服呢？正因为这样，因此大夫、士人常有超过了时期还不能除服的。国君的丧服除掉后，才可以补行私丧的小祥、大祥等大祭祀，这是符合礼的。"

曾子问："父母的丧事，期满后可以不除掉丧服吗？"孔子说："先王制定礼仪，超过规定时间的就不再举行，这是符合礼的。为父母服丧不是不能做到永不除服，而是担心逾越礼制，所以君子超过了规定的时间就不再补祭，这是符合礼的。"

曾子问："国君去世，并且已经停柩在殡宫了，如果这时臣下遭父母之丧，该怎么办呢？"孔子说："那就回家为父母守丧，在

则如之何？”孔子曰：“归居于家，有殷事[3]则之君所，朝夕否。”曰：“君既启，而臣有父母之丧，则如之何？”孔子曰：“归哭而反送君。”曰：“君未殡，而臣有父母之丧，则如之何？”孔子曰：“归殡，反于君所，有殷事则归，朝夕否。大夫，室老行事；士则子孙行事。大夫内子[4]有殷事，亦之君所，朝夕否。”

每月的初一、十五进行较盛大的祭奠时就去国君那儿行礼，为国君举行朝夕哭祭就可以不去参加。”曾子又问：“国君的灵柩已出殡，如果这时臣下遭父母之丧，该怎么办呢？”孔子说：“那就回家哭踊，然后再返回为国君送葬。”曾子问：“国君还没有停柩殡宫，如果这时臣下遭父母之丧，该怎么办呢？”孔子说：“回家为父母殓殡，然后再返回国君那儿守丧，遇到初一、十五就回家祭奠，为父母举行的朝夕哭祭就不回家参加。大夫家里的朝夕哭祭，由总管代理；士人家里的朝夕哭祭，由子孙代行。大夫的嫡妻遇有初一、十五的盛大祭奠，也要去国君那儿行礼，为国君举行的朝夕哭祭就不参加了。”

7.12 贱不诔[5]贵，幼不诔长，礼也。唯天子，称天以诔之。诸侯相诔，非礼也。

卑贱的人不为尊贵的人作诔，小辈不为长辈作诔，这是礼的规定。只有对天子，（要由臣下在南郊告天，）以天的名义来为他作诔。诸侯间如果相互作诔，不符合礼。

注释 1 殷祭：指小祥、大祥祭祀。 2 据《校勘记》当有“问”字。 3 殷事：盛大的祭事，指每月初一、十五进献食品的祭奠。 4 内子：大夫嫡妻。 5 诔：诔辞，累述死者生平行谊表示哀悼。

原文

7.13 曾子问曰：“君出疆，以三年之戒[1]，以

译文

曾子问：“国君离开了自己的国家，要预备国君的丧事，要随带棺木和丧殓用物。

椑[2]从。君薨，其入如之何？”孔子曰：“共殡服，则子麻弁绖、疏衰、菲、杖，入自阙，升自西阶。如小敛，则子免而从柩，入自门，升自阼阶。君、大夫、士一节也。”

如国君在外国去世，他的国家的人该怎么办呢？”孔子说：“全体穿上殡服，他的儿子就披麻戴孝，穿上丧鞋，手执丧杖，从阙门迎入，从庙内的西阶上抬上去。（如果国君死时离国不远，）只行了小殓就运回国，那他的儿子就穿免服跟在灵柩后面，从正门运入，从阼阶抬到堂上。国君、大夫、士死在国外，礼仪是一样的。”

曾子问曰：“君之丧既引，闻父母之丧，如之何？”孔子曰：“遂，既封而归，不俟子。”

曾子问：“国君的丧事已进行到了出殡牵引柩车，如果这时听到父母去世，该怎么办呢？”孔子说：“那就等到棺木下到墓穴后就回家，不必等国君之子而同他一起回来。”

曾子问曰：“父母之丧既引，及途，闻君薨，如之何？”孔子曰：“遂，既封[3]，改服而往。”

曾子问：“父母的丧事已进行到了出殡牵引柩车时，在路上突然听到国君去世，该怎么办呢？”孔子说：“那就等到棺木下到墓穴后，再改换丧服去为国君奔丧。”

注释 1三年：是指国君之丧。戒：预备。 2椑(bì)：内棺。诸侯棺三重，最里面的称“椑”。 3封(biǎn)：“窆”的古字，指棺木下葬，下棺入土。

原文

7.14曾子问曰：“宗子为士，庶子为大夫，其祭也如之何？”孔子曰：“以上牲祭于宗子之家，祝曰：‘孝子某，为介子[1]某，荐

译文

曾子问：“宗子是士，庶子是大夫，祭祀时该怎么行礼呢？”孔子说：“在宗子家庙里用大夫的少牢祭祀，祝辞就说：‘孝子某，为介子某奉献祭品以行岁时常祭。’如果宗子有罪居住在其他国家，庶

其常事。’若宗子有罪居于他国,庶子为大夫,其祭也,祝曰:‘孝子某,使介子某,执其常事。’摄主不厌祭[2],不旅,不假[3],不绥祭[4],不配。布奠于宾,宾奠而不举,不归[5]肉;其辞于宾曰:‘宗兄、宗弟、宗子在他国,使某辞。’”

子是大夫,在祭祀时,祝辞就说:‘孝子某,让介子某代主持岁时常祭。’代替主人做祭主的,不举行厌祭,不举行旅酬礼,不用嘏辞,不绥祭,不在祝辞中说以某配某氏。代替主人做祭主,用酒酬宾客,宾客将酒杯放置一边而不旅酬;也不用给宾客馈送牲肉。祭前代替宗子做祭主的庶子向宾客致辞说:‘宗兄(或为宗弟、宗子)居住在别国,让某代为报告。’”

曾子问曰:“宗子去在他国,庶子无爵而居者可以祭乎?”孔子曰:“祭哉!”“请问其祭如之何?”孔子曰:“望墓而为坛,以时祭。若宗子死,告于墓,而后祭于家[6]。宗子死,称名不言孝,身没而已。子游之徒有庶子祭者,以此若[7]义也。今之祭者,不首其义,故诬于祭也。”

曾子问:“宗子离去后住在别国,庶子没有大夫的爵位,但住在国内,可以代替宗子祭祀吗?”孔子说:“可以祭呀!”曾子又问:“请问那祭祀该怎么进行呢?”孔子说:“朝对着父祖墓的地方筑坛,按时在那里进行祭祀。如果宗子已死在别国,就要先祭告父祖之墓,然后在家里祭祀。宗子死后,就在祝辞中称名而不再称‘孝子某’,(就称‘子某’,)这样的称呼一直要用到庶子死时为止。子游的学生中,有作为庶子而主持祭祀的,就是这样做的,这也符合义理。如今有庶子主持祭祀,根本不讲究义理,所以只是胡搞一通祭祀。”

注释 1介子:副子,指庶子。介,副,以示不敢僭越宗子。 2厌祭:古代祭祀常用活人为“尸”,代死者受祭。不用“尸”,直接将食品供奉给祖先的祭祀称“厌祭”。 3 假:郑玄说,读为“嘏”。嘏(gǔ)辞,指古代祭祀时,执事人(祝)为受祭者(尸)向主人祝福的话。 4 绥祭:孙希旦说,一种是尸绥祭,另一种是主人绥祭。绥祭用黍、稷、肺等物祭祀。绥,减省。5 归(kuì):通“馈”。赠送。 6 家:庙、寝都在家,此说祭于家庙或寝。7 若:顺从。此指符合。

原文

7.15 曾子问曰:“祭必有尸乎?若厌祭亦可乎?”孔子曰:“祭成丧者必有尸。尸必以孙,孙幼则使人抱之;无孙则取于同姓可也。祭殇必厌,盖弗成也。祭成丧而无尸,是殇之也。”

孔子曰:“有阴厌,有阳厌。”曾子问曰:“殇不祔[1]祭,何谓阴厌阳厌?”孔子曰:“宗子为殇而死,庶子弗为后也。其吉祭[2]特牲。祭殇不举〔肺〕[3],无肵俎[4],无玄酒,不告利成,是谓阴厌。凡殇与无后者,祭于宗子之家,当室之

译文

曾子问:“祭祀必定要有尸吗?如果只举行厌祭也可以吗?”孔子说:“成人死后的祭祀必定要有尸。尸也必须用死者的孙子充当,孙子年幼就让人抱着他;没有孙子,那就选取同姓的孙辈来充当也是可以的。祭祀殇子必须用厌祭,因为他还没有成人。祭祀成年死者而没有尸,那就是把死者当作殇子来对待了。”

孔子说:“祭未成年的死者,有阴厌,有阳厌。”曾子问:“为殇子举行的祭礼简略而不完备,又怎么说有阴厌、阳厌呢?”孔子说:“宗子还没有成年就死了,庶子不能成为他的后继者。吉祭时用一头牛。祭殇子时,(没有尸,)就不用举肺,主人也不献肵俎,不设玄酒,祝也不向主人报告供养之礼已完毕,这就称为阴厌。凡是殇子不是宗子,或庶子没有后嗣的,这二者如果是宗子大功内亲,就在宗子家祖庙祭祀,将祭品摆放在室中西北角可以照到阳光的地方

白，尊于东房，是谓阳厌。”

并在东房摆设酒樽，这就称为阳厌。”

注释 1 衲：郑玄说，当为“备”字。完备。 2 吉祭：殇者葬后，举行卒哭衲庙之祭，此祭属吉礼。 3 据《校勘记》当有“肺”字。 4 肵(qí)俎：敬尸之俎。古代祭祀时用以盛牲体心舌之器。

原文

7.16 曾子问曰：“葬引〔既〕至于堩[1]，日有食之，则有变乎，且不乎？”孔子曰：“昔者吾从老聃助葬于巷党[2]，及堩，日有食之。老聃曰：‘丘，止柩就道右，止哭以听变。’既明反，而后行。曰：‘礼也。’反葬而丘问之曰：‘夫柩不可以反者也。日有食之，不知其已之迟数[3]，则岂如行哉？’老聃曰：‘诸侯朝天子，见日而行，逮日而舍奠。大夫使，见日而行，逮日而舍。夫柩不蚤出，不莫宿。见星而行者，唯罪人与奔父母之丧者乎！日有食之，安知其不见星也？且君子行礼，

译文

曾子问：“出葬已牵引柩车来到路上，如遇有日食，送葬要有变动还是不必有变动呢？”孔子说：“从前我跟从老聃在巷党帮助人家送葬，柩车到了路上，遇上了日食。老聃说：‘丘，让柩车停下来靠在路右边，大家停止哭泣而听任日食的变化。’等太阳恢复光亮后，然后再行进。老聃说：‘这是符合礼的。’下葬后返回时，我问老聃，说：‘灵柩一上路就不可以再返回，遇有日食，不知道要等多久日食才停止，那岂不如继续前行去送葬？’老聃说：‘诸侯朝见天子，见日出就行路，到日落就歇息，并祭奠携带的行主。大夫出使，也是见日出就赶路，到日落就歇息。送葬时，灵柩不可以在天亮前就送出，也不可以在天黑后才歇息。披星戴月赶路的，只有罪犯和为父母奔丧的人吧！遇有日食，怎样知道天空不会暗到显现星星呢？况

不以人之亲痁患[4]！'吾闻诸老聃云。"

且君子行礼，不能使别人的父母遭受祸害啊！'这是我从老聃那儿听说的。"

注释 1王念孙说，脱"既"字。堩(gèng)：道路。 2巷党：里党之名。一说巷党为鲁国地名。 3数：速。 4痁(diàn)患：临近患害。痁，通"阽"，临近。

原文

7.17 曾子问曰："为君使而卒于舍，礼曰：'公馆复，私馆不复。'凡所使之国，有司所授舍，则公馆已，何谓'私馆不复'也？"孔子曰："善乎问之也！自卿、大夫、〔士〕[1]之家曰私馆，公馆与公所为曰公馆。'公馆复'，此之谓也。"

曾子问曰："下殇，土周葬于园，遂舆机而往[2]，途迩故也。今墓远，则其葬也如之何？"孔子曰："吾闻诸老聃曰：'昔者史佚有子而死，下殇也，墓远。召公谓之曰何以不棺敛于宫中？史佚曰吾

注释

曾子问："为国君出使，死在馆舍，礼经上说：'死在公家馆舍的就替他招魂，死在私人家里的就不替他招魂。'但凡是出使的国家，必有该国官员安排住宿，就是公家的馆舍了，为什么要说'死在私人家里的就不替他招魂'呢？"孔子说："真是问得好啊！出使之人住在卿、大夫、士人的家称为私馆，公家的馆舍或是国君指定的地方才称为公馆。'死在公家馆舍的就替他招魂'，就是说的这些地方。"

曾子问："八岁到十一岁的孩子死了，就在园圃里用砖砌成圹坑下葬，于是要用像床那样的抬尸器具抬着棺木前往，这是路途较近的缘故。现在死者的墓圹很远，还用这种葬法怎么样呢？"孔子说："我从老聃那儿听说：'从前史佚有个儿子死了，属于下殇，墓很远。召公就对他说：为什么不先在家里用棺

敢乎哉？召公言于周公。周公曰岂不可？史佚行之。’下殇用棺，衣棺，自史佚始也。”

木衣衾成殓后，再用车载到墓地去呢？史佚说：我怎么敢那样做呢？召公把这些告诉了周公。周公说：这怎么不可以呢？于是史佚就按召公说的去做了。’下殇而用棺，并为死者穿好衣服放入棺，就是从史佚开始的。”

注释 1据《校勘记》当有“士”字。 2舆：抬。机：古代抬尸体的床。

原文

7.18曾子问曰：“卿大夫将为尸于公，受宿[1]矣，而有齐衰内丧，则如之何？”孔子曰：“出舍于公馆以待事，礼也。”孔子曰：“尸弁冕[2]而出。卿、大夫、士皆下之，尸必式。必有前驱。”

7.19子夏问曰：“三年之丧，卒哭，金革之事无辟也者，礼与？初有司与？”孔子曰：“夏后氏三年之丧，既殡而致事。殷人既葬而致事。〔周人卒哭而

译文

曾子问：“卿、大夫将到国君那儿做祭祀时的尸，已受命独宿斋戒了，突然遇到家门内的齐衰之丧，那该怎么办呢？”孔子说：“那就出去住在公家的馆舍里，等待祭祀行礼，这是礼的要求。”孔子说：“作为尸，出来时，服弁还是服冕，卿、大夫、士见了都得下车致敬，尸也必须凭轼回礼。尸出来时必须有人为他在前面开路。”

子夏问：“服三年之丧，过了卒哭祭之后，兵役战争一类事就不能逃避，这是符合礼的，还是主管兵役的官吏迫他服役的？”孔子说：“夏后氏时服三年之丧，孝子将父母殡后就辞官守丧。殷人将父母下葬以后就辞官守丧。周人在卒哭以后就辞官守丧。所以古代《记》上说：‘君子不可剥夺他人亲爱自己亲人的感情，也不剥夺自己亲爱

致事。[3]〕《记》曰:‘君子不夺人之亲,亦不可夺亲也。’此之谓乎!”

子夏曰:“金革之事无辟也者,非与?”孔子曰:“吾闻诸老聃曰:‘昔者鲁公伯禽有为为之也。今以三年之丧从其利者,吾弗知也!’”

自己亲人的感情。’就是说的夏、殷时的情况啊!”

子夏说:“那丧服在身而服兵役之事不能逃避,是不符合礼吧?”孔子说:“我从老聃那儿听说:‘从前鲁公伯禽为了平定徐戎作乱,曾在卒哭祭以后举兵征伐。如今征发有三年之丧的人服兵役而求利的人,我就不知道是依据什么礼了!’”

注释 1受宿:受命别居斋戒。 2弁冕:弁、冕皆古代男子冠名,吉礼之服用冕,通常礼服用弁。因以“弁冕”指礼帽。 3周人卒哭而致事:《校勘记》说,似属经文而误入注耳。

文王世子第八

导读

此篇内容记文王、武王、成王诸位世子。因篇首是“文王之为世子”，由此而以之为篇名。开篇就写文王做太子的时候，一日去看望父亲三次，关心他的饮食起居。武王效法文王的孝行，同样精心侍奉父亲。成王幼时不能临朝理政，周公辅佐，暂居天子之位而统治天下，并想方设法加强对太子的教育。

本篇高度认识到太子教育的重要性，认为先要让他懂得父子、君臣、长幼之间的道义，让他从小就懂得如何为父为子，为君为臣，为长为幼，然后才可以去治理国家。君子说：“德成而教尊，教尊而官正，官正而国治。”这是说德行养成，那发出的教令就会被人尊重；发出的教令被人尊重，那官吏就会廉正；官吏廉正，那国家就能得到治理。所以对太子的教育不能不谨慎。在三王时代，必定要用礼乐来教育熏陶太子，因为乐是用来修养内在精神的，礼是用来修正外在行为的，礼乐交融，才能融合成快乐、恭敬、温文尔雅的风度。因此从小就要重视教育环境对太子的影响。在宫中为太子另辟一室，要挑选宽厚、慈惠、温良、恭敬，慎重而寡言的教师教育太子，因为教师谨言慎行，才能使太子的言行合乎正规。

文中以较多篇幅论述了教育太子的诸多方面，如教学之制度、四季之不同的教学内容、开学礼仪、释典之祭等。同时记叙了当时社会交往应酬、葬丧责罚等礼俗，还有君臣、宗族、长幼之间各种礼节规范，许多繁文缛节至今已经被摒弃了，但它为我们考察古代学制、刑法、礼制等提供了珍贵的史料。

原文

8.1 文王之为世子，朝于王季日三。鸡初鸣而衣服，至于寝门外，问内竖之御者曰："今日安否何如？"内竖曰："安。"文王乃喜。及日中又至，亦如之。及莫又至，亦如之。其有不安节[1]，则内竖以告文王，文王色忧，行不能正履。王季复膳，然后亦复初。

食上，必在视寒暖之节。食下，问所膳，命膳宰曰："末有原[2]。"应曰："诺。"然后退。

武王帅[3]而行之，不敢有加焉。文王有疾，武王不说[4]冠带而养。文王一饭，亦一饭；文王再饭，亦再饭。旬有二日乃间[5]。

文王谓武王曰："女[6]何梦矣？"武王对曰：

译文

文王做太子的时候，每天三次去探望他的父亲王季。鸡刚啼鸣，他就起床穿衣，来到父亲的寝门外，问内庭值日的小臣："今日我父亲可安好！身体怎么样啊？"小臣说："睡得安稳。"文王于是很高兴。到了中午又来到寝门外，也像早上那样请安。到了晚上又来探望，也像早上那样请安。如果王季的身体有什么不安适，那小臣告诉文王，文王的脸色就会显得忧虑，行走时连脚步也迈不稳。王季恢复正常饮食了，文王才恢复到原来的状态。

王季的饭食送上来时，文王必在边上察看冷热的程度。饭食端下去时，文王还要问用膳的情况，并吩咐膳宰说："不要将吃剩下来的再送给父亲吃。"膳宰回答说："是。"然后他才离去。

武王依循文王而行事，不敢希求自己超过文王。文王有病，武王不脱冠带，日夜侍候调养文王。文王只吃一口饭，武王也只吃一口饭；文王能吃两口饭，武王也吃两口饭。这样过了十二天，文王的病才痊愈了。

文王对武王说："你做梦梦见过什么了？"武王回答说："梦见上帝给了我九颗

"梦帝与我九龄[7]。"文王曰:"女以为何也?"武王曰:"西方有九国焉,君王其终抚诸。"文王曰:"非也。古者谓'年龄',齿亦龄也。我百,尔九十,吾与尔三焉。"文王九十七乃终,武王九十三而终。

成王幼,不能莅阼[8]。周公相,践阼而治。抗[9]世子法于伯禽,欲令成王之知父子、君臣、长幼之道也。成王有过,则挞伯禽,所以示成王世子之道也。

《文王之为世子》也[10]。

牙齿。"文王说:"你认为是什么意思呢?"武王说:"西方有九个国家,君王您最终将会安抚他们的。"文王说:"不是这样的。古代称'年龄',齿就是龄。我将活至百岁,你将活至九十岁,我给你三岁吧。"文王九十七岁才去世,武王活到九十三岁才去世。

成王年幼,不能临朝听政处理国事。周公辅助成王,暂居天子位而治理天下。周公用对太子的要求来要求伯禽,(要让伯禽作为榜样,)从而使成王能懂得父子、君臣、长幼的道理。成王如有过错,周公就鞭打伯禽,用来让成王明白做太子的道理。

以上是《文王之为世子》篇。

注释 1 不安节:指有疾,不能按照平时起居饮食的正常情况。 2 末:勿。原:再也。指所食之余不可再进也。 3 帅:遵循。 4 说(tuō):通"脱"。 5 间:病愈。 6 女:通"汝",你。 7 龄:陈澔说,龄字从齿,齿之异名也。 8 莅阼:临朝治政。莅,视事。阼,指天子之阶。 9 抗:举。10 此句说解纷纭,或以为衍文,或以为错简,郑玄以为"显上事"。

原文

8.2 凡学世子及学[1]士,必时。春夏学干戈,秋冬学羽籥,皆于东序。小乐

译文

凡是教太子和教士子,必须按四时来教授。春夏教学干戈武舞,秋冬教学羽籥文舞,都在东序内进行。小乐正教

正学干，大胥赞之；籥师学戈[2]，籥师丞赞之。胥鼓南。春诵夏弦，大师诏之。瞽宗[3]秋学礼，执礼者诏之。冬读《书》，典《书》者诏之。礼在瞽宗，《书》在上庠。

凡祭与养老、乞言、合语之礼[4]，皆小乐正诏之于东序。大乐正学舞干戚、语说、命乞言[5]，皆大乐正授数[6]。大司成论说在东序。凡侍坐于大司成者，远近间三席，可以问。终则负墙。列事未尽，不问。

操干的武舞，大胥辅助他；籥师教操籥的文舞，籥师丞辅助他。大胥击鼓为节奏来教南夷之乐。春天诵读乐诗，夏天用弦乐奏诗，都由太师指导教习。秋天就在瞽宗学习行礼，由掌管礼的人指导教习。冬天读《书》，由研习《书》的人指导教习。教礼的地方在瞽宗，教《书》的地方在上庠。

凡是学校举行祭典、养老、乞言、合语之礼时，都由小乐正在东序指导。大乐正教干戚舞，语说、命乞言，也都由大乐正教习进行的程序。大司成在东序总评。凡是陪在大司成跟前听讲的人，要与大司成间隔三席，(约一丈距离，)便于发问。问毕就后退靠墙而坐。若大司成还未讲完，就不可以插话提问。

注释　1 学：《尚书·盘庚上》，疏引此文，“学”字皆作“数”，即“教”。2 学戈：教戈。郭嵩焘认为，周礼籥师教舞羽和籥，此“教戈”当是“教籥”之误。　3 瞽(gǔ)宗：殷时学校名。　4 乞言：古代帝王及其嫡长子向一些德高望重的老者乞取善言。合语：指合于君臣父子长幼之道的言辞。在宴会中行“旅酬”时论说义理，以合于升歌的旨意。　5 语说：即“合语”。命乞言：即指“乞言”。　6 数：依王夫之说，数，指程序。

原文

8.3 凡学，春官释

译文

凡是学校，春季主持教学的人要先向先

奠[1]于其先师，秋、冬亦如之。凡始立学者，必释奠于先圣先师，及行事必以币。凡释奠者，必有合也，有国故则否。凡大合乐，必遂养老。

师举行释奠祭礼，秋季、冬季也像这样。凡是刚设立的学校，必须向先圣先师举行释奠祭礼，行礼时必须用币帛。凡是举行释奠祭礼，必须要有汇合舞与乐的大演奏；如遇上国家有重大的灾祸、战争等变故，就不再举行。凡是有舞与乐汇合的大演奏，必定要举行养老礼。

凡语于郊者，必取贤敛才焉，或以德进，或以事举，或以言扬。曲艺皆誓之，以待又语。三而一有焉，乃进其等，以其序，谓之“郊人”，远之于成均[2]，以及取爵于上尊[3]也。

凡是在郊学中考论学士的才能，必定要录取有贤德、有才能的人，有的是因德行而被录取，有的是因通达政事而被录取，有的是因擅长言语而被录取。至于祝、史、卜、医、射、御一类的，都要戒饬他们努力修习，从而等待以后另外的考辨。对于那些身怀小技的人，献三种技能，只要有一技可取，就可以被进用，并按技能高低依次排序，这种人就称为“郊人”，与太学生、充任乡饮酒中宾、介的人相差得较远。

始立学[4]者，既兴器用币，然后释菜，不舞不授器。乃退，傧[5]于东序，一献，无介、语可也。

开始设立学校，已摆设好了祭器和制币，然后举行释菜祭礼，不用歌舞，就不分发舞具。结束后就退下，在东序进行敬宾礼，以一献为度，没有傧相、合语也可以。

《教世子》。

以上为《教世子》。

注释　1 释奠：古代在学校设置酒食以奠祭先圣先师的一种典礼。祭祀时用脯醢和蔬菜，荐馔酌酒于筵。　2 成均：五帝时学校名，周时大学沿用之。 3 取爵于上尊：乡饮酒时的“宾”“介”，向主人敬酒。 4 始立学：指诸侯初受封，天子命之教，于是立学。 5 傧(bīn)：敬宾之礼。

原文

8.4 凡三王教世子必以礼乐。乐所以修内也，礼所以修外也。礼乐交错于中，发形于外，是故其成也怿，恭敬而温文。立大傅、少傅以养之，欲其知父子、君臣之道也。大傅审父子、君臣之道以示之。少傅奉世子以观大傅之德行而审喻之。大傅在前，少傅在后，入则有保，出则有师，是以教喻而德成也。师也者，教之以事而喻诸德者也。保也者，慎其身以辅翼之，而归诸道者也。《记》曰：“虞、夏、商、周，有师保，有疑丞[1]，设四辅及三公，不必备，唯其人。”语使能也。君子曰：“德，德成而教尊，教尊而

译文

凡三王时代，必定要用礼乐来教育太子。乐是用来提高内在修养的，礼是用来指导外在行为的。礼乐相互交融而作用于内心，又通过行为表现在外，因此会有愉快的心境，恭敬而温文尔雅的仪态。设立太傅、少傅来教养太子，要让他懂得父子、君臣之间的道理。太傅要审慎地按父子、君臣之间的道理来行事，使太子以此为榜样。少傅要侍奉太子来观察太傅的德行，并详细地讲解给他听，让他明白其中的道理。太傅在前做榜样，少傅在后做讲解，回到后宫有太保护卫，走出宫外有老师教育，因此能教导分明，使太子德行成就。老师，就是用事例来教导太子明白德行的人。太保，就是用谨慎自身的言行来辅佐太子，使太子的言行归向正道的人。《记》说：“虞、夏、商、周有师、保、疑、丞，设四辅和三公；不必求全，只要有称职的人就设。”这是说要任用能胜任的人来教育太子。君子说：“要修养德行，德行养成，那发出的教令

官正，官正而国治。君之谓也。”

仲尼曰：“昔者周公摄政，践阼而治，抗世子法于伯禽，所以善成王也。闻之曰：‘为人臣者，杀其身，有益于君，则为之。’况于其身以善其君乎？周公优为之。是故知为人子，然后可以为人父；知为人臣，然后可以为人君；知事人，然后能使人。成王幼，不能莅阼，以为世子，则无为也。是故抗世子法于伯禽，使之与成王居，欲令成王之知父子、君臣、长幼之义也。”

君之于世子也，亲则父也，尊则君也。有父之亲，有君之尊，然后兼天下而有之。是故养世子不可不慎也。行一物而三善皆得者，唯世子而已；其齿于学之谓也。故世子齿于学，国人观之

就会被人尊重；发出的教令被人尊重，那官吏就会廉正；官吏廉正，那国家就能得到治理。这是针对国君而言的。”

仲尼说：“从前周公代成王执政，暂居天子之位而治理天下，并用做太子的法则要求自己的儿子伯禽，以此来教育成王学习善道。我听说过：‘做人臣的，即使会被杀死，只要对国君有益的，就会去做。’何况只是通过自己的言行来引导国君向善呢？周公在这方面做得非常好。因此知道怎样做他人的儿子，然后才可以做别人的父亲；知道怎样做他人的臣子，然后才可以做别人的国君；知道怎样侍奉他人的，然后才能使唤别人。成王年幼，不能履行天子之事，让他学做太子，却没有学做太子的条件了。因此周公便用做太子的法则要求伯禽，并使伯禽和成王居住在一起，是要让成王懂得父子、君臣、长幼之间的道理。”

国君对于太子，从亲缘上说是父亲，从尊位上说是国君。有做父亲的亲缘关系，又有做国君的尊位，然后才能占有天下。因此教养太子不可以不慎重。做一件事而能获得三种好处的，只有太子；这是说他在学校只以年龄大小

曰:“将君我而与我齿让,何也?”曰:“有父在则礼然。”然而众知父子之道矣。其二曰:“将君我而与我齿让,何也?”曰:“有君在则礼然。”然而众著于君臣之义也。其三曰:“将君我而与我齿让,何也?”曰:“长长也。”然而众知长幼之节矣。故父在斯为子,君在斯谓之臣,居子与臣之节,所以尊君亲亲也。故学之为父子焉,学之为君臣焉,学之为长幼焉。父子、君臣、长幼之道得而国治。语曰:“乐正司业,父师司成[2]。一有元良[3],万国以贞[4]。”世子之谓也。

《周公践阼》。

与同学排列尊卑次序。所以太子在学校里以年龄为次序,国人看到了就会说:“他将做我们的国君,现在却和我们按年龄来论尊卑,为什么呢?”有人回答说:“因为他上面有父亲在,所以行谦让之礼。”这就使民众懂得了做父子的道理。另有人说:“他将作为我们的国君,现在却和我们按年龄来论尊卑,为什么呢?”回答说:“他上面有国君在,所以行谦让之礼。”这样就使民众明白了做君臣的道理。又有人说:“他将做我们的国君,现在却和我们按年龄来论尊卑,为什么呢?”回答说:“他上面还有长辈在。”这样又使民众知道了长幼的道理了。所以父亲在,他就是儿子;国君在,他就是臣子;他处于儿子与臣子的位置上,就要尊敬国君,亲爱父母。所以要让太子学习为父为子的道理,又让他学习为君为臣的道理,还让他学习为长为幼的道理。父子、君臣、长幼的道理学会了,国家也就可以得到治理了。古语说:“乐正主管教授学业,大司成主管成就德行。一人至德,万国因此端正。”说的就是太子啊!

以上是《周公践阼》。

注释 1疑丞:孔疏说,《尚书大传》中云,古代天子必有四邻,前曰疑,后曰丞,左曰辅,右曰弼,天子有问无以对,责之疑,可志而不志,责之丞。 2父师司成:大司成。 3元良:大善,至德。 4贞:正。

原文

8.5 庶子之正于公族者[1],教之以孝弟、睦友、子爱,明父子之义、长幼之序。其朝于公,内朝则东面北上,臣有贵者以齿;其在外朝,则以官,司士[2]为之。其在宗庙之中,则如外朝之位,宗人授事,以爵以官。其登馂[3]、献、受爵,则以上嗣[4]。

庶子治之,虽有三命[5],不逾父兄。其公大事,则以其丧服之精粗为序[6];虽于公族之丧亦如之,以次主人。若公与族燕[7],则异姓为宾,膳宰为主人;公与父兄齿。族食,世降一等[8]。

译文

庶子掌管公族的政事,要用孝悌父兄、和睦亲友、慈爱待人来教导族人,让他们明白父子间的道义、长幼间的秩序。族人朝见国君,如果在内朝见就要脸朝东,位置靠北,朝臣中有尊贵的官员就以年龄大小排列次序;如果在外朝,那就以官爵高低就位,由司士负责排列次序。他们在宗庙内,那就同外朝上的位次;由宗人分授祭祀职事,要以爵位、官位的高下为次序。其中登堂分吃祭后的食品、献尸、接受尸的奠酬等事,就由嫡长子负责。

庶子主管公族礼节,虽然官拜三命,(可以不和族人按年龄排列次序,)但是也不能超越父兄的位次。有国君的丧事,就要按丧服规定的亲疏关系来排列哭位的次序;即使是族人有丧事,也这样排列哭位,然后接在主人的后边。如果国君与族人宴会,那异姓的人就算是宾客,让膳宰作为主人来行酒劝饮;国君与父兄还是按年龄排列次序。国君与族人聚餐,就按亲疏关系依次减少参加的次数。

注释 1庶子:司马之属官。正:通“政”,政事。 2司士:司马之属,主为朝见之位次者。 3馂(jùn):吃尸吃剩的食物。 4上嗣:嫡子之长者为最上,即嫡长子。 5三命:《周礼·地官·党正》:“一命齿于乡里,再命齿于父族,三命而不齿。” 6按:即以亲疏关系为序,因为亲者丧服较粗恶,疏者丧服较精细。 7燕:通“宴”。宴会。 8世:父子相继为一世。降一等:孔疏说,假如本是齐衰,一年四会食,那大功则一年三会食,小功则一年再会食,缌麻则一年一会食。

原文

其在军,则守于公祢[1]。公若有出疆之政,庶子以公族之无事者守于公宫,正室守大庙,诸父守(贵宫)贵室[2],诸子诸孙守下宫下室[3]。

五庙之孙,祖庙未毁,虽为庶人,冠、取妻必告,死必赴,练、祥则告。族之相为也。宜吊不吊,宜免不免,有司罚之。至于赗赙承[4]含,皆有正焉。

公族其有死罪,则磬于甸人[5]。其刑罪,则纤剸[6],亦告[7]于甸人。公族无宫刑。狱成,有

译文

国君的族人在军中,就要守护迁主。国君如有出国的政事,庶子要让公族中无事的人守卫公宫,由嫡子守卫太庙,由公族中的叔伯守贵室,由公族中的众子孙守卫下宫下室。

五世的子孙,如果祖庙还未毁的,即使是个庶人,在举行冠礼、娶妻时必定要相互通告,有死丧之事,必定要报告国君,练祭、大祥祭也要相互通告。公族中的人要相互行礼。应该去吊丧却不去吊丧,应该着“免”戴孝却不戴孝,那主管公族事务的官员将惩罚他们。至于赠送丧家车马、财帛、衣服、含玉等都有规定。

公族中的人如犯了死罪,就让甸人吊死他。如果犯的是其他该受刑罚的罪,或刺或割,也要押到甸人那儿执行。公族中的人不用宫刑。罪案判决后,有关官员

司谳于公，其死罪，则曰："某之罪在大辟。"其刑罪，则曰："某之罪在小辟。"公曰："宥之。"有司又曰："在辟。"公又曰："宥之。"有司又曰："在辟。"及三宥，不对，走出，致刑于甸人。公又使人追之，曰："虽然，必赦之。"有司对曰："无及也。"反命于公。公素服不举，为之变，如其伦之丧。无服，亲哭之。

向国君汇报判决结果，如果判的是死罪，就说："某人的罪行列在大辟。"如果判的是其他用刑的罪，就说："某人的罪行列在小辟。"国君说："宽宥他。"有关官员又说："有死罪(不能宽宥)。"国君又说："还是宽宥他吧。"官员又说："有死罪(不能宽宥他)。"等到国君三次要求宽宥，官员不答应，就走出去，把罪犯交给甸人执行判决。国君又派人追来，说："虽然罪有应得，但也必定要宽赦他。"官员回答说："已来不及了。"追赶的人返回去向国君复命。国君就为死者穿素服，饮食时不奏乐，并改变日常生活，就如同自己的亲属有丧。但是国君不为死者服丧，而要到异姓的庙内亲自哭他。

注释 1 公祢(nǐ)：谓迁庙主载于斋车，随公出行，亦称行主。 2 贵宫：王引之说，"贵宫"二字衍文。贵室：国君的宫殿。 3 下宫下室：郑玄说，下宫指亲庙，下室皆燕寝。 4 承：孔疏说，即"襚"，赠死者衣服。 5 磬：郑玄说，县(悬)缢杀之曰磬。甸人：掌郊野之官。 6 纤(jiān)剸(tuán)：纤，通"殲"，刺。剸，割，截断。 7 告：依俞樾说，当为"造"，押到。

原文

公族朝于内朝，内亲也。虽有贵者以齿，明父子也。外朝以官，体异姓也。宗庙之中，以爵为

译文

公族在内朝朝见国君，是因为亲近，所以能进入宫内。族人中即使有地位尊贵的官员，在内朝也按年龄大小排列次序，这是为彰明父子关系的道理。

位，崇德也。宗人授事以官，尊贤也。登馂、受爵以上嗣，尊祖之道也。丧纪以服之轻重为序，不夺人亲也。公与族燕则以齿，而孝弟[1]之道达矣。其族食世降一等，亲亲之杀[2]也。战则守于公祢，孝爱之深也。正室守大庙，尊宗室，而君臣之道著矣。诸父诸兄守贵室，子弟守下室，而让道达矣。五庙之孙，祖庙未毁，虽及庶人，冠、取妻必告，死必赴，不忘亲也。亲未绝而列于庶人，贱无能也。敬吊、临、赙[3]、赗[4]，睦友之道也。古者庶子之官治，而邦国有伦；邦国有伦，而众乡[5]方矣。公族之罪，虽亲不以犯有司，正术也，所以

外朝官员按官位来排列次序，是为了团结异姓的人。宗庙中，按爵位来安排位次，是为表示推崇有德行之人。宗人按官位来分派祭祀时所任职事，是为表示尊重贤能之人。登堂分吃祭后的食品、接受尸的奠酌由嫡长子去做，是为表示尊崇祖先的嫡系。丧事办理按丧服的轻重排列哭位，为表示不以疏者而剥夺亲者的亲情关系。国君和族人宴会，要按年龄排列次序，那孝悌的道义就体现出来了。国君与族人聚食，按亲疏关系，每疏远一世就减少一次参加的机会，是要区别亲情的级差。战时要守护行主，是表示国君对祖先孝敬爱戴之情。嫡子守护太庙，是尊重嫡系的子孙，而君臣间的道义就体现出来了。公族中的叔伯、兄长守护贵室，子孙、兄弟守护下室，而谦让的道义就体现出来了。五世的子孙，如果祖庙还未毁的，即使已是庶人，行冠礼、娶妻时也必定相互通告，死了必定要报告国君，这说明国君不忘血统亲缘。与国君的血统亲缘没有断绝（本当不该将他列入庶人），而被列入庶人，表示轻贱无能的人。族人有丧必须恭敬地去吊唁、哭丧、赠送奠仪，体现了和睦亲族的道理。古代担任官员的庶子能治理好，那国家就有了伦理；国家有了伦理，那民众都会趋向礼教

体百姓也。刑于隐者,不与国人虑兄弟也。弗吊,弗为服,哭于异姓之庙,为忝祖,远之也。素服居外,不听乐,私丧之也,骨肉之亲无绝也。公族无宫刑,不翦其类也。

了。公族中有人犯了罪,即使是国君的亲人,也不因此干涉司法,这是为了端正法纪,以此来团结百姓。对公族的人行刑要在隐蔽的地方,不让国人联想到残杀自己的兄弟。(公族中的人因犯罪而被处死,)国君不去吊唁,不为他服丧,要到异姓的庙中去哭他,是因为他使祖先蒙受了耻辱而要疏远他。但要为死者穿素服,不住在平日的住处,不听音乐,这表示国君私下哀悼他,骨肉的亲情关系并没有断绝。公族中无宫刑,这是为了不断绝他的后嗣。

注释 1 孝弟(tì):即“孝悌”,孝顺父母,敬爱兄长。 2 杀(shài):减省。 3 赙(fù):送给丧家的布帛、钱财等。 4 赗(fèng):以车马等物助丧家送葬。 5 乡:通“向”。

原文

8.6 天子视学,大昕[1]鼓征,所以警众也。众至,然后天子至,乃命有司行事,兴秩节[2],祭先师先圣焉。有司卒事反命,始之养也。适东序,释奠于先老,遂设三老、五更、群老之席位焉[3]。适馔省醴,养老之珍具,遂发咏焉;退,修之以孝

译文

天子视察学校,天刚亮,学校就击鼓召集学士,以使他们做好准备。众人到达,然后天子驾到,于是命令学官各行其职,按常礼祭祀先师先圣。学官在释奠礼结束后要向天子报告,并开始行养老礼。天子到达东序,向先老行释奠礼,然后设立三老、五更、群老的席位。天子要亲自去检视为养老礼准备的肴馔和醴酒,并使养老的珍美食物齐全,(然后出迎他们,将进门时,)就奏乐歌咏;(就位

养也。反，登歌《清庙》；既歌而语，以成之也；言父子、君臣、长幼之道，合德音之致。礼之大者也。下管《象》，舞《大武》，大合众以事。达有神，兴有德也。正君臣之位、贵贱之等焉，而上下之义行矣。有司告以乐阕，王乃命公、侯、伯、子、男及群吏曰："反，养老(幼)[4]于东序。"终之以仁也。

后，）天子退下来，（酌醴酒献给他们，）修行孝养之道。诸老返回席位，乐正带领人登堂演唱《清庙》诗；演唱完毕，诸老开始交谈，以成就养老礼的意义；谈论父子、君臣、长幼的道义，以配合《清庙》诗的韵致。这是养老礼中最重要的。堂下的管乐奏起《象》乐，并且跳起了《大武》舞，集合众学士来参加跳舞。通过乐舞来传达天神之意，使有德之人兴起。然后端正君臣关系、贵贱等级，使上下关系的原则得到遵行。有关官员报告乐舞演奏完毕，天子就命令公、侯、伯、子、男以及众官员说："回去后，要像在东序这样举行养老礼。"天子用仁爱结束了养老礼。

是故圣人之记事也，虑之以大，爱之以敬，行之以礼，修之以孝养，纪之以义，终之以仁。是故古之人一举事，而众皆知其德之备也。古之君子举大事必慎其终始，而众安得不喻焉？《兑命》[5]曰："念终始典于学。"

因此圣人处事，都从大处来考虑，用恭敬之心来爱老者，依礼仪来行事，用孝养来修养自身，用义来作为纲纪，用仁爱之心来结束所做之事。所以古代的圣人，一举行一件事，而众人就能知道他德行的完美了。古代的君子举行大典礼必是谨慎始终，而众人怎么能不从中了解到君子的完备德行呢？《尚书·说命》说："要始终想着学校的养老礼。"

注释 1 大昕(xīn)：天初明。 2 秩：常。 节：礼。 3 郑玄说，三老、

五更各一人,皆年老更事致仕者。群老无数。孙希旦说,三老,以三公致仕者为之;五更,以孤、卿致仕者为之,曰“五更”者,因古者五官之名;群老,则大夫士之致仕者也。 4 郑玄注无“幼”字。 5 兑命:指《尚书·说命》篇。

原文

8.7《世子之记》[1]曰:“朝夕至于大寝之门外,问于内竖曰:‘今日安否何如?’内竖曰:‘今日安。’世子乃有喜色。其有不安节,则内竖以告世子,世子色忧不满容。内竖言:‘复初’,然后亦复初。朝夕之食上,世子必在视寒暖之节;食下,问所膳羞,必知所进,以命膳宰,然后退。若内竖言疾,则世子亲齐、玄而养。膳宰之馔,必敬视之;疾之药,必亲尝之。尝馔善,则世子亦能食;尝馔寡,世子亦不能饱。以至于复初,然后亦复初。”

译文

《世子之记》说:“(太子)每天早晚来到他父亲的大寝门外,问内庭值日的小臣:‘今日可安好?身体怎么样啊?’小臣说:‘今日安好。’太子听了脸上露出喜色。如果有什么不安适,小臣告诉了太子,太子就面露忧愁。小臣说:‘王已恢复健康了。’然后太子也恢复平时的容态。早晚饭食端上时,太子必定在那儿察看冷热的程度;饭食端下来时,要问王吃得怎么样,还必定要先拟定下次进献的膳食是哪些,并吩咐膳宰,然后才退去。如果小臣说君王有病,那太子就得斋戒,穿戴玄衣玄冠,亲自侍候父亲。膳宰为王做的食物,太子必定要小心地检视;治病的汤药,必定要亲口尝过。如果君王吃得好,那太子也就吃得下;如果君王吃得少,那太子也不能吃饱。等到君王恢复健康,然后太子也恢复正常生活。”

注释 1《世子之记》:郑玄说,《世子之礼》亡,此存其《记》。

礼运第九

导读

此篇阐述礼的运行。这里的“运行”不仅指循环往复的意思,还有演变之义。郑玄说:“以其记五帝三王相变易、阴阳转旋之道。”有人认为《礼运》的文辞似《荀子》,或是汉初之作。

本篇论述了礼之源流演变与礼之作用,批评周末礼之衰微,以及天子、诸侯违礼乱政之弊端,因此需要建立“刑仁讲让,示民有常”的制度规范。即是要用爵禄、刑罚和礼仪来协调规范人们的言行。在儒家理想的政权设计中,总是把法则、禄位、刑赏和祭祀等礼仪,列为“国之利器”和“国之大事”,作为治理国家的方法手段,这是统治者总结以前的政治教训而获得的经验。文中说圣人懂得礼是不可废除的,如果要毁坏一个国家,毁掉一个家庭,毁了一个人,必定先废除礼。因此圣人遵循义的根本,以礼来培养人情,以乐来安定生活,诸侯之间以礼让互相交往,这样百姓就会和睦,天下就会太平。

清末戊戌变法倡导者康有为认为,各种经典著作中,发明大同之道者,唯《礼运》这一篇。《礼运》中描绘的“大同世界”,古今许多思想家、政治家曾为之倾倒,认为是社会进步的理想。“大道之行也,天下为公,选贤与能,讲信修睦。故人不独亲其亲,不独子其子;使老有所终,壮有所用,幼有所长,矜寡、孤独、废疾者皆有所养”。这一美好蓝图竟然出自两千多年前的此书中。康有为据此蓝图而著《大同书》,民主主义革命家孙中山则将“天下为公”作为自己的座右铭,并提出“三民主义”学说。当然,原始共产主义与未来共产主义的性质是不同的。《礼运》将“小康”和“大同”划分为两个社会阶段。“大同”是建成“小康”后的必然结果。改革开放之初,党中央还提出建设“小康社会”的战略构想,可见其生命力之强大。

原文

9.1 昔者仲尼与于蜡宾[1]，事毕，出游于观[2]之上，喟然而叹。仲尼之叹，盖叹鲁也。

言偃在侧，曰："君子何叹？"孔子曰："大道之行也，与三代之英[3]，丘未之逮[4]也，而有志焉。大道之行也，天下为公，选贤与[5]能，讲信修睦。故人不独亲其亲[6]，不独子其子[7]；使老有所终，壮有所用，幼有所长，矜[8]寡、孤独、废疾者皆有所养；男有分，女有归[9]。货，恶其弃于地也，不必藏于己；力，恶其不出于身也，不必为己。是故谋闭而不兴，盗窃乱贼[10]而不作，故外户而不闭，是谓大同。

"今大道既隐，天

译文

从前，孔子参加蜡祭典礼，充任陪祭，祭事完毕后来到门楼的高台上游览，不觉长叹起来。孔子的感叹，大概是感叹鲁国吧。

言偃在旁边，问："先生为什么感叹呢？"孔子说："大道施行的时代和夏商周那些杰出的人主当政的时代，我都没有能赶上，可是有文献记载下来。大道施行的时代，天下是公有的，选举贤德和有才能的人，讲求信用，修整人间关系而至和睦。所以人们不只亲自己的亲人，不只爱自己的子女；要让年老的人都有归宿，壮年的人都有用处，年幼的人都能得到抚育，男人老了没有妻子的、女人老了没有丈夫的、幼儿无父母的、老人无子女的，以及残废的人，都能够得到供养；男人有职务，女子有夫家。财物，人们恨它被扔在地上，（都想收起来，）但不一定藏在自己家里；力气，人们恨它不从自己身上使出来，（都想使出来，）但不一定为了自己。因此，阴谋诡计就被堵塞住，不会兴起，盗窃、造反和害人的事情也不会发生，就连外面的大门也用不着关上，这就称为'大同'。

"如今大道已经消逝不见，天下变为一

下为家，各亲其亲，各子其子，货、力为己；大人世及[11]以为礼，城郭沟池[12]以为固，礼义以为纪，以正君臣，以笃父子，以睦兄弟，以和夫妇，以设制度，以立田里[13]，以贤勇知，以功为己。故谋用[14]是作，而兵由此起。禹、汤、文、武、成王、周公，由此其选[15]也。此六君子者，未有不谨于礼者也，以著其义，以考[16]其信，著有过，刑仁讲让，示民有常。如有不由此者，在埶[17]者去，众以为殃，是谓小康。"

家所私有，各人只是亲自己的亲人，各人只是爱自己的子女，货物和劳力都是为了自己。天子诸侯的子弟世代承袭，认为合于礼，因而修建内城、外郭和护城河作为赖以防守的建筑工事，还用礼仪来建立纲纪，使君臣关系正常，使父子关系纯厚，使兄弟关系和睦，使夫妻关系和谐。又规定制度，划分田里，尊重有勇力有智谋的人，而立功做事只是为自己。所以权谋因此而兴起，战争也因此发生了。禹、汤、文王、武王、成王、周公因此成为杰出人物。这六位圣贤，没有不谨慎恪守礼制的，用礼来表彰人民做对的事，用礼来成全人民讲信用的事，用礼来揭露有过错的事，用礼来树立仁爱的法则，用礼来提倡谦让，用礼来告诉人民应有的常规。如果有人不恪守礼，有地位权势的人会被罢免，人们把统治者不恪守礼视为祸害。这就称为小康。"

注释　1 蜡宾：蜡，古代国君的年终祭祀；宾，陪祭者。　2 观：宗庙门外两旁的高建筑物。　3 英：杰出的人物。　4 逮：赶上。　5 与：依王引之说，通"举"。选拔。　6 亲其亲：以其亲为亲。　7 子其子：以其子为子。　8 矜(guān)：通"鳏"。老而无妻者。　9 归：女子出嫁，此指夫家。　10 乱贼：乱，造反；贼，害人。　11 世及：父子相传叫"世"，兄弟相传叫"及"。　12 沟池：指护城河。　13 里：住处。这里指有关田里的制度。　14 用：由。　15 选：选拔。此指选拔出来的人物，即杰出人物。　16 考：成，成全。 17 埶(shì):同"势",权势。

原文

9.2 言偃复问曰:"如此乎礼之急也?"孔子曰:"夫礼,先王以承天之道,以治人之情,故失之者死,得之者生。《诗》曰:'相鼠有体,人而无礼。人而无礼,胡不遄死!'[1]是故夫礼,必本于天,殽[2]于地,列于鬼神,达于丧、祭、射、御、〔乡〕[3]、冠、昏、朝、聘。故圣人以礼示之,故天下国家可得而正也。"

译文

言偃又问道:"礼是这样要紧的吗?"孔子说:"礼是古代君王用来敬奉天道的,用来治理人情的,所以失去礼便不能生存,得到礼才能生存。《诗》说:'看那老鼠还有个身体,人却没有礼。人如果没有礼,何不趁早死去!'所以礼必须根据上天,效法大地,分布至鬼神,贯彻到丧、祭、射、御、乡、冠、婚、朝、聘等礼仪上。因此圣人用礼来教育人民,而天下的国家才可能纳入正轨。"

注释 1 见《诗·鄘风·相鼠》。 遄(chuán):迅速。 2 殽(xiào):通"效"。效法。 3 此据邵懿辰《礼经通论》补。

原文

9.3 言偃复问曰:"夫子之极言礼也?可得而闻与?"孔子曰:"我欲观夏道,是故之杞,而不足征也,吾得《夏时》[1]焉。我欲观殷道,是故之宋,而不足征也,吾得《坤乾》[2]

译文

言偃又问道:"先生能透彻地讲一下礼吗?我们也可以听闻到。"孔子说:"我想要看看夏代的礼制,所以到杞国去考察,但发现杞国的文献不足信。我只得到《夏时》历书。我想要看看殷代的礼制,所以到宋国去考察,但发现宋国的文献也不足信。我只得到关于阴

焉。《坤乾》之义,《夏时》之等,吾以是观之。夫礼之初,始诸饮食,其燔黍捭[3]豚,污尊[4]而抔饮[5],蒉桴[6]而土鼓,犹若可以致其敬于鬼神。及其死也,升屋而号,告曰:'皋[7]!某复!'然后饭腥[8]而苴孰。故天望而地藏也,体魄则降,知气在上。故死者北首,生者南乡,皆从其初。昔者先王未有宫室,冬则居营窟,夏则居橧巢;未有火化,食草木之实、鸟兽之肉,饮其血,茹其毛;未有麻丝,衣其羽皮。后圣有作,然后修火之利,范金[9],合土,以为台榭宫室牖户;以炮,以燔,以亨,以炙,以为醴酪;治其麻丝,以为布帛;以养生送死,以事鬼神上帝,皆

阳的《坤乾》一书。《坤乾》中所体现的事物内在的规律和《夏时》中所记载的四时运转的次第,我可以据此来考察夏代、殷代的礼。礼的初起,开始于饮食。当时在火上爆黍粒,在火上烤猪肉,在地上挖一个坑就算酒樽,用手捧起来喝,又抟土作槌,筑土为鼓,好像照样可以向鬼神表示敬意。到了他们死的时候,还要有人登上屋顶向上天哀号:'啊,某人的灵魂你该回来啊!'此后又用生米塞在死人的口里,又用熟肉包起来作为出葬时的祭物。所以先是向上天招魂,然后在地下埋葬;肉体沉入地底,灵魂却在上天。因此死人的头朝北,(归阴,)活人的头朝南,(归阳,)都是从上古沿传下来的风俗。上古时代君王没有房屋,冬天就居住在挖掘的土洞里,夏天就居住在搭在树上的巢里;不知道用火来烧煮,生吃草木的果实、鸟兽的肉,还饮它们的血,吞下它们的毛;没有麻和丝,就穿用鸟兽羽毛和皮革做的衣服。后来有圣人出现,然后发挥火的功效,做出模型来铸造金属,和合泥土来制作器物,用来建造台榭、房屋、门窗;又用火来烘、烤、煮、烧各种食物,用来酿制醴酒和乳酪;又把麻和丝加工,织成布匹和丝绸;用来供养生者,送葬死者,

从其朔。故玄酒[10]在室，醴盏[11]在户，粢醍[12]在堂，澄酒[13]在下。陈其牺牲，备其鼎俎，列其琴瑟。管磬钟鼓，修其祝嘏[14]，以降上神与其先祖。以正君臣，以笃父子，以睦兄弟，以齐上下，夫妇有所，是谓承天之祜。作其祝号[15]，玄酒以祭，荐其血毛，腥其俎，孰其殽；与其越席[16]，疏布以幂，衣其浣帛。醴盏以献，荐其燔炙。君与夫人交献，以嘉魂魄，是谓合莫[17]。然后退而合亨[18]，体其犬、豕、牛、羊，实其簠、簋、笾、豆、铏[19]羹。祝以孝告，嘏以慈告。是谓大祥。此礼之大成也。”

用来侍奉鬼神上帝，到现在还是照从前一样。所以玄酒放在室内，甜酒和白酒放在户外，齐醍放在堂上，清酒放在堂下。陈列供祭礼用的牺牲，齐备鼎和俎，排定琴、瑟、管、磬、钟、鼓，进行主人向神祭告的‘祝辞’和尸对主人祝福的‘嘏辞’，而用以迎接上神和先祖灵魂的光临。用这种祭礼来使君臣关系正常，使父子关系纯厚，使兄弟关系和睦，使上下齐同，使夫妇各得其所，这就叫作承受了上天的福佑。作出祝辞中美好的称号，用玄酒来祭祀，进献上牺牲的血和毛，俎上的牲体是生的，肉是煮熟的；铺设的是蒲席，用粗麻布覆盖酒樽，穿的是染色的丝绸。国君献甜酒，夫人献浊酒，把烧烤的肉奉献上去。国君和夫人交相献祭，以愉悦祖先的灵魂，这就叫人和鬼神交接的道理。（正祭已毕，）然后撤下来，再合在一起煮熟，把狗、猪、牛、羊的骨和肉分开来，装在簠、簋、笾、豆，以及铏器盛的羹汤里面（，分敬参加祭礼的宾客们）。祭神的祝辞是本着‘孝’来立言的，神对人的致福之辞是本着‘慈’来立言的。这就叫作大吉大祥。这就是礼的最完满的成功。”

注释　1《夏时》：传说为夏代历书，其书存者有《夏小正》一篇。　2《坤乾》:殷人所传的阴阳之书。 3 捭:王念孙说,与“燔”同为炙烤的意思。 4 污尊:凿地成洼,当作酒樽。 5 抔(póu)饮:用手掬水而饮。抔,用双手捧。 6 蒉桴(kuì fú):抟土块为鼓槌。桴,鼓槌。 7 皋:呼号的声音。 8 饭腥:古代丧礼中将生米塞在死者口里。 9 范金:用模型浇铸金属器皿。 10 玄酒:指水,古人以为其色玄,上古又以水当酒,故称。 11 醴盏(lǐ zhǎn):指甜酒和白酒。 12 粢醍(zī tǐ):当言“齐醍(zhǎi tǐ)”,较甜酒更成熟的浑酒。 13 澄酒:没有沉淀物的清酒。 14 祝嘏(gǔ):祝,人享神的祝辞;嘏,尸代表神、祖先向祭者的祝福之辞。 15 祝号:祝辞中特别加美的称号,如称神为“皇天上帝”等。 16 越席:用蒲草织成的席。 17 莫:冥漠,指死者。此指死去的祖先。莫,通“漠”。 18 亨:同“烹”。 19 铏(xíng):古代盛羹器。

原文

9.4 孔子曰:“於呼哀哉!我观周道,幽、厉伤之,吾舍鲁何适矣!鲁之郊禘[1],非礼也,周公其衰矣!

“杞之郊也,禹也;宋之郊也,契也。是天子之事守也。故天子祭天地,诸侯祭社稷。祝嘏莫敢易其常古,是谓大假[2]。

“祝嘏辞说,藏于宗祝巫史,非礼也,是谓幽国。盏斝[3]及尸君,非礼

译文

孔子说:“唉,真是悲哀啊!我看到周代的礼制,到幽王、厉王的时代就被破坏了,而我舍弃鲁国,又有什么地方可以去(观周礼)呢?但是,鲁国郊天禘祖之礼,是不符合礼制的,周公之道衰微了!

“杞国举行郊天礼,是因为禹的缘故;宋国举行郊天礼,是因为契的缘故。这是天子的法度,由他们保存下来的。所以天子才可以祭天地,诸侯只能祭社稷。人对神的祝辞、神对人的嘏辞都不敢变更自古相沿的法度,这就是最大的道理。

“祝辞、嘏辞,收藏在宗、祝、巫、史

也,是谓僭君。冕弁兵革,藏于私家,非礼也,是谓胁君。大夫具官[4],祭器不假,声乐皆具,非礼也,是谓乱国。故仕于公曰臣,仕于家曰仆。三年之丧,与新有昏[5]者,期[6]不使。以衰裳[7]入朝,与家仆杂居齐齿[8],非礼也,是谓君与臣同国。故天子有田以处其子孙,诸侯有国以处其子孙,大夫有采以处其子孙,是谓制度。故天子适诸侯,必舍其祖庙,而不以礼籍入,是谓天子坏法乱纪;诸侯非问疾吊丧而入诸臣之家,是谓君臣为谑。是故礼者,君之大柄也,所以别嫌明微,傧[9]鬼神,考制度,别仁义,所以治政安君也。故政不正则君位危,君位危则大臣倍、

的私家,这是不合礼制的,这叫作昏暗之国。盏、斝,(这两种先王时的重器)用于代表神的尸君前面,是不合礼制的,这叫作僭越天子。冕、弁(是国君的礼服)、兵、革(是国君的武卫),如果藏在大夫私家,是不合于礼制的,这叫作胁迫国君。大夫之家若各种职务的人员完全具备,而祭器不须借用,音乐也全部具备,这是不合于礼制的,这叫作紊乱的国家。所以为国君做事的称为臣,为私家做事的称为仆。遇到父母去世,要停职三年;若是新婚,一年之内不加以任职。若穿着丧服进入朝廷,或是仍和家仆杂住一起,不分长幼,这是不合于礼制的,这叫作君臣同国(无尊卑的分别了)。所以天子有他的田来安置他的子孙,诸侯有他的国来安置他的子孙,大夫有他的采邑来安置他的子孙,这叫作制度。所以天子到诸侯国去,一定得住在他的祖庙里,若不将有关典礼的记载随同带去,这叫作天子破坏法规扰乱纲纪;诸侯若不是问病吊丧而进入臣子家里,就是君与臣互相戏谑。因此,礼制是国君治国的重大工具,用来辨析嫌疑,显明幽隐,敬奉鬼神,考订制度,辨别仁义,治理政事,使国君的地位安稳。因此,国政不正,那么国君地位就不安稳;国君地

小臣窃。刑肃而俗敝，则法无常；法无常而礼无列，礼无列则士不事也。刑肃而俗敝，则民弗归也。是谓疵国。

位不安稳，那么大臣就会背叛，小臣就会窃取。那时刑法虽严厉，但风俗已凋敝，法度就会失常；法度失常，礼制就会紊乱；礼制紊乱了，士人也就不能尽职。刑法严厉，风俗凋敝，那么民众就不会归顺。这就叫作有病之国。

注释 1郊禘(dì)：郊，天子祭天；禘，子孙祭祖。 2假：郑玄说，大也。 3盏斝(jiǎ)：指先王之器。 4具官：各种执事皆备。 5新有昏：即新婚。 6期：一周年。 7衰裳：丧服。 8齐齿：没有上下尊卑之分。 9傧：接待宾客。

原文

“故政者君之所以藏身也。是故夫政必本于天，殽[1]以降命。命降于社之谓殽地，降于祖庙之谓仁义，降于山川之谓兴作，降于五祀[2]之谓制度。此圣人所以藏身之固也。

“故圣人参于天地，并于鬼神以治政也。处其所存，礼之序也；玩其所乐，民之治也。故天生时而地生财，人其父

译文

“所以，政治就是国君用来托身之处。因此凡是政治，必须以天为本，效法天降下教令。教令由社降下的就是效法土地，由祖庙降下的就是仁义，由山川降下的就是制作，由‘五祀’降下的就是宫室的制度。这都是圣人保藏自身最稳妥的方法。

“所以圣人参拟天地，配合鬼神来处理政治。处理那些体察到的事物，就能使礼秩然有序；寻求人民的喜爱，就能使人民得以安居。所以天是运行岁时的，地是生长财物的，人是由父(母)生出来而由老师教育的，这四方面，国君如果能

生而师教之，四者君以正用之，故君者立于无过之地也。

“故君者所明[3]也，非明人者也；君者所养也，非养人者也；君者所事也，非事人者也。故君明人则有过，养人则不足，事人则失位。故百姓则君以自治也，养君以自安也，事君以自显也。故礼达而分定，故人皆爱其死而患其生。故用人之知去其诈，用人之勇去其怒，用人之仁去其贪。故国有患，君死社稷，谓之义；大夫死宗庙，谓之变。

“故圣人耐[4]以天下为一家，以中国为一人者，非意[5]之也。必知其情，辟[6]于其义，明于其利，达于其患，然后能为之。何谓人情？喜、怒、哀、惧、爱、恶、欲，七者

够加以正确地运用，也因此能处于无过失的地位了。

“所以国君是被人尊崇的，而不是去尊崇别人；国君是被人奉养的，而不是去奉养别人；国君是被人侍奉的，而不是去侍奉别人；因此国君尊崇别人就是过错，奉养别人就会力不足了；侍奉别人就失去了地位。所以，百姓尊崇国君而为了自己能安定，奉养国君而为了自己的安乐，侍奉国君而为了自己能得到光荣。所以，礼贯彻而名分就会确定，人人都爱重合于礼而死，担心违礼而活。所以用人的智谋，应当去掉他的诈伪；用人的勇敢，应当去掉他的暴怒；用人的仁爱，应当去掉他的贪恋。因此国家有了患难，国君为社稷而死，称为义；大夫为自己宗庙而死，称为变（这都是理所当然的）。

“所以圣人能以天下为一家，以中国为一人，并不是空想的。一定要了解民众的性情，通达民众的义理，明白民众的利益，知晓民众的患难，然后才能够有所作为。什么叫人的性情？喜、怒、哀、惧、爱、恶、欲，这七方面不学而属本能。什么叫作人的义理？父亲慈爱，子女孝顺，兄长善良，兄弟敬爱，丈夫守义，妻子服

弗学而能。何谓人义？父慈，子孝，兄良，弟弟[7]，夫义，妇听，长惠，幼顺，君仁，臣忠，十者谓之人义。讲信修睦，谓之人利。争夺相杀，谓之人患。故圣人之所以治人七情，修十义，讲信修睦，尚辞让，去争夺，舍礼何以治之？饮食男女，人之大欲存焉。死亡贫苦，人之大恶存焉。故欲、恶者，心之大端也。人藏其心，不可测度也。美恶皆在其心，不见其色也，欲一以穷之，舍礼何以哉？

从，长辈慈惠，晚辈孝顺，国君仁爱，臣子忠贞，这十方面称为做人的道理。讲习的是忠信和睦，这叫作人的利益。争夺相杀，这叫作人的患难。所以圣人用以节制人的‘七情’，培养人的‘十义’，讲习忠信和睦，崇尚谦让，戒除争夺的，若舍弃礼制，又可用什么来整治呢？饮食和男女间的事，是人们最大的欲望。死亡和贫苦，是人们最厌恶的。所以，‘欲’和‘恶’（两种人情）是内心最主要的。人们将自己内心的想法深藏起来，使人不可窥测。人心好坏都在内心深处，不表现于外表，要想彻底了解人心的好坏，除了礼，还有什么东西呢？

注释　1 殽(xiào)：通“效”。　2 五祀：五行之神。　3 明：郑玄说，尊崇。　4 耐(néng)：通“能”。　5 意：私意测度。　6 辟：通，通达。　7 弟弟(tì)：即弟悌。悌，敬爱兄长。

原文

“故人者，其天地之德、阴阳之交、鬼神之会、五行之秀气也。故天秉阳，垂日星，地秉阴，窍[1]于山川，播五行于四时，

译文

“所以，人具有天地的德性、阴阳的交感、鬼神的聚会、五行的秀气。所以天秉有阳气，昭示日月星辰；地秉有阴气，发泄出来便是山川。五行分在四时之中，五行之气和谐，然后月亮依时而

和而后月生也。是以三五而盈,三五而阙。五行之动,迭相竭也。五行、四时、十二月,还[2]相为本也。五声、六律、十二管,还相为宫也。五味、六和、十二食,还相为质也。五色、六章、十二衣,还相为质也。故人者,天地之心也,五行之端也,食味、别声、被色而生者也。

“故圣人作则,必以天地为本,以阴阳为端,以四时为柄,以日星为纪,月以为量,鬼神以为徒,五行以为质,礼义以为器,人情以为田,四灵以为畜。以天地为本,故物可举也。以阴阳为端,故情可睹也。以四时为柄,故事可劝也。以日星为纪,故事可列也。月以为量,故功有艺[3]也。鬼神以为徒,故事有守也。五行以为质,故事可复也。礼义以为器,故事行有考[4]也。人

生。经十五天而月亮圆满,又经十五天月亮又亏了。五行的运动,就是彼此相生相克。五行、四时、十二月,循环为本位。五声、六律、十二管,循环不止为宫声。五味、六和、十二食,轮番为食的本质。五色、六章、十二衣,轮番为衣的本质。因此,人是得天地的自然法则,得五行的端绪,能尽食(五味、六和)、尽声(五声、六律)、尽色(五色、六章)的生灵。

“所以圣人立法,一定以天地为根本,以阴阳为端绪,以四时为把柄,以日星为纲纪,以十二月为分限,以鬼神为徒属,以五行为本体,以礼义为工具,以人情为田地,以四灵为牲畜。以天地为根本,所以万物得以生存。以阴阳为端绪,所以人情可以察见。以四时为把柄,所以耕作的事就会得到成功。以日星为纲纪,所以凡事有条理。以月份为计量,所以工作有区分。以鬼神为徒属,所以万事具有职分。以五行为本体,所以万事可以周而复始。以礼义为工具,所以事情必定会成功。以人情为田地,所以人就能自己成为主宰。以四灵为牲

情以为田，故人以为奥[5]也。四灵以为畜，故饮食有由也。

“何谓四灵？麟、凤、龟、龙，谓之四灵。故龙以为畜，故鱼鲔不淰[6]；凤以为畜，故鸟不獝[7]；麟以为畜，故兽不狘[8]；龟以为畜，故人情不失。

畜，所以饮食就有来源。

“什么叫四灵？麟、凤、龟、龙，称为四灵。所以如果以龙为牲畜，就可以使大小的鱼（有所统率）而不惊走；以凤为牲畜，就可以使鸟（有所统率）而不惊骇乱飞；以麟为牲畜，就可以使兽（有所统率）而不跑散；以龟为牲畜，就可以（预卜）而晓知人情。

注释 1窍：在下而通气于上。 2还(xuán)：旋转。 3艺：区分。 4考：成。 5奥：主宰。 6淰(shěn)：水搅动而鱼惊走。 7獝(xù)：禽惊骇乱飞的样子。 8狘(xuè)：惊走。

原文

“故先王秉蓍龟，列祭祀，瘗缯，宣祝嘏辞说，设制度。故国有礼，官有御，事有职，礼有序。故先王患礼之不达于下也，故祭帝于郊，所以定天位也；祀社于国，所以列地利也；祖庙，所以本仁也；山川，所以傧鬼神也；五祀，所以本事也。故宗祝在庙，三公在朝，三老在学。王前巫而后史，卜筮

译文

“所以前代的国君有卜、筮所用的蓍、龟，安排鬼神的祭祀，埋葬礼品，宣扬祝告和赐福的词语，订立制度。因此国家有礼制，百官有职掌，百事有一定的职守，礼制有秩序。所以前代的国君恐怕礼制不能贯彻到下面，因而在南郊祭祀上帝，用来确定天位；在国中祭社，用来显示土地养人之功；在祖庙祭祀，用来体现仁爱的根本；祭祀山川，用来敬事鬼神；祭祀五祀，用来体现事物的根本。所以宗、祝在宗庙，三公在朝廷，三老在学校。国君的前面有（掌理神事的）巫，后

瞽侑皆在左右，王中心无为也，以守至正。故礼行于郊，而百神受职焉；礼行于社，而百货可极焉；礼行于祖庙，而孝慈服[1]焉；礼行于五祀，而正法则焉。故自郊社、祖庙、山川、五祀，义之修而礼之藏也。

“是故夫礼，必本于大一，分而为天地，转而为阴阳，变而为四时，列而为鬼神，其降曰命，其官[2]于天也。夫礼必本于天，动而之地，列而之事，变而从时，协于分艺。其居人也曰养[3]，其行之以货力、辞让、饮食、冠昏、丧祭、射、御、朝、聘。故礼义也者，人之大端也，所以讲信修睦，而固人之肌肤之会、筋骸之束也；所以养生、送死、事鬼神之大端也，所以达天道、顺人情之大窦也。故唯

面有（记载人事的）史，管卜和筮的人、乐师和辅助的人都在国君的左右。国君在中心，不必有什么作为，只要守住正道就行了。所以礼用在郊祭的时候，一切的神恪守其职；礼用在社祭的时候，一切的货财都可尽其用；礼用在祭祀祖庙的时候，天下的人都能行孝慈之道了；礼用在祭祀的时候，天下的法则就各得其正了。所以从祭郊、社、祖庙、山川到祭五祀，就是在修养道义和坚守礼义。

“所以礼一定要用‘太一’这一天地未分以前的元气为根本，元气分开来就是天和地，转而为阴阳，变化而为四时，分列而为鬼神，降下来就称为命，这就是效法于天理。礼一定要以天为本，它的动作就取法于地，分布开来就取法于事物，变化就随从四时，分量和标准都能协调，在人就成为义，实行起来就表现在货财、劳力、辞让、饮食、冠、婚、丧、祭、射、御、朝、聘各方面。所以礼义是人生的重大端绪，因此讲习忠信和睦，可以使人们肌肤的组合、筋骨的联结加强；也是养生送死、敬事鬼神的重要方面；也是传达天道、适顺人情的重

圣人为知礼之不可以已也。故坏国、丧家、亡人,必先去其礼。

大诀窍。只有圣人才能够懂得礼是不可废除的。所以要毁坏一个国家,破灭一个家庭,败坏一个人,必定先把礼制废除了。

注释 1 服:行。 2 官:效法。 3 养:依郑玄说,“养”字当作“义”字。

原文

“故礼之于人也,犹酒之有糵也,君子以厚,小人以薄。故圣王修义之柄、礼之序,以治人情。故人情者,圣王之田也,修礼以耕之,陈义以种之,讲学以耨之,本仁以聚之,播乐以安之。故礼也者,义之实也,协诸义而协,则礼虽先王未之有,可以义起也。义者,艺之分、仁之节也。协于艺,讲于仁,得之者强。仁者,义之本也,顺之体也,得之者尊。故治国不以礼,犹无耜而耕也;为礼不本于义,犹耕而弗种也;为义而不讲之以学,

译文

“所以礼和人的关系就像制酒和酒曲的关系一样,君子因此更加醇厚,小人因此就更加稀薄了,所以圣哲的君王用义作为把柄,用礼作为秩序,而来治理人情。所以人情就是圣哲君王的田土,用礼来耕种它,用义来栽培它;讲明学问就是去草养苗,用仁保护成果,用乐取得安定。所以礼就是义的结果。只要和义配合起来,能够协调,那么即使先王没有的礼也可以根据义的要求创制出来。义,就是才的标准和分量,也是仁的细节。适合于才,表达了仁,能这样的就强盛。仁,就是义的根本,也是顺达(天理人情)的具体表现。能这样的就可以被人尊敬了。所以不用礼来治理国家,就像没有农具而耕田;制定礼不从义的根本出发,就像耕了田地没有播种;推行义而不讲求学问,就像播了种而没有除草;讲求学

犹种而弗耨也；讲之于学而不合之以仁，犹耨而弗获也；合之以仁而不安之以乐，犹获而弗肥也；安之以乐而不达于顺，犹食而弗食也。四体既正，肤革充盈，人之肥也；父子笃，兄弟睦，夫妇和，家之肥也；大臣法，小臣廉，官职相序，君臣相正，国之肥也；天子以德为车，以乐为御，诸侯以礼相与，大夫以法相序，士以信相考，百姓以睦相守，天下之肥也。是谓大顺。大顺者，所以养生、送死、事鬼神之常也。故事大积焉而不苑[1]，并行而不缪，细行而不失。深而通，茂而有间，连而不相及也，动而不相害也。此顺之至也。故明于顺，然后能守危也。故礼之不同也，不丰也，不杀也，所以持情而合危也。

问而不与仁结合，就像除了草而没有收获；结合了仁而不用乐来安定，就像收获了而不去食用；以乐来安定而不明白顺达(天理人情)的道理，就像食用了而无益于健康。四肢既已正常，肌肤又结实丰满，这是健康的人；父子笃爱，兄弟和睦，夫妇和谐，这是健康的家庭；大臣守法，小臣廉洁，官职有一定的次序(分工合作)，君臣有正常的关系，这是健康的国家；比如天子用德作为车，而乐就是车的驾驭者，诸侯以礼相待，大夫以法度为秩序，士以信用相互考察，百姓彼此保持着和睦，这是健康的世界。这就叫作大顺。大顺就是养生送死，敬事鬼神的正常道理。所以一切事虽然堆积在一起，却并不停滞；虽然并进，可是不相违背，连细微的小事也不疏忽。虽然深幽而可通达，虽然茂密又有余地，连接起来而不抵触，动起来而不互相妨碍。这才是真正的顺利。明白了顺利的道理，就能守住高位，不至于危险。所以礼制不同，因为有的不能过分丰厚，有的不能过分减省，这才能合乎人情，防止偏差。

“所以圣哲的君主按顺应人情的做法，不使住惯山地的人住在水旁，也不

"故圣王所以顺,山者不使居川,不使渚者居中原,而弗敝也。用水、火、金、木,饮食必时,合男女,颁爵位,必当年德。用民必顺。故无水旱昆虫之灾,民无凶饥妖孽之疾。故天不爱其道,地不爱其宝,人不爱其情。故天降膏露,地出醴泉,山出器车,河出马图,凤皇麒麟皆在郊棷[2],龟龙在宫沼,其余鸟兽之卵胎皆可俯而窥也。则是无故,先王能修礼以达义,体信以达顺故。此顺之实也。"

使住在水旁的人住在大陆,不使他们劳苦。水、火、金、木的利用,以及饮食的方式都按照天时,而男女的配合,爵位的授予,要合于年龄,要符合德行。使用人力必须有一定的时间。因此没有水旱、昆虫的灾害,人民也就没有荒年饥饿和不祥的灾祸。因此天也不惜把道显示出来,地也不惜把宝贡献出来,人也不惜把感情表露出来。所以天上降下润泽的雨露,地上涌出甘美的泉水,山上会出宝器和车辆,河里会出现龙马驮来河图洛书,凤凰麒麟都养在郊外的苑囿里,龟龙都养在宫内的湖沼里,至于其他的鸟兽(也与人类平安相处),人们低头即能看到它们的繁殖。这不是别的原因,前代的君王能够遵循礼制,通达义,使一切都能顺应天理人情。这才是天下大顺的真实表现。"

注释 1 苑:积聚,郁结。 2 棷(sǒu):借作"薮",指湖泊地带。此指郊外的苑囿。

礼器第十

导读

此篇阐述礼使人成“器”的道理。《论语》中孔子比喻子贡为“瑚琏”，即古代宗庙祭祀盛黍稷的礼器。后世以“瑚琏”比喻资质高贵、有廊庙才气的人。本篇赞美礼之盛德，强调忠信的重要以及礼能使人内心强大。全文内容错杂，但语言诗化而富有哲思，深藏礼之古制和孔门之大义。

本篇开篇即提出礼能使人成器，能使人去除邪恶。置礼在身就身正，施礼做事就畅行。礼在身上就好像竹箭有青皮，四时葱翠；也好像松柏有坚贞的树心，凌寒仍葱绿。竹箭和松柏只因有了青皮和树心，才能四时无所改变。君子有礼就会不虚伪，就会与外人和谐相处，使家人无怨恨，这是对礼之美质的赞美。

先王制礼有根本，又有文饰。没有忠信之根本，礼不能确立；没有义理之文饰，礼就不能施行。“忠信之人可以学礼。苟无忠信之人，则礼不虚道。是以得其人之为贵也。”“忠信”之人言语诚恳实在，行为敦厚庄重。孔子以忠信之德为美，以文、行、忠、信施教。“是故昔先王尚有德，尊有道，任有能，举贤而置之。”先王崇尚有德行的人，尊重有道义的人，任用有才能的人，将他们置于要位。“是故因天事天，因地事地，因名山升中于天，因吉土以飨帝于郊。”凭借天时来祭天，凭借吉土来祭享上帝，祈求丰年。上天应时节降下雨泽，滋养万物，君子都勉力报功，风调雨顺，天下祥和。

本文还指出，礼的根本是敬，它是圣人效法天道而制定的。“故经礼三百,曲礼三千,其致一也”,常行的“经礼”有三百,引申而来的琐屑仪文有三千,但它们都以敬为本的道理是一致的。“天道至教,圣人至德”,天道阴阳变化是对人的最高教化,圣人制作礼乐是效法天道的最合理的行为。礼的根本目的是使人复返本性。“礼也者,反本循古,不忘其初者也。”但在具体实施的过程中,礼越来越形式化,离其本质越来越远。

原文

10.1 礼器，是故大备。大备，盛德也。礼，释回[1]，增美质，措则正，施则行。其在人也，如竹箭之有筠也[2]，如松柏之有心也；二者居天下之大端矣，故贯四时而不改柯易叶。故君子有礼，则外谐而内无怨。故物无不怀仁，鬼神飨[3]德。

先王之立礼也，有本有文。忠信，礼之本也；义理，礼之文也。无本不立，无文不行。礼也者，合于天时，设[4]于地财，顺于鬼神，合于人心，理万物者也。是故天时有生也，地理有宜也，人官[5]有能也，物曲[6]有利也。故天不生，地不养，君子不以为礼，鬼神弗飨也。居山以鱼鳖为礼，居泽以鹿豕为礼，君

译文

礼能使人成器，因此能使人完备。完备，即是德行完满。礼可以消除邪恶，增加美质，置礼在身就能身正，施礼做事就能畅行。人而有礼，就好像竹箭有青皮，松柏有树心，青皮和树心分别是竹箭、松柏生长于天下的根本条件，所以它们能经四时更迭而不改变枝叶。因此君子有了礼，就会与外人和谐相处，使家人无怨恨。所以没有人不怀念他的仁慈，即使鬼神也在欣赏他的美德。

先王制定的礼，既有根本又有文饰。忠和信，就是礼的根本；义和理，就是礼的文饰。没有忠信做根本，礼就不能确立；没有义理为文饰，礼就不能施行。礼是合乎天时，合乎地利，顺应鬼神，切合人心，而使万物都各得其理。因此，四时各有生长的作物，应当合乎时序来获取；土地各有不同的出产，应当各适所宜来获取；助祭执事的官，应当各按其能力来任用；不同种类的事物，应当各据性质来发挥效用。所以四时不生长的、地上不出产的，君子行礼时就不用它们，鬼神也不享用它们。居住在山里偏要用鱼鳖做礼物，居住在水边偏要用鹿猪做礼物，君子就称这种人“不知

子谓之“不知礼”。故必举其定国之数,以为礼之大经[7];礼之大伦,以地广狭;礼之薄厚,与年之上下。是故年虽大杀[8],众不匡[9]惧,则上之制礼也节矣。

礼”。所以必须要以本国所能出产的物品的数目,作为行礼的基本条件;礼的等级序列,要根据国土的大小来制定;礼的厚薄,要根据年成的好坏来决定。因此年成即使极差,民众也并不惧怕不能行礼,那是因为君主制定的礼是可以变通调节的。

礼,时为大,顺次之,体次之,宜次之,称次之。尧授舜,舜授禹,汤放桀,武王伐纣,时也。《诗》云:“匪革其犹[10],聿[11]追来孝。”天地之祭,宗庙之事,父子之道,君臣之义,伦也。社稷、山川之事,鬼神之祭,体也。丧祭之用,宾客之交,义也。羔豚而祭,百官皆足;大牢而祭,不必有余:此之谓称也。诸侯以龟为宝,以圭为瑞,家不宝龟、不藏圭、不台门,言有称也。

制定礼,要以合天时为最重要,其次是顺应人伦次序,再其次是体现区别,再其次是必须适宜,再其次是必须相称。尧传位给舜,舜传位给禹,商汤放逐夏桀,周武王讨伐商纣,都是合天时而行的。《诗·大雅·文王有声》说:“不是急着要施行自己的谋略,而是要追述先祖的功业来实行孝道。”天地的祭祀,宗庙的祭事,父子间的道,君臣间的义,都是伦常中的大事。社稷、山川的祭事,鬼神的祭祀,都因祭祀对象不同而有所区别。丧事和祭祀的费用,宾客交际的费用,都要适宜。或用一羔或一豚祭祀,各级官员都有足够的祭品;用牛、羊、猪三牲祭祀,也不必有多余的祭品:这就叫祭祀和祭品相称。诸侯把龟当作宝物,把圭看作吉祥的象征,而大夫就不该珍藏龟,不该收藏圭,不该在大门外筑台建阙,这就是说行事要与自己的身份相称。

礼有以多为贵者。

天子七庙，诸侯五，大夫三，士一。天子之豆二十有六[12]，诸公十有六，诸侯十有二，上大夫八，下大夫六。诸侯七介七牢，大夫五介五牢。天子之席五重，诸侯之席三重，大夫再重。天子崩，七月而葬，五重八翣[13]；诸侯五月而葬，三重六翣；大夫三月而葬，再重四翣。此以多为贵也。

有以少为贵者。天子无介，祭天特牲。天子适诸侯，诸侯膳以犊。诸侯相朝，灌[14]用郁鬯，无笾豆之荐。大夫聘礼以脯醢。天子一食，诸侯再，大夫、士三，食力无数。[15]大路繁缨一就[16]，次路繁缨（七）〔五〕[17]就。圭璋，特；琥璜，爵。鬼神之祭单席。诸侯视朝，大

礼有以多为尊贵的。比如天子有七所祖庙，诸侯有五所，大夫有三所，士有一所。天子吃饭有二十六豆，公爵有十六豆，诸侯十二豆，上大夫八豆、下大夫六豆。诸侯去朝见天子要有介七人，而天子用七太牢招待诸侯，大夫去朝见天子要有介五人，而天子用五太牢招待大夫。天子的坐席有五重，诸侯的坐席有三重，大夫的坐席有两重。天子去世，要七个月以后再下葬，茵席、抗木各有五层，障扇有八重；诸侯去世，五个月以后再下葬，茵席、抗木有三层，障扇有六重；大夫去世，三个月以后再下葬，茵席、抗木有两层，障扇有四重。这些都是以多为尊贵的。

礼也有以少为尊贵的。比如天子巡行不用介，祭天时只用一头牛。天子到诸侯那儿去，诸侯招待膳食只用一头小牛。诸侯相互朝聘，用郁鬯酒敬献，不进献笾豆中的脯醢。大夫间互相行聘问礼要进献脯醢等物品。在食礼上，天子只吃一餐饭，诸侯吃两餐，大夫、士吃三餐，干体力活的人就不限餐数。驾祭车的马，只缠一圈马腹带，其余驾车的马可缠五圈马腹带。朝见用的贵重玉器，如圭璋等都是单独捧出；次等的玉器，如琥璜要配上爵才进献。祭祀鬼神，只要用一重坐席。诸侯临朝听政，对大夫

原文	译文
夫特，士旅[18]之。此以少为贵也。	要每人一揖，而对于士人就统一行一次礼。这就是以少为尊贵。

注释 1 回：邪恶。 2 竹箭：小竹子。筠(yún)：竹子的青皮。 3 飨：歆，欣羡，悦服。 4 设：合。 5 人官：人居其官。 6 物曲：物体的性能。 7 经：法。 8 杀(shài)：减杀。 9 匡：通"恇"。畏惧。 10 匪：非。革：通"亟"。急。犹：通"猷"。谋略。 11 聿：语助词。 12 郑玄说，豆之数，谓天子朔食，诸侯相食及食大夫。 13 重：郑玄说，指"茵"和"抗木"。"茵"是垫在棺材下的草荐。"抗木"是架设在棺材上面的木头，用来挡住泥土。 翣(shà)：障扇，用来屏障柩车、棺椁。 14 灌：献也。 15 郑玄说，"一食""再食""三食"，谓告饱也。孔疏说，食犹餐也。 16 大路：指殷祭天之车。孔疏说，殷质，以木为路(车)，无别雕饰，乘以祭天，谓之大路。繁：马腹带。缨：鞅，套在马脖子上的皮子。就：成。染丝而织之称罽(jì)，五色一匝称就。 17 郑玄注《郊特牲》以此云"七"为误。当为"五"。 18 旅：众。

原文	译文
有以大为贵者。宫室之量，器皿之度，棺椁之厚，丘封之大，此以大为贵也。	礼有以大为尊贵的。比如宫室的规模、器皿的尺寸、棺椁的厚度、坟墓的大小，都是以大为尊贵。
有以小为贵者。宗庙之祭，贵者献以爵，贱者献以散；尊者举觯，卑者举角。[1]五献[2]之尊，门外缶，门内壶，君尊瓦甒[3]。此以小为贵也。	礼也有以小为尊贵的。比如宗庙的祭祀，向地位高贵的人献酒要用爵，而向地位低贱的人献酒就用散；尊贵的人举觯尝酒，卑贱的人举角尝酒。子爵男爵们的飨礼，最大的盛酒器缶放在门外，而酒壶放在门内，主客互酬却只用较小的盛酒器瓦甒。这些都是以小为贵。

有以高为贵者。天子之堂九尺，诸侯七尺，大夫五尺，士三尺。天子、诸侯台门。此以高为贵也。

有以下为贵者。至敬[4]不坛，扫地而祭。天子、诸侯之尊废禁[5]，大夫士棜[6]禁。此以下为贵也。

礼有以文为贵者。天子龙衮，诸侯黼，大夫黻，士玄衣纁裳。天子之冕，朱绿藻，十有二旒[7]；诸侯九，上大夫七，下大夫五，士三。此以文为贵也。

有以素为贵者。至敬无文。父党[8]无容。大圭不琢[9]，大羹不和，大路素而越席[10]，牺尊疏布幂，椫[11]杓。此以素为贵也。

孔子曰："礼不可不省也！礼不同，不丰，不

礼有以高为尊贵的。比如天子的堂高九尺，诸侯的堂高七尺，大夫的堂高五尺，士的堂高三尺。天子、诸侯还要建高耸的台门。这些都是以高为尊贵。

礼也有以低为尊贵的。比如祭天时，（虽然开始燔柴在大坛上）但正祭时不在坛上，而是在坛下扫地行祭。天子、诸侯的酒樽不用禁，大夫用无足的棜，士却用有足的禁。这些都是以低为尊贵。

礼有以文采为尊贵的。比如天子的礼服绣上龙纹，诸侯的礼服绣上黑白相间犹如斧形的纹饰，大夫的礼服绣上黑青相间的纹饰，士的礼服不绣纹饰，上衣赤黑色，下裳浅绛色。天子的冠冕，用朱绿色的丝绳贯串五色的玉，前后各组成十二旒；诸侯只用九旒，上大夫用七旒，下大夫用五旒，士用三旒。这些都是以文采为尊贵。

礼有以素朴为尊贵的。比如祭天时穿大裘，不加有纹饰的裼衣。在父亲的居处，不必太讲究仪容。最大的玉圭不再雕琢文饰，祭祀的肉汁不加盐梅等调料，祭天的车素朴无饰且仅铺上草席，祭祀用的牺尊只拿粗布覆盖，而勺子是用白纹的椫木做成的。这些都是以素朴为尊贵。

杀。”此之谓也。盖言称也。礼之以多为贵者,以其外心者也。德发扬,诩[12]万物,大理物博,如此则得不以多为贵乎?故君子乐其发也。礼之以少为贵者,以其内心者也。德产[13]之致也精微,观天下之物无可以称其德者,如此则得不以少为贵乎?是故君子慎其独[14]也。古之圣人,内之为尊,外之为乐,少之为贵,多之为美;是故先王之制礼也,不可多也,不可寡也,唯其称也。

孔子说:“礼,不可不细加省察啊!礼有不可混同的,有该少而不可增多的,有该多而不可减少的。”就是说的这些情况。这是讲行礼必求其相称。礼以多为尊贵,因为这样可使君王内心的德性发扬出来。君王的德性发扬出来,遍及到万物,治理的事物极为广泛,如此,他行礼怎么能不以多为尊贵呢?所以君子乐意行礼,表现在外就是极尽礼仪盛大,而求其与德的盛大相称配。礼以少为尊贵,是因为这样可以体现内心崇尚德性。德性的产生,精细微妙,统观天下万物,没有什么东西可与内心的德性相媲美,如此,君子行礼怎么能不以少为尊贵呢?因此君子特别慎重于内心的德性。古代的圣人,最崇尚用德涵养内心,也以将德发扬于外为乐事,既以少为尊贵,也以多为美事;因此先王制定礼,该少的不增多,该多的不减少,只是求其相称。

注释 1郑玄说,凡觞,一升曰爵,二升曰觚,三升曰觯,四升曰角,五升曰散。 2五献:子爵、男爵所举行的飨礼。 3瓦甒(wǔ):盛酒器,容五斗。较壶容一石为小,较缶更小。 4至敬:指祭天。 5禁:古时承酒樽的器具,形如方案。 6棜(yù):长方形无足的木承盘。 7旒(liú):帝王礼帽上前后悬垂的玉串。 8党:王念孙说,党,所也。 9瑑(zhuàn):玉器上隆起的雕纹。此指雕饰。 10越(huó)席:用蒲草编织的席。孙希旦说,结草为席,谓之越席。 11椫(shàn):木名。白纹,用来制栉、杓等物。 12 诩(xǔ):普及,遍及。 13 德产:德性。 14 独:幽独、独处。此指独处务求内心致诚。

原文

10.2 是故君子[1]大牢而祭,谓之“礼”;匹士大牢而祭,谓之“攘[2]”。管仲镂簋、朱纮[3],山节、藻棁[4],君子以为滥矣。晏平仲祀其先人,豚肩不掩豆,浣衣濯冠以朝,君子以为隘矣。是故君子之行礼也,不可不慎也;众之纪也,纪散而众乱。孔子曰:“我战则克,祭则受福,盖得其道矣。”

君子曰:“祭祀不祈。不麾蚤[5]。不乐葆大[6],不善嘉事。牲不及肥大,荐不美多品。”孔子曰:“臧文仲安知礼?夏父弗綦逆祀,而弗止也。燔

译文

因此君子用太牢来祭祀,称为“礼”;士人如果也用太牢来祭祀,就称为“攘”。管仲使用镂玉纹饰的祭器簋等,系上朱红色的帽带,庙堂的梁柱上都雕画了山形、水藻,君子认为是滥用礼。晏平仲祭祀自己的祖先,用的猪蹄膀小到不足以盖满豆,去朝见国君只是把衣帽洗了洗,君子认为是太偏狭了。因此君子行礼,不可以不慎重;因为君子的行为是众人的纲纪,如果纲纪已散失,那民众也就混乱不堪了。孔子说:“我战而能胜,祭而受福,就是因为掌握了慎重行礼的道理。”

君子说:“祭祀的目的不为求福。祭祀不图快求早。不以贪图器币的高大为乐事,也不只顾婚礼办得完善。祭牲不必长到高大,荐献的食物不必以品类多样为美好。”孔子说:“鲁国的大夫臧文仲哪里懂得礼呢?夏父弗綦把鲁僖公的神主排在鲁闵公前,是将后君列于先君之上,可是臧文仲不制止。而且在灶上行燔柴之祭(,而祭火神才用燔柴,夏父弗綦错认炊神为火神,而臧文仲也未能制止)。灶上所祭祀的是主炊事的老妇之神,

柴于奥[7]。夫奥者，老妇之祭也，盛于盆，尊于瓶。”

祭祀时只需要用盆盛祭品，用瓶做酒樽就可以了。”

注释 1君子：郑玄说，君子谓大夫以上。 2攘：盗窃。 3纮(hóng)：系于颔下的帽带。 4节：屋柱上端顶住横梁的方木。棁(zhuó)：梁上的短柱。 5麾(huī)：郑玄说，麾之言快也。蚤：通“早”。 6葆大：高大。葆，通“褒”。 7奥：郑玄说，奥当为“爨”字之误也，或作灶。

原文

10.3 礼也者，犹体也，体不备，君子谓之不成人。设之不当，犹不备也。礼有大，有小，有显，有微。大者不可损，小者不可益，显者不可掩，微者不可大也。故经礼[1]三百，曲礼[2]三千，其致一也。未有入室而不由户者。

君子之于礼也，有所竭情尽慎，致其敬而诚若，有美而文而诚若。君子之于礼也，有直而行也，有曲而杀也，

译文

礼就像人的身体，身体不完备，君子就称他为不完整的人。礼安排得不适当，就像自体不完备一样。礼有以大为尊贵的，有以小为尊贵的，有以文采为尊贵的，有以素朴为尊贵的。礼以大为尊贵的，就不可减损；礼以小为尊贵的，就不可增益；礼以文采为尊贵的，就不必遮掩；礼以素朴为尊贵的，就不必增大。所以礼的大节有三百条之多，礼的纲目有三千条之多，而它们以敬为本的道理是一致的。这就像进入内室而没有不经由门户的(没有礼不以敬为根本)。

君子对于礼，有竭情尽慎，致以敬意而表达诚心的，也有通过美化、文饰而表达诚心的。君子对于礼，有的直任天性(如父母刚死孝子哀戚哭踊)；有的曲折减杀(如为父服斩衰三年，为母服齐衰一年)；有的是已为定例而人人都平等的(如上自天子下至百姓，为父

有经而等也，有顺而讨[3]也，有摲[4]而播也，有推而进也，有放[5]而文也，有放而不致也，有顺而摭也。三代之礼一也，民共由之。或素或青，夏造殷因。〔夏立尸而卒祭。殷坐尸[6]。〕周坐尸，诏侑(武)〔无〕[7]方。其礼亦然，其道一也。(夏立尸而卒祭。殷坐尸。)周旅酬六尸[8]，曾子曰："周礼其犹醵[9]与？"

君子曰：礼之近人情者，非其至者也。郊血，大飨腥，三献爓[10]，一献孰[11]。是故君子之于礼也，非作而致其情也，此有由始也。是故七介以相见也，不然则已悫[12]；三辞三

母服丧是相同的)；有的是按顺序从上到下降低规格的(如天子最尊贵，每以十二为节，以下递相降等，公为九，侯伯七，子男五，等等)；有的取于上而广布于下的(如国君祭祀后，祭品从群臣一直施及执事仆役)；有的推理后才增进的(比如王者的子孙，能用王者礼)；有的效仿他物而刻绘花纹(比如天子在衣服上绘日月星辰)；有的虽效仿他物刻绘花纹而不能逾越(比如诸侯以下衣服虽也效仿他物而刻绘文饰，但不能像天子一样完备)；有的从上至下顺次仿取(此如君薨用高粱米汁洗发，大夫用稷汁，士又用高粱汁，仿取君礼而做)。夏商周三代的礼有一致的地方，民众共同遵循。有的崇尚素白，如殷代是这样；有的崇尚青黑，如夏代；夏代创制在前，殷代因袭在后。夏代祭祀，尸是站着的，而且一直站到祭祀完毕。殷代祭祀，尸是坐着的。周代的尸也是坐着的，但无固定的地方，听取主人的告语并接受劝请饮食。三代的礼差不多是一样的，以敬为本的道理是一致的。周代有旅酬六尸的仪式，曾子说："周代这种祫祭礼，六尸自为昭穆次序行旅酬仪式，不是很像世人凑钱一块儿饮酒吗？"

君子说：接近人们常情的礼，还不是最为至高无上的。祭天用牲血，祫祭用生肉，祭社稷用半生不熟的肉，小规模的祭祀用熟肉；(这

让而至，不然则已蹙。故鲁人将有事于上帝，必先有事于泮宫[13]；晋人将有事于河，必先有事于恶池[14]；齐人将有事于泰山，必先有事于配林[15]。三月系，七日戒，三日宿，慎之至也。故礼有摈诏[16]，乐有相步[17]，温之至也。

种情况正说明了，越是接近常情用熟肉，越是不足以表达敬重诚意。）因此君子对于礼，不是自作主张而冲动地表达自己的情意，而是都从内心怀有诚意开始的。所以诸侯相见，必须用七个传话的介，然后再相见，不然就显得太朴实了；相见时，彼此还要再三邀请、推辞，然后到府，不然就显得太心急了。所以鲁国人将要祭祀上帝，必定先到郊外的学校去祭告后稷；晋国人将祭祀黄河，必定先到滹沱河祭祀；齐国人将祭祀泰山，必定先到配林祭祀。凡是大祭，必定先有三个月来饲养祭牲，有七天的散斋，有三天的散斋，以此表明对于祭祀敬慎至极。所以行礼必有司仪，举乐必有相步扶持乐工，以此表明行礼应温厚至极。

注释　1 经礼：指常行之礼，如《仪礼》《冠礼》《昏礼》等等。　2 曲礼：指仪文之委曲，如《冠礼》有三加、《昏礼》有六礼之类。　3 讨：郑玄说，讨犹去也。　4 擗(shàn)：郑玄说，擗之言芟也，谓芟杀有所与也。　5 放：通“仿”。依照，仿效。下同。　6 据文义及孔疏，下句的“夏立尸而卒祭，殷坐尸”，当在“周坐尸”前。　7 武：郑玄说，“武”当为“无”声之误。方：犹常也。侑：劝。　8 六尸：天子七庙，每庙一尸；而周旅酬六尸，使之相酌，后稷之尸只发爵向六尸劝酒。　9 醵(jù)：大家凑钱饮酒。　10 焗(xún)：郑玄说，焗，沉肉于汤也。　11 孰：同“熟”。　12 悫(què)：诚实，谨慎。　13 泮(pàn)宫：郊外的学校。　14 恶池：水名。或说滹(hū)沱河。　15 配林：林名。或说在泰山西南五六里处。　16 摈诏：行礼的司仪。　17 相步：搀扶盲人乐师走路的人。

原文

10.4 礼也者，反本(脩)〔循〕[1]古，不忘其初者也。故凶事不诏，朝事以乐；醴酒之用，玄酒之尚；割刀之用，鸾刀之贵；莞簟之安，而稿鞂之设。是故先王之制礼也，必有主也。故可述而多学也。

君子曰："无节[2]于内者，观物弗之察矣。欲察物而不由礼，弗之得矣。"故作事不以礼，弗之敬矣；出言不以礼，弗之信矣。故曰礼也者，物之致也。是故昔先王之制礼也，因其财物[3]而致其义焉尔；故作大事必顺天时。为朝夕必放于日月，为高必因丘陵，为下必因川泽。是故天时雨泽，君子达亹亹焉[4]。是故昔先王尚有德，尊有

译文

礼是为了使人复返本性，而遵循自古以来的传统，不忘记初始的情况。所以像父母去世，不待人诏告就会哀痛地哭泣；朝廷聚会必奏乐是让群臣返回乐事朝廷的本性；四时祭祀应有醴酒的甜美，而陈设时却应将以水当酒的"玄酒"居上；割刀锋利实用，但宗庙中不用它，而用古代的鸾刀；细软的席子很舒适，但郊祭时不用它，而用粗糙的草垫子(这些做法都是循古而不忘初始的情况)。因此先王制定礼，必定是以使人复返本性和遵循传统为主。所以，礼可以传述而反复研习。

君子说："内心没有检验事物的标准，即使看到了某一事物也不会明察。而要想明察事物，却又不从礼出发，就不可能得到正确的结论。"所以不依循礼来做事，就不会恭敬；不依循礼来说话，就不会诚信。所以说：礼是事物的法度准则。因此古代先王制定礼，是根据币玉、牲牢、黍稷等财物而制定相应的礼(，而这些又是天时所生成)；因此祭祀必须依顺天时而举行。春分的早上祭太阳要到东门外，秋分的晚上祭月亮要到西门外，这是仿效日月；冬至祭祀上帝天神要到丘陵高处，夏至祭祀昆仑之

道，任有能，举贤而置之，聚众而誓之。是故因天事天，因地事地，因名山升中于天，因吉土[5]以飨帝于郊。升中于天，而凤凰降，龟龙假[6]；飨帝于郊，而风雨节，寒暑时。是故圣人南面而立，而天下大治。

神要到川泽低地。因此当上天应时节降下雨泽，滋养万物，君子都是勉力报功于神祇，而不敢懈怠。因此古代先王崇尚有德行的人，尊重有道义的人，任用有才能的人，推举贤德的人而给他安排职位，聚集众人而宣告所要办的大事。所以因天之高而在高处祭天，因地之下而在低处祭地，凭借五岳名山燔柴祭天，把治理的功绩告诉上帝；凭借吉土在郊外的圜丘上祭享上帝，祈求丰年。祭告于上天，而凤凰降临，龟龙来到；祭享于郊外，而风调雨顺，寒暑宜时。因此圣人只需面南而立，而天下也就太平安定了。

天道至教，圣人至德。庙堂之上，罍尊[7]在阼，牺尊在西；庙堂之下，县鼓[9]在西，应鼓在东[10]；君在阼，夫人在房。大明生于东，月生于西；此阴阳之分，夫妇之位也。君西酌牺象，夫人东酌罍尊；礼交动乎上，乐交应乎下，和之至也。

天的运行规律是对人的最高教诲，圣人的礼乐制作是效法天道的最合理的行为。比如在宗庙的庙堂上，罍尊陈设在阼阶，牺尊陈设在西阶；庙堂下，大鼓陈设在西边，应鼓陈设在东边；国君站在阼阶上，夫人站在东房里。这就像太阳出现在东方，月亮出现在西方；在天上的这种日月的阴阳分别，在人世间就为夫妇不同的位置。行祭礼时，国君由东向西走到牺尊、象尊中斟酒；夫人就在东边罍尊中斟酒；（国君先献，夫人又献。）堂上主宾交相行礼，堂下音乐交相应和，这是和谐的最高境界。

礼也者，反其所

礼教人反溯到原先制礼的本意，乐是

自[11]生；乐也者，乐其所自成。是故先王之制礼也以节事，修乐以道志。故观其礼乐而治乱可知也。蘧伯玉曰："君子之人达。"故观其器而知其工之巧，观其发而知其人之知[12]。故曰君子慎其所以与人者。

教人为自己取得的成功而欢乐。因此先王制定礼来节制人们的行为，制作乐来表达人们的情志。所以观察礼乐，而一国是治是乱就可以知道了。卫国大夫蘧伯玉说："君子这类人物都是明达的。"观察器物就可以知道制作工艺是否精巧，观察人的所作所为就可以知道他是否有智慧。所以说，君子对用来与他人交接的礼乐特别慎重。

注释　1 王引之说，"脩"当为"循"。　2 节：郑玄说，经验。　3 财物：从陈澔说，为币玉、牲牢、黍稷之类。　4 达：郑玄说，达犹皆也。　亹亹(wěi)：勤勉不倦的样子。　5 吉土：王者所卜而建都之地。　6 假(gé)：通"格"，至，到。　7 罍(léi)尊：大酒樽。　8 牺尊：据下文知举"牺尊"，也连"象尊"。指有牛或象的图饰的酒樽。　9 县鼓：古代庙堂用的大鼓。　10 应鼓：指小鼓，即应鼙(pí)。　11 自：由，从。下同。　12 知：同"智"。智慧。

原文

10.5 大庙之内敬矣！君亲牵牲，大夫赞[1]币而从；君亲制祭[2]，夫人荐盎[3]；君亲割牲，夫人荐酒；卿大夫从君，命妇[4]从夫人。洞洞乎[5]其敬

译文

太庙内的祭祀必须极其恭敬！国君亲自牵着祭牲进庙门，大夫帮助他捧着币帛跟在后面；杀牲后，国君又亲自捧着牲毛、牲血供祭在室中，夫人进献白酒；荐腥仪式后，国君亲自切割牲体，供献在堂上，夫人再次进献酒；卿大夫都跟从着国君，而有封号的妇女都跟从着夫人。大家的容貌是那样地诚挚，显得极其恭敬；内心是那样的专一，显得极其忠诚；殷切地想看到祖

也，属属乎[6]其忠也，勿勿乎[7]其欲其飨之也！纳牲诏于庭，血毛诏于室，羹[8]定诏于堂。三诏皆不同位，盖道[9]求而未之得也。设祭于堂，为祊[10]乎外，故曰于彼乎，于此乎？

一献质，三献文，五献察，七献神。

大飨其王事与。三牲、鱼腊，四海九州之美味也。笾豆之荐，四时之和气也。内[11]金，示和也。束帛加璧，尊德也。龟为前列，先知也；金次之，见情也；丹、漆、丝、纩、竹、箭，与众共财也。其余[12]无常货，各以其国之所有，则致远物也。其出也，《肆夏》[13]而送之，盖重礼也。

先来享用祭品的情状！祭牲牵进庙里来时，要在庭中行告神礼；进献牲毛、牲血时，要在室中行告神礼；荐献已煮熟的牲体时，要在堂上行告神礼。三次告神都不同在一个地方，这是说想求神还没有找到神所在的位置(，所以要在各处告神)。因此把祭品供放在堂上，又在外面的庙门旁进行祊祭，所以说：神是在那边呢，还是在这边呢？

祭群小祀是一献，此礼比较简略；祭社稷五祀是三献，此礼讲究文饰；祭四望山川要五献，此礼完备隆盛；祭先公庙要七献，此礼极隆重而神圣。

在太庙里行祫祭该是天子的事吧。祭品要用牛羊猪三牲、鱼和干肉，以及四海九州的美味珍馐。笾豆中所进献的，是四季和顺之气所生成的食物。接受诸侯进贡的铜，是为了表示亲和。接受上面加了玉璧的束帛，是为了表示尊崇德行。(诸侯进献的其余的贡品都陈设在庭中，)而龟要放在众物的前面，表示灵龟能先知先觉；其次是贡金，(能做成钟，)表示君臣的和乐融洽；其次是丹砂、油漆、丝绸、棉絮，以及竹、箭等物，表示天子与众人共有这些财物。九州之外的遥远国家没有固定的贡物，各用他们国家当地所能有的来进贡，这就是招致远物。祭祀结

祀帝于郊，敬之至也。宗庙之祭，仁之至也。丧礼，忠之至也。备服器，仁之至也。宾客之用币，义之至也。故君子欲观仁义之道，礼其本也。

束，诸侯出去的时候，要奏《肆夏》乐曲来送别，这是为了表示重视礼节。

天子在南郊亲自祭祀上帝，是敬的极致。宗庙的祭祀，是仁的极致。丧葬之礼，是忠的极致。置备死者的衮、殓衣物和明器，是仁的极致。宾客赠送币、帛作为丧葬之礼，是义的极致。所以君子想要观察仁义之道，观察礼是最根本的。

注释 1 赞：助。 2 制祭：朝践之祭时献牲血、生肉，以及牲体。 3 盎(àng)：盎齐，白酒。 4 命妇：受有封号的妇女。 5 洞洞乎：恭敬虔诚的样子。 6 属属(zhǔ zhǔ)乎：专心谨慎的样子。 7 勿勿(wù wù)乎：勤恳不懈的样子。 8 羹：郑玄说，肉谓之羹。 9 道：郑玄说，道犹言也。 10 祊(bēng)：祊祭为正祭毕后次日举行的绎祭，因在庙门之旁举行，所以称"祊"。 11 内：同"纳"。纳置。 12 其余：郑玄说，"其余"谓九州之外夷服、镇服、蕃服之国。 13 郑玄说，"肆夏"当为"陔夏"。

原文

10.6 君子曰：甘受和，白受采，忠信之人可以学礼。苟无忠信之人，则礼不虚道。是以得其人之为贵也。孔子曰："诵诗三百，不足以一献；一献之礼，不足以大

译文

君子说：甘甜的味道能接受并调和各种味道；白色能承受并调和各种色彩；忠信的人才可以学习礼。如果不是忠信的人，礼是不会附从于他的虚伪的。因此行礼贵在能得到忠信的人。孔子说："即使诵读了三百篇诗，如果不学礼，就不足以行一献小祀；虽能行一献小祀礼，也不足以行大飨礼；虽能行大飨礼，也不足以行大旅礼；虽能行大旅

禘；大禘之礼，不足以大旅；大旅具矣，不足以禘帝。毋轻议礼！”

礼，也不足以行禘帝正祭。所以不要轻率地议论礼！”

子路为季氏宰[1]。季氏祭，逮[2]暗而祭；日不足，继之以烛。虽有强力之容、肃敬之心，皆倦怠矣。有司跛[3]倚以临祭，其为不敬大矣！他日祭，子路与。室事交乎户，堂事交乎阶。质明[4]而始行事，晏朝[5]而退。孔子闻之，曰：“谁谓由也而不知礼乎！”

子路做过鲁国大夫季孙氏家的家臣之长。季孙氏举行祭祀，天还没亮的时候就开始；白天没能祭完，还要点上火烛在晚上继续祭祀。如此，即使有强健有力的身体、严肃恭敬的诚心，但也困倦懈怠了。官吏们疲困地倚靠在其他物体上用一只脚站着支撑，勉强应付祭祀，这是对神的大不敬！又有一次祭祀，子路也参与了。在室内举行正祭时，室外的人取了祭品到户，再交给室内的人进献给尸；在堂上行傧尸礼时，堂下的人取了祭品到阶前，再交给堂上的人进献给尸。从天亮开始行祭事，到傍晚时就结束了。孔子听到这事，说：“谁说仲由不懂得礼啊！”

注释　1 宰：孙希旦说，家臣之长也。　2 逮：及，到。　3 跛（bǒ）：立而偏任一足曰跛。　4 质明：正明。　5 晏朝：谓夕时也。

郊特牲第十一

导读

此篇内容较为错杂，大体论祭祀，也有冠义、昏义的记载。“郊特牲”，顾名思义是在郊野用有特色的公牛，取血祭祀天神，所谓特色即纯色。祭天就是“报本返始”，以显明天道。

儒家重视祭祀之礼，主要指祭祀天地、鬼神、祖先之礼。祭天曰“祀”，祭地曰“祭”，祭祖先曰“享”。祭天在郊外，叫“郊祭”，也称“郊祀”，是古时历代相传的大典。周制祭天在每年冬至之日，在国都南郊圆丘上举行，此处属于阳位。在这里用盛大的典礼来报答上天，以迎接长日之到来。万物本乎天，世人的本源是从其祖先而来，所以人的祖先能够和上天相配，也可以接受祭祀。

“地载万物，天垂象；取财于地，取法于天，是以尊天而亲地也。故教民美报焉。”土地神称为社，百谷神称为稷，土谷两神合为“社稷”。古人认为“人非土不立，非谷不食”（《白虎通》）。大地载育万物，天有日月星辰。人们从大地上获取财物，从上天获取法则，因此要尊重上天而亲近大地，民众也要完美地回报大地。秋社祭祀五土之神，还有八蜡之祭，村野之人以全部的仁义之情，穿着黄衣、戴着黄帽来祭祀，以报答一切有功于农事的神灵。

“礼之所尊，尊其义也。失其义，陈其数，祝史之事也。故其数可陈也，其义难知也；知其义而敬守之，天子之所以治天下也。”本篇记述了很多礼仪，礼数细节详实，礼义丰赡，而内蕴各异。如有的礼仪以高为贵，有的以低为贵;有的以质为美,有的以文为尊。社稷、山川的祭祀,以及丧事与祭礼规模之大小,宾客交往之费用开支,个人分享祭品多寡等等,都是由祭礼对象的不同地位决定,都以与等级“相称”为宜。由此可知“官本位”的观念由来已久,发展至今早已根深蒂固,对此我们当取其精华,弃其糟粕。

原文

11.1 郊特牲[1]，而社稷大牢。天子适诸侯，诸侯膳用犊。诸侯适天子，天子赐之礼大牢。贵诚之义也。故天子牲孕弗食也，祭帝弗用也。大路繁缨一就，先路三就，次路五就。郊血，大飨腥，三献爓，一献孰。至敬不飨味，而贵气臭也。诸侯为宾，灌用郁鬯，灌用臭也。大飨尚腶脩[2]而已矣。

大飨[3]，君三重席而酢焉；三献之介，君专席而酢[4]焉。此降尊以就卑也。飨(禘)〔礿〕[5]有乐，而食尝无乐，阴阳之义也。凡饮，养阳气也；凡食，养阴之气也。故春(禘)〔礿〕而秋尝；春飨孤子，秋食耆

译文

郊祀上天只用一头牛，而祭祀社稷却要用牛羊猪三牲的太牢。天子巡视诸侯，诸侯招待天子的膳食只是一头牛犊。诸侯去朝见天子，天子赐予的宴饮礼用三牲太牢。这体现了以诚为贵之义。所以天子不吃怀孕的牛，祭祀天帝也不用怀孕的牛。祭天用的大辂车，马腹的饰带是一圈，先辂车的马腹饰带是三圈，次辂车的是五圈。祭天要用牲血，祭祀宗庙要用生肉，祭祀社稷用半生半熟的肉，而在小规模祭祀时反而用熟肉。至尊至敬的天神不享用祭品的味道，而只享用祭品的气味。诸侯朝见天子以及互相间拜访，只敬献郁鬯的香酒，进献上酒的气味，(正是以气味为贵的行礼。)天子宴会诸侯，(虽设太牢招待，)但先进献干肉和姜桂。

诸侯间有相朝宴饮，国君间的敬酒仍坐在原来的三重席上；对方如果派遣来聘的是该行三献礼的卿，由大夫做上介，国君就要坐一重席向介敬酒。这是屈降尊贵之身而接近卑贱之义。春天享饮孤子、进行宗庙礿祭是有音乐的，秋天享食耆老、进行宗庙尝祭是没有音乐的，这是春为阳而有音乐、秋为阴而无音乐的义理。大凡饮酒，是蓄养阳气；大凡食礼，是滋养阴气。所以春天行礿祭，秋天

老，其义一也，而食尝无乐。饮，养阳气也，故有乐；食，养阴气也，故无声。凡声，阳也。鼎俎奇而笾豆偶，阴阳之义也。笾豆之实，水土之品也，不敢用亵味[6]而贵多品。所以交于旦[7]明之义也。

行尝祭，春天用酒食招待为国事献身者的孤子，秋天用饭食招待为国献身者的父、祖，它们的义理是一样的，只是秋天的食礼和尝祭没有音乐。饮酒是蓄养阳气，所以有音乐；食礼是滋养阴气，所以没有音乐。大凡乐声是属于阳的。另外，祭祀用的鼎和俎都是呈奇数，笾和豆都是呈偶数，这体现了阴阳不同之义。笾豆中的东西，都是水里和陆上出产的食物，但不是人们平常食用的；祭祀不敢用平常喜爱的食物，而贵在用较多的品类。这体现了以虔敬之心交接神明之义。

宾入大门而奏《肆夏》，示易以敬也。卒爵而乐阕。孔子屡叹之。奠酬而工升歌，发德也。歌者在上，匏竹在下，贵人声也。乐由阳来者也，礼由阴作者也，阴阳和而万物得。

行大飨礼时，宾客进入大门就奏起《肆夏》音乐，显示和悦并致以敬意。（等到君王向来宾敬酒，来宾饮后又回敬君王）君王把酒饮尽，音乐才停止。所以，孔子屡屡赞叹这种礼仪。到了奠酬的时候，君王向宾客进酬酒，宾客把酬酒放于一边不再饮，唱歌的人要登堂歌唱，用来颂扬主宾的德行。唱歌的人在堂上，匏竹等乐器都在堂下，这是以人声为尊贵。音乐是从阳气的舒展而制作出来的，礼仪是从阴气的收敛而制定出来的，阴阳和合，万物就能生成。

旅[8]币无方，所以别土地之宜，而节远迩之期也。龟为前列，先知也。以

诸侯们进献天子的贡品没有一定的标准，既因土地出产各有所宜而有区别，又由于远近不同而进贡日期有先后的不同。灵龟要放在最前面，因为它能先知先觉。其次是钟，因为

钟次之,以和居参之也。虎豹之皮,示服猛也;束帛加璧,往德也。

钟声显示和谐,所以放置在贡品中间。进献虎皮豹皮,表示天子的威德能使四方凶猛的人都服从;进献上面加了玉璧的束帛,这是以玉比德,表示归顺有德行的天子。

注释　1 以下和《礼器》多有相同的语句,可参见前篇注释。　2 腶脩(duàn xiū):捣碎加以姜桂的干肉。　3 大飨:郑玄说,此谓诸侯相朝而主君享宾也。　4 酢(zuò):敬酒。　5 郑玄说,此"禘"当为"礿"字之误也。"礿",同"禴"。　6 亵(xiè)味:指人们平日喜欢的食物。　7 旦:郑玄说,当为"神",篆字之误也。王引之说,古"神"字,字坏乃误为"旦"。　8 旅:陈设。或释"众",亦通。

原文

庭燎[1]之百,由齐桓公始也。大夫之奏《肆夏》也,由赵文子始也。朝觐,大夫之私觌非礼也。大夫执圭而使,所以申信也;不敢私觌,所以致敬也。而庭实私觌,何为乎诸侯之庭?为人臣者无外交,不敢贰君也。大夫而飨君,非礼也。大夫强而君杀之,义也。(由三桓始也[2]。)天子无客礼,莫敢为主

译文

诸侯庭中点上一百支火把来照明,是从齐桓公开始的。大夫入庙门也奏起《肆夏》音乐,是从晋大夫赵文子开始的。朝觐时,大夫私下进见主国国君,这是不合礼节的。大夫拿着玉圭为信物出使他国,就可以进见主国国君以申达诚信;跟随国君前往而不私自去进见主国国君,这是敬重自己国君的缘故。而如今大夫拿着礼物私自去见主国国君之事,为何会出现在诸侯之庭中呢?作为他人的臣子,不应当有自己个人的外交,以表明不敢对自己的国君有贰心。大夫招国君宴饮是不合礼节的。大夫强横僭越,国君杀死他

焉。君适其臣，升自阼阶，不敢有其室也。觐礼，天子不下堂而见诸侯；下堂而见诸侯，天子之失礼也，由夷王以下。

是合乎义理的。天子是没有作为宾客的礼仪的，因为没有谁敢做天子的主人。国君到他的臣子家里去，要让国君从主人的阼阶上登堂，表示臣子不敢以家室的主人自居。诸侯向天子行觐见礼，天子不下堂来会见诸侯；如果下堂来会见诸侯，天子就失礼了，但从周夷王以后天子开始下堂会见诸侯。

诸侯之宫县[3]，而祭以白牡，击玉磬，朱干设钖[4]，冕而舞《大武》，乘大路，诸侯之僭礼也。台门而旅树[5]，反坫[6]，绣黼丹朱中衣[7]，大夫之僭礼也。

诸侯四面悬乐像宫室的样子，祭祀用白公牛，敲击玉磬，使用背部有金饰的朱红色盾牌，戴冕而跳《大武》舞，乘大辂车，这些都属于诸侯僭越礼节的行为。家门口建置台阙门楼，过道上设有屏障，堂上设立反坫，穿着丹朱色的并绣有斧样图案的衣裳，这些属于大夫僭越礼节的行为。

故天子微，诸侯僭；大夫强，诸侯胁。于此相贵以等，相觌以货，相赂以利，而天下之礼乱矣。诸侯不敢祖天子，大夫不敢祖诸侯，而公庙之设于私家，非礼也，由“三桓”始也。

所以天子权势衰微，诸侯就僭越礼节；大夫权力强大，诸侯也会受到威胁。这样上下以同等地位相处，用财物互相进贡，用好处互相贿赂，那天下的礼就完全混乱了。诸侯不敢有天子的祖庙，大夫不敢有诸侯的祖庙，而大夫设有诸侯祖庙的，是从鲁国的“三桓”即仲孙、叔孙、季孙开始的。

注释 1庭燎：庭中照明的火炬。 2王引之说，“自三桓始也”五字，当是后文衍见于此。 3宫县：古代钟磬等乐器悬挂在架上，其形制因用乐者身份地位不同而有别。帝王悬挂四面，象征宫室四面的墙壁。故名“宫县”。诸侯是轩县，唯东西北三面而已。县，同“悬”。 4钖(yáng)：

盾背之饰，用金为之。 5台门：两旁起土为台，台上架屋，而门当其中，故称台门。旅：道也。树：屏也。立屏当所行之路，以蔽内外为敬。 6反坫(diàn)：两楹之间的土筑平台。诸侯会饮，献酬完毕，放回酒爵于坫上，故称反坫。 7中衣：朝服、祭服的里衣。

原文

11.2 天子存二代之后，犹尊贤也，尊贤不过二代。诸侯不臣寓公，故古者寓公不继世。君之南乡[1]，答阳之义也；臣之北面，答君也。大夫之臣不稽首，非尊家臣，以辟[2]君也。大夫有献弗亲，君有赐不面拜，为君之答己也。

乡人禓[3]，孔子朝服立于阼，存室神[4]也。孔子曰："射之以乐也，何以听？何以射？"孔子曰："士，使之射，不能则辞以疾。县[5]弧之义也。"孔子曰："三日齐[6]，

译文

周天子曾使夏、殷的后代能用天子的礼乐祭祀他们的先世，表示天子还是尊重前代的贤人，但只限于前两个朝代。诸侯不把失国后来寓居的诸侯当作自己的臣子，所以古代享受这种优待的只限他本身一代。君王坐北面南，这是对得起上天的意思；臣下朝见君王要面向北，这是对得起君王的意思。大夫的家臣不对大夫叩头，并不是因为尊重家臣，（而是因为家臣见国君也只是叩头，）大夫要回避国君。大夫如有物品进献给国君，不亲自去，而是派人送去；国君如有赏赐，也不当面拜谢；这些做法都是为了免去国君答谢自己的礼节。

乡里人举行驱逐强鬼的祭祀，孔子曾穿上朝服站立在阼阶上，是要安定庙室内的神。孔子说："射礼用音乐节律来调配，怎样才能不失射箭的礼节而又能听着音乐的节奏？怎样才能听着音乐的节奏而使射箭和音乐的节奏相配合呢？"孔子说："作为一个士人，如果主人请他射，不该以不会射来推

一日用之，犹恐不敬。二日伐鼓，何居[7]？”孔子曰：“绎之于库门内[8]，祊之于东方，朝市之于西方，失之矣。”

辞，而可以推辞说有病不能射。因为男子生下来就应在门旁挂上弓弧，以显示将来必有善射的本领。”孔子说：“三天的斋戒，只为了一天的祭祀，还恐怕不够恭敬。但三天的斋戒中竟然会有两天在击鼓作乐，这是什么道理呢？”孔子说：“在库门内进行绎祭，在东方举行祊祭，朝市设在西方，都是不符合礼的。”

注释 1乡：通“向”。 2辟：通“避”。 3禓(shāng)：郑玄注：“禓，强鬼也。谓时傩(nuó)，索室驱疫，逐强鬼也。”强鬼，指非死于病者之鬼，也指驱逐强鬼之祭。 4室神：家中的守护神。 5县：同“悬”。 6齐(zhāi)：致斋。不能听乐，恐散其志虑。 7居：语助词。 8绎：周称正祭的第二天又祭为绎。绎祭是堂上接“尸”，当于庙门外之西堂进行。 库门：诸侯的外门，即第一重大门，停车之处。

原文

11.3 社祭土而主阴气也。君南乡于北墉下，答阴之义也。日用甲，用日之始也。天子大社，必受霜露风雨，以达天地之气也。是故丧国之社屋之，不受天阳也；薄[1]社北牖，使阴明也。

社，所以神地之道

译文

社是祭祀五土的神，而以阴气为主。祭祀时，国君面朝南站立在社坛的北墙下，表示对着阴面的意思。祭社的日子要用甲日，是用每十日中的第一天。天子的社坛称为大社，一定让它没有遮盖，而承受到霜露风雨，从而通达天地的阴阳之气。因此亡国的社坛要盖屋遮掩，不能承受上天的阳气；殷亡后的薄社，只是在北面开个窗户，让它朝阴的那边能有光线。

设社祭祀，是用来尊重大地的神的。

也。地载万物，天垂象；取财于地，取法于天，是以尊天而亲地也。故教民美报焉。家主中霤，而国主社，示本也。唯为社事，单出里[2]；唯为社田[3]，国人毕作；唯社，丘乘[4]共粢盛：所以报本反始也。

大地载育万物，上天垂示星象；人们从大地上获取财物，根据天象制定法则，因此要尊重上天而亲近大地。所以，设社祭祀，教育民众好好地回报大地。卿大夫家主祭土神是在中霤，天子诸侯之国主祭土神是在社，以此表明这是立家立国之根本。只要是举行社祭的事，里中的人全都要出来参加；只要为行社祭而进行田猎，一国中的人全都出动；只要行社祭，各丘乘的人都得用所出产的粮食来供应祭祀时的粢盛：这样来回报大地追思万物的本源。

季春出火[5]，为焚也。然后简其车赋而历其卒伍[6]，而君亲誓社，以习军旅，左之右之，坐之起之，以观其习变也。而流示之禽，则盐[7]诸利，以观其不犯命也。求服其志，不贪其得；故以战则克，以祭则受福。

秋季农事完毕，就拿出火种焚烧田野中的野草。此后便登记车马器械的数量，视察民众的军事组织，国君亲自率领民众在社坛前誓师，田猎前教他们战阵方法，或左或右，或坐或起，从而观察他们是否熟习战阵的变化。在驱逐禽兽时，让众人看到田猎的目标，而使他们歆羡功利，（但捕杀不能违反规定，）从而又可观察他们是否违反了命令。力求让他们内心服从命令，不贪图所获取的猎物；以此来作战就能获胜，以此来祭祀就能受到神的赐福。

注释　1 薄：即“亳”，殷的故都。　2 单：通“殚”。竭尽。里：二十五家为里。　3 田：田猎。　4 丘乘(shèng)：井田之制，九夫为井，四井为邑，四邑为丘，四丘为乘。　5 从今人王梦鸥说，此当云“季秋出火”，译文径改。　6 简、历：郑玄说，谓算具陈列之也。　7 盐：通“艳”。羡慕，歆羡。

原文

11.4 天子适四方，先柴。郊之祭也，迎长日之至也，大报天而主日也。兆[1]于南郊，就阳位也；扫地而祭，于其质也，器用陶匏[2]，以象天地之性也。于郊，故谓之“郊”。牲用骍，尚赤也；用犊，贵诚也。郊之用辛也，周之始郊，日以至。

卜郊，受命于祖庙，作龟于祢宫，尊祖亲考之义也。卜之日，王立于泽[3]，亲听誓命，受教谏之义也。献命库门之内，戒百官[4]也，大庙之命，戒百姓[5]也。

祭之日，王皮弁以听祭报，示民

译文

天子要巡视四方，先要燔柴告祭天。冬至要在郊外祭天，去迎接长日的到来，并用最隆重的冬至祭天礼来报答天上的众神，祭祀对象以日为主(以月相配)。祭坛设在国都的南郊，这是属于阳的位置；扫干净一块地来行祭礼，以体现天子崇尚质朴，祭器用无雕饰的陶匏，从而象征天地的本性。行礼是在郊外，所以称为“郊”。祭牲用黄赤色小牛，这是因为周代崇尚赤色的缘故；用牛犊，这是因为祭祀贵在有诚意。郊祭用辛日，这是因为周代最初开始举行郊天祭时正巧遇上冬至是辛日。

要用龟占卜决定郊祭的日子，先要告祭祖庙以表示受命于祖先，又在父亲的庙内问卜，这是表示尊重祖父、亲爱父亲的意思。占卜的这天，天子站在泽宫前，亲自听取卜辞，这是表示接受教导、劝谏的意思。然后将占卜决定的誓命，敬献到库门内，用来告诫百官，并在太庙来告诫亲族。

郊祭这天，天子戴着皮弁，听取有关祭祀准备情况的汇报，以示民众要严格听命于天子。这天有丧事的人不能哭泣，不敢穿丧服，各处都要洒水清扫，还要用新土铺在道路上，郊内的乡民要在田头点火把照路。这些事情已不用命令，而民众会自觉地按要求去做。

严上也。丧者不哭，不敢凶服[6]，泛扫反道，乡为田烛。弗命而民听上。祭之日，王被衮以象天；戴冕璪[7]十有二旒，则天数也；乘素车，贵其质也；旗十有二旒[8]，龙章而设日月，以象天也。天垂象，圣人则之，郊所以明天道也。帝牛不吉，以为稷牛。帝牛必在涤[9]三月，稷牛唯具，所以别事天神与人鬼也。

万物本乎天，人本乎祖，此所以配上帝也。郊之祭也，大报本反始也。

郊祭这天，天子披上龙袍，而上面的图饰就效法上天；戴着冕冠，垂下十二旒玉璪，以效法天的一年有十二个月；乘坐没有雕饰的辂车，这是看重大辂椎轮的质朴；飘扬着十二旒的旗帜，用龙纹、日月为图饰，这也是仿效上天。上天显示日月星辰的天象，圣人效法天象，通过郊祭来显明天的法则。祭上帝用的帝牛，如果卜牲不吉，就用祭后稷用的稷牛来代替。帝牛必须系在洗涤干净的牛牢中饲养三个月，稷牛就只需体形毛色完具就可以了，这就是祭天神和祭人鬼的不同。

万物的本源是天，世人的本源是祖先，所以人的祖先能够和天帝相配接受祭祀。郊外的祭天，就是为了隆重地报答天而追念自己的祖先。

注释　1 兆：设坛祭祀。　2 陶匏(páo)：陶制的尊、簋、俎豆和壶等器皿。　3 泽：泽宫，用以习射选士。　4 百官：郑玄说，百官，公卿以下。　5 百姓：王之亲也。　6 按：《祭义》说："凶服者不敢入国门。"　7 璪(zǎo)：用五彩丝线贯穿玉片做成的冕绳。　8 旒：指旗帜边缘上悬垂的装饰品。　9 涤(dí)：涤宫，养帝牲三牢之处也。"涤"有洗涤干净之义，故名。

原文

11.5 天子大蜡八[1]。伊耆氏[2]始为蜡。蜡

译文

天子举行大蜡八祭礼，祭祀八神。伊耆氏最先开始举行蜡祭。蜡，就是求索的意

也者，索也。岁十二月，合聚万物而索飨之也。蜡之祭也，主先啬而祭司啬也[3]。祭百种[4]，以报啬也。飨农及邮表畷、禽兽[5]，仁之至，义之尽也。古之君子，使之必报之。迎猫，为其食田鼠也；迎虎，为其食田豕也：迎而祭之也。祭坊与水庸[6]，事也。曰："土反其宅，水归其壑，昆虫毋作，草木归其泽。"

皮弁素服而祭[7]。素服，以送终[8]也；葛带榛杖，丧杀[9]也。蜡之祭，仁之至，义之尽也。黄衣黄冠而祭，息田夫也。野夫黄冠，黄冠，草服也。

大罗氏，天子之掌鸟兽者也，诸侯贡属焉。草笠而至，尊野服也。罗氏致鹿与女，而

思。周历每年十二月(夏历十月)，聚合有功于民众的万物，求索万物的神灵来飨祭它们。行蜡祭的时候，主要祭祀最先种植谷物的先啬，并祭及主管农业的司啬。祭祀各神，是用来回报先啬、司啬。还要祭祀农官之神以及田舍、禽兽等神灵，这真是仁至义尽的祭礼。古代的君子，使用过的东西，必定要报答。如迎猫神，是因为它能吃掉田鼠；迎虎神，是因为它能吃掉田猪：迎候猫神、虎神来飨祭它们。祭堤坊和沟渠之神，是因为它们有功于农事。祝辞说："土壤各返自己的所在，水流各归自己的沟壑，各种虫子不要兴灾作害，各种草木各归渊泽，不要生在农田里。"

蜡祭之时，天子戴皮弁并穿素服参加祭祀。穿素服，是用来为老物送终；腰系葛带，手拿榛木杖，都是丧服的降等。蜡祭也真是仁至义尽了。农夫穿黄衣戴黄帽而来参加祭祀，是为了使他们得到休息。村野的农夫戴黄帽，黄帽是用草编结成的。

大罗氏是为天子掌管禽兽的官，诸侯进贡的鸟兽都归他管。蜡祭时，诸侯派遣的进献鸟兽的使者，戴着草编的帽笠来到王庭，因为这天特别尊重村野农夫的服饰。使者将要返回时，大罗氏就出示鹿并引出美

诏客告也，以戒诸侯曰：“好田、好女者亡其国。天子树瓜华[10]，不敛藏之种也。”

女，向使者宣读天子的命令，让他们回去告诫自己的国君：“酷爱田猎、沉湎女色的就会亡国。天子只种植瓜瓠，这是不可敛藏的作物（不要聚敛而与农民去争利）。”

八蜡，以记四方。四方年不顺成，八蜡不通，以谨民财也。顺成之方，其蜡乃通，以移民也。既蜡而收，民息已，故既蜡君子不兴功。

通过对八种神灵的蜡祭，以记四方的收成情况。四方年成不好，就不进行蜡祭，从而使民众谨慎节约地运用财物。年成好的地方，可以举行蜡祭，从而改善一下民众的劳累生活。蜡祭以后，就把各种作物收藏起来，农民也可以休息了，所以行了蜡祭后君子就不再兴起劳役了。

注释　1八：八神，指先啬一、司啬二、百种三、农四、邮表畷(zhuì)五、禽兽六、猫虎七、坊与水墉八。　2伊耆氏：古天子号。孔疏说，伊耆氏，神农也。　3先啬：始先创造稼啬者。　司啬：主管农业者。　4百种：谷神。　5农：农神。郑玄说，田畯(jùn)，古之先教田者。　邮表畷：田间、庐舍及阡陌之神。畷，连结。　6水庸：沟洫。　7皮弁：以白鹿皮为弁。　素服：以素缯为衣和裳。　8送终：送老物之终。老物，田夫与万物。　9杀(shài)：减杀，减轻。　10瓜华：王引之说，即瓜瓠。泛指瓜与果。

原文

11.6恒豆之菹[1]，水草之和气也；其醢，陆产之物也。加豆，陆产也；其醢，水物也。笾豆之荐，水土之品

译文

通常豆中所盛的腌菜，都是水中由各季节的和美之气所催生出来的菜蔬；肉酱，都是陆上生长的动物的肉。祭祀中加进的豆，腌菜要用陆上出产的，而肉酱要用水生动物的肉。笾豆中所荐献的，是水里的和

也，不敢用常亵味而贵多品，所以交于神明之义也，非食味之道也。

陆上的食物，不敢用人们常用的美味食物，也不敢以品类繁多为贵；以此来体现和神明相交接的诚意，而不是只贪图吃美味的食物。

先王之荐可食也，而不可耆[2]也。卷[3]冕路车，可陈也，而不可好也。《武》壮而不可乐也。宗庙之威，而不可安也。宗庙之器，可用也，而不可便其利也。所以交于神明者，不可以同于所安乐之义也。酒醴之美，玄酒明水[4]之尚，贵五味之本也。黼黻文绣之美，疏布之尚，反女功之始也。莞簟之安，而蒲越、稿鞂之尚[5]，明之也。大羹不和，贵其质也。大圭不琢，美其质也。丹漆雕幾[6]之美，素车之乘，尊其朴也。贵其质而已矣，所以交于神明者，不可同

先王的祭品可以吃，但并不是人们喜好的味道。衮冕礼服、大辂椎轮，可以陈列，但也不是人们常爱穿爱坐的。《武》舞很雄壮，但不可以用来娱乐。宗庙的建筑很壮观威严，但不可以常住安居。宗庙里的器物可以行礼，但不可便于日常使用。这些是用来和神明交接的，与人们所觉得便利安乐的东西是不可以等同的。比如醴酒甜美，但祭祀中却崇尚玄酒、明水，体现了以五味的本源为贵。黼黻文绣华美，但祭祀中却崇尚粗布，体现了追念原始的女工织品。莞簟舒适，但祭祀中却崇尚粗糙的草席、草垫，这是要彰显人与神灵的不同。牲肉不加入调味品，这是以原味为贵。大玉圭不雕饰，这是以质朴为美。丹漆、雕饰过的车很华丽，但祭祀中却乘坐质素的辂车，这是以朴素为尊贵。这些都是看重它们的质朴而已，从而用来和神明相交接，和使人安逸舒适的东西很不相同。只有如此才能与祭祀之礼相适宜。

祭祀用的鼎俎呈奇数，而笾豆呈偶数，

于所安亵之甚也。如是而后宜。

鼎俎奇而笾豆偶,阴阳之义也。黄目[7],郁气之上尊也。黄者,中也;目者,气之清明者也。言酌于中而清明于外也。祭天,扫地而祭焉,于其质而已矣。醯醢[8]之美,而煎盐之尚,贵天产也。割刀之用,而鸾刀之贵,贵其义也:声和而后断也。

这体现了阴与阳的不同。黄目是贮存郁鬯香酒的最上等的酒樽。黄色,依五行排列居中;目,是人的澄明之气的所在。这是说:从樽中去斟酒,应考虑祭事也必适中;目在樽外而且清明,提示人君行祭一定得注意清明洁净。祭天,要扫地行祭,也不过在于质朴罢了。醯醢的味道很美好,但是祭祀时却把盐放在上位,这体现了以天然的物产为贵。今天的割刀便于使用,但祭祀时却以古代的鸾刀为贵,因为鸾刀能体现和谐之义:切割时,鸾铃发出和谐的声音,然后才割断祭牲。

注释 1 菹(zū):腌菜。 2 耆(shì):通"嗜"。喜好。 3 卷(gǔn):通"衮"。龙衮。 4 明水:祭祀用的净水。《周礼·司烜氏》曰:"以鉴取明水于月。"孙诒让认为,以鉴承露。 5 孙希旦说,"蒲越",结蒲为席,宗庙之席;"稿鞂",祭天之席也。 6 雕幾(qí):指雕镂成凹凸纹。幾,沂鄂。沂为凹纹,鄂为凸纹。 7 黄目:孔疏说,黄彝,以黄金镂其外以目,因取名也。将贮郁鬯,故云"郁气"。祭祀时列诸尊之上,故云"上"也。 8 醯醢(xī hǎi):醢必资醯以成。醯,指醋等调味品。醢,肉酱。

原文

11.7 冠义:始冠之,缁布之冠也。大古冠布,齐[1]则缁之。其緌[2]也,孔子曰:"吾

译文

冠礼的意义:开始戴的冠,是用黑布做的。太古时代人们戴上用白布做的冠,遇到祭祀就染成黑色。至于是否有帽带,孔子曾说过:"我没有听说过有这种东西。"黑布做的

未之闻也。”冠而敝之可也。適子[3]冠于阼，以著代也。醮于客位[4]，加有成也。三加弥尊，喻其志也。冠而字之，敬其名也。委貌，周道也。章甫，殷道也。毋追，夏后氏之道也。[5]周弁，殷冔，夏收，[6]三王共皮弁素积[7]。

无大夫冠礼，而有其昏礼。古者五十而后爵，何大夫冠礼之有？诸侯之有冠礼，夏之末造[8]也。天子之元子，士也，天下无生而贵者也。继世以立诸侯，象贤也。以官爵人，德之杀也。死而谥，今也；古者生无爵，死无谥。

礼之所尊，尊其义也。失其义，陈其

冠，在第一次加冠戴过后就可以弃去不用。嫡子加冠，要在主人的阼阶上行礼，以表明他将是代替主人的人。又请他站在宾客的位置上，向他敬酒，以表明他已具有成人的资格。三次加冠，（初次加缁布冠，其次加皮弁冠，最后加爵弁冠，）冠一次比一次贵重，这是告喻他树立远大志向努力上进。加冠以后，人们就用字来称呼他，这是敬重父母给他取的名。委貌，是周代常戴的冠；章甫，是殷代常戴的冠；毋追，是夏后氏时常戴的冠。而祭礼戴的冠，周代称为“弁”，殷代称为“冔”，夏代称为“收”，但是夏、殷、周三代君王都戴皮弁、穿素积。

没有大夫的冠礼，（只有士冠礼，）而大夫有婚礼。古代必须到五十岁以后才有可能受大夫的爵位，因此怎么会有大夫冠礼呢？诸侯有冠礼，是夏代末世的事；（幼小时就即诸侯位，等到成人又不得不行冠礼，就会有这种情况。）天子的嫡长子，也要作为士行冠礼，说明天下没有生下来就尊贵的人。诸侯的继承人封立为诸侯，就是尊重他先人的功德。至于用官爵封赏人，是按功德大小来决定官爵高低。不管什么人，死了都乱加谥号，这是今天的事情；而在古代，人生前无爵位，死了便无谥号。

礼之所以尊贵，就在于它的意义。如果失

数,祝史之事也。故其数可陈也,其义难知也;知其义而敬守之,天子之所以治天下也。

去礼的意义,只陈述具体的礼节(比如玉帛组豆等的多寡厚薄之数),这便是祝史所执掌的事了。所以,礼节是可以陈述的,礼的意义却是难于理解的;理解了它的意义,而又恭敬地遵守它,这就是天子用来治理天下的方法。

注释　1 齐:通"斋"。斋戒。　2 绥(ruí):下垂的帽带。　3 適(dí)子:嫡子。　4 醮(jiào):敬之以酒,而不必回敬。客位:户牖之间的宾客位置。　5 按:郑玄说,委貌、章甫、毋追,"常所服以行道之冠也"。　6 郑玄说,"弁"名出于盘,盘,大也,言所以自光大也。"冔"名出于幠。幠,覆也,言所以自覆饰也。"收",言所以收敛发也。其制之异未闻。　7 素积:腰间有褶裥的素裳,是古代的一种礼服。孙希旦说,以素缯为裳而襞(bì)积之也。襞,衣服上的褶裥。　8 末造:末世。

原文

11.8 天地合,而后万物兴焉。夫昏[1]礼,万世之始也。取[2]于异姓,所以附远厚别也。

币[3]必诚,辞无不腆,告之以直信。信,事人也;信,妇德也。壹与之齐[4],终身不改,故夫死不嫁。男子亲迎,男先于女,刚柔之义也,天先乎地,君先

译文

天地相配合,然后万物生成兴起。婚礼是子孙万世相继的开始。从异姓中娶妻,这样来与远族结亲,并严格区别血统。

订婚时送聘礼必定要诚心诚意,但也不必多说客气的话,以此来告诫女子该正直、诚信。诚信,是侍奉人的本分;诚信,也是妇人的美德。一旦嫁与男子为妻,就终身不该变心,所以丈夫死了就不再改嫁。结婚时,男子要亲自去迎接新娘,男方先于女方到家,这体现了阳刚阴柔的意思,就如天先于地,君先于臣,它们的意义是一致

乎臣，其义一也。执挚[5]以相见，敬章别也。男女有别，然后父子亲；父子亲，然后义生；义生，然后礼作；礼作，然后万物安。无别无义，禽兽之道也。婿亲御授绥，亲之也。亲之也者，亲之也。敬而亲之，先王之所以得天下也。出乎大门而先，男帅[6]女，女从男，夫妇之义由此始也。

妇人，从人者也。幼从父兄，嫁从夫，夫死从子。夫也者，夫也。夫也者，以知帅人者也。玄冕齐戒，鬼神阴阳也。将以为社稷主，为先祖后，而可以不致敬乎？共牢[7]而食，同尊卑也；故妇人无爵，从夫之爵，坐以夫之齿。器用陶匏，

的。迎娶这天，男子亲自执雁与女子相见，举止恭敬，表明夫妇应相互尊敬而又有分别。男女有分别，然后父子才能相亲；父子相亲，然后才有父子间的道义；有父子间的道义，然后才会产生礼节；产生了礼节，然后万物才会安顺。无分别而又无道义，是禽兽的群居方式。接新娘时，男子亲自驾车，并把上车用的引手绳交给新娘，以表示对妻的亲爱。夫对妻亲爱，就会使妻对自己亲爱。敬重而且亲爱妻，这是先代贤王之所以取得天下的重要原因。走出女家大门，男子走在前面，体现了男子率领女子，女子跟从男子，夫妇间的原则就是从这里开始建立的。

妇人，是听从他人的人。幼小时听从父兄，出嫁后听从丈夫，丈夫死后听从儿子。夫，就是丈夫。丈夫，是用才智来率领别人的人。举行婚礼时，要穿祭服并斋戒沐浴，要以侍奉鬼神的虔敬态度来对待男女婚礼。新娘对于有国者来说将是社稷的内主人，为祖先传续后代，如此重要，怎么可以不以虔敬态度对待呢？夫妻同用一个食器来吃，是表示夫妇尊卑相同；所以，妇人是没有爵位的，而跟从丈夫的爵位，她的座次也以丈夫的位次来排列。婚礼饮食器具用陶匏，因为自古以来崇尚的礼就是这样的。夏、商、周

尚礼然也。三王作牢,用陶匏。

三代,男女结婚才开始有同器共食的礼节,用的就是陶土制的陶匏。

厥明,妇盥馈。舅姑卒食,妇馂[8]余,私[9]之也。舅姑降自西阶,妇降自阼阶,授之室也。昏礼不用乐,幽阴之义也。乐,阳气也。昏礼不贺,人之序也。

结婚的第二天早上,新娘梳洗过后,把亲自烹调的猪肉进献给公婆。公婆吃过后,新娘再吃剩下来的,这表示公婆对媳妇的宠爱。公婆从西边的宾阶走下堂,而新娘却从东边的主人阼阶走下来,表示公婆已经把家交给媳妇了。婚礼不用音乐,是取幽阴之义。因为音乐是属于阳气的(,而婚礼是属于阴气的)。婚礼也无须庆贺,因为这意味着儿子将取代父亲。

注释 1昏:同“婚”。 2取:通“娶”。 3币:纳征之币。 4齐:郑玄说,齐或写作“醮”。 5挚:郑玄说,所奠雁也。 6帅:同“率”。 7共牢:谓同用一牢(二牲以上谓之牢),而夫妇共食,不别俎也。 8馂(jùn):吃别人剩下的食物。 9私:郑玄说,私之犹言恩也。

原文

11.9 有虞氏之祭也,尚[1]用气。血、腥、爓祭用气也。殷人尚声,臭味未成,涤荡[2]其声,乐三阕[3],然后出迎牲。声音之号,所以诏告于天地之间也。周人尚臭[4],灌用鬯[5]臭,郁合鬯,

译文

虞舜时的祭祀,崇尚先荐献祭牲的气味。祭祀时用牲血在室内告神,朝践时在堂上荐献生肉,还得用半生不熟的牲体再荐献到堂上,这是祭礼中用气味来享神。殷代的人,祭祀崇尚乐声,在未杀牲、未煮熟牲体前,还没有肉和血的味道时,就演奏音乐使乐声飘荡,奏完三阕,然后出庙门迎接祭牛。大声呼号,是为了诏告天地间的鬼神来享用祭品。周代的人崇尚香气,灌地降神用郁鬯

臭阴达于渊泉。灌以圭璋[6],用玉气也。既灌,然后迎牲,致阴气也。萧合黍稷,臭阳达于墙屋,故既奠,然后焫萧合(膻)〔馨〕芗[7]。凡祭,慎诸此。魂气归于天,形魄归于地,故祭求诸阴阳之义也。殷人先求诸阳,周人先求诸阴。

的香味;郁金香草和着鬯酒,气味可以渗透到深泉。灌地降神要用带有柄的玉勺,以使香气中有玉的洁润之气。行完灌礼,然后才出庙门迎祭牲,这是为了先致香气于阴间而求神。香蒿混合着黍稷而焚烧,气味上升并弥漫在墙屋之间,要在向尸献酒以后再焚烧混合在一起的香蒿、肠脂、黍稷,这是为了致香气于阳间而求神。凡是祭祀,都要慎重地遵循这些仪式。人死后,魂气上升到天上,形魄归回到地下,所以祭祀就有向阴间和向阳间求神的仪式。殷人先求魂于阳,周人先求魄于阴。

注释 1尚:郑玄说,尚,谓先荐之。 2涤荡:陈澔说,宣播之意。 3按:凡正乐有四节,而降神惟三阕。 4臭:气味。孙希旦认为,此“臭”字当是香气之意。 5鬯(chàng):秬鬯,用黑秬黍酿造的酒。 6灌以圭璋:此指灌秬盛以瓒,而以圭、璋为之柄。 7焫(ruò):烧。 膻:郑玄说,膻当为“馨”,声之误也。芗:通“香”。

原文

诏祝于室,坐尸于堂,用牲于庭,升首于室。直祭祝于主,索祭祝于祊。不知神之所在,于彼乎,于

译文

祭祀在初杀牲时,要由祝在室内告神;尸又要出来坐在堂上,行朝践之礼;而杀牲是在庭中,要在室内荐献上祭牲的头。有直接供祭神主的,有为求索神灵而在庙门旁行祭祀的。不知神灵的所在,究竟是在那边呢,还是在这边呢,或者还在离人更远的地方?(从室到堂,从

此乎，或诸远人乎？祭于祊，尚[1]曰求诸远者与？祊之为言倞[2]也。肵[3]之为言敬也。富也者，福也。首也者，直[4]也。相，飨之也。嘏，长也，大也。尸，陈也。[5]毛、血，告幽全之物也[6]；告幽全之物者，贵纯之道也。血祭，盛气也。祭肺肝心，贵气主也。祭黍稷加肺，祭齐[7]加明水，报阴也。取膟膋[8]燔燎，升首，报阳也。明水涚[9]齐，贵新也。凡涚，新之也。其谓之明水也，由主人之絜著此水也。

堂到庭，从庭到祊，祊已是最远的了；）祭祀到了庙门旁，差不多可以说求神已是求到很远的地方了吧？祊就是倞（，意思是在亮处求索阴幽的神灵）。肵就是敬（，意思是虔诚恭敬）。富就是福（，意思是齐全完备）。首就是直（，意思即是牲首是一体之正）。相就是飨神（，意思是劝告尸享用祭品）。嘏就是长久和广大。尸就是陈（，意思是尸为神的象征，当为主）。杀牲之前，先要用牲毛、牲血告神，这是告诉神，祭牲的内在和外表均完好。告诉神祭牲内外均完好，这体现了以纯粹完善的牲体为重的道理。用牲血行祭，是表明牲体生气旺盛。而祭祀用牲的肺、肝、心，是因为它们都是生气充盈的器官。用黍稷加上肺行祭，用五齐加明水行祭，这些都是报答地下的神灵。取牲血、肠上的脂膏混合香蒿焚烧，荐献祭牲的首，这些都是报答天上的神灵。将明水渗在五齐中，是以明洁为贵。凡是涚，就是使酒变得明洁。那种称为明水的，是因为主人的明洁之心也显示在此水里了。

注释　1尚：郑玄说，尚，庶几也。　2倞(liàng)：求索。　3肵(qí)：肵俎，敬尸之俎；祭祀时盛心、舌的祭器。　4直：从孔疏说，直，正也，言首为一体之正。　5按：郑玄说，尸或诂为主，此尸神象，当从主训之，言"陈"非之。　6幽：指血和内脏。全：外表皮毛完好。　7齐(jì)：五齐，五种带糟的浊酒，即泛、醴、盎、醍、澄等。 8 膟膋：牲血和肠脂。 9 涚(shuì)：郑玄说，涚犹清也，五齐浊泲之使清，谓之涚。

原文

君再拜稽首，肉袒亲割，敬之至也。敬之至也，服也。拜，服也；稽首，服之甚也。肉袒，服之尽也。祭称"孝孙""孝子"，以其义称也；称"曾孙某"，谓国家也。祭祀之相，主人自致其敬、尽其嘉，而无与让也。腥、肆[1]、爓、腍[2]祭，岂知神之所飨也？主人自尽其敬而已矣。举斝角，诏妥尸。古者尸无事则立，有事而后坐也。尸，神象也。祝，将命也。

缩[3]酌用茅，明酌也。盏酒[4]涚于清，汁献[5]涚于盏酒，犹

译文

国君要行再拜稽首礼，还要除去服饰，袒露着上身，亲自切割牲体，是表示对神恭敬到了极点。恭敬至极，就是表示对神服从。跪拜，表示服从；叩头至地，表示极为服从。袒露身体，则表示彻底服从。祭祀时，称"孝孙""孝子"，是仅在祭祀祖父和父亲时的自称；称"曾孙某"，则是国君或大夫祭祀全部祖先时的自称。祭祀时担任相的人，因主人会亲自向尸表达敬意，所以相只需尽力劝尸享用祭品，无须告诉尸与主人互行揖让之礼。祭祀中荐献的生肉、牲体、半生不熟的爓肉、熟肴等，有谁能知道神明所要享用的是哪一种呢？只是主人竭尽自己的敬意罢了。迎尸入室后，尸举起玉杯并祝告，主人再拜请尸安坐。古代尸没有事就站立着，有事然后再坐下。尸，是神的象征。祝是传达主人与神的辞命的人。

醴酒是用青茅过滤的，从而使酒明洁。盏酒是用清酒掺和而后过滤的，郁鬯酒是用盏酒掺和而后过滤的，如同现今用清酒和盏酒渗和在旧酿的醇酒里一样。祭祀有

明、清与盏酒于旧泽[6]之酒也。祭有祈焉，有报焉，有由辟[7]焉。齐之玄也，以阴幽思也。故君子三日齐，必见其所祭者。

的为了祈求福佑，有的为了报答恩惠，有的为了弭灾消祸。斋戒要穿戴玄冠玄衣玄裳，用幽阴的颜色来体现幽深的思念。使人宁静而思虑专一。所以君子致斋三天，到了祭祀时就必定会看见自己所要祭祀的亲人。

注释 1肆(tī):剔也，谓豚解也。即解剔牲体。 2腍(rèn):煮熟。 3缩：滤去酒滓。 4盏酒：也称"盎齐"。 5汁献(suō)：即秬鬯。古代祭祀时用以求神的香酒。用黑黍和郁金香酿成。郑玄说，汁是鬯酒，献读为莎，是摩娑郁香草的汁，调入鬯酒，故名"汁献"。 6旧泽(yì)：昔日的陈年醇酒。泽，通"醳"，酒。 7辟(mǐ):通"弭"，停止，平息。郑玄说，读为弭，谓弭灾兵，远罪疾也。

内则第十二

导读

此篇主要记载了男子、妇人侍奉父母舅姑之法，所记皆为家庭琐事，极其平常细碎，但为考察研究古代社会伦理纲常、法律制度以及饮食居处等，提供了早期史料。胡适曾认为此篇繁文缛礼“竟是现今戏台上的台步、脸谱、武场套数，成了刻板文字，便失了孝的真意了”。我们不必拘泥于细节，可将其作为古代日常生活方面的史料去阅读，借此可了解古时家庭生活与家庭教育之大略。

篇首指出：“后王命冢宰，降德于众兆民。子事父母：鸡初鸣，咸盥漱。”“妇事舅姑，如事父母。”天子命令宰相以王命推行之，教化天下百姓，可谓政教合一之教化。文中记述居家时如何孝敬父母，饮食起居中食品安排、铺床叠被的每一细小环节，都要让父母安寝舒适。“孝子之养老也，乐其心，不违其志，乐其耳目，安其寝处”，要使父母从心里感到快乐，不违背他们的意愿。文中所记一些生活理念和精致化生活场景，让人大开眼界。古代卿大夫之家已有如此高的文明程度！其物质条件似乎超出我们的想象。

文中还记述了很多生活经验、教育孩子的理念以及民间风俗等。如孩子从出生取名以至成长的各年龄段都有具体要求，穿衣戴帽的细节都体现男女有别。孩子出生后，初见家人、告知众人就有很多规矩。比如，若是生的是男孩，就在门外左边挂一张木弓；若是生的是女孩，就在门外右边挂一条佩巾。孩子六岁要学习数目与四方之名，九岁学习朔望、天干地支等知识。还要教育他们谦让,不奢侈,学会相应的礼仪,所学内容贵在简要信实。成年礼以后,更要笃行孝悌,广见博闻,立身社会要学会与人交往等。

随着时代的发展,《内则》中所记的许多繁文缛节已不合时宜了,但是在如何做人、如何教育子女方面,其中的一些观念仍值得我们借鉴。礼俗本来就不是一成不变的,要顺应不同时代的物质条件和精神需求不断修正,才能返古开新。

原文

12.1 后王命冢宰，降德于众兆民。子事父母：鸡初鸣，咸盥漱，栉、縰[1]、笄、总[2]、拂髦[3]、冠、緌缨、端[4]、韠[5]、绅[6]、搢笏。左右佩用：左佩纷帨[7]、刀、砺、小觿[8]、金燧[9]；右佩玦[10]、捍[11]、管、遰[12]、大觿、木燧[13]。逼[14]、屦、著綦[15]。妇事舅姑，如事父母：鸡初鸣，咸盥漱，栉、縰、笄、总、衣绅。左佩纷帨、刀、砺、小觿、金燧；右佩箴[16]、管、线、纩、施縏帙[17]、大觿、木燧，衿缨[18]、綦屦。

译文

天子命令冢宰，教化天下百姓。儿子侍奉父母：鸡刚啼，就起身洗脸漱口，用梳子梳头，用黑缯挽发作髻，加上发簪，用练缯束结头发并在髻后垂下剩余的部分，戴上齐眉的发饰，再加帽并系帽带，穿上玄端士服，围上蔽膝，系上大带，在大带里插上笏板。左右两边佩带用具：左边佩上擦拭用的手巾、小刀、磨石、解结的锥子、用金属制作的取火工具；右边佩上射箭用的玦和捍、笔管、刀鞘、解大结用的大觿、钻木取火的木燧。还要在腿上扎上绑腿，穿上鞋，系好鞋带(，然后才能去见父母)。妇人侍奉公婆，要同侍奉自己的父母一样：鸡刚啼，就起身洗脸漱口，梳头，用黑缯包成发髻，加上发簪，用练缯束结头发，系上大带。左边佩上擦拭用的手巾、小刀、磨刀石、解小结的锥子、用金属制作的取火工具；右边佩上针、针囊、线、丝棉絮、贮放这些东西的小囊、解大结的大觿、钻木取火的木燧，用彩带系上香囊，穿上鞋，系好鞋带。

注释 1 縰(xǐ)：此指用黑缯包发作髻。 2 总：用练缯束发，所余部分垂于髻后为饰。 3 拂髦：拂，装饰；髦，齐眉发饰。郑玄说，其制未闻也。 4 端：玄端，为士人服。 5 韠：蔽膝，用皮革制成。 6 绅：腰间大带。 7 纷帨：均为佩巾，“纷”是拭器用的，“帨”是擦手用的。 8 觿(xī)：解结用的工具，像锥而用象骨等制成。 9 金燧(suì)：金属制成的用日光来取火的工具。 10 玦(jué):指钩弦开弓的工具,以象骨等制成,套在右手大拇指上。 11 捍:射箭用具,左臂所戴的皮制袖套。 12 遰(shì):刀鞘。 13 木燧:钻木取火的工具。 14 逼(bī):绑腿。 15 綦(qí):鞋带。 16 箴:同“针”。 17 縏(pán):小囊。帙(zhì):口袋。陈澔说,縏、帙皆囊属。 18 衿:结。缨:彩带。

原文

以适父母、舅姑之所。及所,下气怡声,问衣燠寒;疾痛苛痒[1],而敬抑[2]搔之。出入则或先或后,而敬扶持之。进盥,少者奉槃[3],长者奉水,请沃盥;盥卒,授巾。问所欲而敬进之,柔色以温之。饘[4]、酏[5]、酒、醴、芼羹[6]、菽、麦、蕡[7]、稻、黍、粱、秫[8],唯所欲。枣、栗、饴、蜜以甘之,堇[9]、荁[10]、枌[11]、榆[12],免[13]、薨[14]、滫[15]、瀡[16]以滑之,脂、膏以膏之。父母、舅姑必尝之而后退。

译文

准备好了后就去父母、公婆的住处。到了那儿,要低声下气和颜悦色,问暖问寒;如有疾痛疴痒,要恭敬地为父母、公婆按摩或搔挠。父母、公婆出入或走动,就得或先或后恭敬地搀扶着。进前为父母、公婆盥洗时,年少的就端着盘,年长的就捧着水,请父母、公婆冲洗;盥洗完毕,就递上擦拭的布巾。再询问想要吃什么,从而恭敬地送上,用柔顺的神色使他们感到温暖。早餐是饘、酏、酒、醴、芼羹,午餐、晚餐是菽、麦、蕡、稻、黍、粱、秫,只要是父母、公婆想要吃的就去安排。并且还用枣、栗、饴、蜜来使饮食甘和,而堇、荁、枌、榆四种或用新鲜的,或用晒干的,并经滫瀡来使食物柔滑可口,用脂、膏来使食物清香美味。要侍候父母、公婆尝过以后,才能退下。

注释 1苛：指疥，疥癣。 2抑：按摩。 3槃(pán)：同“盘”，木盘，古代承水器皿。 4饘：厚粥。 5酏(yǐ)：薄粥。 6芼(máo)羹：以菜杂肉为羹。 7蕡(fén)：大麻的种子。 8秫(shú)：《说文》云“稷之粘者”，也指粘稻。 9堇：菜名。 10荁(huán)：似堇而叶大。 11枌(fén)：白榆。 12榆：刺榆。 13免(wèn)：新鲜食物。 14薨：干的食物。 15滫(xiǔ)：《说文》云“久泔也”，引申为溲淘。 16瀡(suǐ)：溲淘使柔滑。

原文

男女未冠笄者，鸡初鸣，咸盥漱，栉、縰、拂髦；总角[1]、衿缨，皆佩容臭[2]；昧爽[3]而朝，问何食饮矣。若已食则退，若未食则佐长者视具。

凡内外，鸡初鸣，咸盥漱，衣服，敛枕簟，洒扫室堂及庭，布席，各从其事。孺子蚤寝晏起，唯所欲，食无时。由命士以上，父子皆异宫。昧爽而朝，慈[4]以旨甘；日出而退，各从其事；日入而夕，慈以旨甘。

父母、舅姑将坐，

译文

如果是未及冠、未及笄的未成年男女，鸡刚啼，就起来盥洗漱口，梳头，做发髻，戴上齐眉的发饰；男孩头上扎总角，女孩腰间系彩带，都佩上香袋；在天色微明时就去向父母请安，问吃了什么、喝了什么没有。如果父母已吃过了，就可退下；如果还未吃过，就要侍奉、照顾父母吃饭。

家中不论上下尊卑长幼，鸡刚啼就得起来，盥洗漱口，穿好衣服，收拾枕席，洒扫内室和庭堂，安排坐席，然后各干各的事。只有小孩可以早睡晚起，可以随心所欲，吃饭也不固定时间。如果儿子是受命于朝廷的命士，父子就要分宅居住。天色微明就去向父母请安，并用美味甘甜的食物孝敬父母；太阳出来后就可告退，各去干各的事；太阳下山后再去向父母请安，又用美味甘甜的食物孝敬父母。

父母、公婆早上起身后将要就座时，要

奉席请何乡；将衽[5]，长者奉席请何趾。少者执床[6]与坐，御者举几，敛席与簟，县衾，箧枕，敛簟而襡[7]之。

捧着坐席请示铺设在什么地方；将要躺卧休憩时，年长的要捧着卧席请示脚朝什么方向。年少的要拿着坐卧的用具让他们坐下，侍候的人要捧上小几供他们倚靠，然后收拾席、簟，并把被子捆了悬挂起来，把枕头放进箱箧，卷起簟席包藏好（这些贴身用的都要收起来，以免弄脏）。

父母、舅姑之衣、衾、簟、席、枕、几，不传；杖、屦，祗敬之，勿敢近；敦、牟[8]、卮、匜，非馂莫敢用；与恒食饮，非馂，莫之敢饮食。父母在，朝夕恒食，子妇佐馂，既食恒馂。父没母存，冢子[9]御食，群子妇佐馂如初。旨甘滑，孺子馂。

父母、公婆的衣、被、簟、席、枕、几，不要随便移换地方；手杖、鞋子，要恭敬对待，不敢乱碰乱动；敦、牟、卮、匜这些饮食器具，若不是去吃他们剩下的东西就不敢用；供给父母、公婆吃的食物，若不是他们吃剩的，就不敢吃。父母在世，早晚进餐，儿子和媳妇在旁照料，然后再吃他们吃不完的食物。父亲已去世，母亲还在，就由长子陪母亲吃，其他儿子、儿媳在旁照料并吃他们吃不完的食物，与父亲在世时一样。甘甜柔滑的食物，就给小孩吃。

在父母、舅姑之所，有命之，应唯，敬对，进退周旋慎齐。升降出入揖游，不敢哕噫、嚏咳、欠伸、跛倚、睇视，不敢唾洟。[10]寒不敢袭，痒不敢搔。不有敬事，不敢袒裼[11]；不涉不撅；亵衣衾不见[12]里。父母

在父母、公婆的居处，有事吩咐自己，应该立即答“是”，并恭敬地答话，自己的进退举止要谨慎庄重。上下台阶、出入门户都要依礼进退俯仰，不敢打嗝、打喷嚏、咳嗽、伸懒腰、一足站立而斜靠着、眼睛斜视，不敢吐唾沫或擤鼻涕。天气变冷而不敢在父母面前添加衣服，也不敢在父母面

唾洟不见;冠带垢,和灰[13]请漱;衣裳垢,和灰请浣;衣裳绽裂,纫箴请补缀。五日则燂[14]汤请浴,三日具沐。其间面垢,燂潘请靧[15];足垢,燂汤请洗。少事长,贱事贵,共帅时[16]。

前搔痒。不是为父母、公婆劳作之事,就不敢宽衣露臂;不涉河,就不撩起衣裳;贴身的内衣、被子不能显露出来。父母流口水或有鼻涕,要为他们擦拭掉;冠带脏了,要掺和木灰用手洗刷;衣裳脏了,要掺和木灰用足踩洗;衣裳绽了线或破裂了,要及时缝纫补缀。每五天就烧热水请父母洗澡,每三天就请父母洗一次头发。在这期间,父母脸上有污垢,就备温水清洗脸;脚脏了,也要用温水洗干净。年少的侍奉年长的,卑贱的侍奉尊贵的,也要遵循这种礼节。

注释 1总角:总聚其发而结束之为角,童子之饰也。 2容臭(chòu):香物。臭,香,香气。 3昧爽:天将明而未明时。昧,晦;爽,明。 4慈:爱,敬爱。 5衽:卧席。 6床:《说文》"安身之几坐",非今天之卧床。 7襡(dú):收藏。 8敦、牟:皆为盛黍稷的器具。 9冢子:嫡长子。 10揖游:古代行礼时依礼仪进退俯仰。哕噫(yuě ài):打嗝。 11裼:孙希旦说,《玉藻》所谓"裼",谓露其中衣也,所谓"裼",谓露臂也。 12见:同"现"。13和灰:此指充当肥皂的作用。 14燂(xún):烧热。 15潘:米泔水。靧:洗脸。 16帅:遵循。时:通"是"。此。

原文

男不言内,女不言外。非祭非丧,不相授器。其相授,则女受以篚[1]。其无篚,则皆坐,奠之,而后取

译文

男人不询问家务事,女人不询问外面的事。不是祭祀,不是丧事,男女不相互授受东西。如果一定要授受的,那女方就用盛物的竹器来接受。如果女方没有竹器,那男女都坐下,男方将东西放在地上,然后女方

之。外内不共井，不共湢浴[2]，不通寝席，不通乞假。男女不通衣裳。内言不出，外言不入。

男子入内，不啸不指；夜行以烛，无烛则止。女子出门，必拥蔽其面；夜行以烛，无烛则止。道路，男子由右，女子由左。

子妇孝者敬者，父母、舅姑之命勿逆勿怠。若饮食之，虽不耆[3]，必尝而待。加之衣服，虽不欲，必服而待。加之事，人(待)〔代〕[4]之，己虽弗欲，姑与之，而姑使之，而后复之。子妇有勤劳之事，虽甚爱之，姑纵之，而宁数休之。子妇未孝未敬，勿庸疾怨，姑教之。若不可教，而后怒之；不可

再拿起来。居内的女人和居外的男人不共用一口井，不共用一个浴室，不共用寝席，不互借东西。男女不能混穿衣裳。闺内的言语不能传到外边，外边的言语也不传进闺内。

男子进入内宅，不该口出啸声，不该指指点点；夜里行走，要点上火烛，没有火烛就不要走动。女子出门，必定要遮掩着脸；夜里行走，也得点上火烛，没有火烛也就不走动。在道路上，男子从右边走，女子从左边走。

孝敬的儿子、儿媳妇，对于父母、公婆的旨意不能违逆怠慢。如果他们赐予饮食，即使是自己不喜欢的，也必定要尝一些而侍候着。如果他们赐予衣服，即使是自己不想穿的，也必定要穿上而侍候着。如果他们吩咐自己办事，又考虑到劳累而让别人代干，自己即使不很愿意，也姑且让别人去办，并且等待机会支开人家，然后自己再来做。儿子、儿媳妇有辛勤劳苦的事，虽然父母、公婆对其很疼爱，但姑且仍由他们去干，而宁可让他们多停下来休息。儿子、儿媳妇不孝敬，也不用憎恨埋怨，应该教导他们。如果不可教导，然后才责备怒斥他们；如果责备怒斥后还不听从，就只好放逐儿

怒,子放妇出,而不表礼焉。

父母有过,下气怡色,柔声以谏。谏若不入,起敬起孝,说[5]则复谏;不说,与其得罪于乡党州闾,宁孰谏;父母怒,不说,而挞之流血,不敢疾怨,起敬起孝。

父母有婢子若庶子庶孙,甚爱之,虽父母没,没身敬之不衰。子有二妾,父母爱一人焉,子爱一人焉,由衣服饮食,由执事,毋敢视父母所爱,虽父母没不衰。子甚宜其妻,父母不说,出。子不宜其妻,父母曰"是善事我",子行夫妇之礼焉,没身不衰。

父母虽没,将为善,思贻父母令名,必

子,休掉媳妇了,但是不对外宣扬他们是因为违背了礼义(,这才是合乎忠厚之道)。

父母有过错,要低声下气和颜悦色,用柔声细语劝说。劝谏而不听,就要更加恭敬地孝顺父母,待到他们心情好的时候就再劝谏;如果父母不高兴,那与其使父母得罪于乡党州闾,还不如再次劝谏;就算父母发怒,不高兴,甚至将自己鞭挞到流血,也不敢怨恨父母,仍要更恭敬地孝顺他们。

父母有小妾和庶子庶孙,生前非常宠爱他们,那虽然父母已去世,做子女的还是要终身敬重他们,不能衰减。儿子有两个小妾,如果父母喜爱其中一个,儿子却喜爱另一个,那儿子喜爱的那个小妾,从衣服饮食到做事等方面,不敢和父母所喜爱的那个相比,即使父母已去世也该这样。儿子很爱自己的妻子,父母却不欢喜她,那就只能把妻子休掉。如果儿子不爱自己的妻子,父母却说"这媳妇能很好地侍奉我们",那儿子就得履行夫妇的礼义,终身不能变。

父母虽然已去世,但遇上做善事的时候,想到会给父母带来好的名声,就务必去做。将要做不好的事时,想到会给父母带来羞辱,就务必不去做。

公公去世后,婆婆就把家政传给长子

果。将为不善，思贻父母羞辱，必不果。

舅没则姑老[6]，冢妇所祭祀宾客，每事必请于姑。介妇请于冢妇。舅姑使冢妇，毋怠、不友、无礼于介妇。舅姑若使介妇，毋敢敌耦于冢妇，不敢并行，不敢并命，不敢并坐。

凡妇不命适私室，不敢退。妇将有事，大小必请于舅姑。子妇无私货，无私蓄，无私器，不敢私假，不敢私与。妇或赐之饮食、衣服、布帛、佩帨、茝兰[7]，则受而献诸舅姑；舅姑受之，则喜，如新受赐；若反赐之，则辞；不得命，如更受赐，藏以待乏。妇若有私亲兄弟，将与之，则必复请其故赐而后与之。

之妇，长子之妇对于那些祭祀、招待宾客的事情，每一件都必定要向婆婆请示。而各妯娌有事则向长子之妇请示。公婆使唤长子之妇，她不敢懈怠，也不可无礼于各位妯娌。公婆使唤其他的儿媳妇，她们也不可以因此而骄傲，应当不敢和长子之妇相抗衡，不敢并行，不敢并命，不敢并坐。

凡是儿媳妇服侍公公、婆婆，公婆没有命她们各自返回自己的房里去，就不敢退下。媳妇有事，无论事情大小必定得向公婆请示。儿媳妇没有私财，没有私蓄，没有私器，不敢私自借东西给别人，也不敢私自把家里的东西给别人。如果有人赠送给她们饮食、衣服、布帛、佩巾、香囊等，收下后就去进献给公婆；公婆收下，媳妇就很高兴，如同自己刚收下别人的馈赠时那样；如果公婆把东西转送给自己，就推辞不收；实在推辞不了，就如同再接受公婆的赏赐一样，把东西收藏起来而等待公婆缺乏时再献上。媳妇如果有娘家的兄弟亲友，想送些礼物给他们，那必定得先向公婆禀明原因，待公婆赐给她以后再赠送给兄弟亲友。

注释 1 篚:盛物的圆形竹器。方曰筐,圆曰篚。 2 湢(bì)浴:浴室。3 耆(shì):通“嗜”。喜好。 4 据孔疏,“待”当作“代”。 5 说:同“悦”。6 老:指传家事于长妇也。 7 茝(chén)兰:茝与兰皆为香草。

原文

12.2 適子[1]庶子,祗事宗子宗妇,虽贵富,不敢以贵富入宗子之家;虽众车徒舍于外,以寡约入。子弟犹[2]归器、衣服、裘衾、车马,则必献其上,而后敢服用其次也;若非所献,则不敢以入于宗子之门,不敢以贵富加于父兄宗族。若富,则具二牲,献其贤[3]者于宗子;夫妇皆齐而宗敬焉[4],终事而后敢私祭。

译文

嫡子、庶子都要敬重嫡长子夫妇,即使富贵了,也不敢以富贵的身份进入嫡长子的家门;虽然有许多车马、随从,也都停在门外,而以简约的形式进去。如果子弟中承蒙尊上馈赠器物、衣服、裘衾、车马,就必定献给嫡长子最上等的,然后自己才敢使用那些次等的东西;如果不是该献给嫡长子的东西,(因为有的器物不能和嫡长子身份相配,)就不敢将这些东西送入他家,更不敢因富贵而凌驾于父兄宗族之上。祭祀的时候,家境较富裕的就准备二牲,并把其中最好的献给嫡长子;自己作为小宗夫妇都要斋戒并助祭,等嫡长子大宗夫妇祭完了,然后才敢进行自家的祭祀。

注释 1 適(dí):通“嫡”。 2 犹:若,如果。 3 贤:善也。 4 齐(zhāi):斋戒。宗敬:往助祭事,以致宗庙之敬。

原文

12.3 饭:黍,稷,稻,粱,白黍,黄粱;

译文

饮食有:黍、稷、稻、粱、白黍、黄粱;而其中稻又有晚稻和早稻的区别。膳食有:牛臛、稰，穛[1]。膳：膷，臐，膮，(醢)[2]牛炙；醢，牛胾[3]，醢，牛脍；羊炙，羊胾，醢，豕炙；醢，豕胾，芥酱，鱼脍；雉，兔，鹑，鴽。

饮：重醴[4]，稻醴，清糟，黍醴，清糟，粱醴、清糟或以酏为醴，黍酏；浆，水，醷[5]，滥[6]。酒：清，白。

羞：糗饵粉〔餈、〕(酏)〔餰〕[7]。食：蜗醢而苽食[8]、雉羹，麦食、脯羹、鸡羹，析稌[9]、犬羹、兔羹；和糁不蓼[10]。濡[11]豚，包苦实蓼。濡鸡，醢酱实蓼。濡鱼，卵酱[12]实蓼。濡鳖，醢酱实蓼。腶脩[13]，蚳[14]醢；脯羹，兔醢；麋肤[15]，鱼醢；鱼脍，芥酱；麋腥，醢，酱。桃诸[16]，梅诸，卵盐[17]。

羊臛、猪臛、烤牛肉(这四样盛在四豆，排成一行)；肉酱、切牛肉、肉酱、牛脍(这四样也盛在四豆，排为第二行)；烤羊肉、切羊肉、肉酱、烤猪肉(盛放四豆，排为第三行)；肉酱、切猪肉、芥子酱、鱼脍(盛放四豆，排为第四行)(这四行十六豆是下大夫的食礼)。(如果是上大夫的食礼，)还得加上雉、兔、鹑、鴽(分盛四豆，排为第五行)。

饮料有：清、糟相配兼设的醴酒，稻米酿的醴酒有清、糟两种，黍米酿的醴酒有清、糟两种，高粱酿的醴酒也有清、糟两种，或者酿粥而作为醴酒的，而又是用黍来煮粥的；其余还有米汤、水、梅浆、凉粥。酒有：冬酿夏成的清酒、新酿而浊的白酒。

笾豆内的食物还有：糗、糕、粉、饼。燕食用的：螺酱，苽米饭，雉羹，麦饭配以肉羹，鸡羹，稻米饭，犬羹，兔羹；以上羹都要加入米糁而成糊状，不加蓼菜。烹小猪时，要用苦荼包猪，用蓼菜放入猪腹中。烹鸡，要用肉酱和蓼菜。烹鱼，要用鱼子酱和蓼菜。烹鳖，要用肉酱和蓼菜。腶脩要配以蚳卵酱，肉羹要配以兔酱，麋肉要配以鱼酱，鱼脍要配以芥子酱，生麋肉要配以肉酱。桃、梅要制成桃干、梅干，加上大如鸟卵的盐。

注释 1稰(xǔ)、穛(zhuō):稰,成熟晚的稻子。穛,早熟的谷物。郑玄说,熟获曰稰,生获曰穛。 2郑玄说,“醢”衍字。 3胾(zì):切成大块的肉。 4醴:谓一宿酿成的酒。 5醷(yì):梅浆。 6滥:凉粥。也有不同说法。 7郑玄说,“餈”此记似脱,“酏”当为“餰”。糗(qiǔ):炒熟的米麦等。餈(cí):许慎说,稻饼也。餰:郑玄说,以稻米与狼臅膏为之。 8蜗(luó):同“螺”。苽(gū):雕胡,菰米 9析稌(tú):孔疏说,细析稻米为饭。稌,稻也。 10孔疏说,此等之羹,宜以五味调和米屑为糁,不须加蓼也。 11濡:烹煮之,以其汁调和。 12卵酱:鱼子酱。孔疏说,“卵”当读为鲲,鲲,鱼子也。 13腶(duàn)脩:捣碎而加姜桂的干肉。 14蚳(chí):蚁卵。 15朊:薄切熟肉。 16诸:收藏。制成桃干、梅干收藏就称桃诸、梅诸。 17卵盐:大盐。

原文

凡食齐[1]视春时,羹齐视夏时,酱齐视秋时,饮齐视冬时。凡和,春多酸,夏多苦,秋多辛,冬多咸,调以滑甘。牛宜稌,羊宜黍,豕宜稷,犬宜粱,雁宜麦,鱼宜苽。春宜羔豚,膳膏[2]芗;夏宜腒鱐[3],膳膏臊;秋宜犊麛[4],膳膏腥;冬宜鲜羽,膳膏膻。牛脩,鹿脯,田豕脯,麋

译文

凡是饭食的调制以温为宜,就和春天一样;羹的调制以热为宜,就如夏天一样;酱的调制以凉为宜,就如秋天一样;饮的调制以寒为宜,就如冬天一样。调食品的味道,春天多用酸味,夏天多用苦味,秋天多用辣味,冬天多用咸味,并且都要注意用柔滑甘美的食物来调配。牛肉宜配食稻,羊肉宜配食黍,猪肉宜配食稷,狗肉宜配食粱,雁肉宜配食麦,鱼肉宜配食苽。春天宜食小羊小猪,用牛油煎烹取香味来调和;夏天宜食干鱼干肉,用狗油煎烹取臊味来调和;秋天宜食小牛小鹿,用鸡油煎烹取腥味来调和;冬天宜食鲜鱼大雁,用羊油煎烹取膻味来调和。牛、

脯，麋脯，麋、鹿、田豕、麇皆有轩[5]；雉，兔，皆有芼。爵[6]、鷃、蜩、范[7]、芝[8]、栭[9]、蓤、椇[10]、枣、栗、榛、柿、瓜、桃、李、梅、杏、楂、梨、姜、桂。

鹿、田猪、麋、麇的肉，切成长条或薄片，制成脩、脯；其中麋、鹿、田猪、麇都是切成薄片后用蓼包揉再制干的；雉、兔只用菜煮。其余的雀、鷃、蜩、蜂、芝、栭、菱、椇、枣、栗、榛、柿、瓜、桃、李、梅、杏、楂、梨、姜、桂，都是国君燕食时所享用的。

大夫燕食[11]，有脍无脯，有脯无脍。士不贰羹胾。庶人耆老不徒食。

大夫平日一天的饭食，或有脍无脯，或有脯无脍。士人的饭食有羹有切肉，但不得享用双份。庶人六十岁以上不能只吃白饭，要有肉。

注释 1 齐：调和。 2 膳膏：用膏来煎之，而滋味甘美。 3 腒(jū)：干鸟肉。 鱐(sù)：干鱼。 4 麛(mí)：小鹿。 5 轩：从今人王梦鸥说，薄切以蓼包揉而干之。 6 爵(què)：通“雀”。 7 范：蜂。 8 芝：陈澔说，如今木耳之类。 9 栭(ér)：木名，栗之一种，即茅栗。 10 椇(jǔ)：枳椇，果实味甜可食，俗称“鸡距子”。 11 燕食：指朝夕常食。

原文

脍，春用葱，秋用芥。豚，春用韭，秋用蓼。脂用葱，膏用薤，三牲用藙[1]，和用醯，兽用梅。鹑羹、鸡羹、鴽，酿之蓼。鲂鱮烝[2]，雏烧，雉，芗[3]，无蓼。

不食雏鳖，狼去肠，

译文

给脍调味，春天要用葱，秋天要用芥酱。给脍豚调味，春天用韭菜，秋天用蓼菜。脂用葱调味，膏用薤调味，牛羊猪三牲用茱萸煎，用酸醋来调味，其他兽类的肉用梅浆调味。鹑羹、鸡羹、鴽，和蓼菜放在一起煮。鲂、鱮要蒸，雏鸟和雉要烤，只用苏荏之类来调味，不需再加蓼菜。

不食雏鳖，狼要除去肠子，狗要除去

狗去肾，狸去正脊，兔去尻，狐去首，豚去脑，鱼去乙[4]，鳖去丑[5]。

肾脏，狸要除去正脊，兔要除去臀部，狐要除去头，猪要除去脑，鱼要除去肠，鳖要除去后窍（因为吃了对人无益而有害，所以要除掉）。

肉曰脱之，鱼曰作之，枣曰新之，栗曰撰之，桃曰胆之，柤、梨曰攒之。

肉去骨除筋称为脱，鱼除去鱼鳞称为作，枣子拭去灰尘称为新，栗子拣好的剥壳称为撰，桃子擦去毛茸称为胆，柤、梨除掉核称为攒。

牛夜鸣则庮[6]。羊泠毛而毳[7]，膻。狗赤股而躁，臊。鸟皫色而沙鸣，郁。豕望视而交睫[8]，腥。马黑脊而般臂[9]，漏[10]。雏尾不盈握，弗食；舒雁翠[11]，鹄鸮胖[12]，舒凫翠，鸡肝，雁肾，鸨奥[13]，鹿胃。

夜里鸣叫的牛，肉必有恶臭。毛零落而又扭结在一起的羊，肉必膻。股里没有毛而行动躁急的狗，肉必臊。毛变色不润泽而声音嘶哑的鸟，肉必腐臭。目光不明而睫毛相交在一起的猪，肉必腥。黑脊而前胫有杂毛的马，肉有蝼蛄臭味。（像这样的肉都是不可以吃的。）雏尾还不够一把握的，不宜吃；鹅尾部的肉、鹄和鸮肋侧的薄肉、鸭尾、鸡肝、雁肾、鸨脾、鹿胃等都不宜吃。

注释　1 藙（yì）：乔木，即食茱萸，果实味辛，可作调料。　2 烝：同“蒸”。蒸食。　3 芗（xiāng）：做调料的香菜。　4 乙：指鱼肠。　5 丑：动物肛门处。　6 庮（yǒu）：朽木臭味。此指恶臭。　7 泠毛：毛零落。毳（cuì）：毛纠结。　8 望视：盲视。段玉裁说，“盲”“望”同音假借。　9 般：通“斑”。10 漏：郑玄说，当为“蝼”，如蝼蛄臭。　11 翠：尾肉。　12 胖：肋侧薄肉。　13 奥：脾胵。

原文

肉腥，细者为“脍”，大者为“轩”。或曰麋鹿鱼为菹[1]，麇为辟鸡[2]，野豕为轩，兔为宛脾[3]。切葱若薤，实诸醯以柔之。

羹食，自诸侯以下至于庶人，无等。大夫无秩膳[4]，大夫七十而有阁。天子之阁，左达[5]五，右达五；公、侯、伯于房中五；大夫于阁三；士于坫一。

译文

生肉，凡是细切的就称为“脍”，切成大薄片的就称为“轩”。有人说：麋、鹿、鱼肉粗切成片，麇肉切成薄片再切成丝，野猪肉切成大薄片，兔肉也是切成薄片后再切成丝。要切葱、薤，放入醋中用来拌和肉类浸腌，除去腥味。

羹食指平日的主食，上自诸侯下至平民，不论贵贱等级，都有羹食。大夫不常置美食，要到七十岁后，才有存放美食的阁。天子的食阁，在正室外左边夹室内有五个，右边夹室内也有五个；公、侯、伯的食阁，在正室两旁的房中共有五个；大夫的食阁有三个；士人只有一个土坫存放食物。

注释　1 菹：粗切成片。 2 辟鸡：切成薄片后再切成丝。 3 宛脾：与“辟鸡”义同。 4 秩膳：常置美食于左右以备食。 5 达：夹室。

原文

12.4 凡养老[1]，有虞氏以燕礼，夏后氏以飨礼，殷人以食礼，周人修而兼用之。凡五十养于乡，六十养于国，七十养于学，达于诸侯。八十拜

译文

凡是养老的礼，有虞氏用燕礼，夏后氏用飨礼，殷人用食礼，周人对三代的养老礼斟酌取舍而兼用之。凡是五十岁以上就有资格在乡中行养老礼，六十岁以上就有资格在国中行养老礼，七十岁以上就有资格在大学行养老礼，这种做法从天子到诸侯都要实行。八十岁以上的人就只有君命到

君命，一坐再至，瞽亦如之；九十者使人受。五十异粻，六十宿肉，七十贰膳，八十常珍；九十饮食不违寝，膳饮从于游可也。六十岁制，七十时制，八十月制，九十日修，唯绞紟衾冒死而后制。五十始衰，六十非肉不饱，七十非帛不暖，八十非人不暖，九十虽得人不暖矣。五十杖于家，六十杖于乡，七十杖于国，八十杖于朝；九十者，天子欲有问焉，则就其室，以珍从。七十不俟朝，八十月告存，九十日有秩。五十不从力政，六十不与服戎，七十不与宾客之事，八十齐、丧之事弗及也。五十而爵，六十不亲学，七十致

来时，才一跪再叩首，盲人也是这样；九十岁以上的人就只派代表拜受君命了。五十岁以上的人可以吃较精细的粮食，六十岁以上就可以隔一天吃一次肉食，七十岁以上除了可以吃肉，还要加一样美味，八十岁以上可以经常吃珍品；九十岁以上，食品就放在寝室内，出游时就携带着，可以随时食用。六十岁以上就得准备一年方能制成的棺木等大丧具，七十岁以上就得准备一季方能置办的丧具，八十岁以上就得准备一月内可以完成的丧具，九十岁以上就准备一日内可以完成的丧具，只有绞、紟、衾、冒等，可以在人死后再制作。五十岁开始衰老，六十岁以上没有肉食就吃不饱，七十岁以上没有丝绵就不暖和，八十岁以上不从他人身上取暖就不暖和，九十岁以上即使从他人身上取暖也不能暖和了。五十岁以上可以在家中用杖，六十岁以上可以在乡里用杖，七十岁以上可以在国内用杖行走，八十岁以上可以用杖上朝；九十岁以上，天子想请教他，那就得到他居室去，并要携带一些珍贵的物品。七十岁以上的人，就可以不在朝廷上侍候君王；八十岁以上的人，君王要每月派人去问候他；九十岁以上的人，君王要每天馈送他食品。五十岁后可以不服劳役，六十岁后可

政。凡自七十以上，唯衰麻为丧。凡三王养老，皆引年。八十者，一子不从政；九十者，其家不从政；瞽亦如之。凡父母在，子虽老不坐。有虞氏养国老于上庠，养庶老于下庠。夏后氏养国老于东序，养庶老于西序。殷人养国老于右学，养庶老于左学。周人养国老于东胶，养庶老于虞庠；虞庠在国之西郊。有虞氏皇而祭，深衣而养老。夏后氏收而祭，燕衣而养老。殷人冔而祭，缟衣而养老。周人冕而祭，玄衣而养老。

以不服兵役，七十岁后可以不参加应酬宾客的事情，八十岁后有丧祭之事也可不必参加。大夫到了五十岁以上可以封爵位，六十岁以上可以不亲往国学备弟子礼，七十岁以上可以告老退休。凡是七十岁以上的，参与丧事只披麻戴孝，不必再行其他的礼。凡是夏商周三代君王行养老礼，都要逐户校核年龄。八十岁以上的人，有一个儿子可以不服徭役应征召；九十岁以上的人，全家都不服徭役；盲人也是如此。凡是父母在堂，儿子即使已老也不该坐着。有虞氏在大学为国老行养老礼，在小学为庶老行养老礼。夏后氏在东序为国老行养老礼，在西序为庶老行养老礼。殷人在右学为国老行养老礼，在左学为庶老行养老礼。周人在东胶为国老行养老礼，在虞庠为庶老行养老礼；虞庠在国都的西郊。有虞氏祭祀戴皇冠，穿深衣行养老礼。夏后氏祭祀戴收冠，穿便服行养老礼。殷人祭祀戴冔冠，穿缟衣行养老礼。周人祭祀戴冕，穿玄色礼服行养老礼。

曾子曰："孝子之养老也，乐其心，不违其志，乐其耳目，安其寝处，以其饮食忠养[2]之，孝子之身终。终

曾子说："孝子养老，要使父母心里快乐，不违逆父母的意愿，要使他们耳目愉悦，要使他们寝处安适，在他们的饮食方面要尽心地赡养，直到孝子身终。所谓终身，并不是说终父母之身，而是指终孝子之身。

身也者，非终父母之身，终其身也。是故父母之所爱亦爱之，父母之所敬亦敬之，至于犬马尽然，而况于人乎！”

凡养老，五帝宪，三王有乞言。五帝宪，养“气”“体”而不乞言，有善则记之为惇史[3]。三王亦宪，既养老而后乞言，亦微其礼，皆有惇史。

因此父母所爱的，自己也喜爱；父母所敬重的，自己也敬重；就是他们喜爱的犬马，自己也该去喜爱，而何况是对于父母所爱的人呢！”

凡是养老礼，五帝时是为效法老人的德行，三王时是为请老人对国政发表意见。五帝只效法老人的德行，是认为老人宜安静，所以要注意调养气息、身体，因此不向他们求乞善言而使他们劳累；老人有善言善行的就记录下来作为惇史。三王也效法老人的德行，养老之礼举行完毕后还求老人对国政发表意见，但也不坚求而劳累老人，只是微略地举行一下乞言礼，那时也有惇史。

注释 1这一节注释可参见《王制》篇。 2忠养：孙希旦说，谓尽其心以养之，非徒养口体而已也。 3惇(dūn)史：老人有德行之善，则记录之为惇厚之史也。惇，敦厚。

原文

12.5 淳熬[1]：煎醢加于陆稻上，沃之以膏，曰淳熬。淳毋[2]：煎醢加于黍食上，沃之以膏，曰淳毋。炮：取豚若(将)〔牂〕[3]，刲之刳之，实枣于其腹中，编萑以苴之，涂之以(谨)〔墐〕

译文

淳熬：煎肉酱，放在陆地稻米做的饭上，又浇上油脂，这叫淳熬。淳毋：煎肉酱，并放在黍米做的饭上，又浇上油脂，这叫淳毋。炮：取小猪或公羊，剖腹并挖去内脏，把香枣填入腹中，用芦苇席包裹，再将黏土涂在上面。然后用火烧烤，等到涂在外面的泥土都

涂[4]。炮之，涂皆干，擘之。濯手以摩之，去其皽[5]，为稻粉糔溲[6]之以为酏，以付豚；煎诸膏，膏必灭之；巨镬汤，以小鼎芗脯于其中，使其汤毋灭鼎。三日三夜毋绝火，而后调之以醯醢。

捣珍：取牛、羊、麋、鹿、麕之肉，必脄[7]，每物与牛若一，捶，反侧之，去其饵，孰[8]出之，去其皽，柔其肉。

渍：取牛肉必新杀者，薄切之必绝其理，湛诸美酒，期朝而食之以醢若醯、醷。

为熬[9]：捶之，去其皽，编萑布牛肉焉，屑桂与姜，以洒诸上而盐之，干而食之。施羊亦如之。施麋，施鹿，施麕，皆如牛羊。欲濡肉，则释而煎之以醢；欲干肉，则捶而食之。

干了，就用手剥开来。洗手后再搓摩去肉上的皮膜，又用稻米粉调和成浆，涂在猪或羊肉上；然后放在小鼎中煎，而鼎中的油脂要能浸没猪或羊；又要取一大镬热水，把小鼎连同鼎内的猪或羊都放到大镬中，并使镬内的热水不溢入鼎内。煨上三天三夜不要停火，然后用醯醢来调味。

捣珍：取牛、羊、麋、鹿、麕的背脊肉，羊、麋、鹿、麕每物各取一份，和一份牛肉合在一起，反复捶捣，剔除其中的筋腱，再烹熟它，去掉皮膜，用醯醢调味就行了。

渍：择取牛肉，一定要是刚杀的肉，再按牛肉的纹理横切成薄片，浸渍在美酒中，过了一天，就可以用肉酱或醯、醷等酸物调和着吃了。

做烤肉：先捶捣牛肉，去掉它的皮膜和筋腱，再把肉放在编结过了的萑草上，要洒过桂、姜的粉屑，还要用盐腌渍过，然后用火烤干烤熟后就可以吃了。烤羊肉也像这样。至于麋、鹿、麕，都像牛羊一样来制烤肉。如果想吃不太干燥的，就用水将干肉泡软，用肉酱煎了吃；如果想吃干肉，那么捶捣几下就可吃了。

糁：取牛、羊、猪肉，三种肉的分量相同，然后切细，和稻米粉调和均匀，稻米粉

糁：取牛、羊、豕之肉，三如一，小切之，与稻米，稻米二肉一，合以为饵煎之。

肝膋[10]：取狗肝一，幪之以其膋，濡炙之，举焦其膋，不蓼。取稻米，举糔溲之，小切狼臅膏[11]，以与稻米为(酏)〔餈〕[12]。

是两份而肉是一份，和合后做成饼，煎过就可以吃了。

肝膋：取狗肝一副，外面用脂油包裹，沾濡上肉酱后在火上炙烤，等到脂油全部烤熟并稍焦，肝就可吃了，不需再调配蓼菜。用稻米粉加水调和成浆，将狼胸腔内的脂膏切碎，两者拌和后一同烧煮，这就成为餐。

注释 1 淳：沃，浇。熬：煎。 2 淳毋(móu)：孔疏说，法象淳熬为之，但用黍为异耳。毋，郑玄说，读曰模，模，象也。 3 郑玄说，“将”当为“牂”，牡羊。 4 郑玄说，“谨”当为“墐”。墐涂，涂有穰草也。 5 皽(zhāo)：皮肉上薄膜。 6 糔溲(xiǔ sǒu)：用水调和粉面。 7 脄(méi)：脊侧肉。 8 孰：同“熟”。 9 熬：指用火逼干。 10 膋(liáo)：肠间脂肪。 11 狼臅(chù)膏：狼胸腔内的脂膏。 12 郑玄说，“酏”当从“餈”。

原文

12.6 礼始于谨夫妇。为宫室，辨外内；男子居外，女子居内；深宫固门，阍寺守之[1]；男不入，女不出。男女不同椸枷[2]。不敢县于夫之楎椸[3]，不敢藏于夫之箧笥[4]，不敢共湢浴。夫不在，敛

译文

礼，是从郑重小心地处理夫妇关系开始。构造宫室，分别内外；男子住外面，女子住里面；宫深门固，还有阍人和寺人把守；男子不能入内，女子不能出外。男女不同用一个挂衣架。妻子不敢把自己的衣服悬挂在丈夫的衣架上，不敢把自己的衣物收藏在丈夫的箱箧里，不敢和丈夫同用一个浴室洗澡。丈夫不在家时，应把他的枕头收进箱箧，把他的簟席也收藏在器具里。

枕箧，簟席襡器[5]而藏之。少事长，贱事贵，咸如之。

年少的侍奉年长的，卑贱的侍奉尊贵的，都应该这样。

夫妇之礼，唯及七十，同藏无间[6]；故妾虽老，年未满五十，必与五日之御[7]。将御者，齐[8]、漱、浣，慎衣服，栉、縰、笄、总（角）（拂髦）[9]、衿缨、綦屦。虽婢妾，衣服饮食，必后长者。妻不在，妾御莫敢当夕。

按夫妇的礼节，只有到了七十岁，才可以同居共寝，不避嫌疑；所以妾虽然已老，但年龄未满五十的，每过五天必须去侍候丈夫过夜。将要侍候丈夫来过夜的妻、妾，要恭敬谨慎，漱洗沐浴，慎选衣服，并梳头，用黑缯缠发髻，在发髻上加笄，束好头发、系好香囊，系好鞋带，打扮周全，恭候丈夫。即使是被宠爱的婢妾，衣服饮食必定要居长者之后（，不能超越礼节）。妻子如果不在家，妾也不占用妻子侍寝的日子（必须空下一天，以避正嫡的嫌疑）。

注释 1阍：阍人，掌守中门之禁。寺：寺人，掌内人之禁令。 2椸枷(yí jià)：衣架。 3县：同"悬"。楎(huī)：钉在墙上，用来悬挂衣服的木橛。孙希旦说，直曰楎，横曰椸，皆所以架衣也。 4箧笥：存放衣服的器具。方曰箧，圆曰笥。 5襡(dú)器：用放簟席的器具（收藏起来）。 6同藏无间：孔疏说，同处居藏，无所间别，以其衰老无所嫌疑故也。 7御：侍夜，侍寝。 8齐：齐其心志。 9孙希旦说，"角""拂髦"，皆衍字。

原文

12.7 妻将生子，及月辰，居侧室。夫使人日再问之，作而自问之。妻不敢见，使

译文

妻子将要生孩子，到了临产的月份，丈夫就从燕寝搬到侧室来居住待产。丈夫派人每天问候两次；快分娩时，丈夫又亲自去问候。妻子这时不敢出来相见，要请女师

姆[1]衣服而对。至于子生,夫复使人日再问之。夫齐,则不入侧室之门。子生,男子设弧于门左,女子设帨于门右。三日始负子,男射女否。

帮助整理过衣裳服饰后才敢见丈夫。到了孩子生下来后,丈夫又派人每天两次问候妻子。如果妻子分娩时,正遇上丈夫为行祭祀而斋戒,(就不亲自去问候而是派人去问候,因为斋戒一定要在正寝,)所以不能入妻子的侧室之门。孩子出生后,是男孩就在门的左边挂上木弓,是女孩就在门的右边挂佩巾。三天以后才抱婴儿出房门,是男孩就要行射礼,是女孩就不必行此礼。

国君世子生,告于君。接以大牢,宰掌具。三日,卜士负之;吉者宿齐[2],朝服寝门外,诗[3]负之。射人以桑弧蓬矢六,射天地四方。保[4]受乃负之。宰醴[5]负子,赐之束帛。卜士之妻,大夫之妾,使食子。

国君的太子出生,要向国君禀告。然后在生子之室用太牢的礼节来接太子,并由膳宰掌管供接子用的馔具。三天以后,占卜挑选朝内小臣来抱太子出来;那个小臣在前一天要斋戒,穿上朝服等候在寝门外边,再双手承接并抱过太子。射箭的人就用桑木弓和蓬草做的箭向天地四方射箭(,表示男子的事业在天地之间)。保姆再从小臣那儿接过太子抱着。膳宰向抱太子的人行醴礼,并赐给束帛。然后再占卜挑选士人的妻或大夫的妾,由她来喂养太子。

凡接子择日,冢子则大牢,庶人特豚,士特豕,大夫少牢,国君世子大牢。其非冢子,则皆降一等。

凡行接子礼要选择三天内的吉日,天子的太子要用太牢行礼,庶人的长子用一头小猪,士人的长子用一头大猪,大夫的长子用少牢,国君的太子用太牢。如果不是长子,那就都要降一等。(如天子诸侯用少

异为孺子室于宫中。择于诸母与可者[6],必求其宽裕、慈惠、温

良、恭敬、慎而寡言者,使为子师;其次为慈母,其次为保母,皆居子室。他人无事不往。

三月之末,择日,翦发为鬌[7],男角女羁,否则男左女右。是日也,妻以子见于父,贵人则为衣服,由命士以下皆漱浣;男女夙兴,沐浴,衣服,具视朔食。夫入门,升自阼阶,立于阼,西乡;妻抱子出自房,当楣立,东面。姆先,相曰:"母某敢用时日,祗见孺子。"夫对曰:"钦有帅[8]!"父执子之右手,咳[9]而名之。妻对曰:"记有成!"遂左还,授师子;师辩告[10]诸妇诸母名。妻遂适寝。夫告宰名,宰辩告诸男

牢,大夫、士和庶人则用不同大小的猪。)

要专为太子在宫中另辟一室居住。要在众妾中或虽非妾但可以抚育幼儿的妇女中挑选,一定要从中选出宽厚、慈惠、温良、恭敬、慎重而寡言的人,让她做太子的教师;次一等的选为慈母,再次一等的选为保姆,都居住在太子的宫室中。其他的人没事就不能去那儿。

孩子出生三个月的月末,要选取吉日,为孩子剪去胎发;男孩留下囟门两旁当角处的胎发,女孩留下头顶中间通前达后的胎发;否则男的就留左边的,女的就留右边的。这一天,妻子抱着孩子去见父亲,卿大夫都换上新衣服,自命士以下的都要穿干净衣服;男女都一早起身,沐浴换衣;夫妇的饮食馔具要比照朔食礼。丈夫进门,从主人的阼阶走上去,并站立在阼阶上面朝西;妻子抱孩子从房中出来,当楣站立,面朝东。保姆站在妻子的前侧,帮助她传话说:"孩子的母亲某氏在今天恭敬地让孺子来拜见父亲。"丈夫对答说:"将教他恭敬地遵循善道。"于是父亲就拉着孩子的右手,又咳笑慈爱地给孩子取名。妻子替儿子回答说:"将记住父亲的话,努力成才!"然后,向左转过身来,把孩子交给教师;教师就向诸妇、诸母通告孩子的名字。妻子也就

名,书曰"某年某月某日某生"而藏之。宰告闾史。闾史书为二,其一藏诸闾府,其一献诸州史。州史献诸州伯,州伯命藏诸州府。夫入,食如养礼。

返回燕寝。丈夫又把孩子的名字报告给家宰,家宰便遍告同宗的男子,并且要在简策上写下:"某年某月某日某生。"而且要收藏起来。家宰还得去报告闾史。闾史要把孩子的名字书写两份,一份藏在闾府,另一份就转献给州史。州史再献给州伯,州伯命令收藏在州府中。丈夫在礼仪结束后也就返回燕寝,与妻子同食,就像平时家人供养的常礼一样。

注释 1姆:女师。妇人年五十无子,出不复嫁,能以妇道教人者。2宿齐(zhāi):前一天晚上斋戒。3诗:郑玄说,诗之言承也。4保:保母,安其居处者。5醴:一献而无酬酢。6诸母:众妾。可者:郑玄说,傅、御之属。7鬌(duǒ):未剪的胎发。8帅:率,遵循。9咳:陈澔说,《说文》曰"咳,小儿笑声",谓父作咳声笑容,以示慈爱而名之也。10辩告:遍告。辩,通"遍"。

原文

世子生,则君沐浴,朝服,夫人亦如之。皆立于阼阶,西乡,世妇抱子,升自西阶,君名之,乃降。適子庶子[1]见于外寝,抚其首,咳而名之,礼帅初,无辞。

凡名子,不以日月,不以国,不以隐疾。大

译文

太子出生后,在剪去胎发这一天,国君要沐浴并穿上朝服,夫人也是这样。他们都要站立在阼阶上,面朝西,世妇抱了太子,从西阶走上来,国君给太子取名后,再把太子抱下去。如果不是太子,而是太子的同母弟,就在外寝和国君相见;国君抚摩着孩子的头,咳笑慈爱地给他取名,礼节和太子的一样,只是没有告诫一类的言辞。

凡是给孩子取名,不用日月名,不用

夫、士之子，不敢与世子同名。

妾将生子，及月辰，夫使人日一问之。子生三月之末，漱浣夙齐，见于内寝，礼之如始入室。君已食，彻焉，使之特馂，遂入御。

公庶子生，就侧室。三月之末，其母沐浴，朝服见于君，傧者[2]以其子见。君所有赐，君名之。众子，则使有司名之。庶人无侧室者，及月辰，夫出居群室[3]。其问之也，与子见父之礼，无以异也。

凡父在，孙见于祖，祖亦名之；礼如子见父，无辞。

食子者三年而出，见于公宫，则劬。

国名，不用身上的隐疾名。大夫、士的孩子，不敢与太子取相同的名。

大夫、士的妾将要生孩子，到了临产的月份，丈夫派人每日问候她一次。孩子生下三个月后，大家要漱洗斋戒，父、子、妾在丈夫的燕寝相见，丈夫要用刚嫁来时的礼节对待生孩子的妾。夫君进食以后，将所剩饭菜撤下来让这位妾单独吃(，不必等待众妾一起吃，)然后就留下她侍夜。

诸侯的妾生孩子，就住在侧室。孩子出生第三个月的月末，母亲要沐浴，穿上朝服去见国君，并由傅姆抱了孩子见国君。国君必有赏赐，并要为孩子取名。若是众妾所生的孩子，就由有司来取名。平民家中没有侧室的，到了妻子临产的月份，丈夫就出去居住在群室里。他问候妻子以及孩子见父亲的礼节与大夫、士没有区别。

凡是祖父还在世，初生的孩子见祖父，祖父也可以给孙子取名；礼节和孩子见父亲时一样，只是没有告诫的言辞。

喂养国君太子的士妻或大夫的妾，三年后才可以回家去，临行前国君在公宫接见她们，并对她们的辛劳加以赏赐。大夫的孩子也可以有乳母，士人的妻子就自己乳养孩子。由命士往上推及大夫的孩子，(在父子行相见

大夫之子有食母，士之妻自养其子。由命士以上及大夫之子，旬而见，冢子，未食而见，必执其右手。適子庶子，已食而见，必循其首。

子能食食，教以右手；能言，男“唯”女“俞”[4]；男鞶[5]革，女鞶丝。六年，教之数与方名。七年，男女不同席，不共食。八年，出入门户及即席饮食，必后长者，始教之让。九年，教之数日[6]。十年，出就外傅[7]，居宿于外，学书计[8]；衣不帛襦[9]袴；礼帅初，朝夕学幼仪[10]，请肄简、谅。十有三年，学乐诵《诗》，舞《勺》。成童，舞《象》，学射御。二十而冠，始学礼[11]，可以

礼以后，）每隔十天见面，如果是长子，没有断奶时父子相见，父亲必定要拉着孩子的右手。长子的同母弟或妾生的孩子，已经断奶了，父子相见，就必定是抚摸他的头。（这样是为了正名分，别尊卑。）

孩子能吃饭了，就要教他用右手；能讲话了，就教男孩子答“唯”，教女孩答“俞”；挂在身上的佩囊，男孩用皮革的，女孩用丝缯的。孩子六岁时，就教他认识数目和四方名称。七岁时，男孩女孩就不同席，不共食。八岁时，进出门户和就席饮食，必须要在年长者的后面并开始教孩子懂得礼貌谦让。九岁时，教孩子朔望和天干地支的知识。十岁时，男孩就出外求学，居宿在外，学习六书九数；衣裤不用帛做（，还是穿孩提时的服装，为了防止奢侈）；举止动作都要遵循当初所教的长幼之礼，每天早晚要学习洒扫进退等礼节，请长者来教习，所教内容贵在简要信实。十三岁时，学习音乐，诵读《诗》篇，练习文舞《勺》舞。十五岁以上的儿童，练习武舞《象》舞，学习射箭、御车等。二十岁时加冠，开始学习礼；可以穿裘帛的衣服，练习《大夏》之舞；要笃行孝悌，要博学而穷理，但还未可以为师教人；要蕴积美德于心中，而不自我表现才能。三十岁成婚有妻室，开始处理男子的事务，广

衣裘帛，舞《大夏》，惇行孝弟，博学不教，内而不出。三十而有室[12]，始理男事[13]，博学无方，孙[14]友视志。四十始仕，方物出谋发虑，道合则服从，不可则去。五十命为大夫，服官政。七十致事。凡男拜，尚左手。

女子十年不出。姆教婉娩听从[15]，执麻枲，治丝茧，织纴组紃[16]，学女事以共[17]衣服。观于祭祀，纳酒浆、笾豆、菹醢，礼相助奠。十有五年而笄。二十而嫁，有故[18]，二十三年而嫁。聘则为妻，奔[19]则为妾。凡女拜，尚右手。

博地学习而没有固定内容，对朋友谦逊并观察他们的志向而自我勉励。四十岁以后可以开始做官，要权衡事物而谋划，与自己的志向原则相符就服从，与之相背则离去。五十岁受命为大夫，参与邦国大事。七十岁告老还乡。凡是男子互相拜见，左手放在右手之上(这是由于左方主阳而男属阳的原因)。

女孩十岁时就不再出门。女师教她们言语柔婉，容貌柔顺，听从长者的教导；学习麻纲、缫丝、织布、织缯、编结绶带等，学习这些女工之事，以供给衣服之用。在祭祀时，要学习奉纳酒浆、笾豆、菹醢等事，并在行礼时帮助长者放置祭品和祭器。十五岁开始许嫁行笄礼。二十岁就出嫁，如遇有父母的丧事，得等到二十三岁时才出嫁。以礼聘问而嫁的是正妻；没有行聘问礼而嫁，叫作奔，就是妾。凡是妇女互相拜见，右手放在左手之上(这是由于右方主阴而女属阴的原因)。

注释　1 適子庶子：適，通“嫡”。郑玄说，谓適子之母弟也，盖虽適妻所生，既非长適，则亦为庶子矣。　2 傧者：傅姆之属。　3 群室：夹室一类的房屋。　4 唯、俞：孙希旦说，皆应辞，但“唯”之声直，“俞”之声婉，故以为男女之别。　5 鞶：郑玄说，小囊盛帨巾者，男用韦，女用缯。　6 日：郑玄说，朔、望与六甲也。　7 外傅：教学之师。　8 书计：六艺中的六书、九数之学。 9 襦(rú):里衣。 10 幼仪:幼小所行之仪法。 11 礼:此指吉、凶、军、宾、嘉之礼也。 12 室:"室"犹"妻"也。 13 男事:古指成年男子应尽的职责。如种田、服徭役等。郑玄说,受田给政役也。 14 孙(xùn):谦顺。 15 婉:言语柔婉。 娩(wǎn):容貌柔顺。 16 织:织布。 纴:织缯。组、紃:指结丝为辫带。 17 共:同"供"。 18 故:指父母的丧事。 19 奔:女子未行聘礼而嫁人。

玉藻第十三

导读

玉藻,指古代王冠上垂挂的玉饰。藻,是帝王皇冠上系玉的五彩丝绳。此篇记天子祭祀的祭服、上朝理政的朝服及其冠冕配饰之事,也有诸侯朝食时的穿戴、饮食与祭祀等,甚至盥洗沐浴的用品与服饰都有详细的记载。可见那时生活日用品已很丰富,饰品也很精美。这些物品都是文化的沉淀物,我们从中可做多维度解读,在此聚焦文中所提到的“玉藻”与“笏”。

“天子玉藻,十有二旒,前后邃延,龙卷以祭。”天子在祭祀之日,身穿绘有日月星辰、山川、龙等纹饰的龙袍,头戴垂着有十二旒的冕冠,并前后下垂到齐肩。腰间插大圭,手持镇圭,在鼓乐声中迎接天帝降临享祭。旒,指古代帝王帽子上悬垂的玉串,前后均为十二旒。十二是个大数,一年就是十二个月。此文有“君子于玉比德焉”,古时君子必佩玉,左右两边都佩,走路时会发出两玉相撞的铿锵和鸣声,君子听着玉声,邪念就不会进入心中。衣饰高贵既显示出天子的尊贵威仪,也体现了当时礼器的精致化程度很高。

笏,是古代君臣在朝廷上相见时,手中所拿的狭长的板子,指画记事都要用到它,不同身份的人,笏的材质和形状不同。天子的笏是用美玉制成,诸侯的笏是象牙制的,大夫的笏是竹制的,上面刻有鱼须的图纹。士的笏也是竹制的,但没有纹饰。天子用的笏叫“珽”,四角方正,取义为公平正直;诸侯用的笏叫“荼”,上端圆形,下角方正,意思是要礼让于天子;大夫用的笏,上下两端都是圆的,意为上有天子,下有国君,必须谦逊退让。这样的设计理念,反映出封建时期严密的等级制度和统治秩序。同时,文中很多纹饰图形保留着早期自然崇拜、鬼神崇拜和图腾崇拜的遗痕,如“君之右虎裘,厥左狼裘”,国君的护卫穿虎裘衣、狼裘衣,寓意勇猛。

原文

13.1 天子玉藻[1],十有二旒[2],前后邃延[3],龙卷以祭。玄(端)〔冕〕[4]而朝日于东门之外;听朔[5]于南门之外,闰月则阖门左扉,立于其中。皮弁以日礼朝,遂以食。日中而馂,奏而食。日少牢,朔月大牢。五饮:上水、浆、酒、醴、酏。卒食,玄端而居。动则左史书之,言则右史书之。御瞽幾声之上下[6]。年不顺成,则天子素服,乘素车,食无乐。

诸侯玄(端)〔冕〕[7]以祭,裨[8]冕以朝,皮弁以听朔于大庙,朝服以日视朝于内朝。朝,辨色始入;君日出而视之,退适路寝听政,使人视大夫;大夫退,然后适小寝,释服。又朝

译文

天子要戴上用五彩丝线穿玉珠制成的十二旒,旒垂挂于延的前后,穿上龙袍去举行大祭。头戴玄冕在国都东门外进行春分的迎日祭祀;每月初一在国都南门外举行听朔之礼,逢闰月要关闭左边的门扉,只开右边的门扉,天子就站立在里面行礼。而天子每天视朝戴着白鹿皮冠,朝食的时候也戴这种冠。到了中午还戴皮冠进餐,不过是吃早上剩余下来的食物,进食时有音乐伴奏。平日的常食,只用羊猪二牲,每月初一要用牛羊猪三牲。常用五种饮料:最上为水,其次为浆、酒、醴、酏。天子饮食完毕,就更换上玄冠、玄衣、黄裳,而入内寝休息。天子的行动则由左史记录,言语则由右史记录。盲人乐师侍候在身旁,留意体察乐声的高下(而知政令的得失)。年成不好,遇上水旱饥馑的时候,天子就穿素服,乘素车,进食时也没有音乐伴奏。

诸侯要戴上玄冕才去祭祀先君,朝见天子时就戴副冕,到太庙听朔就戴皮弁,每天到路寝门外的内朝去视朝就穿玄衣素裳的朝服。臣子朝见国君,天色微明时开始入朝;国君在日出后会见臣子,然后

服以食，特牲三俎[9]，祭肺；夕深衣，祭牢肉[10]。朔月少牢，五俎四簋[11]；子卯[12]，稷食菜羹。夫人与君同庖。

退入路寝听政，派人去召见大夫进入路寝商议政事；等到事毕后大夫都已告退，天子回到燕寝，脱去朝服。诸侯进食时要穿朝服，常食是特牲、三俎，进食前先要行祭肺礼，（因周人重肺；）晚餐穿深衣，要用牢肉切成小段来行祭。初一食用羊猪二牲，还有五俎四簋；子卯忌日只用饭食和菜羹。诸侯夫人和国君共用饭食，不另外杀牲。

注释 1玉藻：古代帝王冕冠前后悬垂的贯以玉珠的五彩丝绳。孔疏说，"藻"谓杂采之丝绳以贯于玉，以玉饰藻，故曰"玉藻"也。 2旒：帝王冠冕上悬垂的玉串。"十有二"此指前后为十二旒。 3邃：深。 延：冕之上覆，即顶上的覆版。 4郑玄说，"端"当作"冕"，字之误也。 5听朔：每月朔日以特牲告于太庙，而颁布一月之政。 6御：侍候。 幾(jī)：察也。 7郑玄说，"端"亦当为"冕"，字之误也。 8裨：犹副也。 9三俎：指猪、鱼、腊。 10祭牢肉：孙希旦说，切肉为小段以祭。 11五俎：三俎再加上羊、羊的肠胃。四簋(guǐ)：盛黍、稷、稻、粱。 12子卯：孔疏说，纣以甲子死，桀以乙卯亡，后王以为忌日。

原文

13.2君无故不杀牛，大夫无故不杀羊，士无故不杀犬、豕。君子远庖厨，凡有血气之类，弗身践[1]也。至于八月不雨，君不举。年不顺成，君衣

译文

国君没有祭事就不杀牛，大夫没有祭事就不杀羊，士人没有祭事就不杀狗、猪。君子远离杀牲、烹割处，凡是有血、有气的动物都不忍心亲临去看它们被宰杀。连续八个月没有下雨，国君进食时就不再杀牲。年成不好，遇上水旱饥馑的时候，国君就穿布衣，插竹笏，关口津梁不缴租税，山林渔

布搢本[2],关梁不租,山泽列[3]而不赋,土功不兴,大夫不得造车马。

泽虽仍禁止乱伐乱猎,但不加征赋税,不大兴土木,大夫不准添置新的车乘。

卜人定龟,史定墨[4],君定体[5]。

占卜的时候,由卜师来选定龟甲,由太史将烧灼龟甲后的兆纹染墨使其纹路明显,由国君来观察纹路以定吉凶。

君羔幦虎犆[6]。大夫齐车[7],鹿幦豹犆,朝车。士齐车,鹿幦豹犆。

国君的斋车用羔皮覆盖车轼,而用虎皮镶边装饰。大夫的斋车用鹿皮覆盖车轼,而用豹皮镶边装饰,大夫的朝车也是这样。士人的斋车也是用鹿皮覆盖车轼,而用豹皮镶边装饰。

注释 1践:郑玄说,"践"当为"翦",犹杀也。 2搢:插。本:指士人用的竹笏。 3列:通"迾(liè)"。遮拦,阻止,引申为禁止。 4定墨:视兆坼。 5定体:视兆所得。 6幦(mì):覆轼之皮。 犆(zhí):缘饰,镶边。 7齐(zhāi)车:斋车,斋祭之车。

原文

13.3君子之居恒当户,寝恒东首[1]。若有疾风、迅雷、甚雨,则必变,虽夜必兴,衣服冠而坐。

日五盥,沐稷而靧粱;栉用樿栉[2],发晞用象栉;进禨进羞[3],工乃升歌。浴用二巾,

译文

君子的居处总是对着门户,睡觉时一定要头朝东。如果遇有疾风、迅雷、暴雨,那就必须改变常规,即使在深夜也要起床,穿衣戴冠而坐,以静观默察。

国君每天洗手五次,洗头用稷的汤汁,洗脸用粱的汤汁;洗发梳头先用白理木梳,干后又用象牙梳;然后进食酒、菜,乐工就登堂弹奏琴瑟而歌唱。洗澡时要用两种浴巾,上半身用细麻布擦洗,下半身用粗麻布

上绨下绤。出杅[4],履蒯席,连[5]用汤,履蒲席,衣布晞身,乃屦,进饮。

擦洗。出了浴盆,先要踩在不会滑脚的蒯席上,用热水冲洗双脚,再踩在蒲席上,穿上布衣使身上干了,才穿上鞋,吃一些酒。

将适公所,宿齐戒,居外寝,沐浴。史进象笏,书思对命。既服,习容观玉声乃出;揖私朝,辉如也,登车则有光矣。

臣子将到国君那儿去朝见时,前一天就得斋戒,居住在外寝,必须沐浴。史官进献象笏,把自己想陈说的、对答时要说的记在笏上。朝服穿好后,还要仔细检查自己的仪容和佩玉,然后才出寝门;和家臣作揖告辞后,便去朝见国君,显得神采奕奕,而登车时就更加光彩照人了。

天子搢"珽",方正于天下也。诸侯"荼",前诎后直,让于天子也。大夫前诎后诎,无所不让也。

天子用的笏叫"珽",方如椎头,表示公正无私地治理天下。诸侯的笏叫"荼",上端圆形,下角方正,表示对天子礼让。大夫用的笏上下都是圆形的,表示上对天子下对国君无所不让。

注释 1东首:王夫之说,燕寝南乡(向),衽席必横设之以避不祥,在户东牖西。 2樿栉(shàn zhì):白理木梳。 3禨(jì):酒。羞:菜肴,笾豆之实。 4杅(yú):浴盆。郑玄说,浴器也。 5连:郑玄说,犹释也。

原文

13.4侍坐则必退席;不退,则必引而去君之党[1]。登席不由前,为躐席[2]。徒坐不尽席尺,读书、食则

译文

大夫在国君那儿侍坐,必定要移席向后退;如果国君不让后退,那就必须要往后坐,离开国君坐席稍远一些。入席时,不能从前面走过去,以免失礼践席。无事而坐在席上,席前应空一尺而不要坐在席边;如

齐。豆,去席尺。

若赐之食,而君客之,则命之祭,然后祭。先饭,辩[3]尝羞,饮而俟。若有尝羞者,则俟君之食,然后食;饭饮而俟。君命之羞,羞近者;命之品尝之,然后唯所欲。凡尝远食,必顺近食。君未覆手[4],不敢飧[5]。君既食,又饭飧,饭飧者,三饭[6]也。君既彻,执饭与酱,乃出授从者。凡侑食,不尽食,食于人不饱。唯水浆不祭;若祭,为已偞卑[7]。

君若赐之爵,则越席再拜稽首受。登席,祭之,饮卒爵,而俟君卒爵,然后授虚爵。君子之饮酒也,受一爵而色洒如[8]也,二爵而言言斯[9],礼

果在饮食、学习的时候,就可以齐席边缘而坐。豆,要放在离席一尺远的地方。

如果国君赐臣子一同用餐,而把臣子当作宾客对待,国君命令臣子先食前祭礼,臣子才敢祭。臣子要代替膳宰先尝食,要遍尝各菜,然后饮水洁口,等待国君先用餐。如果已经有膳宰代尝各菜,(臣子就不必先品尝了,)那就等候国君先吃,然后再自己吃;但吃饭前也得先饮水,等候国君先吃。国君命臣子吃菜时,臣子要先吃放在近处的菜;国君命臣子把所有的菜都尝尝,臣子才敢想吃什么菜就吃什么菜。凡是要想吃远处的菜,必定先从近处的开始。国君还没有吃饱,臣子不敢先吃饱。国君吃完了,臣子还要劝国君再吃些,但劝食只以再吃三口为限。国君已撤席,臣子就把吃剩的饭、酱拿出去给随从的人吃。凡是陪候尊长进食,不把自己的饭菜都吃干净,在别人家做客不吃饱。只有水浆,(不是盛馔,)不行食前祭礼;如果行了食前祭礼,就显得太卑微而失礼了。

如果国君赐给臣子酒,就得越席再拜叩头接受。登席献祭,先饮完一杯,然后等候国君饮干后,再把空杯交给旁边的执事。君子饮酒的时候,喝第一杯时脸色肃敬,喝第二杯时脸色就和敬,喝第三杯时脸色就更欢

已三爵而油油[10]以退。退则坐取屦,隐辟[11]而后屦,坐左纳右,坐右纳左。

凡尊,必上玄酒。唯君面尊,唯飧野人皆酒。大夫侧尊用“棜”[12],士侧尊用“禁”[13]。

悦;因为侍燕礼只限饮三杯,所以三杯后就喜悦恭敬地告退。退下后,就到堂下跪坐着拿起鞋,在堂下国君看不见的隐蔽处穿鞋;先左脚跪坐,穿上右边的鞋,再右脚跪坐,穿上左边的鞋。

凡是设置酒樽,必定要以玄酒为上。只有国君的席位面对着酒樽,(表示国君专有此酒,而用来惠赐臣下的。)只有让乡野人饮酒,才仅有酒而没有玄酒。大夫饮酒,则在旁侧设酒樽,用“棜”;士人饮酒,也在旁侧设酒樽,但用“禁”。

注释 1党:孙希旦说,“党”,所也。 2躐(liè)席:越前而登席。 3辩:通“遍”。《释文》云,辩音“遍”。 4覆手:古饮宴礼。饭后用手抹嘴。孔疏说,谓食饱必覆手以循口边,恐有殽粒污著(着)之也。 5飧(sūn):用汤水泡饭,表示已吃饱。孔疏说,用饮浇饭于器中也。礼食竟,更作三飧以劝,助令饱食也。 6三饭:孙希旦说,食三口也。 7已:太。偞(xiè)卑:谓身份低下卑微。 8洒如:肃敬的样子。 9言言:和敬的样子。斯:语助词。 10油油:自得的样子。 11隐辟:指堂下序东,较隐蔽处。 12棜(yù):古代礼器,为长方形的木承盘。 13禁(jìn):举行礼仪时承放酒樽的器具。

原文

13.5始冠,缁布冠,自诸侯下达,冠而敝之可也。玄冠朱组缨,天子之冠也。缁布冠缋緌,

译文

行冠礼第一次加的都是缁布冠,上自诸侯下至士人都这样,加过冠后就可以弃而不戴。玄色冠、大红色的冠带,这是天子行冠礼第一次加的冠。缁布冠、彩色的冠带,这是诸侯行冠礼第一次加的冠。玄色冠、赤色冠带,

诸侯之冠也。玄冠丹组缨,诸侯之齐冠也。玄冠綦[1]组缨,士之齐冠也。缟冠玄武[2],子姓[3]之冠也。缟冠素纰[4],既祥之冠也。垂緌五寸,惰游之士也。玄冠缟武,不齿之服也。居冠属[5]武,自天子下达,有事然后緌。五十不散[6]送。亲没不髦。大帛不緌。玄冠紫緌,自鲁桓公始也。	这是诸侯斋祭时戴的冠。玄色冠、苍艾色的冠带,这是士人斋祭时戴的冠。白绢制的冠、玄色的冠带,这是子孙的冠(即是祖、父辈居丧有服,但子孙无服或已除服,就带这种上白下玄的半凶半吉的冠);白绢制的冠、白绫的滚边,这是已除孝服的孝子戴的冠。冠带下垂五寸的,这是懒惰游散的人戴的冠。玄色冠、白绢制的冠带,这是被放逐、不服管教的囚犯戴的冠。燕居时戴冠系一条带,上自天子下至士人都这样;而如果有斋祭等事,然后才让冠带垂下来。五十岁的人去送葬就不必散麻。双亲已去世,可以撤去象征幼童的头饰。用白缯制冠而没有冠饰,这是国君遇到灾荒凶祸时戴的凶冠。玄色冠而配以紫色的冠带,这是从鲁桓公开始的。

注释 1 綦(qí):帛之苍白如艾色。 2 缟:白色生绢。武:冠卷,即结冠之带。 3 子姓:子孙。姓,犹孙。 4 素:白色绫。纰(pí):冠上镶饰的缘边。 5 属:系,结。 6 散:谓散绖端之麻。送:送葬。

原文	译文
13.6 朝玄端,夕深衣。深衣三袪,缝齐倍要[1],衽当旁,袂可以回肘。长中继掩尺。袷二寸,袪尺	早晨要穿玄端,夜晚要穿深衣。深衣的腰围是袖口的三倍,下摆长度是腰围的两倍,衣襟开在旁边,袖子宽大,胳膊肘可以回屈于其中。长衣、中衣的袖长比深衣还要长一尺而可掩住手掌。深衣、长衣、中衣的曲领二寸,

二寸,缘广寸半。以帛里布,非礼也。士不衣织[2]。无君者不贰采。衣正色,裳间色[3]。非列采不入公门,振[4]絺绤不入公门,表裘不入公门,袭裘不入公门。纩[5]为茧,缊[6]为袍,禅为絅[7],帛为褶。朝服之以缟也,自季康子始也。孔子曰:"朝服而朝,卒朔然后服之。"曰:"国家未道,则不充其服焉。"

袖口一尺二寸,衣裳滚边宽一寸半。用帛来做布衣的内衣,是不合礼制的。士人不能穿先染后织的锦缎,(只能穿先织后染的染缯。)离国而去的士大夫,衣服上下不能有两种色彩。上衣该用正色,如青、赤、黄、白、黑;下裳可以用杂色。不是上衣下裳异色就不能进入公门,只穿夏天用的内衣就不能进入公门,不穿裼衣而穿裘在外的不能进入公门,掩袭衣而不露裼衣也不能进入公门。在夹衣中放入新棉絮的叫茧,在夹衣中放入旧棉絮的叫袍,有表无里的单衣叫絅,用帛做的夹衣叫褶。用缟做朝服,这是从季康子开始的。孔子说:"应该穿上朝服而去视朝,(如果有视朔,就得穿皮弁服,)但是视朔完毕又该换上朝服。"(这也表明用缟做朝服穿是不合礼制的。)又说:"国家政治混乱,那国君的服制也就不必周全了。"

唯君有黼裘以誓省[8],大裘非古也。君衣狐白裘,锦衣以裼之。君之右虎裘,厥左狼裘。士不衣狐白。君子狐青裘豹褎[9],玄绡衣以裼之;麑裘青豻褎,绞衣以裼之;羔裘豹饰,缁衣以裼之;狐

只有国君能穿羔与狐白交杂的皮衣去参加社田誓众的仪式,穿大裘并不符合古制。国君穿狐白裘,必定要配穿用朱锦做领缘的裼衣。国君的卫士,右边的穿虎皮裘,左边的穿狼皮裘。士人不穿狐白裘。士、大夫穿狐青裘,用豹皮来装饰袖口,配穿玄色生丝的裼衣(,这是爵弁服的皮衣);穿鹿子皮裘,用青色胡犬皮来装饰袖口,配穿苍黄色的裼衣(,这是皮弁服的皮衣);穿羔皮裘,用豹皮来装饰袖口,配穿

裘,黄衣以裼之。锦衣狐裘,诸侯之服也。犬羊之裘不裼。不文饰也,不裼。裘之裼也,见美也。吊则袭,不尽饰也;君在则裼,尽饰也。服之袭也,充美也。是故尸袭,执玉、龟袭;无事则裼,弗敢充[10]也。

黑色的裼衣(,这是玄端服的皮衣);穿狐皮裘,配穿黄色的裼衣(,这是燕居及蜡祭时所穿的皮衣)。锦衣狐裘是诸侯的服制。穿狗羊皮裘,不用配穿裼衣(,这是庶人穿的皮裘)。不是行重大祭典或朝见国君,大夫、士也不必配穿裼衣。与皮裘配穿的裼衣,虽然还得加上其他衣服,但必须露出华美的裼衣(,表示敬重国君)。吊丧时要加穿一件衣服,掩盖里面有文饰的衣服;而在国君的面前,就得露出华美的裼衣来表示敬意。衣服外面再罩衣服,这是藏美。因此尸要穿袭衣,(才能象征鬼神的尊严;)而执国家的重器时,比如执玉圭出使,执灵龟占卜,也都要穿袭衣表示敬重;事情完毕后,又要露出华美的裼衣,不敢藏美,才合于礼节。

注释 1要(yāo):同“腰”。2织:染丝织之。3间色:杂色。4振(zhěn):通“袗”,单衣。这是指夏天的内衣。5纩(kuàng):新棉絮。6缊(yùn):旧棉絮。7絅(jiǒng):有表而无里的单衣称为絅。8誓省(xiǎn):孙希旦说,当作“誓社”,为社田而誓众也。9褎(xiù):同“袖”。10充:遮掩。

原文

13.7 笏:天子以球玉,诸侯以象,大夫以鱼(须)〔颁〕[1]文竹,士竹本象可也。见于天子,与射,无说[2]笏。

译文

笏制:天子的笏是用美玉做的,诸侯的笏是用象牙做的,大夫的笏是用竹子做成并用鲛鱼皮文饰过的,士人的笏也是用竹子做成而用象牙饰边就可以了。诸侯、大夫在太庙朝见天子,或是参与射礼,笏都不能

入大庙说笏,非古也。小功不说笏,当事免则说之。既搢必盥,虽有执于朝,弗有盥矣。凡有指画于君前,用笏;造受命于君前,则书于笏。笏毕用也,因饰焉。笏度二尺有六寸,其中博三寸,其杀六分而去一。

离身。入太庙而笏离身,不合乎古制。小功轻丧,不该让笏离身;而在殡殓时,才可以离身。在庙内插笏时必定已洗过手,那在朝执笏就不必再洗手了。凡是在君王前需要比划,就要用笏(,而不直接用手指画);到君王面前受命,就要书写在笏上。在许多场合都要用到笏,因而也就需要加以装饰以区别上下等级。笏的长度是二尺六寸,它的中间最宽处为三寸,两头如果要削减,就减去中间宽度的六分之一。

注释 1 王引之说,须,"颁"之误,"颁"与"班"通。鱼班,亦作"鱼斑"即指鲛鱼皮上的斑纹,取下后可附在竹木表面作装饰用。 2 说(tuō):通"脱"。脱离。

原文

13.8〔天子素带朱里,终辟。[1]〕而〔诸侯〕素带,终辟。大夫素带,辟垂。士练带,率下辟。居士锦带。弟子缟带。并纽约[2]用组。〔三寸,长齐于带。绅长制:士三尺,有司二尺有五寸。子游曰:"参分带下,绅居二焉。"绅、韠[3]、

译文

天子用白色的熟绢做大带,而用朱红色的衬里,整条大带都滚边。诸侯也用白色的熟绢做大带,整条大带也都滚边(,但是不用朱红色衬里)。大夫虽也用白色的熟绢做大带,但只在中腰前和垂下的绅带滚边(,腰后部分不滚边)。士人用练缯做大带,只在带头下垂的地方加滚边。居士用锦做大带。在学的弟子用生绢做大带。上自天子下至在学弟子,纽、约都要用编织的丝带,宽三寸,而丝带长度应是打结

结三齐。大夫大带四寸。杂带：君朱绿，大夫玄华[4]，士缁辟二寸，再缭四寸。凡带有率无箴功。肆束及带，勤者有事则收之，走则拥之。]

韠：君朱，大夫素，士爵[5]韦。圜，杀，直。天子直，公侯前后方，大夫前方、后挫角，士前后正。韠下广二尺，上广一尺，长三尺，其颈五寸，肩、革带博二寸。（大夫大带四寸。杂带：君朱绿，大夫玄华，士缁辟二寸，再缭四寸。凡带有率无箴功。）一命缊[6]韨幽衡，再命赤韨幽衡，三命赤韨葱衡。（天子素带朱里，终辟。）

王后祎衣[7]，夫人揄狄[8]。（三寸，长齐于带。绅长制：士三尺，

后下垂到和绅带的下端相齐。绅带长度规定：天子至士均为三尺，有司二尺五寸（因为有司干事忙碌，便于趋走）。子游说："大带以下的身长三等分，绅的长度就占有三分之二。"绅带、蔽膝、交结后的丝带，都是下垂三尺，末端平齐。从天子到大夫大带均宽四寸。燕居时的杂服用带：天子、诸侯是用朱红和绿色（带的部分用朱红色，绅的部分用绿色），大夫用玄赤色，士用缁色帛滚边，带宽仅二寸，但再绕一圈而不重叠，也正好是宽四寸。凡是大带在滚边的地方要用暗针，不露针脚。交结后的丝带和大带的下垂部分，劳作的人要干活儿时就收握在手里，急走时就拥在怀里。

韠制：君王用大红色，大夫用白色，士人用赤而微黑色。有削角而为圆的，有裁杀斜角而为方的，有上下直裁的。天子的韠是上下四角都是直的，公侯的韠是裁杀四角而后成为方形，大夫的韠是下面为方角、上面为圆角，士人的韠是上下都是正裁的。韠的下边宽二尺，上边宽一尺，长为三尺（上边又分为中颈和两肩），中颈宽五寸，肩和革带一样宽都是二寸。（韠在祭服中又称"韨"，）士人是赤黄色的韨，配用黑色的玉衡；大夫是赤色的韨，配用黑色的玉衡；卿是赤色的

有司二尺有五寸,子游曰:“参分带下,绅居二焉。”绅韨结三齐。)君命屈狄[9],再命(袆)〔鞠〕衣,一命袒衣,士褖衣。唯世妇命于奠茧[10],其他则皆从男子。

韨,配用青葱色的玉衡。

王后祭祀时穿的是袆衣,夫人祭祀时穿的是揄狄。子男的妻祭祀时穿屈狄,卿的妻祭祀时穿鞠衣,大夫的妻祭祀时穿袒衣,士的妻祭祀时穿褖衣。世妇只有在献蚕茧时,才受王后命令穿屈狄;其他的妇人从公侯夫人直到士人妻,都依据自己丈夫的地位而穿该穿的命服。

注释 1 以下数节脱乱较多,今据注疏等改移。辟:郑玄读如“裨”,谓以缯采饰其侧。即今所谓滚边。 2 纽约:纽指带的交结之处。约指以物穿纽,约结其带。 3 韨(fú):蔽膝。 4 华:郑玄说,黄色。俞樾《群经平议》中说,“华”非黄色,乃赤色也。从后者。 5 爵:赤色而微黑。 6 缊:赤黄色。 7 袆(huī)衣:王后祭服,衣上有野鸡的图饰,玄色。 8 夫人:王之三夫人及诸侯妻的通称。揄狄(yáo dí):采画雉形为饰之服。古代三夫人及上公妻之命服。揄、狄,皆为雉名。 9 屈(què)狄:古代王后以及有封号的贵族妇女所穿的一种命服。只画雉形在衣上,而缺其彩色。屈,通“阙”。 10 世妇:诸侯之妾。 奠茧:向君主献茧之礼。

原文

13.9 凡侍于君,绅垂,足如履齐,颐溜,垂拱,视下而听上,视带以及袷,听乡任左。

凡君召以三节:

译文

凡是在君王前侍候,身体要稍向前倾,使绅带下垂,下裳的边缘也着地,就像脚要踩着似的,要低着头,下巴垂得就像屋檐似的;双手下垂而交拱,目光要往下看但还要扬首谛听君王说话,看国君的目光只能注视国君的上衣至衣领之间,头可偏右,而侧左耳倾听。

二节以走，一节以趋。在官[1]不俟屦，在外不俟车。

凡是君王召臣子，共用三节符节：用二节表示紧急，要赶快奔跑去应命；用一节表示不太紧急，可以疾走去应命。（但君王一有召，都得赶紧应命，）在朝中官署，不等穿好鞋就要赶去；在家里，不等备好车就要赶去。

士于大夫，不敢拜迎，而拜送。士于尊者先拜，进面，答之拜则走。

士人对于大夫的来访，不敢在门外拜迎，（因为拜迎是在平辈中的礼节，）而只是在他走时拜送。士若去见尊者，要在门外先拜，然后进门见面；如果主人在门内答拜，士就得跑到一边避开(表示担当不起)。

士于君所言，大夫没矣则称谥若字，名士。与大夫言，名士，字大夫。于大夫所，有公讳，无私讳。凡祭不讳，庙中不讳。教学临文[2]不讳。

士人在君王面前谈起丈夫，对已过世的大夫要称谥号或字，如果是士就直称名。士人和大夫说话，提到士就直称其名，提到大夫就该称其字。在大夫面前说话要避公讳(即要避讳先君的名字)，而不避私讳(不避讳父母的名字)。凡是祭祀就不避讳，祝嘏之辞中有先君名也不避讳。教授和学习简牒法律等事时也不避讳。

注释 1 官：指朝廷治事处。 2 临文：孔疏说，简牒及读法律之事。

原文

13.10 古之君子必佩玉，右徵角，左宫(月)〔羽〕[1]。趋以《采齐》，行以《肆夏》；周还中

译文

古代君子必定佩玉，右边的玉撞击时发出的声音像徵声和角声，左边的玉撞击时发出的声音像宫声和羽声。疾走时要和《采齐》乐曲的节拍相应，慢行时要和《肆

规，折还中矩。进则揖之，退则扬之，然后玉锵鸣也。故君子在车则闻鸾和之声[2]，行则鸣佩玉，是以非辟之心无自入也。

君在不佩玉，左结佩，右设佩。居则设佩，朝则结佩，齐则绨[3]结佩而爵韨。凡带必有佩玉，唯丧否。佩玉有冲牙。君子无故，玉不去身。君子于玉比德焉。天子佩白玉而玄组绶，公侯佩山玄玉而朱组绶，大夫佩水苍玉而(纯)〔缁〕[4]组绶，世子佩瑜玉而綦组绶，士佩瓀玟[5]而缊组绶。孔子佩象环五寸而綦组绶。

夏》乐曲的节拍相合；转身行走时要走圆形，拐向旁行时要走方形。向前行走身体略俯像作揖，向后退时身体略仰，这样行走，佩玉才会发出和谐铿锵的声音。所以君子乘车时就听到车上鸾与和的鸣声，行走时就能听到佩玉鸣声铿然，因此一切邪恶的念头就无法进入君子的心中。

君王出来视朝时，大夫就不按一般的规定佩玉，而是把左边的佩玉联结起来，(不让发出声音，)右边的可以垂下。燕居时，可以两边都佩玉，上朝时就把左边的佩玉结起来，斋戒时把玉佩的绶带向上折叠结妥，并且要穿玄端斋服。凡是革带必定都有佩玉，只有在服丧的时候不这样。佩玉中有冲牙(，因而行走时撞击发声)。君子没有丧、病等事，佩玉就不离身。君子用玉来象征德行。天子佩白玉而用玄色的丝带，公侯佩纹理是山形的玄色玉而用朱红的丝带，大夫佩纹理是水形的苍色玉而用缁色的丝带，太子佩瑜玉而用杂色的丝带，士人佩瓀玟而用赤黄色的丝带。孔子佩象牙做的环，有五寸大，而用杂色的丝带。

注释 1 郑注作“宫羽”。 2 鸾：车衡上的铃。和：车轼前的铃。 3 绨(zhēng)：屈曲。 4 郑玄说，“纯”当为“缁”。 5 瓀(ruán)玟：似玉的美石。

原文

13.11 童子之节也：缁布衣，锦缘，锦绅并纽，锦束发，皆朱锦也。（肆束及带，勤者有事则收之，走则拥之。）童子不裘不帛，不屦絇[1]，无缌服；听事不麻，无事则立主人之（北南）〔南，北〕面[2]；见先生[3]，从人而入。

译文

未成年男孩的礼节：穿缁布衣，用锦滚边，用锦作绅和纽的滚边，用锦束发，都得用朱锦。童子不穿皮衣，不穿丝帛，不穿鞋头上有装饰的鞋，不服缌麻；按大人吩咐为丧事干活也不加麻绖，没有事的时候就站在丧主的南面，脸朝北侍候着；见先生的时候，要跟从在大人后面进去。

注释 1絇(qú)：鞋头上的装饰。 2王引之说，作"立主人之南，北面"者，是也。 3先生：老师。

原文

13.12 侍食于先生、异爵者，后祭先饭。客祭，主人辞曰："不足祭也。"客飧，主人辞以"疏"。主人自置其酱，则客自彻之。一室之人，非宾客，一人彻。壹食之人，一人彻。凡燕食，妇人不彻。

食枣、桃、李，弗致于核。瓜祭上环[1]，食中，弃所操。凡食果实者，

译文

陪侍年长的或地位比自己高的人吃饭，必须先为他们尝食，然后才行食前祭礼。客人祭时，主人要推辞说："不值得一祭。"客人吃饱后，又得再吃一些，表示称赞主人的饭食盛美；主人要客气地说"只是粗茶淡饭"。主人自置的酱，则由客人饭后代为撤去。若是同住在一起的人，而非宾客，饭后就由年少的人撤去食物。若是一起聚餐的人，饭后也由年少的人撤去食物。凡是日常吃饭，不由妇人撤去食物。

吃枣、桃、李子等，不要把核扔到地上。吃瓜前要将瓜的上端削成环状行祭，

后君子;火孰者,先君子。

吃中段,而扔掉手拿过的那端。凡是吃果实,应该在君子尝过后再吃;吃用火烧熟的食物,应先为君子尝食。

有庆,非君赐,不贺。有忧者[2](勤者有事则收之,走则拥之)。

有喜庆事,如果没有得到国君的赏赐,就不接受朋友的祝贺。

孔子食于季氏,不辞,不食肉而飧[3]。

孔子在季氏那儿吃饭,不仅吃饭前不推辞,而且还未吃肉就称赞馔食丰美(这是因为季氏的招待有失礼的地方)。

注释 1环:横断,形如环。 2此句有阙文。 3飧:同"餐",赞美,称赞。郑玄说,美主人之食也。

原文

13.13 君赐车马,乘以拜赐;衣服,服以拜赐。君未有命,弗敢即乘、服也。君赐,稽首,据掌,致诸地。酒肉之赐弗再拜。凡赐,君子与小人不同日。

译文

国君赏赐车马,除当时拜受外,第二天还得乘这车马再去拜谢国君的赏赐;如果国君赏赐衣服,第二天还得穿上这衣服再去拜谢。拜谢后,如果没有国君的命令,就不敢再乘这车马,再穿这衣服。国君有赏赐,拜谢时要叩头,并且要左手按在右手上,头和手都要接触到地面。如果是酒肉一类的赏赐,就不必在第二天再次去拜谢。凡是国君有赏赐,地位不同的君子和小人就不安排在同一天。

凡献于君,大夫使宰,士亲,皆再拜稽首送之。膳于君,有荤、桃、

凡是进献礼物给国君,大夫就派家宰去拜献,士人要亲自去拜献,都要两次下拜叩头再送上。有美食献给国君,必须同时送上荤、桃、茢(为了避除凶邪不祥献给大夫则要去掉茢,献给

苭[1],于大夫去苭,于士去荤,皆造于膳宰。大夫不亲拜,为君之答己也。

士人则要去掉荤,这些都要送到膳宰那儿由他代为接受。大夫不亲自去拜献礼物,是怕惊动国君向自己回礼。

大夫拜赐而退。士待诺而退,又拜。弗答拜。大夫亲赐士,士拜受,又拜于其室,衣服弗服以拜。敌者[2]不在,拜于其室。凡于尊者有献,而弗敢以闻。士于大夫不承贺。下大夫于上大夫承贺。亲在,行礼于人称父;人或赐之,则称父拜之。

大夫去拜谢国君的赏赐,(来到门口请小臣入内通报)行过拜礼就退下。士人去拜谢,在君门前行过拜礼后还要等小臣传出国君的回话才退下,退下前还要再次拜谢。国君不答拜士人。大夫亲自赏赐士人,士人拜受后,第二天又得再去大夫家拜谢;如果赏赐的是衣服,就不必穿上这衣服去拜谢。地位相等的人馈赠物品,当时自己不在家,那就得改天去他家回拜。凡是有物品献给尊长的,不敢直接说献给某人(,只能婉转地说赠给从者或有司)。士人不敢接受大夫的庆贺。下大夫可以接受上大夫的庆贺(因为地位较接近)。凡是父母亲还在世,遇到庆吊馈问之事而需向别人送礼时,就得以父亲的名义;别人或有赏赐,就得以父亲的名义拜谢。

礼不盛,服不充。故大裘不裼,乘路车不式[3]。

不是盛礼,礼服就不覆盖里面华美的裼衣,所以天子穿大皮裘祭天,不必露出裼衣,外罩衮服,乘路车可以不行轼礼。

注释　1荤:辛辣之物。　苭(liè):笤帚。荤、桃、苭三者用来解除不祥。2敌者:指爵位相等者。　3不式:不凭轼为敬容。式,通"轼",车前扶手横木。

原文

13.14 父命呼，“唯”而不“诺”，手执业则投之，食在口则吐之，走而不趋。亲老，出不易方，复不过时。亲瘠[1]，色容不盛，此孝子之疏节[2]也。父没而不能读父之书，手泽存焉尔；母没而杯圈不能饮焉，口泽[3]之气存焉尔。

译文

父亲呼喊，儿子要赶紧应答“唯”，而不用“诺”（，因为用“唯”既快又表示恭敬，用“诺”则慢而又显得懈怠），如果有活儿在手就要先放下，有食物在口里就得吐掉，要奔跑过去而不是快速走到父亲面前。父母亲已老了，儿子出外不要变动地方（否则，有了事就找不到人），回来时也不要超过原定的时间。父母亲病了，儿子脸上有愁容而不危惧，这是孝子的疏简礼节。父亲过世后，不忍心再读父亲读过的书，因为有父亲的手迹留存在书上；母亲过世后，不忍心再用母亲用过的杯、盘等，因为有母亲的口饮润泽之气留存在上面。

注释 1瘠：病。 2疏节：简略的礼节。 3口泽：口饮润泽。

原文

13.15 君入门，介拂闑[1]，大夫，中枨[2]与闑之间，士介拂枨。宾入不中门，不履阈[3]。公事自闑西，私事自闑东。君与尸行，接武[4]；大夫，继武；士，中武。徐趋皆用是。疾趋

译文

（两国国君相见时，）来访的国君从大门进入，上介要站在靠近门中央短木的地方，大夫介要站在门旁柱木与门中央短木的中间处，士介就要站在门旁柱木的地方。来宾入门不走门的正中，不可踩着门槛。凡是办公事，从门中央短木的西边进入（用宾礼）；凡是办私事，从门中央短木的东边进入（用臣礼）。在宗庙里，地位尊贵的国君和尸要

则欲发，而手足毋移。圈豚行[5]，不举足，齐如流，席上亦然。端行[6]，颐溜如矢；弁行[7]，剡剡起屦[8]。执龟玉，举前曳踵，蹜蹜如也。

凡行容惕惕，庙中齐齐，朝廷济济翔翔。君子之容舒迟，见所尊者齐遬[9]，足容重，手容恭，目容端，口容止，声容静，头容直，气容肃，立容德，色容庄，坐如尸。燕居告温温。

凡祭，容貌颜色，如见所祭者。丧容累累[10]，色容颠颠[11]，视容瞿瞿梅梅[12]，言容茧茧[13]。戎容暨暨[14]，言容詻詻[15]，色容厉肃，视容清明。立容辨，卑毋谄；头颈必中，山立，时行；盛气颠[16]实，扬休[17]，玉色[18]。

缓缓前行，前后两步的足迹要重叠一半；大夫要走得快一些，前后两步的足迹相继；士人要走得更快一些，两步之间还留有一足的间隔。他们走路快慢不同，但步法都是一样的。平时走路，直行就该快步走，但手脚不要左右摇摆。转圈时就像有所依循似的，脚不离地走着小碎步，而衣裳的下摆下垂如流水，到席上去就座也应该以这样的步法。直身行走时，微垂的下巴就像屋檐一样，而步子直得像箭矢一样；急走的时候，脚步非常疾速(，也就不必讲究仪容了)。拿着龟甲玉圭的时候，要拖着脚后跟、小步局促地行走。

凡是在道路上行走，要显出端庄而紧迫的神色；在宗庙中行走，要显出恭敬虔诚的样子；在朝廷里行走，要显出庄重威仪的样子。君子的举止要娴雅从容，见到尊长时要恭敬而自谦，举足要稳重，举手要庄重，眼睛不斜视，嘴巴不妄动，声音温和而不发出怪声，头要抬直，神情要严肃，站立要不晃动，面容要端庄，坐着要像尸那样敬慎端正。燕居时，教人、使唤人要脸色温和。

凡是祭祀，表露出来的容貌脸色(要恭敬虔诚)就好像见到了自己所要祭祀的人一样。居丧时要显出羸弱疲惫的样子，满脸是忧思，看东西模模糊糊，说话声气低微。作

凡自称，天子曰“予一人”，伯曰“天子之力臣”。诸侯之于天子，曰“某土之守臣某”；其在边邑，曰“某屏之臣某”。其于敌[19]以下，曰“寡人”。小国之君曰“孤”，摈[20]者亦曰“孤”。上大夫曰“下臣”，傧者曰“寡君之老”。下大夫自名，傧者曰“寡大夫”。世子自名，傧者曰“寡君之適”。公子曰“臣孽”[21]。士曰“传遽[22]之臣”，于大夫曰“外私”。大夫私事使，私人摈则称名；公士摈，则曰“寡大夫”“寡君之老”。大夫有所往，必与公士为宾也。

战时要显出果断刚毅的样子，说话显出庄重严厉的样子，脸色显出严厉肃穆的样子，目光显出清澈明察的样子。站立时的姿态，要能分辨尊卑上下，要谦恭有礼，但也不能近于谄媚；头颈必须要保持端正，像山一样屹立坚定，该移动时才移动；要让浩然之气充盛于体内，从而使美好温润的气色彰显于外。

凡是自称，天子称“予一人”，州伯称“天子的力臣”。诸侯对于天子，自称为“某土之守臣某”；那些在边境的四夷之长，自称为“某屏之臣某”。诸侯对邻国的诸侯和臣民，自称为“寡人”。小国的国君自称“孤”，传达话语的傧者人也称“孤”。上大夫对国君自称“下臣”，如果出使别国，傧者就称上大夫为“寡君之老”。下大夫对国君称自己的名，如果出使别国，傧者就称下大夫为“寡大夫”。太子对国君称自己的名，傧者称他为“寡君之嫡”。公子对国君自称“臣孽”。士对国君自称“传遽之臣”，对大夫就自称“外私”。大夫如果是因私事出使别国，他的家臣传话给诸侯，就要称大夫的名(，而不能称“寡大夫”“寡君之老”)；如果大夫是奉命聘问出使，由公士传话给诸侯，就要称他为“寡大夫”“寡君之老”。大夫是奉命出使别国，必定要让公士作介。

注释 1介:上介。 拂:接近。闑(niè):门中央所竖短木。 2枨(chéng):古代门两旁竖的木柱。 3阈(yù):门限。 4武:足迹。 5圈(juǎn)豚:徐步趋行貌。 6端行:孔疏说,直身而行。 7弁:急。 8剡剡:孙希旦说,起屦貌。 9齐遬:谦恭慎重。 10累累:羸惫失意的样子。 11颠颠(tián tián):忧思不舒的样子。 12瞿瞿(jù jù)梅梅:瞿瞿,惊视不安貌。梅梅,昏暗不清貌。 13茧茧:声气低微的样子。 14暨暨:果断刚毅的样子。 15詻詻(è è):教令严饬的样子。 16颠:填塞。 17休:善,美。 18玉色:玉无变色,故以为颜色无变动之喻。 19敌:别国诸侯。 20摈:传话的人。 21公子:诸侯庶子。孽:本义是树木从旁萌生,引申为庶子或旁支。 22传遽(zhuàn jù):乘车马急传消息的驿使。遽,传车,驿马。

明堂位第十四

导读

明堂，是天子宣明政教的地方，朝会、祭祀、庆赏、选士、养老、教学等大典，均于其中举行。此篇记周公代理王位，以明堂之礼朝见诸侯，与《周书·明堂》篇略同。篇首记载周公在明堂接待来朝见的诸侯，并订立了天子、公、侯、伯、子、男及九夷、八蛮、六戎、五狄、九采、四塞之国的国君在明堂中的位置，表明了他们的地位尊卑。接着记周公还政于成王，成王允许鲁国世世代代可用天子的礼仪祭祀周公。

周公辅助武王讨伐纣王以后，武王去世，成王年幼，周公就代理天子行使职权，治理天下。六年以后，各国诸侯都来到明堂朝见，周公就制定礼乐制度，颁布度量衡，从而使天下敬服。七年后，周公把职权归还成王。成王认为周公对天下立有功勋，就将周公封到曲阜，并且授予鲁国国君使用天子的礼乐祭祀周公的特权。

接着记述了鲁国礼仪的具体细节。鲁国国君在孟春正月乘坐大辂车，打出有十二旒的旗帜，上面画有日月徽号，到郊外祭天，并以周的祖先后稷配享，这用的是周天子的礼。又记载季夏六月，鲁国国君要用禘礼在太庙祭祀周公。四季之祭，都是天子的祭祀。同时具体记载了礼服、礼器、祭品，以及所用祭车和天子太庙之内的华美装饰等等。凡是虞夏殷周四代的礼服、礼器、执事，鲁国兼有并用，或有所发展，如有虞氏祭祀需要用五十人，夏后氏用一百人，殷用二百人，而周用了三百人。总之，鲁国的礼仪，用的都是周天子的规格。

文中盛赞鲁王得用王礼，曰："是故鲁，王礼也，天下传之久矣，君臣未尝相弑也，礼乐、刑法、政俗未尝相变也。天下以为有道之国。"天下传闻鲁国不曾有过君臣弑杀的事，而礼乐、刑法、政俗也从未改变过。天下的人都认为鲁国是有道的国家，所以也都借鉴鲁国的礼仪。

原文

14.1 昔者周公朝诸侯于明堂[1]之位；天子负斧依南乡而立[2]。三公，中阶[3]之前，北面东上。诸侯之位，阼阶之东，西面北上。诸伯之国，西阶之西，东面北上。诸子之国，门东，北面东上。诸男之国，门西，北面东上。九夷之国，东门之外，西面北上。八蛮之国，南门之外，北面东上。六戎之国，西门之外，东面南上。五狄之国，北门之外，南面东上。九采[4]之国，应门之外，北面东上。四塞，世告至。此周公明堂之位也。明堂也者，明诸侯之尊卑也。

译文

从前周公在明堂接待来朝见的诸侯，并订立了明堂上的位次：天子背对画有斧形图案的屏风，脸朝南站立。三公站在中阶的前边，脸朝北，而以靠东面为上位。诸侯的位置在阼阶的东边，脸朝西，而以靠北面为上位。诸伯国的国君在西阶的西边，脸朝东，而以靠北面为上位。诸子国的国君在庙门的东边，脸朝北，而以靠东面为上位。诸男国的国君在庙门的西边，脸朝北，而以靠东面为上位。九夷之国的国君在东门外，脸朝西，以靠北面为上位。八蛮之国的国君在南门外，脸朝北，以靠东面为上位。六戎之国的国君在西门外，脸朝东，以靠南面为上位。五狄之国的国君在北门外，脸朝南，以靠东面为上位。九采之国的国君在应门外，脸朝北，以靠东面为上位。四方边塞之国，每当父死子立以及嗣王即位才来朝见一次。这就是周公订立的明堂位置。明堂是用来区别诸侯地位尊卑的。

注释　1 明堂：天子宣明政教的地方，凡朝会、祭祀、庆赏、选士、养老、教学等大典，均于其中举行。　2 依：通“扆(yǐ)”。户牖间的屏风。乡：通“向”。下同。　3 中阶：孔疏说，南面三阶，故称中。　4 采：千里之外曰采。

原文

14.2 昔殷纣乱天下，脯鬼[1]侯以飨诸侯，是以周公相武王以伐纣。武王崩，成王幼弱，周公践天子之位以治天下。六年，朝诸侯于明堂，制礼作乐，颁度量，而天下大服。七年，致政于成王。成王以周公为有勋劳于天下，是以封周公于曲阜。地方七百里，革车千乘，命鲁公世世祀周公以天子之礼乐。

是以鲁君孟春乘大路，载弧韣[2]，旗十有二旒，日月之章[3]，祀帝于郊，配以后稷，天子之礼也。季夏六月，以禘礼祀周公于大庙：牲用白牡，尊用牺、象、山罍[4]，郁尊用黄目[5]，灌用玉瓒大圭[6]，荐用玉豆、雕篹[7]；爵

译文

从前殷纣王大乱天下，杀了鬼侯并制成肉脯来宴请其他诸侯，因此周公辅助武王讨伐纣王。武王去世，成王年幼，周公就代行天子职权，治理天下。六年后，各国诸侯都来到明堂朝见，周公就制定礼乐制度，颁布度量衡，而使天下大为敬服。七年后，周公把政权归还成王。成王认为周公对天下有功勋，因此就将周公封到曲阜。方圆有七百里，兵车一千乘，并且命令鲁国国君世世代代可以用天子的礼乐来祭祀周公。

因此，鲁国国君在孟春可以乘坐大辂车，载着套上套子的竹弧，旗帜的下沿垂饰着十二旒，上面绘有日月的图案；在郊外祭祀天帝，并以后稷配享，这是用的周天子的祭天礼。季夏六月，鲁国国君要用禘礼在太庙祭祀周公：祭牲用白色的公牛，酒樽用牺尊、象尊、山罍，盛放郁鬯的酒樽用黄目，行灌礼用大圭作柄的玉瓒，荐献食物用玉豆、雕饰过的篹，酒杯用雕饰过的玉盏，加上用璧玉装饰过的散和角；盛牲肉的俎用梡俎、嶡俎；登堂要唱《清庙》诗歌，堂下要奏《象》曲；跳舞是用手执红色盾牌和玉斧，头戴冠冕跳《大武》之舞，又戴皮弁穿素裳，

用玉盏仍雕[8],加以璧散、璧角[9];俎用梡、嶡[10];升歌《清庙》,下管《象》;朱干玉戚,冕而舞《大武》;皮弁素积[11],裼而舞《大夏》。昧,东夷之乐也;任,南蛮之乐也。纳夷蛮之乐于大庙,言广鲁于天下也。君卷冕立于阼,夫人副[12]袆立于房中;君肉袒迎牲于门,夫人荐豆、笾;卿大夫赞[13]君,命妇[14]赞夫人:各扬[15]其职。百官废职服大刑,而天下大服。是故夏礿、秋尝、冬烝,春社、秋省而遂大蜡[16],天子之祭也。

大庙,天子明堂。库门,天子皋门。雉门,天子应门。振木铎[17]于朝,天子之政也。山节,藻棁[18],复庙[19],重檐,刮楹,达乡[20],反坫,出尊[21],崇坫康[22]圭,疏屏[23],天子之庙饰也。

显露裼衣跳《大夏》之舞。昧乐,是东夷的音乐;任乐,是南蛮的音乐。在太庙祭祀中容纳进夷蛮的音乐,意在说明周公勋业盛大,广施于天下四夷。国君穿衮戴冕站立在阼阶上,夫人戴首饰穿袆衣站在房中;国君袒露上衣到庙门外迎接祭牲到来,馈食时夫人荐献豆、笾;卿大夫在行礼时要辅助国君,命妇就辅助夫人:各人承担自己的职责。众执事人如有不忠于职守的,就得受重刑,从而使天下之人大为慑服。因此,鲁国夏天的礿祭、秋天的尝祭、冬天的烝祭,以及春天的社祭、秋天的社祭、年终的蜡祭,这些都是天子的祭礼。

鲁国的太庙相当于周天子的明堂。库门,相当于天子的皋门。雉门,相当于天子的应门。在朝中摇动木舌的铜铃发出号令,这是天子颁布政令的方式。太庙里的柱头刻作斗拱形,梁上的短柱都雕绘有彩色图案,庙上覆着双重屋顶,屋檐下覆有板檐,刮磨光洁的楹柱,敞亮的大窗,饮后放还酒爵的坫,设置在酒樽的南面,还有高坫安放大圭,镂空雕花的屏风,这些都是天子太庙的装饰。

注释 1鬼:古国名。 2弧:用来张旌旗用的竹弓。 韣(dú):装弧的套子。 3章:徽号。 4牺:牺尊,形状像牛。 象:象尊,形状像象。 山罍(léi):雕绘山状图案的酒罍。 5黄目:以黄金镂其外为目而名,卣(yǒu)罍之类。 6玉瓒(zàn):玉制之勺,状如盘。 大圭:此指用大圭为玉瓒的柄。 7玉豆:以玉饰豆。 雕篹(suǎn):边缘有雕饰的笾。篹,笾属也。 8玉盏:夏后氏酒杯的名称。 仍雕:依爵之形状雕饰。仍,因,依照。 9璧散、璧角:指用玉璧装饰其口。散、角,均为酒器。 10梡(kuǎn):上古陈放全牲的礼器,四足。 蕨:古代陈列祭品的木器。形如今之小方几,有四足,足间有横档。 11素积:《释名》释作"素裳"。积,指下裳的折子。 12副:首饰名。郑玄说,今之步摇是也。陈澔说,副之言覆,以其覆被乎首而为名。 13赞:助。 14命妇:内则是世妇,外则是卿大夫之妻也。 15扬:举。 16孙希旦说,"省"当作"社",参见《玉藻》。春社,祈也。秋社,报也。 17木铎:铜口木舌,发教令则振之,用以警动众听。 18山节、藻棁(zhuō):见《礼器》注。 19复庙:上下重屋。 20达乡:达,通;乡,指窗牖。每室四户八窗,窗户相对,故称达乡。 21出尊:在内为入,在外为出,因坫在酒樽之外,所以称"出尊"。 22康:安,安放。 23疏屏:在屏风上刻镂,而使之文理疏通。

原文

14.3 鸾车[1],有虞氏之路也。钩车[2],夏后氏之路也。大路[3],殷路也。乘路[4],周路也。有虞氏之旂。夏后氏之绥[5]。殷之大白。周之大赤。夏后氏骆马黑鬣。殷人白马黑首。周人黄马蕃鬣。

译文

鸾车是有虞氏用的祭车。钩车是夏后氏用的祭车。大路是殷代的祭车。乘路是周代的祭车。有虞氏的旗帜只是竿头垂着旄牛尾。夏后氏的是交龙旗。殷代的是大白旗。周代的是大赤旗。夏后氏时驾车用白身黑鬃的马。殷人驾车用白身黑头的马。周人驾车用赤鬃的黄马。夏后氏祭牲崇尚黑牛。殷人夏后氏牲尚黑。殷白牡。周骍刚。

泰[6],有虞氏之尊也。山罍,夏后氏之尊也。著[7],殷尊也。牺、象,周尊也。爵:夏后氏以盏,殷以斝,周以爵。灌尊:夏后氏以鸡夷[8],殷以斝,周以黄目。其勺:夏后氏以龙勺[9],殷以疏勺[10],周以蒲勺[11]。土鼓、蒉桴、苇籥[12],伊耆氏之乐也。拊搏[13]、玉磬、揩击、大琴、大瑟、中琴、小瑟,四代之乐器也。

鲁公之庙,文世室也。武公之庙,武世室也。米廪,有虞氏之庠也;序,夏后氏之序也;瞽宗,殷学也;泮宫,周学也。

崇鼎、贯鼎、大璜、封父龟,天子之器也。越棘[14]、大弓,天子之戎器也。夏后氏之(鼓)足〔鼓〕[15],殷楹鼓,周县[16]

祭牲用白色公牛。周人祭牲用黄色公牛。

泰,是有虞氏时的酒樽。山罍,是夏后氏时的酒樽。著,是殷代的酒樽。牺樽、象樽,是周代的酒樽。酒杯:夏后氏用盏,殷代用斝,周代用爵。灌礼用的酒樽:夏后氏用鸡夷,殷代用斝,周代用黄目。舀郁鬯的勺:夏后氏用龙勺,殷代用疏勺,周代用蒲勺。土鼓、土槌、苇籥,是伊耆氏时代的乐器。拊搏、玉磬、柷敔、大琴、大瑟、中琴、小瑟,这是虞、夏、殷、周四代的乐器。

鲁国伯禽的庙,就相当于周文王的庙而世世不毁。鲁武公的庙,就相当于周武王的庙而世世不毁。鲁国的米廪,就相当于有虞氏的庠;序,是夏后氏的学校;瞽宗,是殷代的学校;泮宫,是周代的学校。(鲁国有此四学,也是仿照周天子设置的。)

崇国的鼎、贯国的鼎、夏后氏的大玉璜,以及封父国的宝龟,都是天子的重器。越国的戟、大弓,都是天子的兵器。夏后氏时用有足的鼓,殷代用两柱夹持的鼓,周代用悬挂在架上的鼓。垂制作和钟,叔制作离磬,女娲制作笙簧。夏后氏时悬挂钟磬的架子是刻有龙形的龙簨虡,殷代又添加牙状饰物而称为"崇牙",周代又添加圆玉扇形饰物而称为"璧翣"。有虞氏

鼓。垂之和钟[17],叔之离磬[18],女娲之笙簧。夏后氏之龙簨虡[19],殷之崇牙[20],周之璧翣[21]。有虞氏之两敦,夏后氏之四琏,殷之六瑚,周之八簋。[22]俎:有虞氏以梡,夏后氏以嶡,殷以椇[23],周以房俎[24]。夏后氏以楬豆[25],殷玉豆,周献[26]豆。有虞氏服韨,夏后氏山,殷火,周龙章。有虞氏祭首,夏后氏祭心,殷祭肝,周祭肺。夏后氏尚明水,殷尚醴,周尚酒。有虞氏官[27]五十,夏后氏官百,殷二百,周三百。有虞氏之绥,夏后氏之绸练[28],殷之崇牙,周之璧翣[29]。

凡四代之服、器、官,鲁兼用之。是故鲁,王礼也,天下传之久矣,君臣未尝相弑也,礼乐、刑法、政俗未尝相变也[30]。天下以为有道之国,是故天下资礼乐焉。

荐献黍稷用两个敦,夏后氏用四个琏,殷代用六个瑚,周代用八个簋。俎:有虞氏用梡俎,夏后氏用嶡俎,殷代用椇俎,周代用房俎。夏后氏用楬豆,殷代用玉豆,周代用献豆。有虞氏的祭服只加蔽膝,夏后氏的蔽膝上有山形图案,殷代的蔽膝上又增加了火状图案,周代的蔽膝上又增加了龙形图案。有虞氏祭祀荐献牲头,夏后氏祭祀荐献心,殷代祭祀荐献肝,周代祭祀荐献肺。夏后氏崇尚明水,殷代崇尚醴酒,周代崇尚清酒。有虞氏祭祀有五十位执事,夏后氏有一百位,殷代有二百位,周代有三百位。有虞氏的丧旗杆顶缀有旄牛尾,夏后氏的丧旗杆上加了套并用练帛为旗旒,殷代在丧旗的侧边饰有崇牙装饰,周代的丧旗作翣扇形并饰有小玉璧。

凡是虞、夏、殷、周四代的礼服、礼器、执事,鲁国兼有用之。因此鲁国所行之礼,是周天子的礼,在天下已流传很久了,鲁国的君臣不曾有过相互残杀的事,而礼乐、刑法、政俗也从未改变过。天下的人都认为鲁国是有道的国家,所以天下都采用借鉴鲁国的礼乐。

注释 1鸾车:有鸾铃、和铃的车。 2钩车:车厢的前阑弯曲的车。 3大路:木制的辂车。 4乘路:玉装饰的辂车。 5郑玄说,有虞氏当言“緌”,夏后氏当言“旂”,此盖错误也。旂:《周礼》说,交龙为旂。緌(ruí):通“绥”。指古代旌旗的一种,将旄牛尾垂于杠头上。 6泰:陶制的酒樽。 7著:无足而底着于地的酒樽。 8鸡夷:鸡彝,有鸡形的彝器。 9龙勺:勺柄上有龙头为饰。 10疏勺:勺柄上刻镂疏通。 11蒲勺:勺柄上刻有凫头,凫口微开,像蒲草本合而末微开,故名。 12苇籥(yuè):用苇做成籥,像笛。 13拊搏(fǔ bó):古代的一种打击乐器。以皮革之囊,充之以糠,形如小鼓。 14棘:孔疏说,《方言》写作“戟”。 15王念孙认为,“鼓足”当为“足鼓”。 16县:同“悬”。 17垂:人名。 和:调和。 18叔:人名。 离磬(qìng):古乐器名。孔疏说,编离之磬也,言其县(悬)时稀疏相离也。 19簨虡(sǔn jù):用来悬挂钟磬的架子。横杆称为簨,两旁的柱称为虡。 20崇牙:指殷又在龙纹上刻木,作重叠像牙之状,崇,重。 21璧翣(shà):丧葬之饰。即遮护棺柩的掌扇。翣,扇。 22敦、琏、瑚、簋:均为盛放黍稷的器具。 23椇(jǔ):枳椇,俎足曲挠如树枝状。 24房俎:俎头各有两足,足下都有跗,俎足间的横木就似堂之壁。横木下二跗就似堂东西头各有房。 25楬(qià)豆:古祭器。不加装饰的木制高脚盘。郑玄说,楬,无异物之饰也。 26献(suō):郑玄说,疏刻之。 27官:泛指参与祭祀的众执事人员。或说朝廷上众官员。 28绸(tāo)练:郑玄说,夏韬其杠,以练为之旒。绸,缠裹,套。 29璧翣:郑玄说,此旌旗及翣,皆丧葬之饰。 30郑玄说,“君臣未尝相弑”“政俗未尝相变”,亦近诬矣。

丧服小记第十五

导读

此篇记丧服之小义，所记事琐碎杂小，故名《小记》。《丧服小记》和下一篇《大传》都是为解说《仪礼·丧服》而作的传、记。本篇大都杂记宗子庶子及兄弟姑嫂之间的丧服事务。所记丧服祭礼的时间、地点、对象、礼仪礼器的规格，以及名目繁多的称呼称谓，都深深打上当时社会生活的烙印，尤其能形象地反映封建社会的宗族关系、伦理纲常和社会观念。在刘向《别录》的分类中，将此《丧服小记》和《杂记》（上、下）、《丧大记》、《服问》、《丧服四制》等十一篇归为"丧服"一类。

考察我国宗族社会与宗法制度，《仪礼·丧服》是现存最早最完整的参考文献，它通过丧服制度反映了周代社会的宗法结构。《丧服》就是在处理死者与服丧者的宗族、臣属和外亲等关系上，按尊卑、亲疏，做了严格区分，不得逾越。宗法制度的核心是嫡长子继承制，与王权继承、财产分配等利益关系紧密相连，因此周代以后，天子、诸侯、大夫莫不遵循这些制度。

人要亲其应该亲的人，所以本文对人之亲疏关系做了条分缕析的介绍，而且有深刻的洞见："亲亲以三为五，以五为九。上杀，下杀，旁杀，而亲毕矣。"亲爱亲人，可以由亲父、亲子、自己三代延伸为祖、父、己、子、孙五辈，从而又可以由亲爱五代人而延伸为自高祖父至玄孙的九辈人。而丧服由父而上则渐降等，丧服由子而下也渐降等，丧服由己而旁及昆弟，以及由祖、父、子、孙而旁及的昆弟也渐降等，这样越来越疏远，亲近之情也就几乎没有了。

那些陈旧的礼俗礼数已随时代变迁而远去，特别是这一类“丧服”内容，非研究者不必细读熟记。

原文

15.1 斩衰[1]，括发以麻[2]，为母括发以麻，免而以布[3]。齐衰[4]，恶笄[5]、〔带〕[6]以终丧。男子冠而妇人笄，男子免而妇人髽[7]。其义：为男子则免，为妇人则髽。

苴杖[8]，竹也；削杖[9]，桐也。祖父卒，而后为祖母后者三年[10]。为父母，长子稽颡[11]。大夫吊之，虽缌[12]必稽颡。妇人为夫与长子稽颡，其余则否。男主必使同姓，妇主必使异姓。为父后者，为出母无服。

译文

父亲去世，丧服是斩衰，用麻来束发，母亲去世，也用麻束发，但小殓后行拜礼可用布来束发。妇人的丧服是齐衰，用榛木为发笄，用麻布为腰带，一直到除服时。男子的冠和妇人的笄相对应，（有及冠，就有及笄，有吉冠，就有吉笄；）到了居丧时，男子去冠用"免"，妇人就有麻布髽。其意思是：是男子就用"免"，是妇人就用"髽"，以此来分别男女。

苴杖，是父丧用的丧杖，是用竹制成的；削杖，是母丧用的丧杖，是用桐木削成的。祖父死，作为祖母的嫡孙要服丧三年。为父母服丧，长子对宾客要先叩头而后拜。如果是大夫来吊丧，即使是服缌麻之丧的人也必须先对大夫叩头而后拜。妇人为丈夫和长子服丧，对来吊丧的宾客也要先叩头而后拜，为其他人服丧就不必这样。（丧家若没有后嗣，要选择他人来代替丧主，）所选男丧主必须是与丧家同姓的，女丧主必须是与丧家不同姓的。作为父亲的继承人，不为已被父亲遗弃的母亲服丧。

注释 1 斩衰(cuī)：丧服中最重的一种。用粗麻布制成丧服，左右和下边不缝。衰，同"縗"。 2 括发：束发。父始死时，去吉冠，用"笄"和"縰(xǐ)"包发，小殓以后则去掉笄縰，头发下垂而散乱，所以用麻束发，也因以为饰。縰，束发的帛。 3 免(wèn)：古代丧服，服丧时脱帽束发，用布缠头。免而以布，是与父丧不同的丧服发饰。 4 齐(zī)衰(cuī)：五服之一，次于斩衰，以粗麻布制成，因其缉边缝齐，故称。 5恶笄：居丧时用榛木制成的簪子，与用象骨制的“吉笄”相对，故称“恶笄”。 6“恶笄”下，各本均无“带”字，据郑玄注兼解“笄带”，当有“带”字。 7髽(zhuā)：妇人的丧髻，用麻布条挽成。 8苴杖：斩衰之杖，用竹做成，以配苴衰，而其色亦相似，故称苴杖。苴，麻，颜色黧(lí)黑，斩衰之丧用为衰裳及绖。 9削杖：齐衰之杖，用桐木削制成。 10陈澔云，適(嫡)孙无父，既为祖三年矣，今祖母又死，亦终三年之制。盖祖在而丧祖母，则如父在而为母期也。子死则孙为后，故以为后者言之。 11稽颡(sǎng)：叩头跪拜。丧主拜宾，先稽颡而后拜为重，先拜宾而后稽颡为轻。 12缌(sī)：缌麻，五服中最轻的一种丧服，用疏织细麻布制成，服丧三月。

原文

15.2 亲亲以三为五[1]，以五为九[2]。上杀[3]，下杀[4]，旁杀[5]，而亲毕矣。

王者禘[6]其祖之所自出，以其祖配之，而立四庙[7]。庶子王亦如之[8]。

别子[9]为祖，继别为宗[10]，继祢者为小宗[11]。有五世而迁之宗[12]，其继高祖者也。是故祖迁于上，宗易于下。尊祖

译文

亲爱亲人，由亲父、子、己三代推及亲祖、父、己、子、孙五代，又由亲五代而推及亲高祖父至玄孙的九代人。而丧服由父而上则渐降等，丧服由子而下也渐降等，丧服由己而旁及昆弟，以及由祖、父、子、孙而旁及的昆弟也渐降等，这样越来越疏远而所服丧越来越轻，一直到亲尽而无服。

天子以禘祭来祭祀诞育了他始祖的天帝，并且以自己的祖辈配天祭祀，又建高祖庙、曾祖庙、祖庙、祢庙四庙。若庶子为天子，也要这样祭天配祖和建庙。

诸侯国君的庶子成为了后世的始祖，这一后裔中的嫡系继承庶子的就是大宗，不是大宗嫡系的后裔而承继他们父亲的都是小

故敬宗,敬宗所以尊祖祢也。庶子不祭祖者,明其宗也。

宗。小宗传至五世就要将五世以上的祖先迁并到大宗的庙内,那就是上继高祖的玄孙之子。因此,曾祖的庙向上往大宗的庙内迁动,而继祢的宗向下发生变迁。尊重祖先就得敬守宗法,敬守宗法就是因为要尊重祖辈父辈。庶子不主持对祖庙的祭祀,就是表明有宗子在。

庶子不为长子斩[13],不继祖与祢故也。庶子不祭殇与无后者,殇与无后者从祖祔食。庶子不祭祢者,明其宗也。

庶子不为长子服斩衰三年,是因为庶子不继承祖祢的缘故。庶子不祭未成年而死的人和没有子嗣的人,因为这两种人都已附从于祖庙而由宗子供祭了。庶子不主持对祢庙的祭祀,也是表明有宗子在。

亲亲,尊尊,长长,男女之有别,人道之大者也。

为父母服丧,为祖父等长辈服丧,为兄弟及旁亲服丧,男女应服的丧,都是有区别的,这是人伦关系中的大原则。

注释 1亲亲:亲爱亲人。三:指父、己、子三代。五:指祖、父、己、子、孙五代。 2九:高祖、曾祖、祖、父、己、子、孙、曾孙、玄孙。 3上杀(shài):指丧服由父而上就渐杀。杀,降等,减少。 4下杀:丧服由子而下也渐杀。 5旁杀:指由己而及己之昆弟,由父、祖而及他们的昆弟,由子、孙而及他们的昆弟,丧服也渐杀。 6禘(dì):王肃说,宗庙五年祭之名。 7四庙:郑玄说,高祖庙、曾祖庙、祖庙、祢庙(祢庙,即父庙)。 8郑玄说,世子有废疾不可立,而庶子立,其祭天立庙亦如世子之立也。 9别子:庶子,别于嫡子,故称。 10继别为宗:别子之后,世世以嫡长子继别子,为大宗。 11继祢者为小宗:郑玄说,谓别子庶子之长子,为其昆弟为宗也。谓之小宗者,以其将迁也。五世而迁,谓小宗也。祢,指别子的庶子。 12孙希旦说,别子、庶子之子,一世为继祢之宗,二世为继祖之宗,三世为继曾祖之宗,四世为继高祖之宗,至五世则为继高祖之父,而同出于高祖之父者不复宗之矣。宗至于继高祖而止,又一世则迁,故曰“有五世而迁之宗,其继高祖者也”。 13 斩:三年斩衰丧服。

原文

15.3 从服者,所从亡则已。属从[1]者,所从虽没也,服。妾从女君[2]而出,则不为女君之子服。

礼,不王不禘[3]。

世子不降[4]妻之父母。其为妻也,与大夫之適子同。

父为士,子为天子、诸侯,则祭以天子、诸侯,其尸[5]服以士服。父为天子、诸侯,子为士,祭以士;其尸服以士服。

妇当丧而出[6],则除之。为父母丧:未练[7]而出,则三年;既练而出,则已;未

译文

本来与死者没有亲戚关系,但因跟从和死者有亲戚关系的人服丧,如果所跟从的人已去世,那就不用服丧了。但如果与死者有间接的亲戚关系的,那即使所跟从的人已去世,还得继续服丧。妾随从正妻已被夫家遣出,那就不为正妻的儿子服丧。

依据礼制,不是天子就不能举行宗庙的五年禘祭。

诸侯的嫡子对妻子的父母不能降低丧服的标准。他为妻子服丧,和大夫的嫡子为妻子服丧相同。

父亲是士人,而儿子是天子、诸侯,那就得用天子、诸侯的礼去祭祀父亲,但是充当父尸的人还是穿士人之服。如果父亲是天子、诸侯,儿子是士,那就用士礼去祭祀父亲,充当父尸的也要穿士人之服。

妇人正当公公婆婆的丧期内而被夫家逐出,那就可以除服。为父母服丧:出嫁的女人,如果父母丧还未到小祥祭,而被夫家逐出,那就随自己的兄弟服丧三年;如果已过了小祥

练而反，则期；既练而反，则遂之。	祭而被逐出，就不再服丧；如果未到小祥祭又返回夫家，那就服丧一年；如果已过了小祥祭又返回夫家，那就得服满三年丧。

注释　1属从：有间接的亲戚关系而服丧。　2女君：主妇。　3孔疏认为，“礼，不王不禘”错简，当承上文“王者禘其祖之所自出”。　4不降：不降等，不减轻。　5尸：指古代祭祀时代死者受祭、象征死者神灵的人。　6当丧：正当公婆之丧。出：被丈夫遣出。　7练：古丧服，小祥主人着练冠，故称小祥之祭曰练。小祥，祭名，指父母死后一周年的祭礼。

原文	译文
15.4 再期之丧，三年也。期之丧，二年也。九月、七月之丧，三时也；五月之丧，二时也；三月之丧，一时也。故期而祭，礼也；期而除丧，道也；祭不为除丧也。三年而后葬者，必再祭[1]；其祭之间不同时，而除丧。大功[2]者，主人之丧，有三年者，则必为之再祭。朋友，虞、祔而已[3]。士妾有子而为	再期之丧，是指过了二年但不满三年。期之丧，是指过了一年但不满二年。九月、七月之丧，是指跨越三个季节的丧期；五月之丧，是指跨越两个季节的丧期；三月之丧，是指一季的丧期。所以满了一期要行小祥之祭，再期就行大祥之祭，这是用祭礼来怀念亲人；满了一期、再期，就要逐渐除去丧服，这又是顺依天道而生者不敢过于哀痛的道理；祭礼不是为了除丧。如果因有事而延迟至三年后才下葬的，葬后必定要行练、祥两祭；但是两祭不可在同一时间进行，祭后除去丧服。服大功之丧的亲人作为丧主，死者的妻或幼子有三年之丧的，就必须替他们主持练、祥两祭。为朋友主丧，那主持到虞、祔之祭就算了。士为生有儿子的妾服缌麻三个月，若妾

之缌，无子则已。

生不及[4]祖父母、诸父、昆弟，而父税[5]丧，已则否。降而在缌、小功者，则税之[6]。为君之父、母、妻、长子，君已除丧而后闻丧，则不税。近臣，君服斯服矣。其余从而服，不从而税。君虽未知丧[7]，臣服已。

无子，就不服丧。

自己生在异邦，从未见过祖父母、伯叔父母及堂兄弟，而当他们的凶耗传来时丧期已过，父亲要替他们追服，自己却不必追服。本是齐衰、大功以上而因某种缘故减轻本来的丧服，只服小功、缌麻的，过了丧期而得到死讯的，那就要为他们追服。臣子在国外，而逢国君的父、母、妻、长子去世，但在国君已除去丧服后才知道丧事，那就不必为他们追服。阉、寺之类的近臣，国君服丧，他们就跟着服丧。其余的像群介、行人、宰、史等臣子也跟着国君服丧，但若在丧期之后就不再跟从国君追服。虽国君出外，不知国内有亲人丧事，但国内的臣子还是要为死者服丧。

注释 1再祭：大祥、小祥二祭。大祥，指父母死去两周年的祭礼。2大功：丧服五服之一，服期九月。其服用熟麻布做成，较齐衰稍细，较小功为粗，故称大功。 3虞：古时葬后拜祭称虞。祔(fù)：新死者与祖先合享之祭。止哭之次日，奉死者之神主祭于祖庙，谓之祔祭。祭毕，仍奉神主还家。至大祥后，始迁入庙。 4不及：指不及见（祖父母等）。 5税(tuì)：补行服丧之礼。 6此句旧在“君已除丧而后闻丧，则不税”下，郑氏云：“宜承‘父税丧，已则否’。” 小功：古代丧服名。五服之一，用较粗的熟麻布制成，服期五个月。 7按：此谓君出而国内有亲丧，未知。

原文

15.5虞，杖不入于室；祔，杖不升于

译文

举行虞祭时，不把丧杖带入神室；举行祔祭时，不把丧杖带上庙堂。

堂[1]。

为君母[2]后者，君母卒，则不为君母之党服。

绖[3]杀，五分而去一[4]。杖[5]大如绖。

妾为君之长子，与女君同。

除丧[6]者，先重[7]者；易服者，易轻[8]者。

无事不辟庙门[9]。哭皆于其次[10]。

复与书铭[11]，自天子达于士，其辞一也。男子称名，妇人书姓与伯仲。如不知姓，则书氏。

斩衰之葛，与齐衰之麻同[12]。齐衰之葛与大功之麻同。麻同，皆兼服之[13]。

报葬者报虞[14]，三月而后卒哭。

庶子因无嫡子而被立为后嗣的，当父亲的正妻去世后，就可以不再为父亲的正妻的娘家的亲人服丧。

首绖粗细以五分之一为标准递减。丧杖的粗细也如首绖那样递减。

妾为夫君的长子服丧，和主妇为长子服丧三年相同。

除去丧服，先去掉重的；改换丧服，先改掉轻的。

没有事就不要打开殡宫门。除早上、晚上哭灵时要入殡宫，其余都在倚庐中哭泣。

招魂和旗幡上所书写的，上自天子下至士人，都用的是一样的文辞。男子就称他的名，女子就写上她的姓和排行。如果不知道她的姓，就写她的氏。

斩衰的麻绖到了虞祭、卒哭以后就换成了葛绖带，葛绖带的大小和齐衰始丧时的麻绖带相同。齐衰易服的葛绖带，它的大小和大功始丧时的麻绖带相同。因麻、葛的绖、带相同，所以如果遭受双重丧事的人可以兼服麻葛。

还未到期限就急着下葬的，也应该赶快举行安神的虞祭，但卒哭之礼要在三个月以后才能进行。

同时遭遇父母二人的丧事，先下葬的是

父母之丧偕，先葬者不虞、祔[15]，待后事[16]。其葬服斩衰。	母亲，但不举行虞、祔之祭，要等待父亲下葬后，先为父亲举行了虞、祔之祭，然后再为母亲举行。葬母时，因父亲还未下葬，所以仍要穿斩衰丧服。

注释 1 按：虞祭在寝，祭后不以杖入室；祔祭在祖庙，祭后不以杖升堂。2 君母：庶子称父亲的正妻为君母。 3 绖(dié)：丧期时结在头上或腰间的麻带。 4 五分而去一：五服之绖，丧服重者大，丧服轻者小。斩衰苴绖，五分去一，即以为齐衰之绖。齐衰绖五分去一，就以为大功之绖。大功绖五分去一，以为小功之绖。小功绖五分去一，以为缌麻之绖。 5 杖：指斩衰、齐衰之杖。 6 除丧：指练时。 7 重：男子重在首绖，妇人重在腰绖，凡所重者有除无变，一直到小祥时男子才除首绖。 8 轻：指男子的腰绖、妇人的首绖。 9 辟：开。庙门：殡宫门。 10 次：倚庐。古人居父母丧时所住的房子，在中门之外，东墙下，倚木为庐。 11 复：指“招魂”之辞。 书铭：书写死者于铭旌之上。铭，铭旌，即灵柩前的旗幡。12 葛、麻：孙希旦说，葛，谓既虞、卒哭受服之葛绖带也。麻，谓始丧之麻绖带也。 13 按：孙希旦说，凡要(腰)带必视其首绖五分而去一，今此麻、葛之绖、带同，故兼服之，而首绖与要(腰)带仍得为五分去一之差也。 14 报(fù)：通“赴”，急速。郑玄说，报读为“赴疾”之赴。 15 先葬者：郑玄说，先葬者，母也。不虞、祔：指父丧未葬，则不敢为母行安神适祖之祭。 16 后事：指葬父之事。

原文	译文
15.6 大夫降其庶子，其孙不降其父。大夫不主士	大夫对他的庶子服丧要降为大功，但庶子的儿子对他们的父亲不降服，还是服丧三年。大夫不为士人主持丧事。

之丧。

为慈母之父母无服。夫为人后者,其妻为舅姑大功。

士祔于大夫,则易牲。

继父不同居也者,必尝同居;皆无主后。同财而祭其祖祢为同居。有主后者为异居。

哭朋友者,于门外之右,南面。

祔葬者,不筮宅[1]。士、大夫不得祔于诸侯,祔于诸祖父之为士、大夫者,其妻祔于诸祖姑,妾祔于妾祖姑。亡[2]则中一以上而祔。祔必以其昭穆。诸侯不得祔于天子,天

(儿子称抚育过自己的父亲的小妾为慈母,)对于慈母的父母不必服丧。丈夫出继与他人做后嗣,他的妻子就对公婆服大功之丧。

士的神主祔于祖庙,如果祖上是大夫,那么要将原来士的特牲祔礼改为少牢祔礼。

称母亲改嫁后的丈夫为继父,不与他共同生活,但实际上却是曾经共同生活过的(必定受到过他的接济抚养,并成家立业,同财祭祖;如果没有随从母亲去后夫家,那就毫无关系,必不会称他为继父);同居是因为他们都没有大功以上的亲人,而继父又没有儿子。继父起初无大功以上的亲人,与此子共同占有财产,并祭祀祖、祢,就是所谓的同居。而后继父或自有儿子,(或虽无子而有大功以上的亲人自异邦到来,)那就不能和此子始终同居,就是所谓的异居。

为朋友之丧而来哭泣的,要站在寝门外右方的南面。

祔葬到祖茔的,就不必再卜筮墓穴。士、大夫不得祔葬到诸侯墓地,但是可以祔葬到曾是士、大夫的祖上的侧边,他的妻子就可以祔葬到曾是士、大夫的叔伯祖的妻子的侧边,他的妾也就可以祔葬到妾祖姑的侧边。如果祖父没有妾,那当中至少要空出一虚位然后祔葬(,不要使孙妾顶替妾祖姑的缺位而祔葬)。因为祔葬必定要按照昭穆的次序。诸侯不能祔葬到天子的墓

子、诸侯、大夫可以祔于士。	地，但是天子、诸侯、大夫却可以祔葬到曾经是士人的祖先的墓地上。

注释 1宅：墓圹。 2亡：通“无”。

原文	译文
15.7 为母之君母，母卒则不服。	要为外祖父的正妻服丧，而母亲去世以后就不再为外祖父的正妻服丧。
宗子，母在为妻禫[1]。	宗子是嫡长子，因其继承大宗，为族人兄弟所共尊；宗子妻也位尊，所以她死后，即使母亲还在世，宗子也要服丧三年。
为慈母后者，为庶母可也，为祖庶母可也。为父、母、妻、长子禫。慈母与妾母，不世祭也。	妾子无母而由另一妾抚育，此子就是慈母的后嗣，慈母死要为她服丧三年。作为庶母、祖庶母后嗣的，也都应该服丧三年。为父、母、妻、长子服丧都是三年。作为慈母、庶母的后嗣，对她们的祭祀只限于本人一辈，不世世代代进行祭祀。
丈夫冠而不为殇，妇人笄而不为殇。为殇后者，以其服服之。	男子已行过冠礼，死了就不算是殇。女子已及笄，死了也就不算是殇。承继为殇者的后嗣的，就为殇者服兄弟之丧。
久而不葬者，唯主丧者不除，其余以麻终月数者，除丧则已。箭笄、〔带〕[2]终丧三年。	因事延搁而长久未能下葬，只有主丧人不除去丧服，其余的人则要披麻戴孝，月数服满了就可以除去。父亲去世，未出嫁的女儿用小竹子做成的箭笄卷发，用麻经带束腰，服丧三年。

齐衰三月，与大功同者绳屦。

齐衰服重而只服三个月，大功丧服轻而要服九个月，二者都要用绳麻屦。

练，筮日筮尸，视濯，皆要绖、杖、绳屦。有司告具而后去杖。筮日筮尸，有司告事毕而后杖，拜送宾。大祥，吉服而筮尸。

小祥祭祀，要通过卜筮选定日期以及充当尸的人，那天丧主要腰束绖带，手拿丧杖，脚穿绳屦，并亲自视察祭器的洗涤情况。等到执事人报告已准备完毕，丧主放下丧杖行祭礼。卜筮日期和充当尸的人的时候都有来宾参加，执事人报告事情结束，丧主又拿起丧杖，拜送宾客。大祥祭祀，要换上吉服，并卜筮充当尸的人。

庶子在父之室，则为其母不禫。庶子不以杖即位。父不主庶子之丧，则孙以杖即位可也。父在，庶子为妻，以杖即位可也。

妾的儿子在父亲家里不能为他的亲生母亲举行禫祭。庶子不能拿着丧杖在阼阶哭位。父亲不主持庶子的丧礼(由庶子的儿子主持)，所以庶孙就可以拿着丧杖就哭位。父亲虽在，但不为庶子的妻子主丧，由庶子自己主持丧事，所以庶子也就可以拿着丧杖就哭位。

诸侯吊于异国之臣，则其君为主。诸侯吊，必皮弁锡衰[3]。所吊虽已葬，主人必免。主人未丧服，则君亦不锡衰。

诸侯在他国，吊唁该国大臣，就由该国国君为其主丧。诸侯吊丧，一定要在皮弁上加环绖，穿细麻布的丧服。如果被吊者已经下葬，丧主必须戴“免”。但是，如果丧主还未成服，那诸侯吊丧就不用穿细麻丧服。

养有疾者不丧服，遂以主其丧。非养者入主人之丧，则

侍候有病的亲属不能穿丧服，等到病人去世，又无近亲、无后嗣，就为他主持丧事。不是侍候病人的人，为没有后嗣的亲属主持

不易己之丧服。养尊[4]者必易服,养卑[5]者否。

妾无妾祖姑者,易牲而祔于女君[6]可也。

妇[7]之丧,虞、卒哭,其夫若子主之,祔则舅主之。士不摄大夫,士摄大夫唯宗子。主人未除丧,有兄弟自他国至,则主人不免而为主。

丧事,就可以不变换原来应服之丧。如果是侍候生病的尊长者,那必须换去丧服;侍候生病的小辈,那就可不必换服。

妾没有妾祖姑可以祔葬的,那可以变换祭牲祔葬到嫡祖姑的墓地。

凡是嫡妇、庶妇的丧事,虞、卒哭时祭妇,都由她们的丈夫或儿子主持,祔葬时才由公公主持。士人不能为大夫主持丧事,只有宗子的丧事,士人可以为大夫主持丧事。主人尚未除丧,如果有兄弟辈从他国来,那么主人就可以不"免"而作为丧主。

注释 1 禫(dàn):丧家除服之祭礼。 2 据郑注,"箭笄"下当有"带"字。 3 皮弁:指弁绖。 锡衰:以细麻所制的丧服。 4 尊:郑玄说,谓父兄。 5 卑:郑玄说,子弟之属。 6 女君:嫡祖姑。 7 妇:郑玄说,谓凡適(嫡)妇、庶妇也。

原文

15.8 陈器之道,多陈之而省纳之可也。省陈之而尽纳之可也。

奔兄弟之丧,先之墓而后之家,为位而哭。所知之丧,则哭于宫[1]而后之墓。

父不为众子次于

译文

陈列祔葬的明器原则,是别人赠送的都要陈列出来,但是可以不全部放进墓圹里。主人自备的明器,陈列出来的可以少些,但却要把全部明器放进墓圹里。

为兄弟奔丧,先要到墓地哭泣,然后再到他家中就位而哭。为熟人奔丧,要先到殡宫哭泣,然后再到墓上。

父亲不为庶子的丧事而在门外设草

外。

庐守丧。

与诸侯为兄弟者,服斩。

与诸侯是兄弟的人,虽身居他国,也要为诸侯服斩衰。

下殇小功,带澡麻[2]不绝本,诎而反以报之[3]。

为下殇都降服而服小功之丧的人,要用连根的经过漂白的麻制成腰绖,并向上弯曲垂下来的散麻,将末端纠合在一起搭在腰里。

注释 1 官:故殡官也。 2 澡麻:经过漂白的麻。 3 诎(qū):弯曲。报:合。

原文

15.9 妇祔于祖姑,祖姑有三人,则祔于亲者。其妻为大夫而卒,而后其夫不为大夫,而祔于其妻,则不易牲;妻卒而后夫为大夫,而祔于其妻,则以大夫牲。

为父后者,为出母无服。无服也者,丧者不祭故也。

妇人不为主而杖者:姑在为夫杖;母为长子削杖。女子子在室[1],为父母,其主丧

译文

妇人祔葬到祖姑墓地,如果祖姑有三人,(如公公的母亲死后,又有继母二人,)那就祔葬到最为亲近的那儿去。妻子是在丈夫做大夫时去世的,以后丈夫又不当大夫(而为士)了,那他死后祔于妻子时,不改换祭牲,仍旧用士特牲;如果妻子死后丈夫才当了大夫,他祔于妻子时,就用大夫的祭牲。

作为父亲的后嗣,不为已被逐出的母亲服丧。不服丧,是因为出母已为他家之人,(自有他姓后嗣服丧,)对她不再祭祀的缘故。

妇人虽不主持丧事,但也有拄丧杖的:婆婆还在世,妻子为其丈夫服丧要拄丧杖;母亲为其长子服丧要拄削杖。未出嫁的女子,(若无兄弟,)要为父母服斩衰,就使同姓的人来代主丧事,但主丧的人不拄丧杖,

者不杖,则子一人杖。

缌、小功,虞、卒哭则免。即葬而不报[2]虞,则虽主人皆冠,及虞则皆免。为兄弟既除丧已,及其葬也,反服其服;报虞,卒哭则免;如不报虞则除之。远葬[3]者,比反[4],哭者皆冠,及郊而后免,反哭。君吊,虽不当免时也,主人必免,不散麻;虽异国之君,免也,亲者[5]皆免。

而是由女子中年长的一人拄丧杖。

缌麻、小功这类亲属,参与虞、卒哭祭祀,必须戴"免"。已下葬,但因故未能及时行虞祭,即使是主人也都要戴丧冠,但到虞祭时,自主人到缌麻、小功这类亲属都要去冠戴"免"。为兄弟服丧,(久而未下葬,)丧满除服后,到为兄弟下葬时,还是要穿上应服的丧服;如果下葬后立即举行虞祭、卒哭之祭,还必须去冠戴"免";如果不立即举行虞祭,就可以除去丧服。下葬到远郊的,葬毕后返回,丧主以下都要戴丧冠,但抵达近郊都要去冠戴"免",然后再返回庙里行哭礼。国君来吊丧,即使是在不应戴"免"时,丧主也必须戴"免",但不能使缠在腰间的麻绖散垂下来(有如大殓或启殡时的服饰);虽然是他国的国君来吊丧,丧主也要为他戴"免",属大功以上的亲属都要跟从主人戴"免"。

注释 1 女子子在室:未出嫁的女儿。女子子,女儿。 2 报:通"赴",急速。下同此。 3 远葬:墓在四郊之外。 4 比:及,等到。 反:同"返"。 5 亲者:大功以上的亲属。

原文

15.10 除殇之丧者,其祭也必玄[1]。除成丧者,其祭也

译文

为殇者除丧服,为他举行除服祭祀,就要用玄冠玄端。为成人除丧服,为他举行除服祭祀,是用白冠朝服。

朝服缟冠。

奔父之丧，括发于堂上，袒[2]，降踊，袭绖于东方[3]。奔母之丧，不括发，袒于堂上，降踊，袭免于东方，绖，即位成踊，出门，哭止。三日而五哭三袒。适妇不为舅后者，则姑为之小功。

为父亲奔丧，一到达就要在殡宫的堂上用麻束发，并脱去上衣，下堂来到阼阶的东面跳踊，然后在东墙下披衣戴孝，加腰绖，再在阼阶东就孝子位，又跳踊哭泣（一直到出殡宫门去倚庐，哭泣才停止）。如果是为母亲奔丧，就不用麻束发，但也在堂上脱去上衣，下堂来跳踊，在东墙下披衣戴孝，加腰绖，就孝子位，又跳踊哭泣，一直到出殡宫门才停止哭泣。奔丧的人在三日内要脱去上衣三次、哭泣五次。嫡子之妇去世，（公婆本应为她服大功，）因丈夫有废疾或其他原因，没有生育儿子的，公公婆婆就为她服小功（与为庶妇服丧一样）。

注释　1玄：玄冠、玄衣、玄裳。　2袒：（堂上）脱去衣。　3袭：披上所袒之衣。　东方：东序东。

大传第十六

导读

此篇记祖宗人亲之大义,与《丧服小记》一样,都是为了解说《仪礼·丧服》而作。《丧服小记》所记多为琐碎杂事,内容零散;《大传》则记叙祭祀天神、地祇以及人之祖宗庙堂、父母之礼的大义。学者认为此篇是“记古代宗法最有条理之作”,我们也觉得它比《小记》更简练,条理更分明,义理更明晰,与《大传》之名很符合。

“礼,不王不禘。”禘,殷周时祭天的大典,是天子之礼。依据礼制,不是天子就不能举行宗庙的禘祭。唯因成王追念周公,特许鲁国可以世代禘祀其祖。接着写到牧野之战,这是周武王一生中的大事,重点记叙大战胜利后武王率领天下诸侯在牧野对祖先的祭祀。武王追尊古公亶父、季历、西伯昌为王,这样就不使自己居于上位俯临祖先了。同时,武王立法以别亲疏厚薄:向上制定祖祢的秩序,因为尊重尊长的恩情是越往上越减轻;向下制定了后代子孙的秩序,因为亲情恩情是越往下越减轻;向旁侧就制定堂兄弟的关系,聚合族人一起在宗庙饮食,排列昭穆的次序,为后代子孙定了次序。这些都是礼仪的区别,而人伦的道德规范就尽在其中了。

本篇还记叙了治国理念:圣人治理天下要先做五件事:理正人伦中亲疏厚薄的关系;酬报有功的臣子;举用道德贤良的人;任用有才能的人;存爱护民众之心。做到这五件事,民众就会满足,天下就会富足。如果其中有一事做错,那么民众就没有活路了。圣人统治天下,一定要从人伦的道德规范开始做起。设立度量衡,校订礼乐制度,改订历法,改革礼乐用具、兵甲武器和服饰车马等。同时强调人伦中的亲疏厚薄关系,如亲亲、尊尊、长长以及男女间的分别是不能改变的。这些记载与《明堂位》相合,都体现了周礼的精神。

原文

16.1 礼，不王不禘。王者禘其祖之所自出，以其祖配之。诸侯及其大祖[1]。大夫、士有大事[2]，省于其君；干祫[3]及其高祖。

牧之野，武王之大事也。既事而退，柴[4]于上帝，祈于社，设奠于牧室。遂率天下诸侯，执豆笾，逡[5]奔走。追王大王亶父、王季历、文王昌，不以卑临[6]尊也。

上治祖祢，尊尊也；下治子孙，亲亲也；旁治昆弟，合族以食，序以昭缪[7]。别之以礼义，人道竭矣。

圣人南面而听天下，所且先者五，民不与焉。一曰治亲，二曰报功，三曰举贤，四曰使能，五曰存爱。五

译文

依据礼制，不是天子就不能举行宗庙的五年禘祭。天子禘祭诞育了其始祖的天帝，并且以自己的始祖配天祭祀。诸侯的祭祀，要上溯到始封之君。大夫、士有祫祭，要比国君简省；这种集合远近祖先神主在太庙合祭并向上推及高祖的祭祀，实际上是大夫、士僭用了诸侯的祫祭之礼。

牧野之战，是周武王一生中的重大事情。在战胜商纣以后，武王收兵，向天帝烧柴焚燎祭告，又向土地神祈祷，并在牧野的馆室祭奠祖先。于是武王率领天下的诸侯，人人都拿着豆笾之类的祭器，匆匆地在宗庙中祭祀。武王追尊古公亶父为太王、季历为王、西伯昌为文王，这是为了不使父祖以卑下的封号来俯临有天子之尊号的自己。

（订立法制来区别亲疏厚薄，）向上理正祭祀祖祢的次序，因为尊重尊长的感情是越往上越减轻；向下理正后代子孙的亲疏关系，因为亲爱亲人的感情是越往下越轻；从旁理正同族兄弟的亲疏关系，聚合族人一起饮食，排列昭穆的次序。依照礼义来区别上述关系，人伦的道德规范就都在这里了。

圣人南面称王而统治天下，就要先做

者一得于天下，民无不足、无不赡者。五者一物纰缪[8]，民莫得其死。圣人南面而治天下，必自人道始矣。立权度量，考文章[9]，改正朔[10]，易服色，殊徽号，异器械[11]，别衣服，此其所得与民变革者也。其不可得变革者则有矣：亲亲也，尊尊也，长长也，男女有别。此其不可得与民变革者也。

五件事，而民众不得参与其间。一是理正人伦中的亲疏厚薄关系，二是酬报有功的臣子，三是举用道德贤良的人，四是任用有才能的人，五是存爱护民众之心。这五件事能在天下都做成了，民众就没有不满足，没有不丰赡的。如果这五件事中有一件出了差错，那民众就不能保全性命了。圣人南面称王而统治天下，必定要从人伦的道德规范开始做起。设立度量衡，校订礼乐制度，改订历法，依随所崇尚的颜色变更车马等物的颜色，使用不同的旌旗和号名，使用不同的礼乐用具和兵甲武器，变更和区分各类服饰，这些都是能够和民众一同进行变革的。那些不能变革的则有：人伦中的亲疏厚薄关系，如亲亲、尊尊、长长，以及男女间的分别。这些都不能和民众进行变革。

注释　1 大(tài)祖：始封之君。 2 大事：陈澔说，谓祫(xiá)祭也。 3 干祫：以卑者而行尊者之礼。因祫祭本用于诸侯以上，而大夫士用之，则称干祫。 4 柴：烧柴祭天。 5 逡(jùn)：通“骏”。急速的样子。 6 临：孔颖达说，谓位居其上，俯临其下。 7 缪(mù)：郑玄说，缪读为“穆”，声之误也。 8 纰缪：错误，荒谬。缪，通“谬”。 9 文章：指礼乐制度。10 正朔：正谓年始，朔谓月初。 11 器械：器指礼乐之器，械指军旅兵器。

原文

16.2 同姓从宗，

译文

凡是同姓的人就听从他们的宗子，以聚

合族属。异姓[1]主名，治际会[2]，名著而男女有别。

合那一族的亲属。嫁来的异姓女子就靠名分，用名分来理正婚姻、交接、会合的事情。名分明确，那不同行辈的男女之间就可以有区别了。

其夫属乎“父”道者，妻皆“母”道也。其夫属乎“子”道者，妻皆“妇”道也。谓弟之妻“妇”者，是嫂亦可谓之母乎？名者，人治之大者也，可无慎乎？

（一个女子嫁过来，）她的丈夫是属于“父”辈的，那她就属于“母”辈。她的丈夫是属于“子”辈的，那她就属于“媳妇”辈。如果称呼弟弟的妻子为“媳妇”，那不就可以称呼嫂嫂为母亲了吗？因此，名分是理正人伦的大事，难道可以不慎重吗？

四世[3]而缌，服之穷也。五世[4]袒免，杀同姓也。六世[5]，亲属竭矣。其庶姓别于上，而戚单[6]于下，昏姻可以通乎？系之以姓而弗别，缀之以食而弗殊，虽百世而昏姻不通者。周道然也。

同高祖的族人有丧，只为死者穿缌麻丧服，这是五服（斩衰、齐衰、大功、小功、缌麻）的最末一等。五世同祖的人有丧，为他们只需袒衣戴免，这说明同姓的亲属关系已经逐渐减轻了。六世同祖的人有丧，彼此的亲属关系已经疏远到没有了。同姓的许多支族是从他们的上几代就分衍的，而后代彼此的亲属关系已尽了，可以相互通婚吧？（殷商时五世以后，族人是可以相互通婚的。）但是，既是以同一个姓相联系而没有区别，又聚集在同一宗庙内按辈分一起吃饭，与嫡姓族人没有什么不同，那即使是已过了一百代，也不可以通婚。周代的制度就是这样的。

注释 1 异姓：郑玄说，谓来嫁者也。 2 际会：婚姻、交接、会合之事。 3 四世：高祖。 4 五世：高祖的兄弟。或如陈澔说，高祖之父。 5 六世：更远的一层族属。或如陈澔说，高祖之祖。 6 单：通“殚”。尽。

原文

16.3 服术有六：一曰亲亲，二曰尊尊，三曰名，四曰出入[1]，五曰长幼，六曰从服。从服有六：有属[2]从，有徒[3]从，有从有服而无服，有从无服而有服，有从重而轻，有从轻而重。自[4]仁率亲，等而上之至于祖，名曰“轻”。自义率祖，顺而下之至于祢，名曰“重”。一轻一重，其义然也。

译文

丧服的制度有六种：一是关于以父母为首，其次是妻、子、伯、叔等人的丧服情况；二是关于以国君为首，其次是公、卿、大夫等人的丧服情况；三是关于伯母、叔母、儿媳妇、弟媳妇、兄嫂等人的丧服情况；四是关于出嫁女、未嫁女以及作为他人后嗣的丧服情况；五是关于成人和未成年而殇者的丧服情况；六是关于从服的情况。而从服的情况又有六种：一是有亲戚关系而跟从服丧。二是无亲戚关系而跟从服丧。三是本来有服而变作没有服的。四是本来没有服而变作有服的。五是本来是重服的而变作了轻服。六是本来是轻服的而变作了重服。子孙若从仁爱的角度自父母一辈一辈地向上推，那越是远的祖先，恩爱也就越轻，这就叫作“轻”。但是如果从道义的角度自祖先一辈一辈地向下推，一直到父亲这辈，那越是远的祖先，越应受到敬重，这就是叫作“重”。一轻一重，宗法庙祭的义理就在其中。

注释　1 出入：女子嫁人和做他人后嗣的称“出”，女子未嫁人在室称“入”。　2 属：亲属。　3 徒：空。　4 自：孔疏云，用也。或如江永说，训为“由”。

原文

16.4 君有合族之

译文

国君有聚合族人的道义（比如对于族人

道，族人不得以其戚戚[1]君，位也。

庶子不祭，明其宗也。庶子不得为长子三年，不继祖也。别子为祖，继别为宗，继祢者为小宗。有百世不迁之宗，有五世则迁之宗。百世不迁者，别子之后也。宗其继别子(之所自出)[2]者，百世不迁者也。宗其继高祖者，五世则迁者也。尊祖故敬宗；敬宗，尊祖之义也。

有小宗而无大宗者，有大宗而无小宗者，有无宗亦莫之宗者，公子[3]是也。公子有宗道：公子之公，为其士大夫之庶者，宗其士大夫之適者。公子之宗道也。

绝族无移[4]服。

有聚合宴饮礼等)，但是族人不能凭借亲戚的身份去亲近国君，这是由国君的地位决定的。

庶子不祭祖，就是表明有宗子在。庶子不为长子服斩衰三年，是因为庶子不继承祖祢的缘故。庶子成为了后世的始祖，这一后裔中的继承庶子的嫡系就是大宗，不是大宗嫡系的后裔而继承他们父亲的都是小宗。有百世不变迁的宗，也有五世就迁移的宗。百世不变迁的宗，是庶子的后继者。以承继庶子的嫡子为宗的，百世也不变迁。以承继高祖的嫡玄孙为宗的，五世就要迁移。尊重祖先，所以要敬重宗子；敬重宗子，也就是尊重祖先的意思。

有只有小宗而没有大宗的(比如国君没有嫡昆弟，使庶兄弟中一人为宗。统领诸公子，此礼也如小宗，诸公子就只有小宗而没有大宗)，有只有大宗而没有小宗的(比如国君有嫡昆弟，使他为宗，统领诸公子，就不能再立庶兄弟为宗，诸公子就有大宗而没有小宗)，有既无人可宗，又不被人宗的(比如公子只一人，无其他公子可为宗，那是无宗，而又无其他公子宗于自己的，那就叫“无宗亦莫之宗”了)，这些都是指诸侯的诸公子。诸公子立宗也有制度：公子中的嫡兄弟做了国君，就为他那些做士、大夫的庶兄弟确立一个既做士、大夫又是自己的亲者属也。

自仁率亲，等而上之至于祖；自义率祖，顺而下之至于祢。是故人道亲亲也，亲亲故尊祖，尊祖故敬宗，敬宗故收[5]族，收族故宗庙严，宗庙严故重社稷，重社稷故爱百姓，爱百姓故刑罚中，刑罚中故庶民安，庶民安故财用足，财用足故百志成，百志成故礼俗刑[6]，礼俗刑然后乐。《诗》云[7]："不显不承，无斁于人斯！[8]"此之谓也。

同母弟的人为宗子，统领他们。这就是为诸公子立宗的制度。

族属已断绝的，就不再服丧。互相服丧只是因为有亲情，然后才各以他的族属而来服丧。

子孙若从仁爱的角度自父母一辈一辈地向上推，可以推至远祖；若从道义的角度自祖先一辈一辈地向下推，可以推至父辈。因此做人的道理就是亲爱亲人。亲爱亲人，所以尊重祖先；尊重祖先，所以就敬重宗子；敬重宗子，所以团结宗族；团结宗族，所以宗庙祭礼庄严；宗庙祭礼庄严，所以就会以国家社稷为重；以国家社稷为重，就会爱恤百姓：爱恤百姓，就会刑罚得当；刑罚得当，民众就会安居乐业；民众安居乐业，财用就会富足；财用富足，一切愿望就能实现；一切愿望都能实现，所以礼俗教化就会成功；礼俗教化成功，民众就安乐了。《诗》说："继承并发扬文王的盛德，人们对此永不厌倦！"说的正是这个意思。

注释　1戚戚：上一"戚"字谓"亲属"，下一"戚"字是动词，谓"亲近"。　2"之所自出"四字，朱子云衍文也。　3公子：此指诸侯的世子以外的同母弟及不同母的兄弟。　4移：旁及，延移。孔颖达说，在旁而及曰移，言不延移及之。　5收：结聚。　6刑：通"侀"。成就。　7见《诗·周颂·清庙》。　8不：或作"丕"。大。无斁(yì)：无厌。斯：语助词，无义。

少仪第十七

导读

此篇记相见以及荐羞等细小杂事的礼仪。少，犹小。文中所记有怎样拜见各类人，如何赠礼、询问、应答等，从进门到退出的言谈举止都有规范，如餐桌应酬之礼，侍奉尊长吃饭，先吃什么，后吃什么；食物放置，先放什么，后放什么；端盘上菜，鱼头鱼尾的朝向也有讲究。这些细节颇显烟火气息，呈现了社会生活具体场景，是研究古代社会礼制和民族风情的鲜活史料。

文中叙及礼仪礼容和行事心理的内容较多，如身为宾客，应以容貌恭敬为主；参加祭祀，应以内心庄敬为主；料理丧事，应以悲伤为主；在诸侯集会上，言辞应敏捷严正，激扬国威；军队作战，要多存戒心，防备意外不测。又如国家遭遇灾难变故而衰败时，所乘的车不用雕饰，盔甲不做边饰，食器不加刻镂，君子不穿丝质的鞋，马也不用粟谷来喂养。从马车的雕饰、食器的刻镂和丝质的鞋，可以看出古代的日用器物已非常精致考究。由此可窥见上层社会生活的闲适，以及古代劳动人民的聪明才智。

“士依于德，游于艺；工依于法，游于说。”士人依据于道德行事，而熟习六艺；工匠依规矩尺度行事，而熟习其中的道理。又有“言语之美，穆穆皇皇。朝廷之美，济济翔翔。祭祀之美，齐齐皇皇。车马之美，匪匪翼翼。鸾和之美，肃肃雍雍。”言语之美，在于谈吐自然而旨意深邃；朝廷之美，在于恭敬庄严；祭祀之美，在于严肃虔敬；车马之美，在于轻便迅捷；鸾铃之美，在于声音清脆庄重。这些内容至今仍有现实意义。文中又记载晚间聚会未点烛火,有人后到,主人就要把已经在座的人告诉此人,对盲人也需要有这样的关照。从这些琐记的背后,我们可略知当时社会的淳厚民风,很有人情味。本篇中投壶、乡饮酒礼等内容,因为另外有专篇的导读介绍,这里不再涉及。

原文

17.1 闻始见君子者，辞曰："某固愿闻名于将命者[1]。"不得阶主[2]。適者，曰："某固愿见。"

罕见曰："闻名。"亟见曰："朝夕。"瞽曰："闻名。"适有丧者曰："比。"童子曰："听事。"适公卿之丧，则曰："听役于司徒[3]。"

译文

听说古代第一次去拜访君子，要说："我十分愿意将自己的贱名告诉您的传话人。"宾客的请见辞语不能直接说"进告主人"。如果求见的人和自己地位相当，就说："我十分愿意见到您的传话人。"

平日很少见面，拜访时也要说："我十分愿意将自己的贱名告诉您的传话人。"平日经常见面，就说："愿早晚把自己的贱名告诉您的传话人。"盲人求见，就说："愿把自己的贱名告诉您的传话人。"去有丧事的人那儿，就说："愿像下属那样听您差遣。"孩童就说："愿听候您的下属差遣而为您效劳。"去参加公卿的丧礼，就说："愿听候司徒的差遣。"

注释 1将命者：出入传话的人。 2阶主：阶，进。此指宾请见之辞，不得径指主人。 3司徒：主管国事，公卿的丧事也由司徒掌管。

原文

17.2 君将适他，臣如致金玉货贝于君，则曰："致马资于有司[1]。"敌者，曰："赠从者。"

臣致襚于君，则曰："致废衣于贾人[2]。"

译文

国君将要去别国朝会，臣子如果赠送金玉财物给国君，就说："这是送给随从人员作养马费用的。"如果是赠送给地位相当的人，就说："这是赠送给随从人员的。"

臣子送寿衣给国君，就说："将这些没有用的衣服送给贾人。"如果是地位相当的人，就说："送上寿衣。"送给亲近的兄弟，就

敌者,曰“襚”。亲者兄弟,不以襚进。

臣为君丧,纳货贝于君,则曰:“纳甸[3]于有司。”

赗马[4]入庙门;赙马与其币、大白兵车,不入庙门。赙者既致命,坐委之,傧者举之,主人无亲受也。

受立,授立,不坐。性之直者[5],则有之矣。

不必说这些,而直接将寿衣送进去。

臣子为国君的丧事赠送赙金,就说:“这是缴纳给有司的田赋。”

赠送给死者的马,可以进入祖庙的大门;但是赠送给生者的马和币帛、插上大白旗的兵车,不能进入祖庙的大门。赠送币帛的人在致辞以后,跪坐着把币帛摆在地上,再由接待宾客的人收起来,主人不亲自接受赠物。

如果接受赙金的人站着,那赠送的人也站立,不用跪坐。如果(接受的是尊者,而且身材短小,)自己生得高大,那就得跪下授送。

注释 1有司:此指随从官员。 2贾人:孔疏说,识物价贵贱,而主君之衣物者。 3纳甸:缴纳田赋。 4赗(fèng)马:赠予丧家送葬的马。孔疏说,以马送死者曰赗。赗,副也,言副亡者之意,供驾魂车。 5性:通“生”。 直:指身材高大。

原文

17.3 始入而辞,曰:“辞矣。”即席,曰:“可矣。”排阖说[1]屦于户内者,一人而已矣;有尊长在则否。

问品味,曰:“子

译文

宾客刚进门,傧者就得代主人辞让,说:“不敢承当。”大家入席时,傧者要说:“不必客气,可以入座。”开门入内,而能在室内席边脱鞋的,只是地位最尊贵的一个人;如果室内已有尊长在,那后来的都得在门外脱鞋。

询问别人的嗜好口味,要说:“您经常吃某

亟食于某乎？”问道艺，曰：“子习于某乎？子善于某乎？”

种食品吗？”询问别人的德行六艺情况，要说：“你常研习某种学问吗？您擅长某种技艺吗？”

不疑在躬，不度民械，不愿[2]于大家，不訾重器。

不要使自己身上有被人猜疑的地方，不要度量人家的器具（而想让自己也具备），不要羡慕富贵人家，不要诋毁非议宗庙的宝器。

泛扫曰“扫”，扫席前曰“拚”。拚席不以鬣[3]。执箕膺擖[4]。

遍扫各处称为“扫”，只扫坐席前面称为“拚”。打扫坐席前面时不可用扫地的扫帚。拿畚箕去倒垃圾时，箕舌要朝向自己的胸口。

不贰问。问卜筮，曰：“义与，志与？”义则可问，志则否。

不能三心二意地来问卜占筮。问卜占筮时，要自问：“是为公家正事占卜呢，还是为了私心私意占卜？”为公家正事就可问卜占筮，为了私心私意就不可以。

注释 1 说（tuō）：通“脱”。脱下。 2 愿：羡慕。 3 鬣（liè）：扫地的扫帚。 4 擖（yè）：箕舌，畚箕前伸出的部分。

原文

17.4 尊长于己逾等，不敢问其年。燕见不将命。遇于道，见则面，不请所之。丧俟事，不特吊。侍坐弗使，不执琴瑟，不画地，手无容，不翣也。寝则坐而将命。侍射

译文

辈分比自己高的尊长者，不敢问他的年龄。卑幼的在私宴时来见，不使傧者传话。在道路上遇到尊长者，如果他看到了自己，就当面请安，并且不要问他到哪里去。参加丧礼，要等到主人朝夕哭时才去吊丧，不要在不恰当的时候独自去吊丧。侍奉尊长而陪坐时，如果尊长者没有命令，就不能弹奏琴瑟，不能无故在地上指画，不用手修饰面容，天热也不能挥扇。尊长者寝卧时，卑幼者要坐着等候为他传话。

则约矢[1]。侍投则拥矢，胜则洗而以请，客亦如之；不角[2]，不擢“马”[3]。

侍奉尊长者射箭，要等他取完了箭，然后自己才一次取四箭。侍奉尊长者投壶时，要抱着箭，不能放在地上；自己胜利了要清洗酒杯，斟酒请他喝，对宾客也像这样；不要用罚酒用的角杯，不要立“马”。

执君之乘车则坐。仆者右带剑，负良绥[4]，申之面，拖诸幦[5]。以散绥[6]升，执辔然后步。

驾驶国君乘坐的车，（国君未上车或车还没有启动，）他就可以坐着。驾驶的人要在身体右侧挂剑，将国君的登车用的拉绳搭在左肩，并绕着伸到面前，再搭置在车轼的覆盖物上，（准备让国君拉着上车。）驾车人用副绥登车，然后执鞭分辔试行一下（再让国君登车）。

请见不请退。朝廷曰“退”，燕游曰“归”，师役曰“罢”。

对尊长者可以请求见面，但谈话后不能请求退下（，应得到尊长示意才告退）。从朝廷回来称为“退”，宴饮游乐回来称为“归”，军队作战回来称为“罢”。

侍坐于君子，君子欠伸、运笏、泽剑首、还屦、问日之蚤莫[7]，虽请退可也。

在君子跟前侍坐，如果他打哈欠，伸懒腰，摆弄朝笏，摩拭剑柄，把鞋子转过来表示要穿上，询问时间的早晚，这时候就可以请求告退了。

事君者量而后入，不入而后量。凡乞假于人，为人从事者亦然。然，故上无怨，而下远罪也。

为国君办事的人要先考虑自己能否完成某事，再入朝请求；不要先入朝请求，再考虑能否胜任。凡是向别人借贷或为别人做事，也是这样。能做到这样，国君就可以无怨言，臣下就可以无罪过。

不窥密。不旁狎。不道旧故。不戏色。

不要窥探别人的隐秘。侍坐时不要和

为人臣下者，有

谏而无讪，有亡而无疾[8]。颂而无谄，谏而无骄。怠则张而相之，废则扫而更之。谓之社稷之役。

其他陪坐的人狎昵。不要诉说他以往的罪过。待人接物不要嬉笑轻浮。

作为国君的臣下，应有当面的劝谏，而不该有背后的讥讽，（国君不听从，）只好自己离去而不要怨恨。称颂国君而不谄媚，劝谏国君而不傲慢。国君怠惰，就要劝谏他勤勉，并且帮助他，扫除废坏的朝政并加以革新。这就称为为国家效力。

注释　1 按：凡射，两人轮流取四支箭，但侍候尊长射箭，则由尊长取完四矢，然后自己一齐取完四矢。　2 角：罚酒用角。　3 擢"马"：立马。详见《投壶》篇。　4 绥：登车的拉手绳。　5 幦(mì)：古时车轼上的覆盖物。　6 散绥：副绥。御者登车时挽手用的绳索。与国君所执的正绥（即良绥）相对而言。　7 蚤：通"早"。　莫：同"暮"。　8 疾：憎恨。

原文

17.5 毋拔[1]来，毋报[2]往。毋渎神。毋循枉。毋测未至。士依于德，游于艺；工依于法，游于说[3]。毋訾衣服成器。毋身质言语。

言语之美，穆穆皇皇。朝廷之美，济济翔翔[4]。祭祀之美，齐齐皇皇[5]。车马之美，匪匪翼翼[6]。鸾和之美，

译文

不要匆匆而来，不要匆匆而去，（往来做事应该妥当计虑，不该匆促从事。）不要亵渎神灵。不要依循不正当的途径达到目的。不要妄测还没有来到的事情。士人依道德行事，而熟习六艺；工匠依规矩尺度行事，而熟习其中的道理。不要诋毁已成的衣服、器皿不好。不要挺身去验证那些无根据的谣言。

言语的美妙，是在于谈吐的自然，旨意深广。朝廷的美妙，是在于态度恭敬，神情庄严。祭祀的美妙，是在于严肃虔敬，使

肃肃雍雍[7]。

问国君之子长幼，长，则曰："能从社稷之事矣。"幼，则曰："能御。""未能御。"问大夫之子长幼，长，则曰："能从乐人[8]之事矣。"幼，则曰："能正于乐人。""未能正于乐人。"问士之子长幼，长，则曰："能耕矣。"幼，则曰："能负薪。""未能负薪。"

执玉，执龟策，不趋。堂上不趋，城上不趋。武车不式。介者不拜。

人向往。车马的美妙，是在于轻便迅捷，行进不息。鸾铃与和铃的美妙，是在于声音清脆，庄重和谐。

询问国君儿子的年龄，如果已经长大，就说："能够从事祭祀社稷之事了。"如果还幼小，就说："能够侍候国君了。"或说："还不能侍候国君。"询问大夫儿子的年龄，如果已经长大，就说："能够从事大司乐的事了。"如果年龄还小，就说："已能够接受大司乐的指导了。"或说："还不能接受大司乐的指导。"询问士人儿子的年龄，如果已经长大，就说："能够耕种了。"如果年龄还小，就说："能够背柴担薪了。"或说："还不能背柴担薪。"

拿着玉、龟策，不要快步走。在堂上不要快步走，在城墙上也不要快步走。在兵车上不凭轼行礼。身穿甲胄的人不下拜。

注释　1 拔：急。　2 报(fù)：郑玄说，读为"赴"。急促。　3 说：道理。　4 济济(qí qí)翔翔：庄敬貌。　5 齐齐(zhāi zhāi)皇皇(wǎng wǎng)：齐齐，虔敬严肃貌。皇皇，向往貌。皇，通"暀"。　6 匪匪翼翼：匪匪，车马行走不停貌。匪，通"骓"。翼翼，恭敬谨慎貌。　7 肃肃雍雍：肃肃，恭敬貌。雍雍，声音和谐。　8 乐人：指大司乐，教国子乐舞的人。

原文　译文

17.6 妇人吉

妇人参加吉礼，即使国君有赏赐，也只用肃拜事，虽有君赐，肃拜[1]。为尸坐则不手拜[2]，肃拜。为丧主则不手拜。

礼。虞祭时妇人作为祖姑的尸而坐，也不用手拜礼，而用肃拜礼。妇人作为丧主，不能用手拜礼。

葛绖而麻带。

妇人在虞祭、卒哭以后，首绖改为葛绖，腰带仍为麻带。

取俎进俎，不坐。

（在祭祀的时候，）取俎登堂，席前进俎，（因为俎有足，）都不坐下。

执虚如执盈，入虚如有人。

拿着空的器皿，也要像拿着盛满东西的器皿一样小心谨慎；进入空房间内，也要像进入有人的房间一样恭恭敬敬。

凡祭于室中，堂上无跣[3]；燕则有之。

凡是祭祀，无论是在室内，还是在堂上，都不脱鞋；只有宴饮时，才可以脱鞋。

未尝，不食新。

没有将新收获的物品荐献给宗庙，孝子就不忍心先吃。

注释　1 肃拜：低头下手而不至于地的拜。妇人以肃拜为正。　2 手拜：拜时手至地而头至手。妇人以手拜为丧拜。　3 跣（xiǎn）：脱鞋赤足。

原文

17.7 仆于君子，君子升下则授绥，始乘则式。君子下行，然后还立。乘贰车[1]则式，佐车[2]则否。贰车者，诸侯七乘，上大夫五乘，下大夫三乘。有贰车者之乘马（服车）[3]，不

译文

为尊长驾车，尊长上车下车，都要把引手绳递给他，并且在尊长上车时，驾车人要凭轼行礼。尊长下车走后，驾车人将车转靠在旁边，停车等待。乘坐朝觐、祭祀的副车，要凭轼行礼；乘坐戎猎的副车，就不必行此礼。朝觐、祭祀副车的数量，诸侯是七辆，上大夫是五辆，下大夫是三辆。大夫以上官吏所乘的车马，不要去议论马的年齿、

齿；观君子之衣服、服剑、乘马、〔服车〕弗贾。

车的新旧；看到尊长的衣服、佩剑、所乘之马、车辆，不要去议论它们的价钱贵贱。

注释　1贰车：朝觐、祭祀的副车。2佐车：戎猎的副车。3王引之说，“服车”二字，当在下文“乘马”之下。

原文

17.8 其以乘壶酒、束脩[1]、一犬赐人若献人，则陈酒、执脩以将命，亦曰“乘壶酒、束脩、一犬”。其以鼎肉[2]，则执以将命。其禽，加于一双，则执一双以将命，委其余。犬则执緤[3]。守犬、田犬，则授傧者；既受，乃问犬名。牛则执纼[4]，马则执靮[5]：皆右之。臣则左之。车则说绥，执以将命。甲若有以前之，则执以将命；无以前之，则袒櫜[6]奉胄。器则执盖。弓则以左手屈韣执

译文

上司用四壶酒、十条干肉、一只食用的狗赠送给下级，或者下级用同样的物品送给上司，要把酒陈列在堂下，并拿着肉干上堂致词，致词时也要说明有四壶酒、十条干肉、一只狗。如果是赠送已切开的肉，就拿着肉进去致词。如果是赠送禽鸟之类，而数量又超过一双的，就只要拿一双进去致词，其余的就放在堂下。赠送狗，就得手牵着系狗的绳子。赠送的是守门的、田猎用的狗，就要交给傧者；接待宾客的傧者接过后，还要询问狗的名字。赠送牛，就得手牵着系牛的绳子；赠送马，就得手牵着马的缰绳：这些都得用右手来牵绳。如果送的是俘虏，就得用左手牵着他的右袖子（而空着右手以防不测）。赠送车辆，就得解下引手绳，拿着它进去致词。赠送盔甲，而又有别的东西，就先拿其他的东西进去致词；如果没有别的东西，就打开放盔甲的包裹，捧着头盔进去致词。赠送器具，就拿着器具的盖进去致词。赠送弓，就用左手翻下

拊[7]。剑则启椟盖袭之[8],加夫襓与剑焉[9]。笏、书、脩、苞苴[10]、弓、茵[11]、席、枕、〔颖〕[12]、几、(颖)杖、琴、瑟、戈有刃者椟、策、籥[13],其执之,皆尚左手。刀却刃,授颖[14];削授拊[15]。凡有刺刃者,以授人则辟刃[16]。

弓衣并拿着弓的中间,(右手拿着弓箫,)再进去致词。赠送剑,就得打开剑盒的盖,把剑放在盒底,把剑衣放进盒内,用剑压着。而赠送笏、书、干肉、苞苴、弓、茵、席、枕、警枕、几案、手杖、琴、瑟、用盒子装着的有锋刃的戈、简策、籥等等,拿它们的时候,都以用左手为恭敬。赠刀,要刀刃向后,把刀环递给人家;送曲刀,要把刀柄递给人家。凡是有锋尖刀刃的,把它们递给别人时,都不要用刀刃对着别人。

注释 1 乘:四。束脩:十条肉干。 2 鼎肉:已切割而可以放入鼎中的肉。 3 緤:牵狗绳。 4 纼:牛鼻绳。 5 靮(dí):马缰绳。 6 櫜(gāo):收藏盔甲的包裹、器具。 7 韣(dú):弓衣,弓套。拊:柄。 8 椟:剑盒。袭之:放在盒子下面。 9 襓(ráo):剑衣,剑套。 10 苞苴:用苇草编成,用来包裹鱼肉等。 11 茵:垫褥。 12 王引之说,“颖”字当在“枕”下。颖:警枕。用圆木做成的小枕,枕而熟睡,头倾斜就会使人警醒,故名。孔疏说,“颖”是颖发之义,故为警枕。 13 籥:郑玄说,如笛三孔。 14 颖:刀把末端的圆镮。 15 拊(fǔ):指器物柄把。 16 辟:避开。

原文

17.9 乘兵车,出先刃,入后刃。军尚左,卒尚右。

宾客主恭,祭祀主敬,丧事主

译文

乘兵车,出境时要刀刃向前,入境时要刀刃向后。军队中的位次,将领以左边为上,士卒以右边为上。

身为宾客,应当以容貌恭敬为主;参加祭祀,应当以内心肃敬为主;料理丧事,应当以悲哀痛苦哀，会同主诩[1]。

军旅思险，隐情以虞[2]。

为主；诸侯集会，应当以敏捷勇武、扬耀国威为主。

军队作战，要以失败为警戒，隐蔽自己的实情，以防不测。

注释 1会同：诸侯朝见天子称“会”，诸侯间相见称“同”。诩(xǔ)：郑玄说，谓敏而有勇。 2虞(yú)：防范，准备。

原文

17.10 燕侍食于君子，则先饭而后已。毋放饭，毋流歠。小饭而亟之，数噍[1]，毋为口容[2]。客自彻，辞焉，则止。

客爵居左，其饮居右。介爵，酢爵，僎[3]爵，皆居右。

羞濡鱼者[4]，进尾。冬右腴，夏右鳍。祭膴。

凡齐[5]，执之以右，居之于左。

赞币自左，诏辞自右。

酌尸之仆，如君之仆。其在车，则左

译文

平常奉陪尊长吃饭时，就得先吃，但要在尊长后面吃完。不要搞得满桌子是饭，不要搞得满桌子是汤。吃饭时要小口快咽，咀嚼要快，不要两腮鼓胀着咀嚼。饭后，客人要自己收拾餐具，如果主人劝阻，就不再收拾。

主人酬谢宾客的酒杯放在左边，主人用来敬献宾客饮酒的杯子放在右边。主人敬献介的酒杯，宾客答谢主人的酒杯，主人敬献观礼的卿大夫的酒杯，都放在右边。

进献连汁带汤的鱼时，鱼尾要向着宾客。冬天要将鱼肚向着宾客的右方，夏天要将鱼脊向着宾客的右方。祭祀时要用鱼肚的大块鱼肉。

凡是用盐或梅等来调和食羹酱饮，用右手拿盐或梅等，左手拿着羹器(便于调和)。

帮助行礼的人为国君授予币帛时，要从国君的左边出来；为国君传达命令时，要从国君的右边出来。

执辔，右受爵，祭左右轨范[6]，乃饮。

凡羞有俎者，则于俎内祭。君子不食圂腴[7]。小子走而不趋，举爵则坐立饮。凡洗必盥。牛羊之肺，离而不提心[8]。凡羞有湇[9]者，不以齐。为君子择葱薤，则绝其本末。羞首者，进喙[10]祭耳。尊者，以酌者之左为上尊。尊壶者面其鼻。饮酒者、禨者[11]、醮者[12]，有折俎不坐。未步爵，不尝羞。牛与羊、鱼之腥，聂[13]而切之为脍。麋鹿为菹，野豕为轩，皆聂而不切。麇为辟鸡，兔为宛脾：皆聂则切之。切葱若薤，实之醯以柔之。其

向为尸驾车的人敬酒，就如同向国君的驾车人敬酒一样。如果驾车人在车上，他就左手执缰绳，右手接过酒杯，先要将酒祭过车轴的两头以及车轼前面掩舆之板，然后才能喝。

凡是进献食物，有盛放在俎里的，就在俎内祭。君子不吃猪狗的肠子。未成年的弟子参加宴饮，只供奔走役使，但不能快走，举杯饮酒，要坐着祭，站起来喝。凡是洗酒杯，必定要先洗手。牛羊的肺，切开时要留着中间相连的部分(等到祭祀时再用手分开来)。凡是菜肴有大羹的，就不再加梅或盐一类的调味品。为尊长挑选葱薤等，要把根叶除去。进献牲首，要把它的嘴对着宾客，而用它的耳朵作祭。设置酒樽的人，以斟酒人的左方为上尊，注入玄酒。设樽设壶都要将正面有鼻的地方对着人。平常饮酒的人、沐浴后而饮酒的人、行冠礼后饮酒的人，如果折俎还在，就都不能坐着饮酒。还没有到行爵随意畅饮时，不能吃菜肴。牛、羊、鱼的生肉，先薄切成片，再细切为脍。麋鹿的肉切成薄片，野猪的肉也切成薄片，都是切成薄片而不再切细。麇肉要切成薄片，再切成肉丝；兔肉先是切成薄片，再切成肉丝：它们都是切成薄片后，再细切。又要把葱薤切细，放在醋中拌和切好的肉，使它们变嫩(，并除去腥气)。如果有折骨体的俎，就从俎中取肺作祭，

有折俎者，取祭肺反之，不坐，燔亦如之。尸则坐。

祭完后再把肺放回俎中，并且都要站着做，烤肉也像这样(从俎中取出作祭，祭后放回，也都站着做)。但是在做这些事时，尸该坐着。

注释 1数噍(jiào):快嚼。 2口容:口中留着饭而两腮鼓胀起来的样子。 3僎(zūn):通"遵"，乡中来观礼的卿大夫。 4羞:进献食品。濡(rú):和着汁汤。 5齐:用盐梅等调和食羹酱饮等。 6范:通"軓(fàn)"。车轼前掩舆之板。 7圂:猪狗之类。 腴:肠。 8提:绝，断。 心:中央。 9湇(qì):肉汁。 10喙:嘴。 11禨(jī)者:孔疏说，沐而饮酒。 12醮者:孔疏说，谓冠而饮酒者。 13聂:通"牒(zhé)"。切成薄片。以下参见《内则》注释。

原文

17.11 衣服在躬而不知其名，为罔。

其未有烛而后至者，则以在者告，道瞽亦然。凡饮酒，为献主[1]者，执烛抱燋[2]，客作而辞，然后以授人。执烛不让，不辞，不歌[3]。

洗[4]，盥，执食饮者，勿气[5]；有问焉，则辟咡[6]而对。

为人祭曰"致福"[7]。为己祭而致膳于君子曰

译文

衣服穿在身上，但不知道它的名义，就是无知。

集会时间已晚，但又没有火烛，如果有人后来，主人就得把坐的人一一告诉给他，引导盲人走路也是这样。凡是饮酒时作为献主的人，到了日暮时，就得拿着燃着的烛，又抱着还未点燃的火烛来劝饮，客人起来辞谢，然后把它们交给手下人。拿着火烛(因是夜晚，礼节允许简省)不辞让，不讲话，不歌诗。

为尊长洗爵、倒水洗手、拿饮食时，不要让嘴里呵出的气触及尊长的酒爵、手、食物；如果这时候尊长有问话，就得

"膳"[8]。祔练曰"告"。凡"膳""告"于君子,主人展[9]之,以授使者于阼阶之南,南面再拜稽首送;反命,主人又再拜稽首。其礼:大牢,则以牛左肩臂臑[10],折九个[11];少牢,则以羊左肩七个;特豕,则豕左肩五个[12]。

侧着头面朝尊长口耳之间的地方回答。

代人做主祭时,把祭祀余物送给别人叫"致福"。为自己祭祀,把所余下的膳食送给尊长就称为"膳"。如果是祔、练等祭祀,(把祭祀余物赠送别人,)就称为"告"(报告事成而已)。凡是"膳"或"告"于君主,主人要亲自省视所送的物品,在阼阶南面授给使者,并且脸向南再拜磕头相送;等到使者返回复命,主人又得再拜磕头受命。送祭肉的礼仪:如果祭祀时用太牢,就得用牛的左肩、左臂、左臑,并且砍折为九段;如果祭祀时用少牢,就得用羊的左肩、左臂、左臑,并且砍折为七段;如果祭祀时用一头猪,就得用猪的左肩、左臂、左臑,并且砍折为五段。

国家靡敝[13],则车不雕幾[14],甲不组縢[15],食器不刻镂,君子不履丝屦,马不常秣。

国家凋敝,那车辆就不加雕饰,盔甲不用组带缘边,食器不加刻镂,君子不穿丝制的鞋,马也不经常用粟谷喂养。

注释 1献主:君宴臣,使宰夫代做主人,称献主。 2燋(jiāo):未燃之炬。 3孔疏说,礼,宾主有让,及更相辞谢,又各歌诗相显。今既夜暮,所以杀于三事。 4洗:为尊长洗爵。或说洗足。 5勿气:不可使口气直冲尊者的器物、食物、手等。 6辟咡(pì èr):谓交谈时侧着头,不使口气触及对方,以示尊敬。咡,口旁,口耳之间。郑玄说,口旁曰咡。 7为人祭:摄主祭。 致福:把祭祀的福气带给君子。 8按:孔疏说,不敢云"致福",而言"致膳"。膳,善也,言致善味耳。 9展:省视。 10按:孔疏说,周人牲体尚右,右以祭,所以献左也。周贵肩,故用左肩。 臂:肩下骨。

臑(nào):动物的前肢,下近蹄骨。 11 折:折断。九个:指肩、臂、臑各折三段,共为九段。 12 按:羊、豕亦用左肩、臂、臑,此处行文省略。 13 靡敝:谓凋敝。 14 幾:雕幾,雕刻凹凸纹饰。 15 縢:边饰。